I0759643

LOS AMANTES DE AUSCHWITZ

KEREN BLANKFELD

LOS AMANTES DE AUSCHWITZ

Una historia real

Traducción de
Librada Piñero

PLAZA & JANÉS

Papel certificado por el Forest Stewardship Council®

Título original: *Lovers in Auschwitz*

Primera edición: enero de 2025

Printed in Spain – Impreso en España

ISBN: 978-84-01-03595-1
Depósito legal: B-19297-2024

Compuesto en Comptex & Ass., S. L.

Impreso en Rotoprint by Domingo, S. L.
Castellar del Vallés (Barcelona)

L 0 3 5 9 5 1

A la memoria de mis abuelas, Helena y Zipora, y de mi abuelo Eliezer

A mis padres, Desirée y Max

Índice

Cuarta parte: Interludio

Quinta parte: Cadencia

Epílogo

Nota de la autora

Esta es una obra de no ficción basada en entrevistas exhaustivas, testimonios orales, documentos y memorias tanto publicadas como inéditas. Como parte de esa investigación, tuve oportunidad de entrevistar a David Wisnia varias veces desde 2018 hasta poco antes de su fallecimiento en 2021. Por desgracia, cuando descubrí su historia, Helen «Zippi» Tichauer ya había fallecido. Sin embargo, dejó tras de sí numerosos testimonios y el manuscrito de unas memorias recientemente descubierto (véase «Notas sobre las fuentes»). En aquellas entrevistas formales y en sus escritos Zippi nunca reconoció su relación con David, aunque en ocasiones sí que habló de ella con confidentes. Por esta razón, la mayoría de las descripciones de las interacciones entre Zippi y David que aparecen en estas páginas se basan principalmente en mis conversaciones con David. Las notas del final proporcionarán contexto sobre las fuentes de información. Siempre que aparecen, las palabras entrecomilladas son citas directas.

Se vieron por primera vez en la Sauna, rodeados de montones de ropa. El aire era denso y caliente; estaban en uno de los pocos lugares que proporcionaba calor en el implacable invierno polaco. Allí los trabajadores sumergían la ropa en calderos humeantes y veían cómo el vapor se elevaba y salía por una ventana. Allí, rodeados de harapos sucios y gastados, un chico y una chica se conocieron.

Él tenía diecisiete años, la cabeza rapada y la cara redonda. Pese a todo, estaba relativamente bien alimentado. Llevaba el uniforme a rayas limpio y bien entallado, impecable. Tal vez esto fuera parte de su atractivo: destacaba. En un mundo de rayas, se suponía que no habías de destacar. Tenías que vivir según las normas, mezclarte como una sombra a punto de desaparecer.

A veces, por la noche, lo hacían bajar de su litera de madera para que cantara. Su voz de tenor era hermosa, operística. En su día le había hecho ganarse al público en su ciudad natal. Ahora se había quedado en solista, aunque seguía siendo una especie de estrella.

Cuando ella aparecía, él casi era capaz de olvidar dónde estaba. Verla le proporcionaba algo por lo que mirar al futuro. Medía metro cuarenta y ocho, era bajita pero robusta, de piernas musculosas y rostro ancho y anguloso enmarcado por un espeso cabello castaño que todavía crecía. De lejos parecía modesta, fácil de ignorar; de cerca era todo lo contrario. Sus ojos hundidos, marrones como los de él, eran vivos y despiertos, pero tenía una sonrisa fácil. Se movía con una seguridad que no abundaba en aquel entorno.

Al posar la vista en ella, notó un aleteo.

Le estaba mirando una chica.

La mirada de la joven se entretuvo en él, estaba seguro de ello.

Allí metido, era fácil olvidar que todavía existía su antiguo mundo, un mundo de posibilidades, de promesas... de deseo.

Al verla lo recordó.

La joven no debería de haber estado allí, en la parte solo para hombres del recinto. Sin embargo, se había acostumbrado a colarse en lugares en los que no debía estar.

Tenía veinticinco años y sabía lo que quería. Ya era así de niña y todos los años que habían pasado no la habían hecho cambiar. Si acaso, su tenacidad no había hecho más que aumentar.

No es que creyera en correr riesgos innecesarios. En un mundo de caos, anhelaba estructura y orden, lógica y razón. Pero aquel lugar conseguía que hicieras lo que menos te esperabas. Conseguía que los riesgos para tu vida parecieran razonables. Tal vez porque allí nada era razonable.

La joven tenía su vía de escape, su arte; sin embargo, estaba sola. El chico del otro lado de la sala tenía una cara agradable. Parecía dulce, ansioso. Había algo en él que la hacía querer volver, que la hacía ser temeraria.

Era invierno en Birkenau, el campo de concentración más grande y mortal en Auschwitz.

PRIMERA PARTE

Obertura

1
«Cosas de poca monta»

Rosa Spitzer tenía que dar a luz en medio de una revolución.

Era principios de octubre de 1918 y las calles habitualmente tranquilas que rodeaban su piso de Pressburg bullían de actividad: una multitud de soldados eslovacos regresaba de la guerra. Un viento amargo agitaba los robles y abedules de la ciudad y el aire gélido del otoño presagiaba el duro invierno que estaba por llegar.

A Rosa, de cabello oscuro, no le quedaba mucha más alternativa que quedarse en casa, y no solo por el clima. A medida que la Gran Guerra se acercaba a su fin, el Imperio austrohúngaro se iba desmoronando y algunos soldados eslovacos que desde hacía mucho se sentían molestos con la vida bajo el control húngaro regresaban a Pressburg con una ira acumulada durante generaciones. Saqueaban tiendas y restaurantes del centro adoquinado de la ciudad. Los amotinados acusaban al Imperio austrohúngaro de tiranía y opresión, y asaltaban las cárceles militares para liberar a los reclusos, en su mayoría delincuentes comunes, para que se unieran a ellos en su lucha por la ciudad.

El vigésimo primer cumpleaños de Rosa llegó y pasó, con su fecha de parto inminente. Afuera, las tensiones iban en aumento. Los nacionalistas eslovacos no eran los únicos interesados en un estado independiente. Los alemanes étnicos, que desde hacía mucho tiempo eran una minoría en la región, ya soñaban con un «renacimiento nacional».

En toda Europa los antisemitas culpaban de todas sus desgracias a los judíos, antiguos chivos expiatorios de pérdidas y sufrimientos.

Algunos veteranos eslovacos coreaban «¡Abajo los judíos!» y acusaban a sus vecinos judíos de ser agentes provocadores, espías y agitadores para los magiares, los húngaros étnicos. Prendían fuego a las tiendas y negocios judíos de toda la ciudad. Entretanto, muchos magiares culpaban a los judíos de la derrota militar, mientras que otros los acusaban de lucrarse durante la guerra. Rosa, su esposo Vojtech y su hijo por nacer se contaban entre aquellos cuyas muertes se exigía por las calles.

El 10 de noviembre, Rosa dio a luz a una niña, Helen Zipora. Su familia la llamaría Hilanka, pero con el tiempo ella preferiría una abreviatura de Zipora, que significa «pájaro» en hebreo. Zippi, pronunciado «tsippi», evocaba movimiento, un nombre muy adecuado para un mundo cuyos contornos comenzaban a difuminarse.

Cuando Zippi tenía tres meses, las legiones checoslovacas, fuerzas voluntarias que habían luchado en la Gran Guerra y que estaban decididas a formar un estado unido, llegaron a Pressburg armadas con ametralladoras y bayonetas, y apuntaron a una multitud compuesta por socialdemócratas alemanes y magiares que se oponían a la nueva nación. Murieron siete amotinados.

Después de eso, las cosas mejoraron temporalmente.

Para el primer cumpleaños de Zippi, Pressburg ya no existía. Ahora la ciudad se llamaba Bratislava y formaba parte de un nuevo Estado independiente conocido como Checoslovaquia. Los alemanes y los magiares seguían siendo minorías y cada aspiración nacionalista, un ascua que ardía justo bajo la superficie de la ciudad. El Partido Popular Eslovaco, que anhelaba la autonomía eslovaca, continuaba teniendo influencia. De momento los judíos de Bratislava vivían en paz.

Una de las repercusiones más importantes de la nueva constitución fue que el checo pasó a ser el idioma oficial del país. Hasta entonces sus habitantes hablaban eslovaco y alemán. Zippi continuó hablando el alemán, su lengua materna, en casa, pero también dominaba el húngaro y el eslovaco y estudiaba francés y hebreo en el colegio.

Para Zippi, la infancia fue idílica. En los bochornosos días de verano se bañaba al sol en las orillas del Danubio y aprendía a nadar en las aguas de una piscina fluvial de treinta metros de largo junto a una playa de grava natural. En los meses más fríos hacía senderismo por los montes del Bajo Tatra y disfrutaba de paseos en barca a los pies del Castillo de Bratislava.

La familia de clase media de Zippi era pequeña en comparación con las de sus vecinos, que en muchos casos tenían hasta cinco o seis hijos. Aparte de sus padres, Zippi solo tenía a su hermano, Sam. Casi cuatro años menor que ella, el chico había nacido lleno de energía, con las entradas del pelo en forma de viuda, como su padre, y los ojos grandes y curiosos.

Su familia podría haber crecido más, pero cuando Zippi tenía seis años y Sam tres, Rosa enfermó. Los Spitzer se fueron de vacaciones a una ciudad balneario que estaba dos horas al norte de Bratislava, donde se creía que los manantiales naturales trataban las dolencias reumáticas, una categoría amplia en la que, en aquel momento, parecía encajar la enfermedad de Rosa. Con un traje de baño y el cabello oscuro recogido en dos moños apretados a lado y lado de la cabeza, Zippi se sentó en una orilla de arena y entornó los ojos ante una cámara. Era delgada y delicada, su sonrisa era tímida, casi una mueca, como si presintiera las tragedias que estaban por llegar.

Cuando la tuberculosis golpea, los síntomas iniciales pueden ser sutiles. Las víctimas pueden sufrir escalofríos y agotamiento. A veces experimentan dolores. No es hasta que escupen sangre que la enfermedad se manifiesta con demasiada claridad. A menudo quedan confinados a la cama, incapaces de realizar siquiera las tareas más pequeñas, exhaustos por el esfuerzo de dar unos pocos pasos por un cuartito.

Los Spitzer tenían pocas opciones a su disposición. Los antibióticos aún no eran viables. Sin embargo, en las tierras remotas de Europa del Este habían surgido los sanatorios, centros modernos donde institucionalizar a los enfermos y aliviar su dolor.

Así fue como Rosa, de veintiocho años, fue a un sanatorio especializado ubicado en un rincón de la pintoresca cordillera del Alto

Tartra. Allí, Rosa disfrutaría de aire fresco y una dieta nutritiva. Y lo más importante, aquel entorno evitaría que su enfermedad se propagara aún más antes de consumir a su huésped.

La enfermedad de Rosa hizo caer en picado a su familia. Vojtech estaba demasiado afligido para cuidar de sí mismo, mucho menos de sus dos hijos. Sam era demasiado pequeño para entender las repercusiones de la partida de su madre. Aun así, era imposible que no sintiera que le habían arrebatado algo enorme, que su vida ya nunca volvería a ser la misma. Zippi, por aquel entonces una niña precoz de seis años, estaba sola en lo que debió de ser un momento desconcertante y aterrador. No solo se había ido su madre, sino que su padre tenía dificultades para seguir adelante.

Sin embargo, en la Checoslovaquia de la década de 1920 era habitual que la familia extendida viviera cerca y ayudara a recoger los pedazos cuando golpeaba el desastre. Fue así como la familia directa de Zippi se fragmentó: la niña se mudó con sus abuelos maternos, al fondo del rellano del piso de su padre. A Sam, de tres años, lo enviaron a vivir con sus abuelos paternos a otro edificio. Y en un abrir y cerrar de ojos la pequeña familia de Zippi y Sam se dispersó, como cenizas por la superficie de un río.

En 1927, después de más de un año lejos de casa, Rosa sucumbió a la tuberculosis. La abuela de Zippi, Julia Nichtburger, intentó llenar el vacío lo mejor que pudo. Pequeña y discreta, Julia era una trabajadora incansable de labios finos y mejillas hundidas. Mientras aún lloraba la muerte de su hija mayor, decidió que se dedicaría al cuidado de su nieta. Lipot Nichtburger, marido de Julia y abuelo de Zippi, un anticuario local serio y ceñudo, dejó la crianza de la niña a su esposa. La pareja estaba acostumbrada a estar siempre ocupada y a tener la casa llena de gente, pero para cuando Rosa murió siete de sus hijos se habían marchado para formar sus propias familias y habían dejado el nido casi vacío.

Quedaba el más joven de los hijos, Leo, casi diez años mayor que Zippi, y que desempeñaría el papel de hermano suplente encantador. A los dieciocho años, Leo tenía una amplia red de amigos y pasatiempos. Sin embargo, también tenía planes para el futuro, planes que lo mantenían ocupado y que al final lo llevarían lejos de Bratislava y de su joven sobrina medio huérfana, que a los ocho años estaba aprendiendo a habituarse a la soledad.

A los treinta y cinco años, Vojtech, el padre de Zippi, era viudo, y esto no estaba bien. Al cabo de un año de la muerte de Rosa, Julia Nichtburger tuvo una conversación con su afligido yerno. Ya era hora de seguir adelante con su vida, le dijo, de encontrar una buena mujer y volver a casarse. Cada día era más viejo y quedándose solo no se hacía ningún favor ni a sí mismo ni a sus hijos. Julia había vivido suficiente como para saber que había que ser prácticos.

Vojtech se tomó las palabras de su suegra muy en serio. Sastre de lujo de orejas prominentes, llevaba el pelo engominado hacia atrás y el oscuro bigote cuidadosamente recortado. Al cabo de dos años de la muerte de Rosa, Vojtech volvió a casarse. En 1929 la pareja dio la bienvenida a un hijo; cuatro años después, darían la bienvenida a otro.

La familia volvió a reorganizarse. Sam, que entonces tenía casi siete años, se unió a la nueva familia de su padre. Los adultos acordaron que Zippi, de diez años, se quedaría con Julia y Lipot. Zippi, su padre y Sam volvían a estar bajo el mismo techo, pero en diferentes pisos del mismo rellano. Su relación nunca sería la misma. Mientras que Sam se sentía el intruso con sus dos medio hermanos pequeños, Zippi soportaba el dolor del abandono en solitario.

El mejor remedio, descubrieron los hermanos, era mantenerse ocupados.

Cada semana, los Nichtburger se reunían en la sala de estar de Julia para disfrutar de conciertos privados, siguiendo la *Hausmusik*, una tradición de origen alemán que era popular entre las familias intelectuales de Europa occidental. Un cuarteto de cuerda interpretaba operetas, un tío tocaba la mandola, otro la mandolina y un vecino la guitarra. Las composiciones que interpretaban iban desde la obra del austrohúngaro Franz Lehár hasta la del maestro húngaro Emmerich Kálmán.

Zippi quiso unirse a ellos. Tocaba el piano, pero era la mandolina lo que la deslumbraba. Tío Leo sugirió que la probara. Desde el instante en que acarició sus cuerdas, Zippi quedó prendada. La mandolina era compacta y perfecta para que los dedos de una intérprete menuda la tocaran, fácil de transportar y producía un sonido elegante, dulce y de una potencia sorprendente. Tío Leo le presentó a su profesor italiano, y Zippi, siempre perfeccionista, se entregó a la práctica. En cuestión de meses, el profesor había invitado a Zippi a unirse a su orquesta de mandolinas como la única niña entre adultos. La popular obertura de *Orfeo en los infiernos*, de Jacques Offenbach, una composición de arreglos sofisticados y solos sutiles que culminan en un cancán alegre y galopante, era una de sus favoritas. El conjunto sonaba en la emisora de radio local y actuaba por la ciudad y en localidades cercanas.

En invierno, la temperatura bajaba hasta menos un grado y una nube blanca descendía del cielo oscuro y cubría de nieve la ciudad. Mientras la comunidad judía desfilaba disfrazada por las calles para celebrar el Purim, tío Leo y Zippi salían de misión con sus mandolinas. Llamaban a las puertas de los amigos y tocaban canciones judías, una música que la orquesta de mandolinas nunca tocaría. Llevaban consigo una caja azul, algo habitual entre los judíos sionistas, para recolectar donaciones para la compra de tierras en Palestina. Para cuando regresaban a casa la caja estaba llena.

Eso no quiere decir que Zippi o su familia fueran unos judíos especialmente devotos. Habían crecido en la calle Zámocká, cerca de la plaza principal de Bratislava y no lejos del río Danubio. Si hubieran querido acudir a rezar, la sinagoga de la calle Zámocká, un templo morisco del siglo XIX, estaba a solo unos pasos calle abajo. Pero ni Sam ni Zippi se preocupaban de asistir a los oficios si podían evitarlo. Zippi se pasaba una vez al año para decir el *kaddish*, la oración del doliente, por su madre; Sam optaba por pasar los fines de semana jugando al fútbol.

Aunque la familia no era practicante, sí que era sionista. Tío Leo era un miembro devoto de Hashomer Hatzair, «joven vigilante», una organización sionista que contaba con unos setenta mil miembros entre Europa, América del Norte y del Sur y Palestina. El grupo había arraigado en Polonia tras la Primera Guerra Mundial, cuando muchos judíos laicos jóvenes se habían encontrado con trabas profesionales, educativas y sociales al intentar integrarse en la vida polaca. Consiguió relevancia tras una oleada de más de mil pogromos, masacres violentas dirigidas a grupos raciales o religiosos concretos, durante la guerra civil ucraniano-polaca de 1918 y 1919, en los que más de cien mil judíos murieron y otros seiscientos mil se convirtieron en refugiados.

Tío Leo presentó a Zippi y a Sam al grupo, cuya misión se había convertido en preparar a sus miembros para ir a Palestina. Pero a ninguno de los dos hermanos les interesaron las conferencias dogmáticas; no aspiraban a convertirse en líderes sionistas. Zippi y Sam estaban en el grupo por las excursiones al campo, por divertirse: los miembros hacían senderismo, practicaban deportes y estaban en contacto con la naturaleza.

Zippi llevaba una buena vida. Si bien echaba de menos a su madre y a menudo se sentía como una niña entre adultos, no veía conflictos, no sentía hostilidades y no conocía restricciones. De momento estaba a salvo y libre.

De adolescente, Zippi soñaba con ser botánica. Amaba la naturaleza y tenía una mente analítica. Julia le inculcó que podía hacer cualquier cosa que quisiera. Según su constitución, la nueva Checoslovaquia daba a las mujeres más igualdad política, social y cultural, y eso incluía un mejor acceso a la educación. Julia tenía la esperanza de que Zippi se beneficiara de libertades de las que la generación anterior nunca había disfrutado.

El mejor lugar para estudiar botánica era Moravia, donde la población estaba constituida en su mayoría por unos tres millones de alemanes de los Sudetes, alemanes étnicos que vivían en la región que se extendía a lo largo de la frontera del norte de Checoslovaquia. Durante años habían soñado con un estado nacionalista y cuando Hitler se convirtió en canciller, en 1933, cuando Zippi tenía catorce años, esos alemanes de los Sudetes abrazaron con entusiasmo el nacionalsocialismo y los temas antisemitas de los que el partido hacía proselitismo. La plataforma radical de extrema derecha del Partido Nazi de Hitler prohibió a los judíos la ciudadanía alemana y la participación en la prensa; se boicotearían las tiendas judías de toda Alemania y los judíos fueron excluidos de las universidades del país.

Así las cosas, estudiar botánica en Moravia era imposible para Zippi, y todo el discurso sobre nuevas libertades no era tan realista después de todo. En lugar de eso, Julia preparó a su nieta para el matrimonio. Zippi aprendió valerosamente a coser un botón, cocinar y limpiar. Pero ella nunca se conformaba con los conocimientos básicos. También se enseñó en bordado fino, dibujo y pintura.

Entonces, un día, se dio cuenta de cuál era su vocación. Zippi pasaba junto a la ventana de un taller cuando vio a una mujer diseñando letreros publicitarios. Intrigada, Zippi se detuvo, entró y preguntó por el propietario. Quería saber más sobre lo que estaba haciendo aquella mujer. Se enteró de que el taller hacía anuncios para cines, bancos, exposiciones y ferias comerciales. Sus empleados realizaban letras de vidrio y diseñaban letreros. Bueno, aquello sí que era emocionante. Zippi era hábil con las manos y le gustaba el arte. Había encontrado su carrera.

Sin perder tiempo, Zippi informó al propietario que sería su aprendiz. Trabajaría duro: estudiaría las herramientas, las combinaciones de colores, las complejidades del diseño y los patrones, y aprobaría los exámenes que hiciera falta. El hombre no tenía nada que perder, pero se negó. El diseño gráfico no era para mujeres, dijo. La mujer de la ventana principal era su esposa y era la única empleada que tenía.

A Zippi no le interesaban las estadísticas de empleados; ella quería aprender diseño gráfico, así que insistió.

Cansado, el dueño de la tienda le dijo que si aprobaba los exámenes la aceptaría como aprendiz.

Y fue así como, a los catorce años, Zippi abandonó la orquesta de mandolinas. Se centró en sus estudios y asumió varias tareas como aprendiz, trabajando con una modista y para el taller de moda local, donde pintaba anuncios y carteles. En tanto que mujer y judía, tenía dos puntos en su contra, pero Zippi sabía lo que valía. Exigía, y aparentemente le pagaban, salarios iguales a los de sus colegas masculinos. Con su sueldo, Zippi se daba el gusto de comprar una colección de zapatos y abrigos a medida. Se daba cuenta del peso que tenía la buena presencia y se vestía bien. Estaba decidida a tener éxito en su nueva carrera.

Bratislava, una de las ciudades más grandes de Checoslovaquia, rebosaba de posibilidades. Las familias de los pueblecitos agrarios cercanos enviaban a sus hijos a Bratislava para que se embarcaran en profesiones que iban desde barberos hasta médicos, pasando por maestras de guardería. Los viernes por la noche, Zippi tenía previstas cenas con estudiantes de fuera de la ciudad que se unirían a la comida familiar. Anhelaba tener discusiones interesantes, sobre todo con estudiantes de medicina que provenían del extranjero. Mientras que la mayoría de los judíos de Bratislava se ganaban la vida en los negocios y las finanzas, a Zippi la atraían los intelectuales y los artistas.

La propia Zippi, tras pasar tres años en un instituto público para niñas, continuó sus estudios en una clase avanzada de una institución mixta y acabó siendo la única estudiante femenina de la única escuela de artes gráficas de Bratislava. Aprendió una caligrafía intrincada para carteles y a hacer arte con vidrio. Estudió los matices del uso del diseño para transmitir mensajes. Se comprometió a aprender su oficio y se graduó como la mejor de su clase.

Entre sus estudios, su trabajo profesional y el cada vez más ocupado calendario de Hashomer Hatzair, Zippi tenía poco tiempo libre. No le interesaban las conferencias que organizaba Hashomer Hatzair sobre los revolucionarios Lenin y Marx y, si bien valoraba las clases sobre los aspectos prácticos de cómo defenderse en la naturaleza, que abarcaban desde cómo vivir en entornos comunitarios hasta cómo cultivar tierras en un ambiente semiárido desértico, la agenda socialista cada vez más ferviente del grupo no era de su agrado. En última instancia, su objetivo era enviar miembros a Palestina para trabajar en un kibutz y cultivar la tierra. Y, de hecho, en 1933, tío Leo partió hacia Palestina para trabajar en una plantación de naranjos. Ni Zippi ni Sam tenían intención de unirse a él. Su hogar, pensaban, estaba en Checoslovaquia.

El programa de conferencias de Hashomer Hatzair requería asistencia las noches entre semana y los domingos. Pero Sam soñaba con llegar a jugar al fútbol en la liga local algún día, y su práctica dominical no era negociable. Además, estudiaba diseño de interiores y hacía de aprendiz en el almacén de alfombras de otro tío. Estaba orgulloso de su trabajo. Con su tío, equipaba algunas de las instituciones arquitectónicas más renombradas de la ciudad, incluida la Sala de los Espejos, la sala más famosa del Palacio del Primado. Renunció a su afiliación a Hashomer Hatzair sin pensarlo mucho.

Zippi continuó siendo miembro pero con una advertencia: si le pedían que abandonara sus estudios y se fuera a Palestina, también abandonaría la organización. No veía motivo para abandonar Bratislava. Por no hablar de que Zippi no tenía intención alguna de destrozarse las manos con el trabajo agrícola. Sus manos eran su sustento. Y amaba su sustento.

Sin embargo, no tardaría mucho en empezar a preguntarse si había tomado la decisión correcta.

Más allá de su pequeño mundo, las cosas no iban bien. En Bratislava, las noticias sobre el ascenso al poder de los nazis se habían convertido en una parte inquietante de las emisiones radiofónicas diarias. En Breslavia, entonces ciudad alemana, a los abogados judíos no se les permitía acceder a los juzgados. Poco después, los jueces judíos fueron destituidos de sus cargos. Mientras tanto, un boicot incitado por los nazis contra los productos y negocios judíos se extendió por toda Alemania. En la puerta de las tiendas alemanas aparecieron carteles rojos que rezaban: «Negocio cristiano alemán reconocido». Otros letreros advertían: «Quien compra al judío apoya el boicot extranjero y destruye la economía alemana».

No contentos con incitar al terror económico, algunos alemanes nazis recurrieron a la violencia. Una noche, unos civiles armados con rifles sacaron a rastras de la cama y de casa a un respetado rabino de Múnich con el objetivo de someterlo a escarnio. Incluso los judíos estadounidenses que estaban de turismo en Berlín se convirtieron en blanco: a uno de ellos le obligaron a beber aceite de ricino hasta que se desmayó.

La mayoría de los judíos de Bratislava no podían creer que Alemania, una nación civilizada, fuera capaz de tales insultos y violencia. Pero las señales de advertencia se hacían cada vez más evidentes. Las leyes raciales de Núremberg, promulgadas en 1935, proclamaron que los judíos eran de una raza diferente y podían ser perseguidos por la ley. Tras esta declaración, Bratislava se convirtió en una puerta para los refugiados judíos polacos y alemanes que huían de una Europa cada vez menos hospitalaria. Los abuelos de Zippi acogían a refugiados para cenar y escuchaban, atónitos, sus aterradoras historias. Muchos se unían a Hashomer Hatzair, que los ayudaba a cruzar las fronteras, con la esperanza de llegar a la relativa seguridad de Hungría y conseguir alcanzar Palestina. En su mayoría fueron bien recibidos en los países vecinos de Alemania, pero a medida que crecía su número, esa bienvenida se fue desgastando. Muchos alquilaron barcos de vapor hacia Palestina, donde aspiraban crear un lugar seguro, un Estado judío. La experiencia de Zippi en las artes gráficas la habría convertido en la candidata perfecta para falsificar documentos para aquellos refugiados, pero si contribuyó a su huida de ese modo, no lo documentó.

Los brotes violentos estaban cada vez más cerca de casa; las tensiones étnicas que se habían ido gestando desde la creación de Checoslovaquia ahora brotaban hacia la superficie. Poco después del ascenso al poder de Hitler, cobró impulso el Partido Popular Eslovaco, un movimiento político nacionalista. El partido, dirigido por el sacerdote católico Andrej Hlinka, se había opuesto a la nueva nación de Checoslovaquia desde el principio. Rechazaba la idea de permitir que la historia y el idioma eslovacos fueran eclipsados por la cultura checa. A sus partidarios, principalmente católicos, les molestaba la inmigración de intelectuales húngaros y checos, muchos de ellos judíos. Veían la multietnicidad de Checoslovaquia como una amenaza, y sus inclinaciones antirreligiosas y socialistas como una aberración. Anhelaban un territorio eslovaco autónomo con sus propias tradiciones y sus propios valores.

Con el ascenso de Hitler, el Partido Popular Eslovaco pasó de ser una mayoría silenciosa a una agresiva. La retórica y la violencia antisemitas, que se habían confinado a pequeños pueblos del este, despertaron entonces en Bratislava. En 1936, los estudiantes estallaron en violentas manifestaciones antisemitas durante la proyección de la película folclórica judía *Le Golem*. Los manifestantes, armados con petardos y bombas fétidas, rompieron ventanas de casas judías y paralizaron Bratislava durante días, en una manifestación escalofriante de lo que estaba por venir.

Con esta nueva realidad incipiente, Sam se sintió atraído por la izquierda política y se involucró en trabajos de resistencia, que al principio denominó «cosas de poca monta». Distribuía folletos con información sobre actividades subversivas. Conocido por su espíritu aventurero y por ser un *enfant terrible* con las mejores intenciones, ayudaba a amigos de Hashomer Hatzair y a colegas del sindicato en el almacén de alfombras de su tío. Nunca hacía preguntas: cuanto menos supiera, mejor estaría, lo sabía, menos probabilidades habría de que lo torturaran para que revelara secretos si lo atrapaban.

Seguramente fue por aquel entonces cuando Zippi empezó a salir con Tibor Justh, un judío de Nitra, ciudad a unos cien kilómetros al este de Bratislava con una comunidad judía de larga tradición. Tibor era tres años mayor que Zippi y, a diferencia de ella, estaba involucrado en la política de la zona. Zippi presentó a Tibor a su hermano. Los dos jóvenes, ambos idealistas obstinados, encontraron puntos en común.

Una tarde, Tibor le preguntó a Sam si podía visitar el almacén de alfombras donde trabajaba Sam. Era un espacio grande y de fácil acceso, y Tibor quería saber si de vez en cuando algunos hombres podían pasar la noche en el trastero subterráneo. Sam no lo dudó.

A partir de entonces, cada noche alrededor de las diez, un grupo de jóvenes entraba en el almacén desde las oscuras calles y se iba al amanecer.

Mientras tanto, Zippi no levantaba la vista y trabajaba. Una instantánea de 1938 la capta sonriendo a la cámara con falda y tacones mientras está subida a una escalera de mano en la acera. Tiene las mangas remangadas mientras pinta letras en la ventana del Palacio Luxor de Bratislava.

Zippi pintando letras en las instalaciones del Palacio Luxor de Bratislava, 1938.

Cada día practicaba su habilidad, perfeccionaba su técnica. Acumulaba conocimientos sobre su oficio y lo anotaba en un cuaderno. Esperaba que esa experiencia la llevara a tener una carrera satisfactoria, una vida laboral en la que se abriera camino como mujer y como judía. En cierto sentido, tenía razón.

2
El fin de una era

Cuando David Wisnia era pequeño, comenzó una historia de amor con la ópera que duraría toda su vida. A los nueve años, luciendo su propio esmoquin, se dirigía a la estación de autobuses que había cerca de su casa, junto con sus padres y sus dos hermanos, para ir a la gran ciudad a visitar el Gran Teatro de Varsovia. Era un niño seguro de sí mismo, de cabello castaño oscuro corto, y estaba acostumbrado a vestir bien, a que las miradas se posaran en él.

Varsovia no quedaba lejos de la pequeña ciudad polaca de Sochaczew, donde vivía él —el viaje en autobús duraba menos de una hora—, pero bien podría haber sido otro mundo. Al principio, más allá de la ventanilla del autobús los cielos oscuros envolvían ciudades silenciosas parecidas a la suya. Los pueblecitos estaban rodeados de vastos campos verdes salpicados aquí y allá de vacas erráticas. Polvorientos caminos de tierra conectaban casitas de madera. Al fondo se extendían densos bosques de pinos y abedules.

Pero a medida que el autobús se alejaba hacia el este y después giraba ligeramente hacia el norte, el paisaje iba cambiando. El cielo se iluminaba con el resplandor de las farolas. Los edificios eran más altos que los de Sochaczew, pero aun así elegantes. Hechos de ladrillo y piedra, su arquitectura era elaborada, sofisticada. En Varsovia las vías y las calles adoquinadas estaban bien cuidadas. Las plazas estaban adornadas con fuentes de agua y parterres de flores. En octubre de 1935, el recién pavimentado Washington Boulevard se había convertido en la arteria de tráfico más grande de la ciudad y había llenado titulares en todo el mundo. Tranvías rojo sangre, carruajes tirados por caballos y Cadillacs abrillantados compartían las carreteras.

Varsovia era el centro cultural de Polonia, el autoproclamado «París del Norte». En sus rincones se escondían teatros estilizados e íntimas salas de espectáculos; músicos callejeros desperdigados que rasgueaban la guitarra y tocaban la armónica; mujeres sonrientes con vestidos arrugados y pañuelos descoloridos cubriéndoles el pelo vendían ramos de fragantes flores.

Allí, alojado en un majestuoso edificio neoclásico del centro de la ciudad, estaba el Gran Teatro, sede de uno de los escenarios más grandes del mundo. La ópera había sido renovada en 1933 bajo la dirección de Janina Korolewicz-Waydowa, una excantante que creía firmemente que bajar los precios era la mejor manera de salvar el teatro. El experimento funcionó; la asistencia se disparó. Cuando los Wisnia acudían a ella, los oídos entrenados de David se sintonizaban con los intérpretes, el tono de las contraltos y las sopranos, el rico vibrato que ondulaba por toda la sala. La mayoría de los cantantes eran polacos. Eran suficientemente buenos, pero a David no le parecían excelentes.

Y David quería ser excelente. Su padre, Eliahu, era aficionado a la ópera. Él y su esposa, Machla, habían incentivado a David para que apreciara la música desde pequeño, y con diez años ya memorizaba melodías con entusiasmo, leía libretos y cantaba. De los tres hijos de la familia, David era el mediano, y también el favorito, y él lo sabía. A veces le preocupaba que la atención de sus padres pusiera celosos a sus hermanos.

A los siete años, David dominaba el piano y era capaz de acompañarse cantando. La ópera era un segundo idioma. En su juventud, David había memorizado «E lucevan le stelle», un aria cargada de emoción de *Tosca*, la tragedia romántica de Giacomo Puccini. Soñaba con convertirse en un famoso cantante de ópera en Estados Unidos. Su convicción no hizo más que crecer cuando, hacia los ocho años, actuó en el mayor escenario de su corta carrera. En el escenario del Kinomeva, uno de los mayores cines de Sochaczew, David y su amiga de la escuela Sara Lewin interpretaron la canción hebrea «Shnei Michtavim» («Las dos cartas»), un poema operístico.

Narraba un intercambio de cartas entre una madre polaca y su hijo, que se había mudado a Jerusalén. Sara, siete años mayor que David, interpretaba el papel de su madre. En un estribillo evocador, madre e hijo luchaban contra el dolor de la separación: la madre en la diáspora y el hijo habiendo abrazado su nuevo hogar y decidido a hacerse una vida en Jerusalén. Con los ojos brillantes y la voz fuerte, David se aferró al momento, exultante. Sentía que allí era donde pertenecía.

Era 1934, aproximadamente un año después de que la Alemania nazi comenzara a promulgar sus leyes antisemitas y a difundir su propaganda, y Polonia y Alemania acababan de firmar un acuerdo de no agresión. Los dos países prometieron cooperar entre sí hacia la garantía de una «paz duradera». El poema «Shnei Michtavim», musicado por el compositor ruso Joel Engel una década antes, reflejaba el espíritu sionista que fluía entre los jóvenes judíos de Polonia.

Al terminar la actuación, el público se puso en pie y aplaudió. David y Sara estaban radiantes. No tenían forma de saber que nueve años después revivirían aquella canción, esta vez fuera del escenario y en un lugar muy diferente.

La vida hasta aquel momento había sido buena en Sochaczew, al menos para quienes disponían de medios para disfrutarla. Los Wisnia vivían en un edificio de tres plantas en la calle principal de la ciudad junto con los abuelos maternos de David. David y sus dos hermanos, Moshe y Dov, compartían habitación y sus abuelos ocupaban la planta baja. Su casa era de las pocas de la ciudad que tenían teléfono propio, lo que la convertía en una parada popular para amigos y vecinos.

Eliahu trabajaba duro para poder ofrecer lo mejor a su familia. Cada domingo iba en autobús hasta Varsovia, donde tenía una tapicería. Mientras tanto, Machla y su hermana Helen cuidaban de la casa y de los niños. De vez en cuando, David acompañaba al trabajo a su abuelo, fabricante de ataúdes. Escuchaba a su patriarca bromear con sus empleados, un puñado de hombres que con el paso de los años se habían convertido en amigos cercanos. David admiraba a su abuelo, un caballero, siempre elegante con su perilla característica, siempre con un cepillo en la mano para colocarse bien el pelo.

Los viernes Eliahu regresaba a casa para disfrutar de un oloroso festín de sopa de pollo con fideos caseros y albóndigas de matzá. Cada semana, David observaba cómo su tía Helen preparaba el plato y cortaba el pollo con amor. Además de ayudar con los niños, la tía Helen también hacía las veces de cocinera de la familia. Después de su tradicional cena de *sabbat*, David cantaba en el coro de la única sinagoga de la ciudad. Los sábados por la mañana volvía a cantar. David, el miembro más joven del coro, se había convertido en solista a los siete años.

Pero aunque David y su familia disfrutaban de una buena vida en Sochaczew, se veían obligados a mirar constantemente por encima del hombro. Ser judío en la Polonia de los años treinta era estar en un estado de inquietud permanente.

En este sentido, Sochaczew era bien representativa de lo que pasaba en las ciudades pequeñas polacas. Los aldeanos se burlaban de los judíos con el insulto despectivo *Jid*. Un policía local pegó a los niños judíos en una feria mensual donde los granjeros locales vendían vacas y caballos. A los compradores se los recibía con letreros que rezaban: «Si le compras a un judío, eres un perro». Las burlas y los ataques llevaban siglos ocurriendo de forma intermitente y en ocasiones explotaban en violencia homicida: los infames pogromos que, prácticamente de la noche a la mañana, podían provocar la devastación material y la muerte de muchos judíos polacos. Sochaczew había sido en su día predominantemente judía y tenía un centro jasídico, pero su población judía había disminuido porque muchos residentes emigraban a Varsovia o se marchaban de Polonia, a menudo a Palestina. Para la década de 1930, de los trece mil quinientos habitantes de Sochaczew, solo aproximadamente un cuarto eran judíos.

La primera experiencia antisemita de David había tenido lugar al empezar el colegio público, cuando tenía cuatro años. Se negó a arrodillarse durante las oraciones escolares. En el recreo, sus compañeros de clase le pegaron. Su padre lo sacó de la escuela esa misma semana y lo trasladó a una prestigiosa escuela privada, Yavneh, donde se impartían clases en hebreo y en polaco. Fue así como David entró en un mundo aislado dentro de la comunidad judía, una esfera protegida que nutriría su confianza en sí mismo y su deseo de actuar.

Para los Wisnia, la idea de mudarse de su pequeña ciudad polaca a Estados Unidos no era descabellada. Una de las hermanas de Machla, la tía Rose, se había mudado a Brooklyn con su esposo e hijos hacía años. Para David, eso significaba posibilidades. Y su querida tía Helen, que ayudaba a criarle, planeaba reunirse con su hermana mayor en Nueva York. ¿Por qué no podían ir todos?

El principal obstáculo era el padre de David. A Eliahu no le gustaba Estados Unidos, una tierra donde los niños no respetaban a sus mayores, se burlaban, y donde el dinero era dios. En Varsovia tenía un negocio sólido, una casa. Estaban cómodos. Solo los campesinos se marchaban de Polonia, le dijo a su hijo, aquellos que no tenían nada por lo que quedarse.

Aun así, David le suplicaba. Pese a que apenas había cumplido diez años, tenía la sensación de que el peligro acechaba. Sabía que en Polonia durante décadas se había marginado a los judíos económica y políticamente, pero sin duda la hostilidad hacia ellos se estaba poniendo al rojo vivo, y además había otras señales de advertencia. En 1936, los estudiantes de la Universidad de Varsovia organizaron huelgas de hambre exigiendo que se segregara a los judíos, un precedente que ya se había sentado en otros campus cercanos. David señalaba los rumores que circulaban, las emisiones radiofónicas que advertían de una guerra inminente. Incluso en Varsovia se hacían preparativos. Por la noche los funcionarios comprobaban si la ciudad estaba lista con sirenas y redobles de tambor. Apagaban las farolas y dejaban la ciudad a oscuras para «comprobar la disciplina de la población», informaban los periódicos.

Pero las discusiones de David con su padre no fueron a ninguna parte. En cambio, en 1937, cuando David tenía once años, Eliahu Wisnia trasladó a su familia a Varsovia, lo que ponía fin a su desplazamiento semanal. Los Wisnia establecieron su nuevo hogar en un piso grande y elegante de una cuarta planta de la calle Krochmalna, cerca de la tapicería de Eliahu. Estaban a pocos pasos de un enclave judío empobrecido compuesto principalmente por judíos tradicionales que hablaban yidis, comerciantes y zapateros. Sin embargo, los Wisnia evitaban hablar yidis, una lengua vernácula que los judíos adinerados consideraban una forma vulgar del alemán. Ahora los Wisnia hablaban casi exclusivamente polaco. En su escuela judía sionista privada, el Tarbut, David estudiaba tanto hebreo como polaco.

A pesar de todo, la carrera de canto de David seguía siendo una prioridad. Al principio actuaba en la sinagoga de Nożyk, una de las cinco congregaciones más grandes de la ciudad, que acogía a unos seiscientos feligreses. Pero Eliahu quería más visibilidad para su hijo. La Gran Sinagoga de la calle Tłomackie era una de las mayores de Europa. Su cantor, Moshe Koussevitzky, era un tenor talentoso que contaba con seguidores. David se unió a su tutela en 1938.

La Gran Sinagoga de Varsovia, donde David Wisnia actuó de niño.

Mientras su formación como cantante avanzaba, la esperanza de David de ir a Estados Unidos se volvía menos viable. Las cuotas estadounidenses para nuevos inmigrantes habían bajado hasta niveles récord. Durante décadas, los nativistas habían presionado al Congreso para protegerse contra una «invasión extranjera». Ya en 1924, una cuota de ascendencia nacional limitaba a los inmigrantes del sur y el este de Europa, así como a los de África y Asia. En la década de 1930, los nativistas se centraron en un nuevo lema: «¡Los niños de Estados Unidos son problema de Estados Unidos! ¡Los niños refugiados de Europa son problema de Europa!». Los estadounidenses aún se estaban recuperando de la Gran Guerra y el país luchaba contra una depresión. Una encuesta Gallup de 1939 reveló que la mayoría de los estadounidenses no querían más inmigrantes, y menos procedentes de Europa. Ese mismo año un senador de Carolina del Norte presentó un proyecto de ley que pedía detener por completo toda inmigración a Estados Unidos durante diez años.

La puerta a Estados Unidos estaba a punto de cerrarse de un portazo. Pero antes, la tía de David, Helen, consiguió llegar a Nueva York y reunirse con su hermana Rose justo a tiempo. Helen se marchaba a vivir el sueño, a solo unos metros del río Harlem, en el South Bronx, en el 750 de Grand Concourse. David memorizó su nueva dirección. Su cariñosa tía, la mujer que lo había cuidado desde su nacimiento, que se había pasado los viernes enseñándole cómo hacer su caldo especial de fideos, se había ido. Pero David mantenía la esperanza. Se repetía la dirección. Ya se reuniría con ella.

El jueves 31 de agosto de 1939, David celebró su bar mitzvá. Tenía trece años: según la tradición judía, oficialmente un hombre. Dirigió el oficio en su sinagoga y disfrutó de una pequeña celebración en la sala trasera del edificio. Se repartieron los refrigerios festivos típicos a los adultos, whisky y vino, y todo el mundo disfrutó del pastel, el pan challah y el arenque.

Tras eso, la celebración continuó en casa de los Wisnia. David miró alrededor de la abarrotada sala de estar y sintió la presencia de cientos de invitados que habían asistido en su honor para la ocasión. Se percató, maravillado, de que la comunidad judía al completo estaba allí para brindar por él. Saboreó la mermelada de naranja, reservada para ocasiones especiales, y los dulces, los pasteles, los chocolates. El día estuvo lleno de dulzura. El novio de la tía Helen, que se había quedado atrás al marcharse ella a Nueva York, le regaló su primer reloj. David estaba entusiasmado. Se estaba aventurando en una nueva etapa de su vida.

David Wisnia en su bar mitzvá el 31 de agosto de 1939.

En aquel piso de la calle Krochmalna el ambiente era festivo, pero abajo, en las calles de Varsovia, la atmósfera veraniega se hacía especialmente sofocante. Muchos polacos intentaban ignorarlo. ¿Quién en su sano juicio habría imaginado que Alemania atacaría a Polonia? En todo caso, los ingleses y los franceses protegerían a sus aliados polacos, o eso esperaban muchos en Varsovia.

Se habían publicado por toda la ciudad avisos de una «movilización general», y aquel día, el del bar mitzvá de David, Polonia finalmente dio el dramático paso de poner en marcha a sus tropas para prepararse para la guerra. Era innegable: la amenaza nazi se acercaba cada vez más a casa. Los hombres polacos de edades comprendidas entre veintiún y cuarenta años fueron llamados al servicio militar. El futuro de Polonia estaba amenazado.

En aquel momento, sin embargo, nada de eso importaba. David llevaba meses estudiando para su bar mitzvá. Había memorizado su parte de la Torá, había practicado sus lecturas y las había presentado a la perfección. Resultó que él y su familia estaban celebrando el fin de una era.

Cuando David se despertó a la mañana siguiente, la celebración y la sensación de euforia y orgullo que había tenido la noche anterior todavía estaban frescas. Le dolía el estómago; tal vez había comido demasiados dulces, pensó. Por la ventana oyó el sonido creciente de lo que parecía un enjambre de abejas enojadas. David se levantó para intentar ver de dónde venía aquel extraño zumbido. Sus hermanos aún dormían.

Fuera, David vio escuadrones de aviones plateados pasar velozmente en forma cerrada por el cielo fresco de la mañana. Corrió al dormitorio de sus padres y zarandeó a su padre hasta despertarlo.

Eliahu aún no estaba del todo consciente cuando David le contó lo que había visto. Aquellos aviones no eran polacos, subrayó David a su padre. Sabía qué aspecto tenían los aviones polacos.

Eliahu yacía con los ojos húmedos en su cama. Todavía estaba amaneciendo, la luz del sol apenas comenzaba a entrar por la ventana. Dentro de casa, el mundo seguía estando tranquilo, en paz.

David intentó transmitir la importancia de lo que acababa de ver hacía solo un momento, tan cerca. Polonia no contaba con aquel tipo de aviones, repitió, exaltado. Los aviones que había visto eran mucho más sofisticados. Eran extranjeros.

Pero Eliahu no se movió. «Vuelve a la cama», dijo. Solo son maniobras, entrenamientos de la fuerza aérea.

Era cierto, los días anteriores los pilotos polacos habían estado entrenando. Pero David sabía qué aspecto tenían sus aviones, y sabía que no eran como los que acababa de ver.

Tenía razón. Unas horas antes, tropas alemanas vestidas con uniformes del ejército polaco habían atacado una emisora de radiodifusión alemana de Gleiwitz y luego una ciudad fronteriza alemana del límite sur de Polonia. La BBC transmitió el supuesto ataque polaco en cuestión de horas. El engaño se utilizó para justificar la invasión alemana de Polonia.

A las 5.11 de aquella mañana, Hitler había hecho una proclamación que resonó en todo el mundo. Acusó al pueblo polaco de perseguir a los alemanes. Advirtió que la nación alemana «respondería a la fuerza con la fuerza».

Poco después de que Eliahu dijera a su hijo que volviera a la cama, las sirenas antiaéreas sonaron por toda Varsovia. Por un breve instante, la ciudad se volvió gris. La niebla y las nubes protegieron la ciudad de los repentinos ataques aéreos. Una nueva realidad se cernía sobre ellos: los Wisnia, los demás 1,3 millones de habitantes de Varsovia y el mundo en general.

3
«Iba de farol»

Se suponía que era un momento feliz.

Zippi y Tibor se habían prometido. Era 1938, el mundo se estaba desmoronando, la realidad perdía su forma y, aun así, ellos dos se atrevían a planificar un futuro juntos.

Entonces murió la abuela de Zippi, Julia. Fue una muerte en paz, sin complicaciones, a los setenta y dos años. Pero Julia había sido el punto de apoyo de Zippi, su seguidora más ferviente y su modelo a seguir. Le había enseñado tanto... Y ahora se había ido.

Al morir la madre de Zippi, once años antes, Julia había hecho ver a Zippi que la vida no se detenía para amoldarse a la pena, y que ella tampoco debía hacerlo. Julia, siempre alegre y curiosa, consumidora insaciable de libros y periódicos, siempre con ganas de aprender más, siempre ansiosa de incorporar nuevas caras a su vida, había transmitido todas aquellas pasiones a su nieta. Zippi la honraría. Seguiría adelante con su vida. Al menos Julia no tendría que ver cómo el prometedor futuro de Bratislava era dolorosamente desmantelado.

El ascenso de Hitler representaba una amenaza existencial para Checoslovaquia. Alemania había estado observando los Sudetes, territorio del norte de Checoslovaquia ocupado por unos 2,8 millones de alemanes sudetes. Ahora se había convertido en un pretexto para que Alemania cruzara de forma provocadora las fronteras de Checoslovaquia.

A diferencia de la mayoría de los países de Europa del Este, que habían cedido ante el fascismo sin apenas luchar, el gobierno checoslovaco no se movería. Cuando Hitler había intentado forzar a

Checoslovaquia a ceder el control de los Sudetes, el gobierno había respondido con un rotundo no. En cambio, cogió por sorpresa a Alemania movilizando a sus hombres de hasta cuarenta años. El ejército alemán se retiró. Aquel agosto, la revista *Fortune* se maravilló de que «el pequeño país de Checoslovaquia, un enclave democrático en el corazón de la autocrática Europa Central», se hubiera enfrentado a Hitler y hubiera evidenciado que Hitler «iba de farol». En septiembre, el primer ministro checoslovaco Jan Syrový, un general de cuatro estrellas, juró que su ejército, considerado una de las fuerzas más poderosas de Europa, «defenderá nuestras libertades hasta el final».

Pero el bastión no resistiría. A pesar de su potencia, el ejército checoslovaco no pudo contra la máquina de guerra de Hitler sin el apoyo occidental. No solo se encontró con el silencio, sino que de hecho también fue socavado: el 30 de septiembre de 1938, Alemania, Italia, Gran Bretaña y Francia firmaron el Acuerdo de Múnich, por el cual los Sudetes pasaban a estar bajo control alemán.

El general Syrový volvió a dirigirse a su nación, esta vez con el corazón roto. No tenía elección, dijo. Checoslovaquia era, después de todo, un «país pequeño» y en solitario no podía hacer mucho. El gobierno checoslovaco se rindió a las condiciones del Acuerdo de Múnich: los Sudetes se incorporarían a Alemania.

Envalentonado, Hitler empezó a allanar el camino para un estado eslovaco «independiente». La nación unificada comenzaba a desmoronarse; el presidente checoslovaco Edvard Beneš dimitió y huyó a París, dejando al general Syrový como el líder de facto del país. Una oleada de soldados checos y eslovacos huyó a otros países de Europa del Este, mientras que otros escaparon a Gran Bretaña.

La amenazadora nube del nazismo se acercaba, proyectando su sombra. Una a una, las libertades y oportunidades que habían brotado durante la vida de Julia serían arrebatadas. En noviembre de 1938, la Universidad de Bratislava echó a quinientos estudiantes judíos con la excusa de que eran «comunistas». Zippi se había sacado la carrera justo a tiempo. Con el título de diseñadora gráfica estaba lista para convertirse en la primera mujer de Bratislava en trabajar en ese campo.

Muchos judíos se habían negado a creer que las acciones horripilantes del pujante nazismo que se relataban en Europa del Este los alcanzarían a ellos. Pero el antisemitismo que había ido calando en la región durante siglos no hizo más que intensificarse. La persecución de los judíos había quedado reducida en gran medida a los pueblos pequeños, pero ahora los actos de terror y la propaganda se estaban extendiendo a metrópolis refinadas y cultas.

El sentimiento antisemita se propagó entre los eslovacos, muchos de los cuales se unieron ansiosamente a las filas de la Guardia de Hlinka, el ala miliciana del Partido Popular Eslovaco, una fuerza llamada así en honor al fundador del partido, el sacerdote católico Andrej Hlinka. El diario *The Slovak*, dedicado al Partido Popular Eslovaco, justificaba sus acciones: «Teníamos, y todavía tenemos, motivos no solo para mirar a los judíos con reserva y desagrado, sino que también podemos culparlos con razón de los fracasos y desastres que han traído a nuestra nación».

En las calles de Bratislava se respiraba la sensación amenazante de la Europa de la era de la Primera Guerra Mundial. Se destrozaban las tiendas judías. A las mujeres les aterraba salir solas de noche. Cada vez había más guardias de Hlinka por la ciudad: matones que parecían una versión de ópera bufa de los milicianos fascistas italianos y que deambulaban por las calles con uniforme negro, botas altas oscuras y sombrero en forma de barco con ribetes dorados y una borla. Una noche, un amigo de Zippi regresó a casa de una reunión de Hashomer Hatzair con la nariz ensangrentada tras una bronca con unos provocadores que le habían salido al paso por el camino. La vida judía y checa en Bratislava se estaba volviendo insoportable.

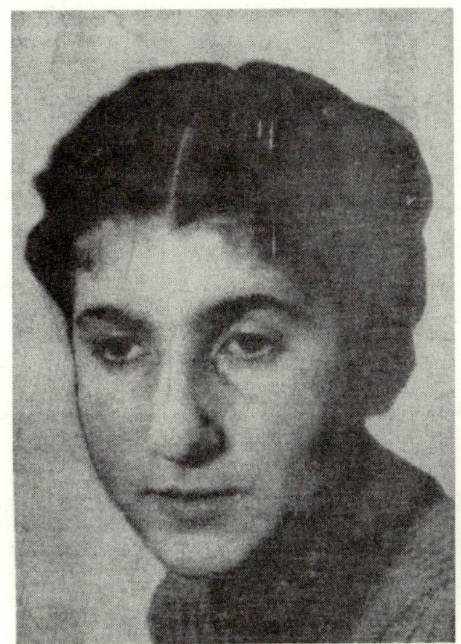

Zippi y Tibor Justh se hacían fotografías mutuamente como parte de su formación en artes gráficas y fotografía.

Zippi era la única mujer y la única judía que trabajaba en su prestigioso estudio alemán de doce personas. Pero el trabajo duró poco. Al ser judía, el estudio se vio obligado a despedirla.

Zippi fue encadenando una serie de trabajos extraños: enseñaba habilidades prácticas de diseño gráfico a judíos y pintaba placas de matrícula, letreros, carteles, anuncios y señales de calle. Aunque los judíos eran marginados de la sociedad, los diseñadores gráficos capacitados escaseaban y había demanda de ellos. Aun así, por mucho que trabajara y por muy buena que fuera en su trabajo, no podía escapar de su identidad judía y lo que eso significaba en aquel nuevo mundo.

En marzo de 1939, Eslovaquia declaró formalmente su independencia de Checoslovaquia. La nueva nación estableció un gobierno títere apoyado por el Tercer Reich y en apariencia encabezado por Jozef Tiso, el sacerdote católico que se había convertido en líder del Partido Hlinka tras la muerte de Andrej Hlinka en 1938. Checoslovaquia ya no existía. Beneš intentó formar un gobierno checoslovaco en el exilio en París, pero el gobierno francés se negó a reconocerlo. En su lugar, apoyó al embajador checoslovaco en Francia, Štefan Osuský, quien ya había establecido un ejército checoslovaco en París. Si bien ambos hombres querían una Checoslovaquia reunificada, Osuský tenía un programa más eslovaco que Beneš. En julio, tras la caída de Francia, Beneš restableció el gobierno checoslovaco en el exilio en Londres, donde fue reconocido por los Aliados, con Osuský como ministro.

Casi inmediatamente después del desmantelamiento de Checoslovaquia, los Spitzer perdieron su casa. La Guardia de Hlinka ordenó que los judíos se desplazaran al antiguo Barrio Judío. Los Spitzer dejaron atrás su piso y sus muebles, y se mudaron a una habitación compartida en un edificio en ruinas.

Mientras tanto, Sam asumió papeles más importantes dentro de su trabajo de resistencia. Ayudó a los voluntarios judíos de las Brigadas Internacionales, que habían viajado desde Palestina para luchar contra el fascismo en España en 1936 y no habían podido regresar a casa. La mayoría se había convertido en presos políticos en campos de internamiento próximos a los Pirineos. Escondía a refugiados dentro de grietas de los Pequeños Cárpatos, cerca de Bratislava, y distribuía alimentos y panfletos con actualizaciones desde la clandestinidad.

Con el aumento de las políticas y la violencia antisemitas, Palestina se volvió atractiva. Sam tuvo el impulso de comprar una bicicleta de carreras y un carnet de identidad falso y planeó viajar por Hungría, llegar como pudiera a Turquía y finalmente a Palestina, pero la bicicleta se rompió antes de cruzar siquiera una frontera. Él se lo tomó con calma y abortó la idea con la misma rapidez con que la había abrazado. En su lugar, intensificó su trabajo clandestino y se unió a la Obrana Národa, una organización de resistencia checa que hacía estallar dinamita en las carreteras para detener a los soldados alemanes que intentaban entrar en Eslovaquia.

Las «cosas de poca monta» en que antes estaba involucrado iban aumentando de tamaño.

El prometido de Zippi, Tibor, también desempeñaba su papel. Había sido conductor del regimiento antiaéreo del ejército checoslovaco y entonces redobló sus esfuerzos con el movimiento clandestino. Trabajaba tanto con soldados checoslovacos como con grupos juveniles judíos para oponer resistencia al fascismo. Se unió a una red secreta conocida como Misión Checa. Supervisada por el gobierno checoslovaco en el exilio, la operación tenía su base dentro del consulado francés en Budapest y trabajaba con una organización de refugiados polacos en Hungría. Proporcionaba a los refugiados y a los combatientes checoslovacos documentos falsificados y transporte para cruzar las fronteras y unirse a los Aliados. Además, Tibor trabajaba con miembros de Hashomer Hatzair y con checoslovacos no judíos. Tenía dos objetivos: librar a su país del fascismo y ayudar a los refugiados a huir a Palestina.

Aunque Zippi no estaba activamente involucrada en el trabajo de resistencia, entendía lo que estaba en juego. Tenía veintiún años: había tiempo. La boda podía esperar.

4
«Nadie los va a vencer»

Muchos de los habitantes de Varsovia hicieron las maletas para abandonar la ciudad tras la invasión alemana de Polonia. Los afortunados, quienes tenían carretas y caballos, llevaban cajones llenos de ropa. La mayoría simplemente cogía lo que podían llevar a cuestas. Otros se marcharon sin nada. Querían dirigirse hacia el este, donde tenían la esperanza de que las fuerzas alemanas no hubieran llegado todavía, pero una gran parte de ellos no logró llegar lejos. Las vías del tren habían sido destruidas; los trenes, los puentes y los coches se habían convertido en objetivos. Toda la región se había sumido en el caos. Desde su piso, los Wisnia oían el incesante fuego de artillería.

Una semana antes, la Alemania nazi y la Unión Soviética habían anunciado por sorpresa la firma del Pacto Ribbentrop-Mólotov, un compromiso de no agresión entre las dos fuerzas. Sin embargo, con ese pacto los líderes de ambos países también acordaron en secreto la división de Polonia y cada una estableció su propia esfera de influencia.

Si bien Hitler nunca tuvo la intención de cumplir su compromiso de no agresión, sí que tenía un objetivo en común con Stalin: deshacerse del judaísmo. Los enemigos de los soviéticos fueron sometidos a los gulags, una red de campos de trabajos forzados establecida por primera vez en 1918 por el líder bolchevique ruso Vladimir Lenin para aterrorizar a los opositores de la Revolución rusa. Con Stalin, esa red se expandió exponencialmente con el pretexto de acelerar la industrialización de la Unión Soviética. En regiones remotas, lejos de sus familias, los prisioneros étnicos y políticos trabajaban a destajo en proyectos de infraestructura en condiciones de frío extremo y con poca comida. La mayoría no duraba mucho. Algunos judíos creían que los métodos alemanes no podían ser mucho peores que los soviéticos.

La radio había sido durante largo tiempo un elemento fijo en casa de los Wisnia. Durante la primera semana de septiembre de 1939, transmitía una corriente constante de advertencias de ataques aéreos. Mientras tanto, cientos de aviones alemanes salpicaban el cielo y soldados alemanes asediaban las puertas de la ciudad. Una iglesia fue alcanzada durante una misa de domingo por la mañana. Aquella tarde, decenas de feligreses desconsolados se arrodillaron sobre los bancos de la iglesia destrozados, cubriéndose el rostro con las manos. El altar estaba roto, rodeado de cenizas y brasas, y no había techo sobre sus cabezas.

Varsovia estaba sitiada.

En las calles, voluntarios polacos construían barricadas en un intento de fortificar su ciudad, de prepararse para oponer algo de resistencia contra los alemanes que los rodeaban. Fuera de casa de los Wisnia, los niños llevaban máscaras improvisadas de algodón y gasa que cosían las madres, desesperadas por protegerlos de la inhalación de humo y polvo. Cayeron bombas en un hospital judío y los rabinos llevaron a los niños a unas trincheras antiaéreas que habían excavado los pacientes del hospital. «Podrías poner en hora el reloj según los bombardeos», dijo un fotógrafo británico a un reportero. Pero las ametralladoras antiaéreas de los polacos y sus intentos de resistencia no eran rival para la artillería alemana.

En septiembre bombardearon el Barrio Judío, justo cuando los judíos habrían celebrado el Rosh Hashaná, el Año Nuevo judío. Bajo los escombros se amontonaban edificios destrozados y partes de cuerpos retorcidas. Columnas de humo denso y gris se elevaban y obstruían la visión de la carnicería. Arrasaron manzanas de edificios; quienes habían pasado toda una vida en la ciudad ya no podían encontrar el camino a casa.

Un tercio de Varsovia quedó destruida.

Aquel primer mes bajo asedio, David y su familia permanecieron en casa durante las horas del día, cuando tenían lugar la mayoría de los bombardeos. A veces se escondían en el sótano o en un refugio cercano. La tierra bajo ellos temblaba y el edificio de al lado fue destruido, pero de alguna manera el piso de los Wisnia se mantuvo indemne. «Si logramos sobrevivir un poco más —se decían a sí mismos—, tal vez, solo tal vez, vengan a rescatarnos los británicos y los franceses».

Por la noche, David y su familia se sumaban a la búsqueda de comida. Hombres, mujeres y niños hambrientos deambulaban de refugio en refugio y formaban colas en la puerta de las panaderías. David hacía la cola del azúcar con el corazón agitado; los ataques aéreos y los bombardeos no parecían disminuir. El precio de los bienes básicos se había triplicado o cuadruplicado, y las provisiones de alimentos menguaban; aunque Eliahu había acumulado algo de arroz y azúcar, pronto se agotaría. El arroz dulce se convirtió en el nuevo alimento básico de la familia.

El 28 de septiembre de 1939 Varsovia se rindió. En la ciudad ardían unos quinientos incendios. En las últimas veinticuatro horas del asedio murieron más de tres mil personas. La ciudad, en su día reluciente, yacía entre cenizas.

Unos días después de la derrota, por la mañana temprano, Eliahu llevó a David y a su hermano mayor, Moshe, a ver el desfile de la victoria de Alemania. David vio a los hombres marchar al ritmo de los tambores con la ametralladora apoyada en el hombro; alzaban las piernas al unísono, derecha, luego izquierda, levantando polvo con sus botas de cuero. Los soldados que llevaban casco montaban unos caballos altos y bien alimentados, y saludaban a su Führer, cuya mirada estoica no vacilaba mientras observaba, satisfecho de sus fuerzas. Oleadas de vehículos blindados, tanques y artillería pasaban en formación mientras los aviones sobrevolaban la escena. Los polacos asistían desde los márgenes.

—Nadie los va a vencer —dijo David.

—¿Qué dices? —respondió Eliahu ante el comentario de su hijo—. Inglaterra es poderosa.

Solo el tiempo lo diría.

Entretanto, se apartaron la metralla, los fragmentos de vidrio y los edificios destruidos. La violencia más evidente terminó. Y empezó una nueva fase de terror.

Para quienes no habían perdido a nadie, que no habían tropezado con cuerpos que había en el suelo bajo ellos, cuyas casas no habían sido completamente destruidas, la vida pasó a una nueva rutina que casi se parecía a la normalidad. Los colegios públicos estaban prohibidos para los judíos, pero David regresó a sus clases privadas. Su padre volvió al trabajo.

David veía letreros en alemán y polaco dirigidos a los judíos: OS TRATAREMOS COMO A TODOS LOS DEMÁS POLACOS SI DEJÁIS DE ENGAÑAR A VUESTROS VECINOS, MENTIR Y PROPAGAR PIOJOS Y EL TIFUS. David estaba confundido. No conocía a nadie que tuviera piojos, ni sabía nada de vecinos que engañaran. A medida que las fuertes críticas contra los judíos se fueron intensificando, David empezó a no salir de casa a menos que fuera necesario.

Pero los judíos ya no estaban a salvo ni siquiera en su propia casa. Los oficiales de las SS aparecían en la puerta de los judíos ricos para quitarles los muebles. Hacían redadas nocturnas aleatorias en hogares judíos. A punta de pistola, ordenaban que se les entregara el dinero y las joyas. Aparecían carteles en los postes de la calle y en los escaparates: JUDÍOS, PIOJOS, TIFUS. Su mensaje estaba claro: los judíos eran una amenaza para la salud pública. Les empezaron a restringir zonas de la ciudad; de repente, varios parques, tiendas y calles les estaban prohibidos. Para finales de septiembre, determinados tranvías estaban designados «SOLO PARA JUDÍOS».

El 12 de octubre de 1940, unos altavoces recién instalados en los postes de la calle por toda la ciudad cobraron vida con un anuncio: Varsovia iba a ser dividida en tres barrios, el alemán, el polaco y el judío. Todos los residentes, salvo los alemanes, tenían hasta fin de mes para mudarse al barrio que les había sido designado. Tendrían que dejar atrás todo lo que no pudieran llevar consigo.

Habían pasado trece meses desde el bar mitzvá de David. El Gran Teatro, donde una década atrás su familia y él habían disfrutado cautivados por la música, ahora era un montón de escombros. Sus sueños de cantar ópera en Estados Unidos empezaban a parecer un cuento de hadas, un deseo pasado.

Varsovia era una ciudad al borde del abismo. Polacos y judíos abarrotaban las calles de adoquines. Sin aliento, empujaban carritos y carretillas por las calles, llevando consigo lo que podían. «El hogar» era un objetivo en movimiento. En cualquier momento cambiarían los límites, les requisarían los pisos, un nuevo decreto de expulsión exigiría que se marcharan apresuradamente. Preparados para mudarse, se aferraban únicamente a lo esencial. El resto, lo que quedaba atrás, era botín para los alemanes. Mesas, sillas, camas, ropa de hogar, y en ocasiones álbumes de fotos, se convirtieron en reliquias abandonadas de vidas pasadas.

En octubre de 1940, durante un periodo de dos semanas, ochenta mil polacos cristianos fueron obligados a abandonar sus casas para dejar espacio a los ciento cuarenta mil judíos a los que se había ordenado trasladarse a ellas. Aquello se convirtió en la recién designada zona de cuarentena de Varsovia, el Barrio Judío. El área ocupaba unas cuarenta hectáreas, aunque su tamaño fluctuaría y acabaría abarcando cerca de ciento cincuenta y dos hectáreas de espacio residencial. El gueto estaba delimitado por muros de tres metros coronados con alambre de espino.

David y su familia no tuvieron que mudarse porque ya vivían dentro de los límites del gueto. Sin embargo, pasaron de ser siete a ser el doble. Acogieron a una tía, a un tío, a dos bebés y a otra familia.

Para entonces, Varsovia, en su día una ciudad brillante, de música y belleza, se había transformado en un montón de suburbios cerrados con barreras. Cada día se levantaban nuevos muros. Los residentes se preguntaban si las puertas del gueto se quedarían abiertas. ¿Podrían salir y visitar otros barrios, ir a sus puestos de trabajo fuera de la zona? ¿O quedarían acordonados y aislados? Nadie lo sabía. David siguió yendo a clase dentro del gueto, pero no podía continuar cantando en el coro de la Gran Sinagoga: habían clausurado el templo y este se había convertido en un depósito de muebles saqueados.

El padre de David, Eliahu, se aferró a las riendas de su negocio tanto tiempo como pudo, pero no pudo evitar que los alemanes acabaran arianizándolo y a él lo dejaran sin trabajo. Desesperado por encontrar un sustento, Eliahu buscaba comida extra que pudiera llevar a casa para sus tres hijos en crecimiento, su esposa y sus suegros.

Pero Eliahu era ingenioso. Descubrió que había oficiales alemanes que no estaban tan resueltos a matar judíos como otros. Eliahu se congració con uno de aquellos alemanes menos amenazantes. De joven su padre le había enseñado carpintería y ahora le dijo a un sargento de la *Luftwaffe* que era carpintero y que estaba dispuesto a ofrecer sus servicios. La *Luftwaffe* era la fuerza aérea de la *Wehrmacht*, las fuerzas armadas de Alemania. Si bien Hitler era su comandante en jefe, los soldados de la *Wehrmacht* no necesariamente eran miembros del Partido Nazi (oficialmente el Partido Nacionalsocialista Alemán de los Trabajadores).

El sargento le dio a Eliahu trabajo en el Aeropuerto de Varsovia-Okęcie, un aeródromo para el ejército alemán. A partir de entonces, un camión alemán llevaba y traía a Eliahu del trabajo tres veces por semana. A cambio, regresaba a casa con más pan y patatas. Durante un tiempo, eso salvaría la vida de su familia.

David, que en 1940 era un chico de catorce años alto y de pelo claro, hacía todo lo posible por echar una mano. Cuando no estaba en el colegio se ofrecía como voluntario para hacer chapuzas, rondas con una escoba, barrer el polvo del gueto; otros días fregaba. Así podía llevar a casa más sobras de comida. Y al mantenerse ocupado conseguía evitar el cuerpo de élite de los nazis, conocido como la *Schutzstaffel* («escuadrón de protección»), las SS.

En 1925, Hitler había creado las SS, un grupo selecto de nazis que habían jurado lealtad al mismo Führer. Sus miembros seguían a Hitler y a figuras de alto rango del Partido Nazi a mítines y hacían de guardaespaldas personales. Sus responsabilidades crecieron, tanto en la campaña como en la recopilación de información, y empezaron a estar cada vez más interconectados con el Partido Nazi. Se formó un sistema jerárquico y Heinrich Himmler, un granjero de pollos flaco, con gafas y de aspecto débil, ascendió a través de funciones en la campaña política y en la recopilación de información. En 1929 fue ascendido a líder nacional de las SS. En sus manos, las SS se convirtieron en una bestia polifacética. Para 1940 controlaba los principales vehículos nazis para ejercer el terror, incluida la Gestapo, la policía secreta que aterrorizaba a los llamados enemigos del Reich, así como los campos de concentración y exterminio. Las SS también tenían su propio brazo militar: las *Waffen-SS*, que trabajaban en paralelo con la *Wehrmacht*.

Himmler también creó la Oficina de Raza y Asentamiento de las SS, cuyas funciones incluían entrenamiento ideológico para los miembros de las SS, investigación de las nuevas incorporaciones y filtrado de cónyuges de los oficiales de las SS según criterios raciales. Se evaluaba a los numerosos aspirantes en función de características físicas, incluido el color de ojos, las medidas corporales y si cumplían con el requisito de linaje nórdico. Básicamente, los miembros de las SS se convirtieron en guardianes de la raza alemana, autorizados para tiranizar, y en última instancia eliminar, al impuro, al infrahumano. La mayoría de ellos disfrutaba del deber.

En su mayor parte, las SS y la Gestapo gobernaban en el gueto de Varsovia, pero lo hacían junto con oficiales de la *Wehrmacht* y de las SS y la administración civil alemana. Para la organización, las SS nombraron un *Judenrat*, o Consejo Judío, que básicamente haría de intermediario entre las SS y los judíos. Los *Judenräte* eran responsables de ejecutar las directivas de las SS, a menudo decretos discriminatorios y crueles dirigidos a su propia comunidad. Los *Judenräte* también organizaban el mantenimiento del gueto, controlaban a los judíos y movilizaban la mano de obra judía.

Con todo, los soldados alemanes y las SS seguían estando en el lugar, atormentando a los judíos. A veces elegían a judíos al azar para realizar trabajos manuales extenuantes. Algunos tenían que cargar grava en camiones o construir muros. En lugar de ganar alimentos, recibían golpes con porras de goma.

Las calles cada vez estaban más concurridas. A cada día que pasaba llegaban carros llenos de familias procedentes de cerca y de lejos: ciento cincuenta judíos de Berlín, unos cuantos de provincias vecinas. Los recién llegados se apretujaban en pisos que ya estaban atestados. Las colas serpenteaban por las calles delante de las pocas tiendas que todavía vendían pan. Hombres, mujeres y niños regateaban para conseguir comida.

El 16 de noviembre de 1940, un *sabbat*, el gueto se cerró oficialmente. Siguieron el pánico y la agitación. En cada esquina del gueto pusieron guardias que exigían identificación y decidían quién podía cruzar las puertas. Los guardias alemanes aprovechaban la oportunidad para molestar a los peatones. De camino al colegio, David veía a los nuevos guardias de las SS reírse mientras ordenaban a unos ancianos judíos que hicieran flexiones y gimnasia, o que cantaran y bailaran para entretenerlos. Los miembros de las SS tenían pistolas y porras, y estaban ansiosos por usarlas; los judíos ya no tenían más que su hambre y sed, y hacían lo que se les mandaba.

Un día, las tiendas del Barrio Judío se quedaron sin pan ni productos alimenticios; además, les cortaron el suministro de alimentos procedentes de otros barrios. Los cristianos caritativos cruzaban para pasar pan de contrabando para sus amigos judíos. Uno que se atrevió a lanzar un saco de pan por encima de un muro fue asesinado en el acto. Los Wisnia, como todos los residentes del gueto de Varsovia, dependían del racionamiento, por lo general de unas ochocientas calorías diarias por persona compuestas de patatas y pan. Los cuerpos se iban haciendo más pequeños, más débiles, hasta que dentro de ellos desaparecía la vida.

Un año antes se había aprobado una normativa que exigía que los judíos de diez años en adelante llevaran en la manga derecha un brazalete blanco con la estrella de David. La estrella debía tener al menos diez centímetros de ancho y ser visible en la distancia. Quienes incumplieran la normativa serían encarcelados. A quienes llevaban el brazalete sucio o arrugado se los multaba. En los quioscos de la calle de los Wisnia vendían los brazaletes obligatorios.

David llevaba el suyo con orgullo, desafiante.

Para enero de 1941, el gueto ocupaba el 2,4 por ciento de Varsovia y albergaba el 30 por ciento de la población de la ciudad. Las condiciones que había en aquel espacio congestionado llevaban a actos de desesperación, a afectaciones propias de manicomio. Al quedarse sin opciones, las familias con niños esqueléticos imploraban alimentos frente a los juzgados. Un hombre murmuraba chistes y dichos ingeniosos a cambio de comida o dinero. Otro cantaba mientras su esposa empujaba un cochecito por las estrechas calles y recolectaba donaciones. Los habitantes del gueto se convirtieron en profesionales del contrabando de alimentos: niños intrépidos vestidos con harapos, jóvenes desafectos que ya no tenían nada que perder aprendieron a distraer a los guardias alemanes y polacos para entrar y salir a hurtadillas por las puertas.

Vendedores ambulantes y residentes del gueto en el gueto de Varsovia, 1941.

El gueto se estaba convirtiendo en una trampa mortal, y no solo por los disparos que acababan con muchas vidas al azar. El hambre era un gran asesino. El tifus, al principio una excusa inventada para aislar a los judíos del resto de la ciudad, pasó a ser una realidad por culpa de las condiciones de hacinamiento y falta de higiene. Las calles apestaban a enfermedades humanas y desperdicios. Con los refugiados que fueron transportados a Varsovia desde las provincias exteriores llegó un brote de piojos. Un invierno especialmente severo remató la pesadilla en la que se había convertido la vida.

Se volvieron habituales las incursiones aleatorias. Ver una limusina negra en cualquier momento del día o de la noche era mal asunto. A menudo, un oficial de la Gestapo llenaba la limusina de blancos humanos a los que disparar en el centro de la ciudad. Las familias se despertaban con fuertes golpes en la puerta de su casa seguidos de figuras que agitaban rifles y porras. La presa, acabada de despertar, aturdida y desorientada, era arrastrada a la calle y ejecutada. Los disparos formaban parte del telón de fondo de la ciudad.

Una mañana, David se despertó y descubrió que su hermano mayor, Moshe, había huido sin previo aviso para que su familia tuviera una boca menos que alimentar. Moshe se había ido a Otwock, un pequeño pueblo a menos de veinticinco kilómetros al sureste de Varsovia, donde vivía un tío suyo. Cuando las cosas eran normales, la familia disfrutaba de sus vacaciones de verano en Otwock. Ahora solo podían esperar que Moshe hubiera pasado inadvertido en su huida. Los intentos de fuga fallidos implicaban un tiro en el acto.

5
El Código Judío

Era inútil que Zippi intentara estar al tanto del paradero de Tibor. Ahora incluso tenía un nombre de guerra: Jusek. Había cruzado la frontera de Eslovaquia a Hungría y había llegado al consulado francés en Budapest. Estaba trabajando con agentes checos para facilitar los cruces de frontera clandestinos de Eslovaquia a Hungría, pero asimismo ayudaba a hombres a unirse a la Legión checa o a escapar a Yugoslavia. Y no solo eso, también dirigía una red de contrabando que transportaba judíos checos a Palestina.

De modo que Zippi no tenía forma de saber dónde estaba hasta que recibió noticias: Tibor había sido detenido.

La policía húngara hizo la detención en julio de 1940 en Stuhlweissenburg, una importante estación de enlace del centro de Hungría. Lo acusaron de organizar cuarenta transportes de refugiados y de acompañar a veinticinco de estos, cada uno de ellos con entre tres y doce refugiados.

Su trabajo había sido fructífero, pero había llegado a un final rotundo. En noviembre la policía húngara entregaría a Tibor a los alemanes.

Las noticias de la clandestinidad viajaban rápido. Probablemente no pasó mucho tiempo antes de que Zippi se enterara de su detención, pero no había nada que pudiera hacer por su prometido. Estaba fuera de su alcance. Era la tercera vez en su corta vida que experimentaba la pérdida de alguien a quien amaba. Aun así, probablemente se aferró a toda esperanza de que él regresara a ella, de que se casaran, de que la vida volviera a encarrilarse. ¿Qué más podía hacer?

En 1941, Eslovaquia promulgó lo que llegó a conocerse como el Código Judío, inspirado en las leyes raciales de Núremberg que Alemania había desarrollado y extendido a sus territorios ocupados. Aquellas leyes, en constante evolución, explicaban lo que significaba ser judío. En aquel momento, un judío era definido como alguien de la fe judía: en Eslovaquia todavía no se los consideraba una raza.

Los negocios judíos de Bratislava se arianizaron, es decir, se hicieron cargo de ellos eslovacos y alemanes. Sam conservó su trabajo en el almacén de alfombras formando a nuevos trabajadores, pero su salario se redujo casi un 90 por ciento. Al menos tenía un salario, pensó; su tío, el propietario judío, había sido reemplazado por un miembro eslovaco del Partido Hlinka y se había quedado sin trabajo.

Durante meses, Sam trabajó sin incidentes.

Entonces, en una tarde de enero de 1942, el trote estruendoso de botas negras y la patada en la puerta llamaron la atención de todos en el almacén. Los guardias de Hlinka irrumpieron, pistolas y porras en mano. Cogieron a varios trabajadores, Sam entre ellos.

Resultó que los hombres a los que Sam había dejado dormir en el almacén a petición de Tibor eran antiguos oficiales checoslovacos enviados a Londres, o a veces a Palestina. La mayoría esperaba organizarse y formar parte de la resistencia checoslovaca contra los alemanes fascistas y los eslovacos. Es posible que Sam no lo supiera, pero probablemente los Hlinka sí. ¿O lo habían cogido debido a sus panfletos, o a su trabajo con refugiados, o a cualquiera de sus otras actividades? Los documentos oficiales de los servicios secretos del nuevo régimen indicaban que había sido detenido por ocuparse en actividades comunistas ilegales.

Los guardias querían nombres. En la comisaría escupieron preguntas: ¿quiénes eran los otros resistentes?, ¿con quién estaba trabajando Sam? Cada vez que él respondía «No lo sé», le pegaban.

Aun así, Sam mantuvo la boca cerrada. Tras horas de palizas, se rindieron y lo tiraron en una celda. Fue designado preso político.

Aquel día la Guardia de Hlinka había organizado una gran redada en toda la ciudad. Cientos de miembros de la resistencia fueron arrestados junto a Sam. En su foto policial, Sam lleva una chaqueta oscura arrugada y una camisa con cuello. El delgado joven de veinte años parece atormentado, abatido.

Foto policial de Sam Spitzer después de que la Guardia de Hlinka lo detuviera por actividades de resistencia.

La noticia llegó a Zippi. Ahora tanto su prometido como su hermano habían desaparecido. A Sam al menos no lo habían encarcelado los alemanes. Todavía estaba en la ciudad, en Bratislava, junto al juzgado, entre rejas.

Sam tuvo relativa suerte: a diferencia de la mayoría de los judíos, como preso político estaba protegido del traslado a campos de concentración o de trabajo. La tarea que le encomendaron en la cárcel fue pegar papeles de cucuruchos de helado. Si hacía bien su trabajo, ganaba dos rebanadas extra de pan. Encantador y carismático como era, a Sam no le costó hacerse amigo de prisioneros y guardias, a algunos de los cuales incluso persuadió para que difundieran los últimos boletines de noticias en sus radios. De ese modo la inteligencia de la resistencia viajaba aún más rápido dentro de la cárcel.

Las noticias nunca eran buenas. Los eslovacos querían deshacerse de sus judíos y los alemanes querían mano de obra, así que las dos naciones idearon una solución satisfactoria para ambas: Eslovaquia organizaría un transporte masivo a campos de trabajo dirigidos por los alemanes. Pagaría a Alemania para que se quedara con los judíos que ella no quería. La suma era descrita como «tarifa de colonización».

Sam se enteró de la noticia en la cárcel. Estaba seguro de que los presos políticos serían de los primeros en partir. Se equivocaba.

Febrero de 1924 llegaba a su fin y Bratislava se estaba recuperando de una tormenta de nieve cuando aparecieron unos carteles en los quioscos de toda la ciudad. Los letreros eran grandes, en negrita: todas las chicas y mujeres judías de Bratislava que estuvieran solteras y fueran menores de cuarenta y cinco años tenían que dirigirse a un lugar designado con no más de cincuenta kilos de equipaje. Debían presentarse dentro de cuatro semanas, el 21 de marzo. Si no se presentaban voluntariamente, se cogería a sus padres en su lugar.

Los rumores suplían la falta de datos; las familias comparaban notas. Cuando Zippi se enteró de lo que había tras aquella orden, quedó atónita: su gobierno había hecho un trato para venderlas a los alemanes como ganado. Darse cuenta de que su país la veía como una mercancía fue un golpe duro.

A los veintitrés años, Zippi estaba perdiendo todo y a todos los que amaba. Lo único que le quedaba era su trabajo, y su padre y su nueva familia. Decidió que haría aquel sacrificio por ellos. Dejaría atrás su trabajo, su ciudad, toda su vida. Se entregaría.

Quizá dejar Bratislava no fuera tan malo, se decían las mujeres. Se les informó de que trabajarían en los campos del norte de Eslovaquia. El trabajo duraría solo un par de meses.

La excusa parecía plausible. O al menos eso quería creer Zippi.

Pocos días antes de tener que presentarse para ser deportada, Zippi se enteró de que podría evitar el transporte sin poner en peligro a la familia de su padre. Las iglesias de varias órdenes, desde protestantes hasta católicas y ortodoxas griegas, ofrecían conversiones masivas a los judíos, a menudo a cambio de dinero. En realidad no significaría nada, razonó Zippi, no sería gran cosa. Ella sabía quién era: la conversión sería una mera transacción.

Por lo general, el proceso simplemente implicaba participar en un bautismo a gran escala. La práctica se hizo tan común que el periódico nazi eslovaco *Der Grenzbote* informó de que los pastores y sacerdotes que continuaran bautizando a los judíos recibirían un castigo severo. De todos modos, aquello no ayudaría: según las leyes raciales de Núremberg, cualquiera que tuviera tres o cuatro abuelos judíos era considerado judío. «Un judío sigue siendo judío aunque lo bauticen cien obispos», se dijo que había afirmado el presidente eslovaco Jozef Tiso, sacerdote católico romano.

En el último momento, Zippi intentó aún otra táctica. Su nuevo jefe, un alemán, preparó una carta oficial solicitando una exención que excusara a Zippi del transporte. Pero al final se impuso la burocracia: a Zippi le dijeron que recogiera la carta el lunes a las nueve de la mañana, una hora más tarde de cuando tenía que presentarse en el punto de reunión. Aquellos sesenta minutos marcaron la diferencia. No podía arriesgarse a llegar tarde.

Se le había acabado el tiempo.

Pensó en lo que les había dicho el gobierno eslovaco, que aquella situación sería temporal. Tres meses, habían asegurado. Las mujeres cumplirían con su deber patriótico y luego volverían a su vida de siempre. Zippi fingió creer que aquello era verdad.

Tenía que ir a Patrónka, una estación de enlace llamada así en honor a una antigua fábrica de balas, un siniestro presagio de lo que les esperaba.

Zippi llegó a Patrónka con multitud de mujeres y niñas vestidas con faldas y abrigos hechos a medida, cada una de ellas con maletas que pesaban hasta cincuenta kilos con sus enseres de valor más esenciales. Zippi se había vestido estratégicamente. Llevaba sus queridas botas de montaña Goiserer hechas en Austria: resistentes y prácticas. Había elegido un abrigo de lana confeccionado a medida y unos guantes de abrigo, y un turbante de angora verde oscuro le cubría el pelo. Completaban el conjunto una falda y un jersey. Las primeras impresiones eran importantes.

A sus veintitrés años, Zippi era una de las mayores en aquella multitud, pero el rango de edad era estrecho; casi nadie tenía menos de dieciséis años. Estaban de pie junto a un edificio que parecía un barracón militar, rodeadas de guardias de Hlinka que les ordenaban que no hablaran entre ellas. Muchas de las mujeres habían llegado vestidas con sus mejores ropas, con la permanente acabada de hacer, a todas luces esperando que aquel inconveniente terminara pronto. Pero en la puerta del edificio los guardias les quitaron el bolso, el documento de identidad, el dinero y las joyas. A una mujer le arrancaron las gafas de lectura del puente de la nariz.

Zippi se aferraba a su posesión más preciada: una especie de libro de texto. Era el cuaderno que había llenado con notas de clase sobre combinaciones de colores, fórmulas y métodos para mezclar colores y conseguir diversos efectos. Con escritura meticulosa explicaba cómo montar arte, cómo perforar y cómo seleccionar herramientas. Aquello era su biblia, un cuaderno que encerraba conocimiento acumulado durante años de estudio diligente, páginas que hojeaba a diario.

Los guardias de Hlinka se lo quitaron, junto con sus otros libros, el dinero y los documentos de identidad. ¿Qué iba a hacer el guardia con sus notas, con sus libros? Daba igual; ya los había perdido. Tendría que fiarse de su memoria.

Las campesinas eslovacas esperaban su turno con las mujeres judías. Las habían instruido para palpar en busca de contrabando. Cuando llegó el turno de Zippi, no perdieron el tiempo. Le apartaron la falda y Zippi sintió unas manos gruesas y desnudas dentro de la vagina, dentro del ano.

Las mujeres judías tendrían que acostumbrarse a aquello, a aquella violencia ocasional, a aquellas violaciones inesperadas, a la absoluta falta de provisiones. No había indicios de que fueran a tener agua ni comida. El terror ya se palpaba entre ellas. Algunas se reconocían entre sí de haber ido juntas de pequeñas y del colegio, de nadar en el Danubio, de hacer senderismo en la montaña..., espejismos de una vida anterior. No se atrevían ni a hablar.

Después de registrarlas, las llevaron a unas habitaciones estrechas y vacías en cada una de las cuales cabían unos cuarenta cuerpos. A algunas las condujeron arriba, a habitaciones de una sola ventana en las que el suelo estaba cubierto de bolsas de heno. Otras se arrastraron hacia un sótano, donde durmieron sobre un frío suelo de piedra. Las verjas estaban cerradas, igual que las ventanas y las puertas, sin posibilidad alguna de salida.

Zippi había empezado a acomodarse sobre la paja sucia cuando comenzaron los lamentos. Era una mujer sola: sus hipos resonaban, sus sollozos recordaban a Zippi a un bebé irracional. ¿Cómo podía alguien perder el control así? Aquella mujer podía estar poniéndolas en riesgo a todas. Zippi se acercó a la rubia del berrinche y se sentó a su lado.

—Deja de llorar —instó a la mujer—. Estamos todas en el mismo barco. No tienes derecho a gritar y llorar, no va a servir de nada.

Pero la mujer estaba inconsolable. No era judía, dijo, no se merecía aquello. Su familia no era religiosa y ella era cristiana, dijo entre lloros. Rara vez pasaba tiempo con judíos, añadió entre sollozos, aquello era un error. Zippi la instó a callarse, por su propio bien. Al cabo de un rato, la mujer se calmó.

Se llamaba Katya Singer, dijo. Katya era alta y delgada y tenía un hermoso rostro de porcelana. Tenía veintitantos años, de modo que también estaba entre las «mayores». Zippi no se atrevía a irse de su lado y arriesgarse a otra crisis que pudiera llamar la atención de los guardias de Hlinka.

Pasaron una noche tras otra sin moverse del antiguo vestíbulo de la fábrica, bajo la mirada de los guardias que entraban y salían aleatoriamente. Cada día aparecían nuevos cuerpos, chicas de pueblos pequeños que habían sido arrancadas de sus hogares sin previo aviso. El espacio se iba estrechando. La fruta, el pan, el queso y el agua que habían traído iba reduciéndose a migajas y gotas. Estaban hambrientas y sedientas.

Zippi y Katya compartían su comida y dormían la una junto a la otra sobre la paja que cubría el suelo. Susurraban sin llamar la atención. A pesar de la primera impresión, a Zippi le gustaba Katya.

Se irían pronto, advirtió la Hlinka. Les pasaron postales y les ordenaron que escribieran a casa para que sus familias supieran que estaban bien. Las mujeres escribieron mensajes cortos, sin la seguridad de que sus palabras fueran a llegar a alguna parte, sabiendo que todo lo que escribieran pasaría la censura.

Zippi escribió un mensaje en clave a Sam usando su hombre cariñoso, Schani.

Querido Schani:

Te escribo unas líneas hoy porque no es posible que vayamos a verte esta vez. Aquí en casa estamos todos bien. A los niños les gusta ir al colegio y yo estoy trabajando. Si te apetece y te es posible, por favor, envía unas líneas. ¿Necesitas algo? ¿Tal vez zapatos o un traje para comerciar? Espero que volvamos a vernos dentro de unos días. Recibe un beso de nuestros padres y de los niños.

TU HERMANA HONKA

Zippi sabía que cuando Sam leyera las palabras «nuestros padres» sabría que no estaba bien, que, de hecho, pasaba algo muy malo. Su advertencia para él era: evita los transportes, son una trampa.

Una mañana de sábado, los guardias gritaron órdenes:

—¡Todas afuera! ¡En filas de a cinco! ¡Marchad hacia la estación de trenes!

Para entonces llevaban en Patrónka casi una semana.

Zippi y Katya continuaban juntas mientras 798 mujeres (un par de cientos menos de las mil iniciales, ya que algunas probablemente habían escapado) se subían a trompicones a unos vagones de ganado. Entre cuarenta y ochenta mujeres se apretujaron dentro de cada vagón en forma de caja. Algunas se sentaron, otras se quedaron de pie. Las puertas de madera se cerraron tras ellas. Zippi se sentó en la oscuridad en el compartimento sin ventanas, agradecida por los finos rayos de luz que entraban por una rendija del techo.

Recordó los veranos en los que iba de acampada con sus amigos de juventud. Cuando se iban a la aventura por todo el país, dormían bajo las estrellas, viajaban en trenes y autobuses, escalaban montañas. Ahora se pasaban cubos y se ponían en cuclillas para aliviarse. El vagón de ganado apestaba a orines y excrementos.

Zippi se subió a los hombros de una chica y trató de ver las señales ferroviarias desde una abertura que había en el techo del vagón de ganado. Cuando los nombres empezaron a parecer extranjeros se dieron cuenta de que estaban cerca de Polonia. A la tenue luz del amanecer, una chica alcanzó a ver judíos barbudos con sombreros altos negros que llevaban una estrella amarilla en la manga. Aquellos hombres parecían caminar libremente. Eso era buena señal, pensaron las mujeres.

Una mujer repartió postales y un bolígrafo que de algún modo había conseguido pasar de contrabando. Varias chicas escribieron la verdad de lo que habían visto. Pasaron las tarjetas por entre los listones del vagón de ganado y, conforme el tren avanzaba, las tarjetas salieron volando hasta caer sobre la nieve y desaparecer. Tal vez una o dos tarjetas llegaran a sus familias. Lo más probable es que las postales se convirtieran en trozos de papel empapados, con la tinta borrosa bajo capas y capas de nieve.

El tren continuaba avanzando mientras la neblina y la lluvia seguían su curso. Dentro del vagón de ganado hacía un calor sofocante. Empezaba a costar respirar.

El sábado 28 de marzo de 1942, un día después de salir de Patrónka, el tren disminuyó la marcha al fin. Zippi oyó voces fuera. Algunas mujeres pudieron ver a través de las rendijas de madera. En el letrero de la estación de tren ponía Oświęcim.

El tren se detuvo entre golpes y chirridos. Las mujeres del vagón de Zippi oían abrirse las puertas de los demás vagones. Al principio ella no veía más que cómo sacaban a empujones a las mujeres de los departamentos de delante. Oyó ladridos de perros y voces alemanas broncas y amortiguadas.

Por entre los listones del vagón de tren abarrotado, Zippi consiguió una vista mejor. El tren había llegado en una tarde gélida, con el día ya oscuro y ventoso a las cinco de la tarde y el paisaje envuelto en niebla. Desde las torres de vigilancia, la Gestapo tenía una vista clara de las recién llegadas, junto con todo el movimiento dentro del campo. Zippi no podía ver eso, pero sí que alcanzaba a vislumbrar unos edificios de piedra a medio terminar rodeados de alambre de espino. Por entre las grietas, se esforzó por distinguir figuras vestidas a rayas. Parecían esqueletos, salvo porque caminaban.

Entonces se abrió la puerta de su vagón y dejó a la vista un mundo desconocido.

6
«Ve»

Eliahu llevaba meses yendo a trabajar al campo de aviación tres veces por semana sin interrupción. Así que fue inusual que una mañana en concreto del verano de 1941 le dijera a David que se encontraba tan mal que no podía ir a trabajar. Necesitaba que alguien lo cubriera.

—¿Quieres salir hoy? —preguntó Eliahu a David.

Puede que tuviera una corazonada de lo que estaba por venir, o tal vez fue pura coincidencia. David nunca lo sabría.

—Ve y preséntate en el camión —le dijo su padre. Y eso fue lo que hizo el joven.

David no había salido de los muros del gueto desde que los habían construido. Todo el mundo sabía que el intento de escapar se castigaba con la muerte. Si su hermano Moshe estaba vivo, sería un milagro. David estaba ansioso por ver qué aspecto tenía el mundo fuera de allí, por ver si quedaba algo de la Varsovia que recordaba.

Caminó las tres manzanas desde su casa hasta la calle Grzybowska, junto al Centro Comunitario Judío. Había niños escuálidos sentados en la acera, con los dedos de los pies asomándoles por los zapatos raídos y las piernas de palillo estiradas en el suelo sucio. Los hombres se aglomeraban alrededor del carrito de un vendedor, hojeando las páginas de viejos libros hebreos. A lo lejos crepitaba la canción de un gramófono que un hombre llevaba en un viejo cochecito de bebé mientras mendigaba dinero. Las calles estaban tan concurridas como siempre, una cacofonía de música, lamentos y disparos. David no se desvió. Los guardias alemanes y polacos podían detener al azar a cualquiera. Podía pasar cualquier cosa.

David se unió a las decenas de personas que también esperaban el camión. Cuando este llegó, el joven subió a su amplia plataforma de madera. Otros trabajadores a quienes habían recogido antes, también destinados al aeropuerto, les hicieron hueco.

Salieron por las puertas del gueto, saltando con cada bache. El hedor intenso —a heces y orines, a enfermedad, olores que habían penetrado por cada poro de su piel, por cada fibra de su ropa durante meses— se disipó. El aire allí estaba relativamente limpio. En las esquinas de las calles no había basura amontonada. Aquel mundo parecía extraño: un recuerdo distante, un sueño.

Parte del aeropuerto había sido destruido durante el asedio de 1939 y el resto se había convertido en una base aérea y un punto de descanso para las tropas. A su llegada, David barrió los barracones y apiló cajas y barriles llenos de suministros de guerra. Todo estaba limpio, incluso las camas ordenadas de los barracones. David pensó en la cama que había tenido en su día, antes de ser relegado al suelo con su familia. Al menos todavía podían compartir el calor mutuo.

David trabajó en silencio. A la hora de la comida, cada trabajador recibió una rebanada de pan. Hablaron entre ellos en voz baja, comparando cómo habían logrado sobrevivir. Cuando estuvieron seguros de que no los oía ningún guardia, fantasearon con escapar del gueto. Meses atrás, lo único que David quería era una vida en Estados Unidos. Ahora se conformaba con vivir fuera de aquellos muros.

Al final los guardias decidieron dar por terminado el día. El mismo camión abierto en el que habían llegado estaba esperando para llevarlos de regreso. En cuestión de momentos entrarían al gueto dando botes y regresaría el hedor de su realidad.

El viaje de regreso a casa fue corto. En la entrada al gueto había un letrero que decía ZONA DE CUARENTENA POR EPIDEMIA: SOLO ACCESO AL TRÁFICO RODADO. El camión entró y las montañas de basura a lado y lado de la calle les dieron la bienvenida a casa. Ahora David sabía cómo pasaba los días su padre.

Cuando el camión traspasó las puertas del gueto, nada parecía fuera de lo normal.

Luego se les acercó un guardia e hizo un gesto. Algo no iba bien. El camión viró, dio la vuelta y se detuvo. Quizá aquel cambio de dirección fuera normal. Era la primera vez que David iba a aquel trabajo, así que no podía saberlo con seguridad. Se bajó y se dirigió hacia su calle por entre el caos habitual.

Pero la calle de David estaba acordonada. Se fijó bien. Parecía que habían sellado una pequeña sección del gueto. La policía judía, organizada por los nazis para ayudar a mantener el orden en el gueto, dijo que había habido tiroteos. Eso no era sorprendente. David intentó acercarse más. Quería ver qué casa había sido el objetivo.

Se acercó a hurtadillas al patio de su edificio. Los guardias de las SS le hicieron señas con sus ametralladoras en una advertencia: no te acerques. David dio la vuelta. Tenía que encontrar a su familia.

David conocía aquellos callejones mejor que la mayoría. Fue furtivamente hacia la parte trasera del edificio y se dirigió con rapidez hacia el patio.

Entonces vio una pila a unos metros de él y no pudo apartar la mirada.

Un montón. Un montón de cadáveres. Un montón de cuerpos humanos. Como madera recién cortada, listos para encender un fuego, salvo porque aquellos eran humanos cuyo pecho, horas antes, se había hinchado y deshinchado al respirar. Ahora ya no respiraban.

David se quedó mirando fijamente.

Estaba lo bastante cerca como para ver la silueta de su madre. La solapa de su abrigo marrón. Luego, rígida, asomando, la mano de su padre. Conocía la mano de su padre. ¿Cómo no iba a conocerla? Luego vio a su hermano pequeño, Dov. Y a su abuelo.

David se lanzó sobre la pila.

¿Cuánto tiempo estuvo allí tendido? ¿Segundos? ¿Minutos? No lo recordaba. Nadie lo detuvo ni dijo una palabra. ¿Llegó a tirarse sobre el montón? ¿Podía haber sido una alucinación?

David se recompuso como pudo. No tenía el lujo del tiempo.

Tenía que salir de allí. A pesar de todo, David quería vivir.

Corrió hasta el final de la calle. No podía arriesgarse a entrar en su piso. No se llevó nada consigo; ningún recuerdo podía compensar la imagen horrible que acababa de presenciar.

David se arrancó el brazalete que durante tanto tiempo había lucido como una insignia de honor. Lo tiró al suelo y salió corriendo. Aunque la mayor parte del gueto estaba rodeada de altos muros de ladrillo, David sabía de una zona pequeña que estaba acordonada con alambre de espino. Trepó por allí y pasó al otro lado.

Tenía quince años y estaba solo.

El mundo que rodeaba a David se había roto. Fuera del gueto, el paisaje había quedado devastado por la guerra, igual que en él. Era el verano de 1941 y Varsovia apenas se había recuperado del asedio de 1939. Las vías férreas y los puentes se acababan abruptamente con un socavón en la tierra quemada que evidenciaba que los habían volado en pedazos. En toda Polonia, los nazis habían trabajado para «germanizar» todo lo que pudieran del país. El objetivo de la resistencia era ponérselo lo más difícil posible.

David fue a una estación y esperó. Algunos tranvías todavía funcionaban. Intentaba parecer normal, aunque ya no sabía qué era normal. Se revisó la ropa. No estaba manchada de sangre: la masacre debía de haber ocurrido temprano y la sangre de sus padres ya se había secado bajo el sol del verano para cuando él se había lanzado sobre ellos.

Cuando llegó el tranvía, David subió a él. Iría a Praga, un distrito de Varsovia donde su amiga Wanda trabajaba como camarera. El viaje duró veinte minutos. Vio a Wanda a través de la vidriera del restaurante y dio unos golpecitos en el cristal. Se encontraron en el jardincito de delante del restaurante.

¿Cómo explicó David a su amiga lo que acababa de presenciar? ¿Cómo podía alguien expresar que apenas unas horas antes su familia estaba viva y estaban todos juntos y ahora habían desaparecido?

—Tengo que salir de aquí —dijo—. ¿Puedes ayudarme? Quiero ir a Sochaczew.

Su hogar de la infancia fue lo primero que le vino a la cabeza a David. En su momento había sido un lugar seguro. Conocía a sus vecinos. Por lo menos sería sin duda un entorno más predecible que la locura de Varsovia. Pero necesitaría que Wanda, una polaca cristiana de pelo rubio y ojos azules, le comprara el billete de tren. Además, no quería estar solo.

—Te llevaré a la estación de tren —dijo Wanda.

David esperó en el jardín hasta que ella terminó su turno.

Intentó pasar desapercibido. Intentó no derrumbarse.

Para cuando ella terminó estaba anocheciendo. Tomaron un tranvía hasta la estación de tren. En el andén, ella le cogió la mano y se la apretó mientras caminaban entre la multitud.

—Voy a comprar el billete —le dijo mientras se dirigía a la ventanilla de ventas.

Él esperó mientras Wanda hacía la compra y luego se dejó guiar hacia las vías. Su amiga lo abrazó y le deseó suerte, con las lágrimas cayéndole por las mejillas. David intentó aguantar estoicamente. No podía perder la compostura; no allí, no en aquel momento.

El viaje a Sochaczew duró aproximadamente una hora. Por la ventanilla, se veían los cráteres que las bombas habían dibujado sobre los campos y las ventanas de las granjas hechas añicos por las balas.

Cuando el tren se detuvo, los pasajeros se dispersaron hacia sus carros tirados por caballos. Por instinto, David se dirigió hacia su antigua casa, ajustando la vista a la noche oscura. Pero habían pasado cuatro años desde que David se había mudado de Sochaczew y el pueblo había cambiado. Sobre todo en un aspecto esencial: David había olvidado que, meses antes, los judíos de Sochaczew habían sido enviados al gueto de Varsovia.

Su pueblo, en su día familiar, había sido el campo de batalla de uno de los combates más sangrientos de la resistencia polaca contra los alemanes, la batalla del río Bzura. Para mediados de septiembre de 1940, la mayoría de los polacos supervivientes habían huido. Al igual que en Varsovia, los alemanes habían entrado en la ciudad, confiscado los negocios judíos, cerrado las escuelas judías, obligado a los judíos a llevar brazaletes y los habían llevado al gueto de Sochaczew, creado junto al río Bzura en enero de 1941. A Sara, la vieja amiga y compañera de canto de David, junto con sus hermanas, les habían dado instrucciones de empaquetar solo lo que pudieran llevar para reubicarse en el gueto. Pero en cuestión de un mes, los nazis decidieron hacer que el pueblo fuera *Judenrein*, libre de judíos. De nuevo los judíos tuvieron que empaquetar las pertenencias que pudieran llevar consigo y esta vez los reubicaron en el gueto de Varsovia tras un trayecto que duró todo el día en medios de transporte anticuados.

Para el verano de 1941, cuando David llegó a Sochaczew, los nazis habían logrado su misión: no quedaban judíos. Tampoco quedaba mucho del pueblo. La casa que su padre y su abuelo habían construido décadas atrás ahora no era más que una estructura carbonizada. La mayoría de las casas de sus vecinos eran cenizas.

Se dio cuenta de que las únicas puertas a las que podía llamar pertenecían a amigos cristianos que no habían huido. Pero no tenía elección: llamó a ellas.

—Largo de aquí —bramó un antiguo vecino, presa del pánico al ver a David.

—Por aquí hay alemanes —susurró otro—. No puedo hacer nada por ti.

Encontró la casa de la mujer que solía plancharles la ropa.

—Señora Smigielska, soy David —dijo—. Me he escapado de Varsovia. Déjeme entrar, por favor.

—Davidek —respondió ella, usando su diminutivo—. Tengo miedo. Busca otro sitio, por favor: aquí viven alemanes.

La cuarta puerta a la que llamó estaba cerca de un campo de fútbol donde alguna vez había jugado. La casa pertenecía a la familia de un antiguo compañero de fútbol. La madre de su amigo le preguntó a David dónde estaba su familia.

—Ven —le dijo entonces—. Te daré algo de comer. —Antes de que David pudiera acomodarse, la mujer le dijo que en el edificio vivían algunos alemanes—. Mira, no puedo tenerte aquí porque si te pillan, nos matarán a nosotros también.

David se acabó la comida y ella lo acompañó a la puerta. Antes de que el joven se marchara, la mujer le aconsejó que buscara a un hombre que había trabajado para su abuelo. El hombre, un cristiano, vivía a la vuelta de la esquina, dijo; probablemente lo ayudaría.

Era la una de la madrugada y la noche estaba en un silencio absoluto. David corrió a casa de aquel hombre y llamó a la puerta. Se estaba quedando sin opciones. El viejo vivía solo: tal vez le diera demasiado miedo contestar, o no le oyera llamar.

Al cabo de un momento, la puerta se abrió de par en par. Con los ojos como platos al reconocer a David, el hombre lo hizo entrar rápidamente. David explicó de nuevo lo sucedido: sus padres, su hermano pequeño, todos muertos. La pila de cadáveres aún estaba fresca en su cabeza, en una imagen tan clara que casi podía tocarla. Que él supiera, su hermano Moshe también estaba muerto. ¿De verdad que no habían pasado ni veinticuatro horas?

El antiguo empleado de su abuelo observaba a David mientras el joven luchaba contra aquellos recuerdos; no era más que un joven flacucho que estaba solo en el mundo. Mientras David hablaba, el hombre lloraba en silencio.

Tenían que ser prácticos. El hombre le cedió a David su cama: una plancha de madera con un colchón de paja encima. Aquella noche el hombre dormiría en el suelo.

—Duerme bien, hijo —le instó el hombre.

En Sochaczew no quedaba nada para David. Por la mañana cruzarían el puente que atravesaba el río Bzura. El hombre ayudaría a David a llegar a la frontera de Czerwińsk nad Wisłą, un pequeño pueblo a algo más de treinta kilómetros al norte donde había un gueto judío mucho más pequeño que el de Varsovia.

—Sé que tienes una prima allí, Fayge Leah —dijo el hombre—. Ve al gueto y al menos podrás vivir con la familia.

Por la mañana, el hombre le puso un sombrero grande en la cabeza y caminaron juntos fingiendo ser padre e hijo hasta la frontera polaco-alemana.

—Tendrás que cruzar solo —dijo el hombre.

Le dio un beso y un abrazo a David, llorando. Esta vez, David no contuvo las lágrimas.

Czerwińsk era aún más pequeño que Sochaczew, un pequeño *shtetl* compuesto por unas cuantas calles adoquinadas y sucias. El gueto, rodeado por un vallado de madera cerca de un cementerio católico, ocupaba la mayor parte del pueblo. David no tardó en encontrar a Fayge Leah, la prima de su madre, compartiendo un alojamiento estrecho y decrépito con sus dos hijos y su padre.

David llegó con una historia trágica que se estaba volviendo demasiado familiar. Su prima y su familia abrazaron al chico y le dijeron que querían acogerlo, pero había un problema: David no tenía documento de identidad. No podía obtener comida ni raciones, y ellos ya pasaban hambre. Su repentina aparición significaba otra boca que alimentar.

Se quedó con ellos un par de días, pero la situación era insostenible. Fayge Leah apeló al *Judenrat*, el Consejo Judío, para que ayudaran a David a conseguir una cartilla de racionamiento, pero la ayuda no llegó y David en seguida se dio cuenta de que cada cual tenía que valerse por sí mismo.

David carecía de formación profesional y tenía pocas habilidades útiles. Era un chaval; un estudiante talentoso, sí, pero lo último que el campo necesitaba era otro perfil académico. Necesitaban obreros. La mayoría de los judíos físicamente capaces ya estaban trabajando para los invasores, reparando las calles y limpiándolas de basura. Otros trabajaban en el campo. Por la noche se reunía a los prisioneros y se los enviaba a los campos de trabajo. Los nazis no darían raciones a quienes no les sirvieran para nada.

Lo único que David sabía hacer bien, pensó, era cantar. Eso tenía que contar para algo. Así que cada mañana se despertaba desde su rincón del suelo, salía a las calles del gueto de Czerwińsk y cantaba en inglés, en yidis y en alemán. Actuaba para la policía, para las familias que pasaban por allí y para quien quisiera escuchar. A cambio, reunía restos de comida. Mientras tanto, las caras familiares desaparecían al azar y en su lugar se multiplicaban otras nuevas: judíos de pueblos vecinos que llegaban en masa.

Era inevitable que se desencadenara una epidemia de tifus a medida que el espacio ya apretado se abarrotaba. La Gestapo decidió trasladar a todos los supervivientes a un gueto en Nowy Dwór Mazowiecki, una ciudad algo más grande junto al río Vístula. Y así, en octubre de 1942, David y unos dos mil seiscientos judíos se amontonaron en vagones en dirección Nowy Dwór, a algo menos de doscientos cincuenta kilómetros al sur de Czerwińsk y a solo cuarenta de Varsovia. Allí se encontraron en otro espacio atestado donde cinco o seis familias compartían una sola habitación. El brote de tifus los siguió.

En cuestión de semanas, la Gestapo rodeó el gueto. En noviembre ordenaron que los ancianos, los enfermos y los que no pudieran trabajar se reunieran en la plaza del pueblo. El tío abuelo de David fue en aquel primer transporte. La siguiente, dos semanas después, incluyó a familias con más de dos hijos, viudas y huérfanos. Fayge Leah le pidió a David que se uniera a ella y a su familia. Era viuda desde hacía mucho tiempo y tenía la esperanza de que David ayudara a cuidarlos. David lo consideró: no le quedaba familia. Pero decidió esperar.

El sábado 12 de diciembre, a las siete de la mañana, llegaron las SS, blandiendo rifles y pistolas y disparando al aire. Ordenaron a todos los residentes que quedaban en el gueto que fueran a la plaza central.

David se unió a una fila de cinco. Con unos mil quinientos más, lo metieron en vagones de ganado sellados.

Se sentó en el suelo, incapaz de moverse apretujado entre los cuerpos. Viajaban sin comida ni agua. Cuando tenían que aliviarse, compartían un cubo cuyo uso requería una serie de contorsiones previas impensables.

David llevaba al menos dos días sin beber un sorbo de agua. Había visto muchísimas formas posibles de morir, y aquella era otra.

Pero, si no moría, ¿qué podía ser peor?

Cuando David vivía en el gueto de Varsovia, había oído hablar de un hombre que había logrado escapar de un campo de concentración de Treblinka. El hombre había contado relatos que parecían alucinaciones horripilantes, historias que simplemente no podían ser verdad. Había hablado de un lugar donde los humanos se electrocutaban y torturaban entre sí, donde el caos del gueto era reemplazado por algo peor: un vasto sistema en el que las vidas humanas valían menos que las de los animales. Un lugar de miseria y muerte.

Aquellas historias sonaban fantásticas, inimaginables, realmente imposibles.

David oyó que al hombre lo habían internado en un manicomio del gueto. Porque, bueno, ¿cómo iba a creerle alguien?

Más tarde, cuando estaban rodeados por el fuego, el chico y la chica se imaginaron en un infierno viviente.

La chica reflexionó sobre el amor y el odio. ¿Podían coexistir ambos? ¿Puede seguir habiendo belleza en un infierno?

También reflexionó sobre el sacrificio personal y sobre cómo podía coexistir con la necesidad de sobrevivir.

¿Hasta qué punto estaban dispuestos a sacrificarse por amor?

SEGUNDA PARTE

Aria

7
Algo cotidiano

A medida que la luz del día iba entrando en el vagón de ganado, Zippi y las mujeres a su alrededor forcejeaban para conseguir espacio. Llevaban días apretujadas las unas contra las otras, con las rodillas dobladas, las articulaciones rígidas, los traseros adoloridos. El año era 1942, pero, ¿era todavía marzo? No estaban seguras. De hecho, solo habían pasado una noche y un día desde que habían salido de Patrónka. Habían dado las cinco y el sol ya empezaba a ponerse.

Desde fuera, una voz les ordenaba que se pusieran «¡en pie!» y «¡en fila!»: *¡Los, los heraus und einreihen!*

Unos alemanes vestidos con uniforme verde oscuro, botas a media pierna y túnicas habían reemplazado a los guardias de Hlinka. Los ojos de Zippi se posaron sobre la *Totenkopf*, una insignia metálica de una calavera que coronaba las gorras de plato de los nazis: eran oficiales de las SS. Era la primera vez que veía a las SS. Hicieron bajar a las mujeres de los vagones de tren usando porras, los tacones de sus botas y pastores alemanes hambrientos. Las mujeres tenían que moverse rápido. Más que rápido.

Faltas de sueño y hambrientas, Zippi y sus compañeras de viaje llegaron a trompicones a un campo abierto que había justo detrás de la estación de trenes. Avanzaron por caminos embarrados, tratando de seguir un coro de órdenes constante: «¡En filas de a cinco!», «¡Marchen!», «¡Rápido!», «¡Más rápido!».

Mientras caminaban por la ciudad, nerviosas y en estado de alerta permanente, Zippi vio lo que parecían cadáveres levantando unas piedras enormes. Pronto se enteraría de que estaban construyendo su nuevo hogar y de que aquellos cadáveres eran los prisioneros del campo. Pronto estaría entre ellos, una silueta de los vivos, acarreando piedras.

Con el deshielo de primavera, el barro le atrapaba las botas. Había chopos lombardos desperdigados al azar, con las hojas secas y sus ramitas como dedos artríticos señalando hacia el cielo que se oscurecía.

Caminaban hacia una enorme puerta de acero. Un letrero escrito en mayúsculas le concedió una pausa: ARBEIT MACHT FREI, «el trabajo os hará libres».

De las puertas brotaba alambre de espino, como arbustos espinosos de metal. Las mujeres entraron en el campo cercado.

Zippi miró a la izquierda en busca de alguna señal que la orientara. Se fijó en un cartelito blanco. En un folio, escrito en negrita, decía: *Konzentrationslager,* «campo de concentración».

Por fin lo entendió. Aquello no era un campo de trabajo. Había llegado a uno de los campos de concentración de los nazis. La fantasía de que aquello sería un breve periodo de trabajo en el campo se evaporó. Aquello, se percató Zippi, era algo mucho más siniestro.

Antes de que Oświęcim se convirtiera en la tristemente célebre Auschwitz, había sido una ciudad común de una zona rural de las afueras de Polonia. Su clima húmedo creaba una niebla perpetua y en aquella zona, el cielo estaba envuelto en una neblina casi constante durante todo el año.

Oświęcim tenía una historia de inundaciones e incendios. En el espacio de tres siglos, el Castillo de Oświęcim, un castillo medieval que se alzaba sobre una colina, se quemó al menos tres veces, normalmente como consecuencia de la guerra que estuviera asolando la zona en aquel momento. Los habitantes supervivientes reconstruyeron su ciudad una y otra vez a partir de sus cenizas, pero al final abandonaron las fortificaciones que había alrededor del castillo gótico.

Cuando los nazis ocuparon Polonia en 1939 y se dirigieron hacia Oświęcim, lo rebautizaron con su nombre alemán, Auschwitz.

A su llegada, hicieron planes para despoblar la zona de sus doce mil habitantes polacos para dar cabida a oficiales de las SS. Conocido principalmente por ser un centro de conexión ferroviaria entre Silesia, Checoslovaquia y Austria, Auschwitz también era la antigua ubicación de los cuarteles de la artillería polaca cerca de la intersección de los ríos Soła y Vístula. La combinación de las sólidas instalaciones de transporte de Auschwitz y sus barracones aislados lo hacían especialmente atractivo para los nazis, que tenían en mente un propósito completamente nuevo para aquella ciudad deteriorada por el tiempo.

Primero los nazis utilizaron la zona como campo de tránsito para los polacos detenidos, que eran enviados a otro lugar para hacer trabajos forzados. En 1940, Heinrich Himmler, el comandante y miembro de más alto rango de las SS, seleccionó el enclave para el campo de concentración de Auschwitz. Al mismo tiempo, IG Farben, un distinguido conglomerado de empresas químicas alemanas, había puesto los ojos sobre Auschwitz como sede de una nueva planta para caucho sintético y combustibles líquidos. El escenario podía ser mutuamente beneficioso: IG Farben pagaría a las SS por el trabajo barato de los prisioneros que llegaran.

Himmler designó a Rudolf Höss, un padre de familia fornido que había demostrado ser un nazi leal, comandante de Auschwitz. Criado en un hogar católico devoto, a Höss le enseñaron a cumplir órdenes desde pequeño. Cuando se trataba de las expectativas familiares, lo hacía selectivamente, pero como nazi obedecía las órdenes con un fanatismo inquebrantable y sin cuestionamientos.

En 1934, Himmler le pidió a Höss que se uniera a las SS. Höss no pudo resistirse y se convirtió en instructor de entrenamiento en Dachau, el prototipo de Alemania para el sistema de campos de concentración que pronto se propagaría por toda la Europa ocupada. A partir de ese momento, Höss enfocó su compulsiva ética de trabajo en cualquier papel que las SS le asignaran mientras ascendía en sus filas. Para cuando llegó a Oświęcim, Höss había aprendido las mejores prácticas para dirigir campos de concentración como oficial asistente en el campo de concentración de Sachsenhausen, en Alemania.

Cuando llegó a Oświęcim por primera vez, en abril de 1940, Höss quedó decepcionado con lo que vio. Los veinte barracones de ladrillo que conformaban el centro neurálgico del campo estaban en ruinas y sucios, infestados de plagas. Höss planeó la construcción de una nueva estación de despiojamiento, depósitos de ropa, duchas, una cantina y oficinas administrativas. En un autodenominado estado de obsesión, Höss se puso manos a la obra y creó el tipo de campo de concentración del que poder estar orgulloso. Esperaba que quienes le rodeaban trabajaran con el mismo fervor.

Los trabajadores civiles polacos, desde electricistas hasta obreros de la construcción, se esforzaron por crear un espacio adecuado en el que los prisioneros polacos pudieran cumplir la cuarentena mientras estaban en tránsito hacia los campos de concentración alemanes. Höss también ordenó que una selección de presos políticos y comunes alemanes fueran trasladados a Auschwitz y trabajaran bajo el mando de las SS. Se diseñaron una serie de responsabilidades para aquellos presos funcionarios. Unos supervisarían a los futuros internos como *Kapos*; otros serían *Blockälteste*, supervisores de bloque al cargo de un bloque determinado. Y otros trabajarían en puestos administrativos más altos en la jerarquía del campo.

El primer grupo de prisioneros polacos llegó a Auschwitz en junio de 1940. Eran en su mayoría hombres jóvenes y sanos, organizadores y combatientes de la resistencia clandestina que habían sido capturados mientras intentaban cruzar la frontera por el sur de Polonia. Se los recibió con palizas y torturas, en lo que constituyó el inicio de una tradición en el campo. Luego pasaron a construir nuevos barracones, o «bloques», y a renovar los ya existentes.

Más pronto que tarde, los trabajadores civiles y presos polacos entablaron amistad. Los civiles, al enterarse de las palizas depravadas y las horribles condiciones que soportaban los prisioneros, les pasaban de contrabando comida que llevaban de casa. En menos de un mes de trabajar juntos, organizaron la fuga de un prisionero.

El plan de Tadeusz Wiejowski era sencillo: solo necesitaba ropa de civil, algo de dinero, un brazalete que lo identificara como trabajador civil, un viaje que le sacara de Auschwitz en un tren mercancías... y la ayuda de los trabajadores.

Al pasar lista, como hacían cada día a las seis de la tarde, las SS se dieron cuenta de que faltaba un hombre. Furiosos, empezaron a pasar lista de forma excepcional durante veinte horas seguidas, desde las seis de la tarde del 6 de julio hasta las dos del mediodía del 7 de julio. Exigiendo una confesión, los guardias de las SS pegaron, patearon y azotaron a los prisioneros con porras de madera. Los privaron de agua y alimento durante días. Cuando acabaron de pasar lista, un hombre judío murió a causa de las heridas, lo que lo convirtió en el primer prisionero en perecer en Auschwitz.

Las SS pasaron meses interrogando y torturando a un grupo de trabajadores sospechosos de ayudar a Wiejowski a escapar. Al menos once sospechosos fueron asesinados.

Luego, más de un año después de la fuga, a Wiejowski lo descubrieron escondido en su pueblo natal. Lo detuvieron, lo encarcelaron y lo ejecutaron de un tiro. Dejaron que su cuerpo se pudriera dentro de un pozo de petróleo abandonado.

Aquel calvario redujo las probabilidades de que la gente de fuera ayudara a los reclusos a fugarse, pero no impidió que los prisioneros intentaran huir, u opusieran resistencia de otras formas.

Poco después de la fuga de Wiejowski, se animó a los prisioneros de Auschwitz a enviar cartas y postales a sus familias. A cambio, se permitió que sus familias les enviaran dinero para gastar en la cantina del campo. El acuerdo tenía como objetivo evitar que los trabajadores civiles suministraran a los presos productos de contrabando como alimentos y tabaco. Así que los prisioneros dictaban cartas, a veces en lenguaje codificado, para describir la vida en el campo tan bien como podían en las quince líneas que tenían como límite. Esto se convirtió en otra convención de Auschwitz y en parte de su camuflaje: los presos podían enviar y recibir dos cartas al mes, pero solo después de que hubieran pasado la censura del campo.

Himmler visitó Auschwitz en marzo de 1941 con la intención de impresionar a los funcionarios de la IG Farben con el potencial de la zona. Durante aquella visita, el comandante ordenó una expansión que incluía un subcampo en el pueblo vecino de Birkenau, conocido como Brzezinka antes de la ocupación alemana. Aquel nuevo campo, que llegó a conocerse como Auschwitz II-Birkenau, albergaría a más de cien mil esclavos, los prisioneros de guerra rusos, que trabajarían para IG Farben. El campo original, conocido como Auschwitz I, era el principal. Himmler también quería hacer cultivo agrícola en la zona circundante y construir instalaciones para la producción de armamento.

Durante el verano de 1941, Himmler invitó a Höss a su oficina de Berlín y compartió, en confianza, que Auschwitz iba a convertirse en el escenario principal para llevar a cabo la solución final a la cuestión judía. Ese era el nombre en clave de la eliminación de todos los judíos. El plan fue autorizado por un grupo de quince nazis durante una reunión de hora y media en una villa a orillas del lago Wannsee, en Berlín.

—Los judíos son los eternos enemigos del pueblo alemán y han de ser exterminados —recordó Höss que Himmler le había dicho—. Durante esta guerra se ha de aniquilar a todos los judíos a nuestro alcance.

Auschwitz iba a ser el centro del exterminio judío y Höss tenía que hacer que eso sucediera enseguida. La orden procedía del mismísimo Führer.

Además de exterminar a los judíos, Hitler también pretendía acabar con el comunismo y destruir la Unión Soviética. Los soldados soviéticos capturados, que ya habían soportado un infierno como prisioneros de guerra, fueron el primer grupo grande llevado a Auschwitz. Birkenau, el nuevo subcampo destinado a albergarlos, aún estaba en construcción y se esperaba que los prisioneros de guerra lo construyeran con sus propias manos, ladrillo a ladrillo, mientras vivían en unos barracones rudimentarios y sin acabar. Los soldados llegaban demacrados y con sus andrajosos uniformes de algodón, la única protección que tenían contra el frío. Les ponían a trabajar excavando pozos de grava y, si no morían por sí solos, las SS los golpeaba con palas o los mataba a quemarropa. Iban muriendo rápidamente y al mismo tiempo dejaron de llegar transportes de prisioneros de guerra soviéticos, ya que se los necesitaba en otros lugares para trabajar para la industria de guerra alemana. Cuando finalmente estuvo listo, Auschwitz II-Birkenau tenía una nueva razón de ser.

En los meses siguientes a su reunión de alto secreto con Himmler, Höss se apresuró a crear el tipo de máquina de matar que cumpliría la misión del Reich. Quizá su tarea más importante fue determinar el método de asesinato en masa más práctico y rentable. Casi un millón de judíos ya habían sido asesinados por los *Einsatzgruppen*, fuerzas especiales nazis encargadas de llevar a cabo fusilamientos en masa.

—Solo era posible el gas, ya que matar a tiros a tantos como se esperaba era del todo imposible, además de una carga tremenda para los soldados de las SS que tuvieran que ejecutar la orden, ya que había implicados mujeres y niños —escribiría más tarde.

A Höss le importaban el coste y la facilidad, y las alcachofas de ducha parecían los instrumentos perfectos para administrar gas letal. También buscó un emplazamiento adecuado: remoto, oculto y lo bastante grande como para que cupieran millones de cuerpos enterrados. Después surgieron más temas de logística: cómo llevar a cabo las detenciones, dónde alojar a los presos, cómo transportarlos y cómo hacer un horario diario.

Hasta marzo de 1941, el campo solo tenía capacidad para unos diez mil novecientos prisioneros. Si iban a alcanzar la escala necesaria para resolver la cuestión judía, había que construir varios crematorios y fosas comunes, y serían los propios prisioneros los encargados de construirlos.

Para otoño de 1941 llegaba a Auschwitz un flujo constante de transportes de prisioneros mientras las SS tanteaban métodos de asesinato. En septiembre, antes de la llegada de Zippi, experimentaron con el gas Zyklon B, utilizado principalmente para el control de plagas, y que era producido por IG Farben, la misma empresa cuya fábrica de combustible sintético funcionaba con los trabajos forzados de los presos de Auschwitz. Al principio ese gas, que venía en forma de cristales, se utilizó para fumigar los barracones polacos y la ropa de los prisioneros. Los prisioneros que se encargaban de los servicios de desinfección entraban corriendo, llevando puesta solo una máscara antigás, para evitar que los piojos se les pegaran a la ropa, y tiraban los cristales por el suelo; luego salían corriendo y cerraban la puerta con pestillo. Al cabo de veinticuatro horas volvían a entrar con máscaras de gas y encontraban capas de piojos muertos. Después ventilaban la habitación durante dos horas.

Ahora las SS intentaban utilizar aquel mismo producto químico para matar a los prisioneros de guerra soviéticos. A Höss los resultados le parecieron prometedores, aunque tardaron dos días en sacar el humo del sótano del Bloque 11, donde se llevó a cabo el primer ensayo. Necesitaba un sistema más eficaz para seguir el ritmo ascendente del volumen de prisioneros que abarrotaban el campo.

Birkenau todavía estaba en construcción cuando, el 20 de marzo de 1942, se convirtió en la sede de la primera cámara de gas oficial del campo. Una antigua granja polaca apodada la Casita Roja, o Búnker I, fue equipada con puertas herméticas y ventanas tapiadas, y puesta en funcionamiento. En la cabaña de dos habitaciones reconvertida cabían unas ochocientas personas. Las SS se asegurarían de que ambas habitaciones estuvieran llenas al límite antes de cerrar las puertas herméticas y dejar allí a los prisioneros hasta que murieran.

Apenas unos días después estaba programada la llegada a Auschwitz del primer grupo de veinte mil judíos. Se ordenó que los pocos prisioneros de guerra soviéticos que habían sobrevivido fueran evacuados. Cuando estuviera terminado, Birkenau se convertiría en los alojamientos para mujeres. Los alojamientos para hombres estarían separados de los de las mujeres por un vallado electrificado. Había mucho que organizar: en unas pocas semanas se esperaba a al menos siete mil mujeres eslovacas y las SS tenían que movilizar a guardias mujeres que las supervisaran.

En cuestión de días, Himmler seleccionó a unas cuantas oficiales de las SS que dirigían el campo de concentración exclusivamente de mujeres de Ravensbrück, situado a solo una hora de Berlín, en un pueblo junto a un lago que, en otras circunstancias, habría sido idílico. Allí, la supervisora de las SS Johanna Langefeld había llevado una gestión hábil supervisando a cinco mil prisioneras; ella se encargaría del campo de mujeres de Auschwitz, con el apoyo de un grupo de guardias de las SS, y se trasladaría a 999 prisioneras de Ravensbrück. La mayoría de las presas de Ravensbrück harían de *Kapos*, quienes disfrutaban de una variedad de privilegios a cambio de supervisar a los prisioneros judíos. Las *Kapos* de Ravensbrück, en su mayoría alemanas que se oponían a Hitler o eran consideradas «asociales» —gitanas, trabajadoras sexuales, lesbianas y delincuentes— fueron seleccionadas por mostrar niveles de «dureza, vileza y depravación» que superaban con creces los de sus homólogos masculinos, según Höss.

Arrancadas del campo de trabajos forzados donde habían sufrido calamidades y torturas, las prisioneras de Ravensbrück pasaron a sufrir el mismo calvario en un entorno menos pintoresco. Pero ahora gozarían de poder. Tendrían carta blanca para mantener el orden como consideraran oportuno. A muchas las nombraron *Blockälteste*, o supervisoras de bloque, y se esperaba de ellas que mantuvieran el orden y la disciplina en los barracones que tenían asignados.

El 26 de marzo de 1942, el mismo día en que llegaron aquellas presas de Ravensbrück, llegó a la estación de Auschwitz el primer tren de judías eslovacas. Mientras Zippi esperaba en el limbo junto a Katya en la fábrica abandonada de Patrónka, otro tren cargado con 999 mujeres judías eslovacas esperaba, a unos trescientos kilómetros al este. Serían conocidas como el transporte número 1.

Zippi y las demás mujeres de Patrónka llegaron dos días después.

Continuaron con las órdenes: «¡Toda la ropa fuera!». Las mujeres de Ravensbrück esperaban para limpiar a las recién llegadas.

Las presas que intentaban cubrirse sus partes íntimas aprendieron enseguida que sus esfuerzos eran inútiles. Las reclutas más rudas de Ravensbrück exploraron dentro de las vaginas y el ano de algunas mujeres seleccionadas en busca de joyas escondidas, un eco de su brutal bienvenida a Patrónka. El chorro de una manguera llena de desinfectante penetró en cada centímetro de su piel. Luego llegó el turno del pelo. Unas tijeras romas y una esquiladora le arrancaron a Zippi cada mechón del cráneo. La sangre les caía desde el cuero cabelludo en un cálido goteo por la frente y sobre las mejillas, como lágrimas. Siguieron las cejas y el vello púbico. Las presas tenían que subirse a una silla para que les pudieran afeitar cada centímetro de piel. Luego les cortaron a ras las uñas de manos y pies. El aire frío electrizaba cada herida, cada tajo.

Ya no eran humanas; eran ganado al que estaban esterilizando para el sacrificio. Las oficiales de las SS inspeccionaban aquel envío recién llegado y les ordenaban que dieran la vuelta sin moverse del sitio, como peonzas sobre un barril. Ellas giraban y tiritaban.

Diez años atrás, Zippi había estado tomando el sol en el Danubio. Había estado de acampada, estudiando su oficio, labrándose una vida. Ahora la obligaban a meterse en un cubo de agua helada y sucia para bañarse.

Las mujeres esperaron fuera, todavía desnudas. Su ropa fue desinfectada y luego almacenada; nunca les sería devuelta. Se miraban unas a otras boquiabiertas, aquellas criaturas calvas, irreconocibles, de ojos saltones. «¿Quiénes son estas lunáticas?», pensaban algunas con la mirada desencajada, sin darse cuenta de que ellas tenían el mismo aspecto.

Un guardia de las SS caminó junto a la fila de mujeres y niñas desnudas y se rio. Habían llegado tan elegantes, tan bien vestidas. Pues ya no eran tan guapas.

La ropa fina y las joyas de las mujeres fueron reemplazadas por los restos de los uniformes de los prisioneros de guerra rusos, retales de algodón encogidos por el proceso de desinfección. Algunos de aquellos harapos tenían manchas de la sangre de sus antiguos dueños. Algunos tenían agujeros de bala.

Los zuecos de madera, de tallas incorrectas y desparejados, zapateaban contra el suelo cuando las mujeres caminaban. Inexplicablemente unas pocas afortunadas pudieron conservar sus propios zapatos. Zippi estaba entre ellas. Supuso que tenía los pies tan pequeños que sus botas de montaña no debían de servirle a ninguna de las oficiales de las SS. Una victoria pequeña, pero victoria al fin y al cabo.

Cada presa recibió un trozo de pan y fueron enviadas a los barracones de ladrillo, dormitorios de una sola habitación llenos hasta los topes. Las mujeres, en estado de shock, tenían que acostarse sobre una capa de paja vieja, que habían dejado los prisioneros de guerra soviéticos, y tratar de dormir.

Las mujeres judías que han sobrevivido al proceso de selección son conducidas a sus barracones.

Fuera todavía estaba oscuro cuando empezaron a oírse los silbidos y los gritos.

—¡*Appell!* ¡*Appell!* —A pasar lista.

Mientras las mujeres se movían, Zippi se preguntó si las SS pretendían convertirlas en soldados. ¿Qué otro sentido podía tener que pasaran lista? Las *Kapos* despertaron a las mujeres y las hicieron salir del barracón al patio. Los ojos de Zippi todavía se estaban adaptando a la oscuridad mientras el viento silbaba. Los oficiales de las SS golpeaban a las mujeres con las porras y las empujaban en filas de a cinco.

La desorganización y el desorden, junto con la absoluta ineptitud de las personas que se suponía que debían estar a cargo, asombraron a Zippi. De hecho, Johanna Langefeld, la veterana miembro de las SS que había sido seleccionada a dedo de Ravensbrück para dirigir el nuevo campo de mujeres, nunca antes había lidiado con tantos prisioneros; estaba sobrepasada. «Esta gente no tiene ni idea de cómo mantener el orden en un grupo tan grande», pensó Zippi con desdén. Por lo que parecía, apenas sabían leer y no tenían ningún sistema para mantener un registro de sus prisioneras.

Las presas se apresuraron a formar filas, tratando de encontrar consuelo entre aquellas a las que reconocían. Las *Kapos* les daban patadas y les pegaban. Los pastores alemanes gruñían. Los guardias gritaban a las mujeres que se estuvieran quietas. «¡No os mováis!». Algunas mujeres se caían al suelo redondas; otras daban vueltas en el sitio para mantener los músculos activos y calentarse.

Mientras tanto, Zippi se desesperaba ante la incompetencia de los nazis. Contaban a las mujeres por filas, pero las filas no paraban de cambiar y el proceso interminable llevó al menos cuatro horas, gracias a la torpeza de Langefeld y de sus subordinadas.

La tortura de pasar lista se convertiría en un eje del campo, y se cumplía antes y después del trabajo y los domingos por la tarde. Indefectiblemente, el proceso tardaba horas en completarse. La llegada de nuevas prisioneras no hacía sino empeorarlo. Las que no se quedaban quietas lo hacían más doloroso y las que insistían en acercarse a alguien conocido lo hacían imposible. Conforme la temperatura iba bajando, las mujeres iban quedando insensibles por los dedos congelados de manos y pies. Esta sería la constante que marcaría el tiempo de Zippi en Auschwitz.

Dos días después de su llegada a Auschwitz, la transformación de Zippi fue completa. Su nombre de nacimiento, Helen Zipora Spitzer, fue eliminado del registro, olvidado, descartado. Ahora era la prisionera 2286. Se cosió en la manga un trozo de tela con su número. Junto con el número, Zippi recibió una lata: su cuenco para la comida. Si alguien perdía la lata, no se le remplazaba.

Al cabo de unas semanas, una aguja doble y tinta china marcarían oficialmente a Zippi como la prisionera 2286. El número, grabado en su conciencia, ahora lo estaba también en su cuerpo, visible en el pedazo de piel pálida de su antebrazo que quedaba justo por debajo de su codo izquierdo. Era un recordatorio perpetuo de la persona en la que se estaba convirtiendo, y de la persona a la que había perdido.

El nuevo hogar de Zippi era el último piso del Bloque 9 de Auschwitz I, una sala de ladrillo con poco aislamiento térmico. Al igual que los demás bloques, tenía dos niveles que se dividían en unidades más pequeñas. Por lo general, más de mil doscientas presas compartían los veintidós retretes de la planta baja. Zippi calculaba que su sala la compartían entre cuatrocientas y seiscientas mujeres.

Habían pasado de las camas de heno del principio a literas. De media, cuatro mujeres compartían un colchón de aproximadamente 80 por 200 centímetros, aunque a veces tenían que apretarse en él ocho mujeres. Cada noche negociaban posiciones como si se tratara de un rompecabezas: de lado, una de pies, una de cabeza, unas estiradas y otras encogidas. Las literas estaban apiladas de tres en tres. Zippi optó por la litera superior, donde tendría un poco de aire, pensó. El espacio entre la litera y el techo era menos claustrofóbico que estar atrapada en una litera intermedia o en la inferior.

Los diez bloques que conformaban el campo de mujeres estaban en peores condiciones que el resto del campo. La población se encontraba en un estado frenético de flujo; cuando parecía que el caos no podía ir a más, llegaba otro grupo de mujeres.

Más de una vez, Zippi bebió agua contaminada, sufrió de diarrea, se sintió superada por la sed y, ante la imposibilidad de saciarla, bebió más agua infectada. El ciclo se perpetuaba.

Cientos de mujeres desesperadas se abrían paso a arañazos para aliviarse en una de las pocas letrinas disponibles. Zippi apretaba los dientes durante lo que llegó a considerar «el trámite repugnante».

A veces había tan poco espacio que no podían evitar aliviarse sobre el suelo que pisaban y se ensuciaban el uniforme y la ropa interior, que no les cambiaban. Durante las tormentas, recogían el agua de la lluvia en sus latas para lavarse la ropa interior. Los barracones olían a orines y excrementos. Los piojos y las chinches campaban a sus anchas en la piel de las mujeres. Las prisioneras, muertas de sed, chupaban su propia orina congelada, una práctica que inevitablemente conducía a una deshidratación más aguda y a veces a daños en los riñones.

Cada mañana aparecía un barril oxidado lleno de líquido turbio. Era el desayuno. Zippi era incapaz de decir si se suponía que era té o café. Lo usaba para lavarse. En lugar de usar cepillo y pasta de dientes, mojaba un trozo de tela con aquello y se frotaba los dientes. Tendría que valer.

Las enfermedades y los rumores se propagaban casi a la misma velocidad. Los prisioneros de guerra habían dormido en el mismo lugar que ahora ocupaban ellas, susurraban las voces durante la noche. Los habían gaseado hasta la muerte en Birkenau, el nuevo campo que estaba en construcción prácticamente al lado de Auschwitz I. Las mujeres señalaban la evidencia: la ropa de los prisioneros de guerra, estampada con sus números, ahora llevaba en su lugar los números nuevos de las mujeres. Los uniformes de los muertos las cubrían como un presagio.

Las mujeres, sedientas y muertas de hambre, miraban con recelo el escaso líquido con aspecto de té o de café que había en sus cuencos de lata. A saber qué veneno podía contener. Cualquier cosa podía estar contaminada. Tal vez la sopa maloliente que les daban para cenar estuviera adulterada con bromuro para pararles el ciclo menstrual.

Una noche, Zippi acudió a las más veteranas en busca de información, atreviéndose a acercarse a las *Kapos* de Ravensbrück. Su alemán fluido les llamó la atención.

—¿Qué sabéis sobre este lugar, Auschwitz? —les preguntó.

Muchas se mostraron dispuestas a hablar. Algunas se abrieron con Zippi sobre su pasado en Ravensbrück: habían sido unas vacaciones en comparación con Auschwitz, decían.

Zippi no discriminó entre sus fuentes. Se acercó a las presas políticas, a las testigos de Jehová y a las mujeres «asociales». De niña había aprendido a ser curiosa; había ampliado su círculo más allá de la comunidad judía eslovaca, trabajado con alemanes, entablado amistad tanto con judíos como con gentiles. Las diferencias culturales no la desconcertaban; al contrario, hablaba con quien pudiera.

Empezaba a darse cuenta de que los contactos eran moneda de cambio.

La mayoría de las mujeres optaban por formar grupo en función de su lengua y su cultura comunes, pero las de Ravensbrück eran diferentes, pensó Zippi. Buscaban compañerismo con otras mujeres, incluso entablaban relaciones románticas entre ellas y cortejaban a las chicas judías.

Zippi entendía el deseo de emparejarse. Su prometido estaba encarcelado en algún lugar de Alemania. El sueño de casarse, de compartir una vida, se estaba diluyendo. Pensar en Tibor no ayudaba. Dirigió su atención a hacer nuevas amigas.

Cada mañana, después de que pasaran lista, las mujeres marchaban hacia diferentes *Kommandos*, o unidades de trabajo. Zippi se sentía parte de una cacería. Los guardias las agarraban al azar y les asignaban diferentes trabajos: quinientas mujeres aquí, seiscientas allá. Por la tarde, las líderes del *Kommando* elegían a las mujeres que más les gustaban para que se unieran a ellas de nuevo al día siguiente.

Los mejores trabajos eran los de interior, nunca en el campo, donde una podía congelarse o sufrir un golpe de calor. Las afortunadas conseguían trabajos en la cocina, clasificando y remendando uniformes, o limpiando los barracones asquerosos con lo poco que les quedaba de las uñas. Algunas se convertían en secretarias de las SS y organizaban montones de papeles, mecanografiaban certificados de defunción y demás tareas administrativas. A las pocas que se habían formado como médicas o enfermeras las obligaban a trabajar en la enfermería, donde la mayoría de las pacientes iban a morir.

Pero lo que era matador de verdad era el trabajo al aire libre. Desde los primeros días del campo, Himmler había imaginado transformar el área circundante a Auschwitz en una finca agrícola, por mucho que estuviera en una zona pantanosa que se inundaba constantemente. Buena parte de los trabajos de las mujeres implicaba cavar canales de desagüe en la tierra apretada. Cada día, el grupo que trabajaba en el pantano quedaba empapado de agua sucia. Se secaban al viento. En otros *Kommandos*, las mujeres usaban sus manos desnudas para limpiar ladrillos embarrados que habían caído de los edificios durante los bombardeos aéreos cuando los alemanes habían tomado el control del pueblo. Esos ladrillos se reutilizaban para construir nuevos barracones. Unas cuantas mujeres transportaban piedras de un lado a otro porque a un guardia le entretenía. A otras las asignaban a trabajar con apisonadoras, unas pesadas máquinas llenas de arena que las prisioneras usaban para allanar los caminos de barro seco y llenos de baches de Auschwitz. La mayoría de las mujeres que trabajaban fuera no aguantaban vivas más de uno o dos meses.

Las mujeres que trabajaban en el huerto lograban sacar de contrabando trofeos, tal vez un tomate, metido en la ropa interior. El deseo de Himmler de crear una zona agrícola utilizando los trabajos forzados finalmente dio resultado: se montó una granja de pollos y se crearon caladeros, y huertos en los que se cultivaban flores y verduras. A cualquiera que pillaran llevando comida al barracón la azotaban y luego la mataban. Aunque todas pasaban hambre, el botín solía ir destinado a las enfermas.

El *Kommando* de construcción era de los peores. Si bien aquellas trabajadoras recibían una ración especial de salchicha y margarina, solo las que entregaban su ración a su supervisora conseguían palas; quien no tenía pala cavaba con las manos desnudas. Les podían caer encima piedras y equipo pesado sin previo aviso. No era raro que hubiera bajas. Los prisioneros que habían llamado la atención de Zippi cuando había entrado por primera vez al campo formaban parte de un *Kommando* de construcción. En los huesos y calvos, eran prisioneros de guerra rusos encargados de construir el campo de mujeres, piedra a piedra; apariciones del futuro de muchas mujeres desafortunadas del transporte de Zippi.

Pasadas unas semanas, Zippi, que para entonces había probado varios *Kommandos*, se ofreció voluntaria para unirse a las filas del *Kommando* de demolición. En él las mujeres destrozaban casas bombardeadas que antes habían pertenecido a la población polaca local. Cada día caían escombros sobre algunas de aquellas trabajadoras y a las que no podían regresar a los barracones por su propio pie se las abandonaba a su suerte. Zippi quería ver por sí misma por qué tantas de las mujeres que iban a trabajar en aquel *Kommando* no regresaban nunca a sus barracones. De nuevo, estaba claro que la raíz del problema eran la desorganización y el caos. Zippi estaba segura de que podía mejorar la situación de aquellas mujeres y salvarlas de la brutalidad de las SS aumentando su productividad.

Cuando Zippi se unió al *Kommando* de demolición, este estaba demoliendo afanosamente casas de ladrillo de Birkenau, acabando el trabajo que los prisioneros de guerra soviéticos habían empezado antes de morir. Birkenau no tardaría en superar con creces al campo principal en tamaño, y en horrores.

Utilizando un ariete, Zippi se colocó delante del grupo y juntas empujaron contra una pared de ladrillos. Cuando empezaron a caer al suelo fragmentos de ladrillo y piedra, las trabajadoras se retiraron de un brinco. Aprendieron a trabajar en sincronización, a ser eficientes y a moverse deprisa. Los oficiales de las SS estaban contentos: morían menos mujeres.

Pero aquel trabajo no era sostenible. Zippi tenía suerte de haber sobrevivido más de un par de meses. Había entrado al grupo como voluntaria; ahora tendría que encontrar la manera de salir de él.

Katya Singer estaba indignada: aquel no era su sitio.

Katya nunca se había considerado judía. Su familia nunca había sido ortodoxa y ella apenas había pasado tiempo con judíos, repetía a cualquiera que quisiera escuchar. Pero Zippi tenía razón: coger un berrinche solo la perjudicaría. Así que se mantenía en silencio. Seguramente Zippi le hubiera salvado la vida en la antigua fábrica de balas de Patrónka y desde entonces eran amigas. Las dos mujeres eran un espectáculo: la pequeña Zippi entornando los ojos en busca de pistas mientras escudriñaba la escena, y la alta y elegante Katya aún hermosa, incluso con el cabello rubio rapado.

Poco después de llegar, a Katya le pareció reconocer a un hombre de su vida anterior. Ataviado con el uniforme de las SS de los pies a la cabeza, parecía uno de sus profesores de la academia de negocios de Olomouc, en Eslovaquia, donde había estudiado contabilidad. Si no se equivocaba, había sido su profesor de alemán y creía haberle gustado. Decidió que no tenía nada que perder. Se acercó y lo abordó en un alemán entrecortado.

Él le cruzó la cara con fuerza. ¿Cómo se atrevía a acercarse a él? Luego, debajo de la cabeza rapada y la ausencia de cejas, reconoció a Katya.

—¿No eres Katarine? —le preguntó. Observó su bella cara, pálida salvo por la huella roja de la palma de su mano.

Ella asintió.

El intercambio fue rápido. Su antiguo profesor pronto se iría al frente, pero antes de hacerlo habló con sus compañeros oficiales de las SS sobre la formación de Katya como contable. Las SS mostraron un interés especial por ella, y seguramente no les pasó por alto su aspecto ario. Su experiencia laboral ayudó; necesitaban desesperadamente ayuda para ordenar el caos de pasar lista y, aunque Katya tenía solo veintidós años, su voz era profunda y autoritaria, y tenía mano para la organización.

Probablemente fue un regalo del cielo. Johanna Langefeld tenía dificultades como supervisora del campo de mujeres. Morena fornida con un gusto marcado por el orden y la disciplina, Langefeld era una ferviente partidaria de Hitler que había llegado desde Ravensbrück por petición expresa de Himmler en marzo. Pero las *Kapos* que había seleccionado para el trabajo estaban socavando su autoridad: se arrimaban a los hombres de las SS, tenían aventuras con prisioneros hombres y mujeres, y pasaban de contrabando joyas, ropa extra y comida para sí mismas. Algunas disfrutaban especialmente de reunir a las prisioneras y maltratarlas. Margot Drechsel, la oficial de las SS a cargo de pasar lista, era famosa por pegar a las mujeres con porras cubiertas de goma. Y, aun así, aquel proceso tan poco eficiente tardaba horas en completarse. Podían utilizar a alguien como Katya.

Justo como Zippi sospechaba, la *Blockälteste* a cargo de pasar lista era analfabeta y sintió alivio al recibir la ayuda de Katya. En poco tiempo, Katya fue nombrada *Stubendienst*, una prisionera de alto rango a cargo del piso superior de un bloque: desde allí, casi de inmediato, fue puesta a cargo de la mitad del bloque.

Katya le pidió a Zippi que la ayudara a pasar lista y escapara así de su horrible *Kommando* al aire libre. A pesar de su situación, Zippi rehusó. No quería estar a cargo de otras prisioneras, gritar ni empujar a la gente. Había visto en acción a las *Kapos* y temía que eso fuera lo que Katya le estaba pidiendo. Su situación no era tan grave. Aún.

Rudolf Höss tenía planeado embutir a ciento veinticinco mil prisioneros en el nuevo campo de Birkenau tan pronto como fuera posible. Pero en mayo de 1942 en Auschwitz solo había 14.624 reclusos y el segundo campo a duras penas estaba listo. Todavía quedaba mucho trabajo por hacer.

Cada día, al amanecer, Zippi y su *Kommando* —que, además de demoler, también realizaba algo de trabajo de construcción— caminaban más de tres kilómetros desde Auschwitz I hasta Auschwitz II-Birkenau. Las seguían guardias con rifles y pastores alemanes. Zippi y las demás presas avanzaban arduamente descalzas, con los zapatos colgando de las manos. Estaba prohibido llevar los zapatos puestos de camino al trabajo. Además de infligir dolor alegremente, los nazis querían ahorrarse dinero en zuecos de madera usándolos lo menos posible. Las prisioneras solo podían ponerse los zapatos cuando empezaban a trabajar.

Una vez en Birkenau, las mujeres se pasaban once horas trabajando bajo una coacción extrema. Con las manos desnudas, derribaban casas abandonadas y construían barracones. Los guardias alemanes observaban, a menudo a caballo, látigo de cuero en mano.

Frustrado por la lentitud del progreso, Höss decidió cubrirse las espaldas y ordenó llevar al campo 253 cabañas de madera prefabricadas. Las cabañas, originalmente diseñadas como caballerizas, podían construirse en menos de un día. Pero no llegarían hasta pasados al menos otros tres meses, para cuando sería el verano de 1942. Mientras tanto, las mujeres continuaron con aquel trabajo agotador.

Los guardias, aburridos, encontraban formas contraproducentes de divertirse. Ordenaban a las prisioneras subir a lo alto de los edificios bombardeados y lanzarse ladrillos unas a otras. Algunas resultaban heridas. Otras morían. Y los guardias se reían a carcajadas.

El clima deplorable no ayudaba. En primavera, la nieve se deshelaba y los zuecos de madera se quedaban atrapados en el barro de los pantanos de Birkenau. En lugar de sacarlos, las prisioneras seguían trabajando por temor a notar la quemadura del látigo de cuero en la espalda. Los pies desnudos y callosos acababan ensangrentados, infectados, congelados. Zippi no perdía de vista lo afortunada que era de tener sus botas.

Tras un día de trabajo, las mujeres soportaban una carrera de locos para usar el baño. Algunas se caían por el agujero de la letrina y quedaban atrapadas en la cloaca. Algunas caían en las zanjas, mareadas por la sed y el hambre, y desaparecían. Nadie se daba cuenta de su ausencia hasta que pasaban lista. Sonaban las sirenas: las mujeres perdidas, si eran halladas con vida, recibirían un castigo.

La muerte se convirtió en algo cotidiano. Por la mañana, las prisioneras se iban caminando penosamente al trabajo y por la noche no regresaban a sus literas. Los disparos ya no sorprendían a nadie. Las presas se apoyaban las unas en las otras para ocultar los signos de debilidad, literalmente sostenían del codo a las enfermas mientras pasaban lista y durante las marchas, tratando de evitar lo inevitable. A las cámaras de gas les faltaba mucho para estar listas y las prisioneras ya morían a miles: de enfermedad, de hambre, de disparos y de palizas.

Zippi había aprendido desde temprana edad que las apariencias importaban. Allí eran fundamentales. Para evitar la muerte, tenía que mostrar salud; debía tener buen aspecto, en la medida de lo posible. Cuando podía conseguir margarina, la usaba como crema facial: con las yemas rasposas de sus dedos engrosados, la masajeaba sobre la fina piel debajo de los ojos, en la delgada línea de sus labios apagados, en el vello suave de la cabeza. Se limaba las uñas con piedras ásperas. Encontró un peine roto y un espejo agrietado y se arreglaba el rostro lo mejor que podía. Pero, a pesar de todos sus esfuerzos, cuando una *Kapo* alemana le dijo *du hässlicher Jude*, «judía fea», se lo tomó muy a pecho.

El campo se estaba cobrando su precio, en muchos sentidos.

Un día de junio de 1942, apenas tres meses después de llegar a Auschwitz, Zippi estaba demoliendo una casa de ladrillos. Lanzaba y arrastraba, empujaba y tiraba, y retrocedía cuando los ladrillos de una pared se venían abajo. Esa era parte de su método, solo que esa vez, al retroceder, resbaló y se cayó.

Le llovió grava desde el cielo. Después vinieron las piedras más grandes y finalmente parte de una chimenea, que le cayó directamente sobre la espalda mientras ella se acurrucaba debajo.

El guardia de las SS que estaba al cargo vio cómo sucedía todo. Zippi era muy trabajadora; no podía permitirse perderla. Levantó en sus brazos el cuerpo encogido de Zippi y lo colocó sobre una pila de heno. Frenético, buscó en su bolsa hasta que encontró un par de aspirinas.

Zippi tenía mucho dolor; aun así, se esforzó por levantarse, forzando la curva de su espalda hacia arriba, y puso un pie delante del otro mientras el guardia la conducía hasta la enfermería. El médico, un prisionero judío que antes estudiaba medicina, le dio un bofetón en cada mejilla. Ese fue el tratamiento. Y la enviaron de vuelta a su barracón.

Al cabo de unas semanas, todas las presas que estaban en la enfermería fueron gaseadas. Zippi estuvo eternamente agradecida de que el médico le hubiera pegado y despachado después. Pero por el momento tan solo quería un respiro.

Mientras Zippi salía de la enfermería con la espalda aplastada y la cara magullada, supo que tenía que encontrar un trabajo de interior. Cuando pasaban lista, los guardias evaluaban a quienes estaban demasiado mal para trabajar, a quienes parecían poco sanas, inservibles..., desechables. Las heridas de Zippi, visibles y abiertas, no auguraban nada bueno.

Había rechazado un trabajo con Katya y ahora consideraba sus otras opciones. Mientras se dirigía hacia su barracón, con las mejillas todavía ardiendo por las bofetadas del médico, Zippi se encontró con Eva Weigel, una presa política alemana de la que se había hecho amiga. Eva trabajaba para uno de los oficiales superiores del campo y tenía influencia en las asignaciones de trabajo.

Zippi le explicó a Eva todo lo sucedido. No volvería a salir a trabajar fuera y no quería trabajar para Katya y gritar a la gente. Era pintora de letreros profesional y quería hacer uso de sus habilidades.

—Esa es mi profesión —le dijo Zippi a Eva—. Tal vez tú puedas ayudarme.

Resultó que el novio de Eva había sido diseñador gráfico, así que ella conocía bien la profesión. Haría que Zippi estuviera *verfügbar*, disponible para un puesto de interior.

—Quédate en casa —le dijo Eva a Zippi—. No salgas a trabajar, y si la mujer a cargo de pasar lista te pregunta por qué estás allí, dile solo que Eva te ha pedido que te quedaras en casa porque tiene trabajo para ti.

Era una propuesta arriesgada. Si la pillaban, podía ser el fin. Pero estaba agotada hasta lo más profundo de su ser, le dolía muchísimo la espalda y tenía la cara hecha un desastre.

Se pasó dos días en la litera recuperándose. De alguna manera se salvó de ser castigada. Descansó y recuperó algo de fuerza. Le habían concedido un regalo: su vida.

Al tercer día se le acercó un oficial. Necesitaba a alguien que supiera mezclar pintura a partir de material seco, dijo. La orden había venido de lo más alto: Hans Aumeier, el subcomandante del campo, la mano derecha de Höss, había pedido a Zippi.

Eva lo había conseguido. Las SS se estaban quedando sin uniformes de presos de guerra rusos y habían recurrido a proporcionar a los nuevos prisioneros ropa civil. Su idea era usar pintura para diferenciar a los presos de los civiles y dificultar las fugas. A Zippi le ordenaron pintar una gruesa franja roja en la parte trasera del vestido de todas las prisioneras. Las SS estaban resueltas a mantener separados a hombres y mujeres, y querían que una mujer con experiencia mezclara la pintura seca con el aceite. Era el trabajo perfecto para Zippi.

Eva llevó a Zippi a la lavandería, donde Aumeier estaba hablando con un grupo de mujeres francesas que acababan de llegar. Las mujeres, desnudas y consternadas, le preguntaron a Aumeier si lo que habían oído decir a otras prisioneras sobre Auschwitz era cierto. Aumeier les mintió en francés. «Estas mujeres no tienen ni idea de dónde se están metiendo», pensó Zippi.

Aumeier se volvió hacia Zippi y le preguntó qué necesitaba para mezclar la pintura. Zippi le dio una lista de pinceles y agentes secantes y pudo irse.

Al día siguiente entregaron un cargamento de tambores de aceite, pinturas y pinceles en el *Bekleidungskammer*, el almacén de ropa de mujeres. Zippi mezcló la pintura y dibujó largas franjas en los vestidos hechos jirones que se habían acumulado en el almacén. Pero no iba lo bastante rápido. Cada día llegaban hordas de mujeres que necesitaban los vestidos a rayas de inmediato. Zippi se trasladó a las instalaciones de la Sauna, donde se desinfectaba a los prisioneros y su ropa, y donde las mujeres recibían su uniforme. Los nazis no tenían tiempo para esperar a que las rayas se secaran en los vestidos antes de que las mujeres pudieran empezar a trabajar. Zippi tendría que dibujar las rayas mientras las mujeres llevaban puestos los vestidos.

Las prisioneras entrantes se acercaban a Zippi en la zona de recepción. Habían pasado por su iniciación, las indignidades de la desinfección. Habían entregado su ropa a cambio de los vestidos andrajosos que en su día habían pertenecido a otras presas. Ahora se ponían de espaldas a Zippi. Al principio la joven utilizaba una regla para pintar una línea perfecta de dos centímetros directamente sobre su ropa, desde la curva del cuello hasta las piernas. Pero tenía buen pulso: no necesitó la regla por mucho tiempo. Cuando había pintado una franja a cada prisionera, Zippi les proporcionaba una banda de tela que llevaba su número, para que se la cosieran al uniforme.

Por la cadena de montaje iban las nuevas criaturas sin pelo, despojadas de sus nombres, con las espaldas marcadas de rojo sangre: una cinta transportadora de números cuyos dígitos seguían creciendo.

En junio de 1942, apenas unos meses después de la llegada de Zippi, a Auschwitz llegaban cientos de nuevos prisioneros a diario, con transportes que iban desde uno hasta 1.004 prisioneros. A menudo los hombres y las mujeres bajaban de los trenes juntos; trabajadores válidos y prescindibles. Ahora ya había dos cámaras de gas en funcionamiento.

Juden raus schnell! «¡Todos los judíos afuera, rápido!». *Schneller! Schneller!* «¡Más rápido! ¡Más rápido!».

Los guardias gritaban órdenes mientras tenían atados en largo a los perros con una mano y con la otra agarraban sus armas preferidas: rifles o bayonetas, porras o látigos. Empujaban y pateaban a hombres, mujeres y niños para que se colocaran en su sitio.

Los nazis necesitaban prisioneros de cuerpo fuerte, que pudieran realizar trabajos forzados. Las «selecciones» se llevaban a cabo cuando los recién llegados, sin sospechar nada, tropezaban al salir de la rampa de la estación de trenes. Las selecciones separaban a aquellos con potencial de los que eran prescindibles. Un hombre de unos cincuenta años, manos suaves y mala pose probablemente acabaría a la izquierda. Una criatura en brazos de su madre le sería inevitablemente arrebatada y echada a los de alguien que también se dirigiera en aquella dirección. Los del lado derecho iban a parar a Auschwitz. Los del lado izquierdo —los ancianos, los enfermos, los discapacitados o las mujeres embarazadas— eran conducidos a camiones. A menudo, aquellos camiones llevaban el emblema de la Cruz Roja. No se les decía a dónde se dirigían los camiones, pero solo podían esperar reunirse pronto con sus seres queridos.

Zippi había sobrevivido a Auschwitz cuatro meses, tiempo suficiente para convertirla en una veterana curtida. Desde su asiento en primera fila veía los ojos ingenuos de los nuevos prisioneros, todavía brillantes de esperanza extraviada, así como las miradas de dolor que también se mezclaban en el área de registro. En una ocasión, vio que una mujer se aferraba a la única fotografía que le quedaba de sus hijos muertos y lloraba mientras suplicaba a un oficial de las SS que no se la quitara. Zippi sabía que no serviría de nada. Sabía que lo mejor era estar callada y sobrevivir hora tras hora.

Recién llegados pasando el proceso de «selección» en el andén del centro del complejo de Auschwitz. Al fondo se ven los vagones de ganado que llevaban a los prisioneros, muchos de ellos judíos de la actual Ucrania.

Una mujer judía acompañada de tres niños pequeños y con un bebé en brazos va camino de las cámaras de gas tras someterse al proceso de selección.

A medida que la población de Auschwitz crecía, también lo hacía la necesidad de ocultar las funciones diabólicas del campo. Las SS no querían causar el pánico entre los prisioneros ni arriesgarse a tener interferencias del mundo exterior. Los presos plantaban árboles nuevos mientras los guardias gritaban órdenes. Chopos lombardos y abedules bordeaban los bloques. Los chopos crecían rápido, con las ramas paralelas al tronco, formando una buena pantalla contra los entrometidos. Los abedules aguantaban bien el clima frío y el suelo húmedo y ácido. El verdor ocultaría el sistema de matanza.

El camuflaje funcionaba. La gente de fuera no sabía qué estaba pasando dentro de las vallas de Auschwitz. La mayoría de las personas de dentro tampoco estaban muy seguras de ello. Aunque tenían sus sospechas.

Miles de prisioneros de guerra rusos habían desaparecido. Zippi oyó que había cuarenta mil prisioneros alojados en los bloques cuando ellas habían llegado. Ahora quedaban treinta y dos mil. Ocho mil habían desaparecido en la oscuridad como si nada.

A lo lejos, empezó a funcionar una casita blanca rodeada de cerezos, manzanos y perales: una segunda granja polaca que se había convertido en una cámara de gas aquel verano, o Búnker II.

La gente de fuera leía las postales que los prisioneros enviaban a casa, notas redactadas bajo la mirada de los guardias. Zippi escribía a Sam, que estaba en su celda de Bratislava, siempre que tenía ocasión; él le respondía a rachas. Tibor también seguía vivo, hasta donde ella sabía, pero podía estar en cualquier sitio. Tal vez se encontrara en un campo de trabajo, o en una cárcel como la de Sam, esperando su hora junto con otros presos políticos. Tal vez le hubieran pegado y torturado. ¿O podría haber escapado? De nada servía preguntarse esas cosas. Zippi se concentraba en hacer que las líneas rojas fueran rectas.

Para mediados del verano de 1942, se había extendido la voz entre las SS de que Zippi tenía talento para el diseño y una atención impecable al detalle, que era organizada y de confianza. Se acercaban a ella con trabajos peculiares: pintar letreros y números en armarios, etiquetar taquillas de las SS.

Cada vez que llamaban a Zippi para que fuera a la oficina de administración, se postraba ante Langefeld, la mujer de mayor rango del campo.

«La presa 2286 solicita permiso para entrar», decía Zippi desde fuera de la puerta de Langefeld. Concedido el permiso, Zippi se colocaba a casi tres metros de Langefeld: los prisioneros debían mantener esa distancia exacta de todos los hombres y mujeres de las SS en todo momento para no infectarlos de las enfermedades que pudieran tener.

Tras recibir sus órdenes, Zippi se humillaba una vez más. «La presa 2286 ruega permiso para retirarse», decía Zippi. Una vez despachada, iba a realizar la tarea que le hubieran asignado.

Ahora que Zippi tenía un trabajo de interior, ya no tenía que sobrevivir a base de la sopa diluida que recibían las trabajadoras de demolición cada mediodía, una sopa donde a veces encontraban peines y polveras como ingredientes accidentales. Ahora se daba un banquete con una rebanada de pan mohoso y un sorbo de la misteriosa bebida que se suponía que era té o café. El hambre y la sed continuaban asolándola, pero su situación ya no era tan desesperada como antes.

Había hecho contactos estratégicos, prisioneras y guardias que se habían visto arrastrados a Auschwitz por motivos ideológicos. Se había acercado a comunistas, socialistas y mestizos *Mischlinge*, término despectivo nazi que designaba a los descendientes de cristianos emparejados con judíos. La atraían los doctores, como en su juventud. Ahora aquellos contactos estaban resultando inestimables, sobre todo los de los médicos.

Nadie podía permitirse estar enfermo en Auschwitz. Sin embargo, la salud de Zippi no había vuelto a ser la misma desde que le había caído encima aquella chimenea. Además, la mala higiene y la desnutrición hacían que la enfermedad fuera inevitable. En un momento dado, Zippi tenía la boca, la lengua y las encías tan llenas de pus que no podía tragar, probablemente debido a abscesos dentales.

Por suerte una amiga, una antigua doctora, le encontró remedio. Y cuando Zippi padeció un episodio recurrente de malaria, una testigo de Jehová alemana le pasó píldoras de quinina robadas de la farmacia. En ambas ocasiones mejoró sin perder un solo día de trabajo.

Encontró formas de ocultar sus males. Usaba polvo rojo de las herramientas de trabajo para darse tono en labios y mejillas y tener un aspecto saludable. Se asoció con una judía religiosa de Eslovaquia que trabajaba en la oficina del campo y que conseguía «cositas» —ajo y cebolla— de amigas que trabajaban en los campos. Juntas, ella y Zippi hacían sándwiches con pan, margarina, ajo y cebolla. Cuando conseguían queso y salchicha, Zippi intercambiaba su queso por la salchicha de la mujer.

Pero tampoco podía hacer mucho más. El agua contaminada continuaba siendo una amenaza constante. Zippi tuvo una gastroenteritis y diarrea sanguinolenta que la enviaba al retrete sin parar.

Cuando una prisionera con vestido a rayas la echó de su asiento de un empujón, Zippi se quedó perpleja.

—Pero ¿qué haces? —le preguntó Zippi.

—Soy yugoslava y tú judía —dijo la mujer mientras se sentaba en el lugar de Zippi—. Tengo derecho a hacerlo.

Zippi apretó los dientes y se marchó. Aprendió a aliviarse en una lata que dejaba junto a su cama cada noche y por la mañana la vaciaba en un cubo.

Se sumergía en el trabajo.

Zippi no tardó en darse cuenta de que pasar lista cada mañana era la tarea administrativa más importante de los campos de concentración de las SS. Los presos estaban convencidos de que simplemente se trataba de un método de tortura, pero Zippi sabía que era más que eso. Estaba diseñado para llevar un registro de los prisioneros, por supuesto, pero también era la forma que tenían las SS de contabilizar la ropa, los zapatos, la comida, las camas y el trabajo. Era una especie de hoja de balance, una que seguía el rastro de los prisioneros para mantenerlos mínimamente alimentados y apenas vestidos, todo ello mientras los hacían trabajar hasta la muerte. Con el flujo constante de prisioneros que se iban registrando, era necesario obtener nuevos datos para que el campo estuviera bien abastecido. Zippi pensaba que la ineptitud que rodeaba aquel proceso clave contribuía a provocar la tortura.

Katya quería cambiar las cosas y estaba obteniendo autoridad para hacerlo. Ahora ejercía auténtico poder. De vez en cuando, Zippi le pedía que trasladara a una amiga, o a la amiga de una amiga, de una «mala tarea», es decir, de un *Kommando* peligroso, a una mejor situación vital. Se sabía que había unos subcampos de Auschwitz que eran más seguros que otros. Cuando las amigas de Zippi pedían ayuda, ella sugería que las trasladaran a Budy, un campo más pequeño dentro del complejo de Auschwitz, ubicado en una granja a unos cuatro kilómetros del campo principal. A menudo Katya se las arreglaba para reorganizar los números y cambiaba a gente de una lista a otra manipulando ligeramente la documentación.

Tenía que ser precisa. Si no iba con cuidado, la salvación de una prisionera podría ser la condena de otra. El mejor modo era sustituir el número de una prisionera muerta en la «mala asignación». Debía ser meticulosa para que las SS no se dieran cuenta. Por muy alto que pudiera ascender en la jerarquía del campo, no dejaba de ser una judía; bien fácilmente podía acabar formando parte del humo que se elevaba por entre los árboles frutales.

Zippi estaba enferma. Otra vez.

Era un mal momento. Era agosto de 1942 y acababan de declarar operativo Birkenau, el nuevo campo cuya construcción había estado a punto de costarle la vida a Zippi. Las mujeres estaban a punto de trasladarse de Auschwitz I a sus nuevas dependencias en Birkenau. Por fin habían llegado las caballerizas prefabricadas.

Aquel verano una epidemia de tifus y fiebre maculosa azotaba el sistema de campos de Auschwitz. El flujo constante de nuevos llegados traía piojos y pulgas. Las letrinas habían sido repugnantes desde el principio, pero ahora eran prácticamente inutilizables. Las presas recogían palos, hojas y papel hecho trizas para usarlo como papel higiénico.

Semanas antes, Zippi hacía descalza la marcha diaria a Birkenau con su *Kommando*. Ahora, durante el mes más caluroso del año, tenía que hacer acopio de toda su fuerza para arrastrarse por la misma ruta hacia su nuevo hogar. Tenía fiebre, pero intentaba evitar que se notara que temblaba.

Al llegar a los nuevos barracones, la miseria continuó. Aunque las caballerizas eran de lejos los alojamientos más limpios del campo, la salud de Zippi empeoró. Cada vez estaba más demacrada. Sumida en un estado de letargo debido a la falta de sueño, cada mañana, sobre las cuatro de la madrugada, se obligaba a levantarse al oír el gong que anunciaba la hora de pasar lista. Se dirigía al trabajo, imprimía números y pintaba rayas. Trataba de evitar que le temblaran las manos. Los errores eran inadmisibles. No podía, no quería ir a la enfermería.

Circulaba un nuevo rumor sobre «una gran operación de despiojamiento». La gente susurraba que los pacientes enfermos serían enviados de la enfermería a las granjas de Birkenau, los dos edificios pequeños, el blanco y el rojo, que se habían convertido en las primeras cámaras de gas oficiales del campo. Aquellos edificios de aspecto bucólico tenían capacidad para exterminar a dos mil prisioneros de una vez. Los secretarios de la Gestapo mecanografiaban entre cuatrocientos y quinientos certificados de defunción al día.

Las selecciones eran rutinarias a la llegada al campo, a menudo al azar, pero también podían tener lugar en los barracones, en el hospital o cuando se pasaba lista. Si en los campos pillaban a algún preso que no podía trabajar, lo enviaban directamente a la granja. Incluso los médicos del campo realizaban selecciones entre sus pacientes: escogían a los más enfermos y los mataban con inyecciones de fenol directas al corazón. A veces las SS ampliaban su radio de acción. Desesperados por contener las enfermedades, ordenaban que se utilizara Zyklon B para desinfectar los bloques del campo. El médico del campo y los mandos superiores de las SS, aterrorizados ante la idea de contaminarse, se inoculaban contra el tifus.

Los rumores de «una gran operación de despiojamiento» eran reales. El último sábado de agosto de 1942, los prisioneros enfermos y en recuperación estaban amontonados en escaleras y pasillos. Conforme un *Blockälteste* iba diciendo sus números, los presos se iban alineando contra una pared. Fuera había camiones esperando. Al final del día, habían metido en las cámaras de gas de Birkenau a 746 prisioneros. Zippi mantenía en secreto su mala salud mientras cientos de prisioneros desaparecían. Tenía que permanecer alejada de la enfermería, pero su salud no hacía más que empeorar.

Ya no necesitaba rubor para sus mejillas: tenía siempre la cara encendida, sudorosa. Por la noche temblaba con tanta intensidad que la *Blockälteste* se dio cuenta. Era probable que Zippi fuera contagiosa y nadie estaba dispuesto a correr riesgos.

La *Blockälteste* ordenó que Zippi fuera al Bloque 27, un bloque que probablemente había ayudado a construir. Allí, en unas condiciones deplorables, era donde se enviaba a las reclusas a recuperarse, sin medicamentos ni tratamiento, sin agua ni alimentos. Zippi se unió a mujeres que padecían malaria, tifus y demás infecciones. Estaban todas tumbadas en unos colchones mugrientos tirados por el suelo, esperando la muerte… o un milagro.

A Zippi le zumbaba la cabeza; le dolían los músculos; su respiración era cada vez más entrecortada y rápida. Ahora sus contactos no podían ayudarla. Una amiga de Katya le llevó sardinas, salchichas y emparedados con caviar por encima, todo robado de la cantina de las SS. Una conocida le llevó agua contaminada. Zippi ya no veía bien. No oía. Hacía dieciséis años, su madre había enfermado de tuberculosis y la habían enviado a las montañas y ya nunca la habían vuelto a ver. Había muerto a los veintinueve años. Zippi, enferma de tifus, apenas tenía veintitrés y ya se estaba apagando.

Por la ventanita de la enfermería, Zippi veía camiones levantar polvo al alejarse, cargados de mujeres enfermas. Regresaban solo con uniformes viejos, con números viejos. Ya no quedaba duda: estaban gaseando a las mujeres.

El 5 de septiembre seleccionaron a otras ochocientas mujeres de la enfermería.

El Bloque 27 seguramente fuera el siguiente de la lista.

Antes de caer enferma, el vínculo de Zippi con el mundo exterior habían sido las cartas de su hermano y los susurros de las recién llegadas mientras ella les pintaba una línea en la parte trasera del vestido. Algunas tenían noticias de la guerra. Otras tenían noticias de su pueblo. Ahora no tenía acceso a información de ningún tipo.

No tenía forma de saber, mientras temblaba en un trance febril, que su prometido, Tibor Justh, estaba sufriendo su propio infierno.

El 15 de septiembre de 1942, Zippi estaba tumbada entre la porquería del suelo del Bloque 27, con fiebre alta, perdiendo la razón.

Ese mismo día, a quinientos kilómetros de distancia, en Múnich, fueron a buscar a Tibor a su celda de la Prisión de Stadelheim, una de las más grandes de Alemania. Allí era donde cumplían condena los delincuentes menores; incluso Hitler había estado preso entre aquellos muros en su día. Sin embargo, en los últimos tiempos era el lugar donde los nazis llevaban a cabo las ejecuciones.

En Stadelheim, un guardia penitenciario llevó a Tibor a una sala cerrada y sin ventanas separada de las celdas. Si el momento fue como otros descritos allí, le pusieron delante de una cortina negra. Es probable que un supervisor dijera su nombre, para confirmar su identidad. Un ayudante de prisión levantó la cortina negra para dejar a la vista una guillotina. Colocaron la cabeza de Tibor debajo de la hoja.

En Birkenau, en el Bloque 27, las mujeres padecían dolores, las niñas jadeaban y escupían sangre.

En Stadelheim, el prometido de Zippi, su futuro, fue decapitado.

En Birkenau, Zippi se aferraba a la vida.

8
«Dios está con nosotros»

El viaje de David Wisnia en el vagón de ganado no duró mucho.

Había soportado aquel sufrimiento apretujado y repugnado durante dos, tal vez tres días cuando se abrió la puerta corredera de madera y el joven oyó una tormenta de órdenes.

Raus, Juden, Schweine!, «¡Fuera, cerdos judíos!».

Entonces vio los pastores alemanes. Ejemplares grandes, musculosos, enfadados, con la lengua rosada colgando y los ojos fijos en el nuevo transporte. Era diciembre de 1942, pleno invierno. La nieve y el aguanieve cubrían la tierra, los árboles y los barracones. Birkenau llevaba menos de medio año funcionando, pero ya era una máquina de matar bien engrasada.

Los oficiales de las SS ladraban órdenes. Las mujeres, los ancianos, los enfermos y los niños se dirigieron hacia la izquierda, en dirección a los camiones con el distintivo de la Cruz Roja. El resto de hombres, con los brazos caídos a los costados en señal de resignación, se dirigieron hacia la derecha. Por un instante, David sopesó si unirse al grupo de los niños. Después de todo, solo tenía dieciséis años. ¿Tal vez a los niños se les concedería algún tipo de protección? Lo más probable era que no.

Cuando llegó su turno, no hubo tiempo para dudas. Detuvo la mirada sobre las botas negras impolutas de un oficial de las SS. Y entonces lo decidió: se uniría a los hombres, se dirigiría hacia la derecha. Si alguien le preguntaba, tenía dieciocho años. No había registros que demostraran lo contrario, ni prueba alguna de quién era antes.

De todos modos, su infancia había terminado con su bar mitzvá y el sitio de Varsovia al día siguiente. Y definitivamente el día en que había reconocido el abrigo de su madre en una pila de cadáveres. Se tomara por donde se tomara, en su mentira había parte de verdad. Mientras David envejecía dos años, a los otros 920 prisioneros que fueron hacia la izquierda se los llevaron lejos. Pronto parte de la esencia de sus cuerpos se elevaría, enrojeciendo el cielo, añadiendo humo al aura de ceniza de Auschwitz.

Empezó a caminar junto a otros 580 hombres y se unió a la procesión para que le raparan el pelo y le cortaran las uñas. Le despiojaron y tiraron su ropa a un montón; ya no la volvería a ver. Los hombres tiritaban, desnudos, con la piel pálida de gallina.

Un oficial de las SS muy flaco inspeccionó el cuerpo desnudo de David. Mientras el hombre se cernía sobre él, David contempló las palabras en la hebilla de su cinturón de latón: *Gott ist mit uns*, «Dios está con nosotros». Rio para sí mismo. «Imposible». Aquella provocación involuntaria le dio a David determinación.

Con el uniforme de David llegó una nueva identidad, que le tatuaron en el antebrazo izquierdo: 83526. Metió los pies en un par de zuecos de madera. No recibió dos zuecos izquierdos o dos derechos, como algunos otros, pero los zapatos le rozaban los pies al caminar. No tardó en tener los tobillos ensangrentados, en carne viva, y al final llenos de callos y entumecidos.

En el nuevo hogar de David, el Bloque 15, él y otros cuatro hombres compartían una litera superior y una manta. Por la noche se acomodaba entre las cabezas rapadas y los pies descalzos de los hombres, con el techo a solo unos centímetros por encima de ellos. Pensaba en sus dos tías, la tía Helen y la tía Rose, en Nueva York, existiendo en una realidad diferente, en un universo lejano.

El viento aullaba mientras David murmuraba su oración nocturna: «750 Grand Concourse, Bronx, Nueva York. 723 Gates Avenue, Brooklyn, Nueva York».

Aquellas palabras, en su día una posibilidad, se estaban convirtiendo en una fantasía.

Cada mañana era igual.

David despertaba con el clamor de órdenes y silbatos estridentes. Los cinco hombres bajaban de la litera de madera procurando no darse golpes en la cara unos a otros. La forma más fácil para que cinco hombres compartieran un colchón era acostarse intercalados, uno de pies, otro de cabeza, pero ese arreglo era complicado cuando todos tenían que levantarse deprisa, más aún a oscuras y tras apenas haber dormido en toda la noche.

La mayoría salía corriendo sin pararse a nada, bien adiestrados para formar en filas de a cinco. Pero indefectiblemente había nuevas incorporaciones que aún no conocían las reglas que imperaban cuando se pasaba lista y que se movían con lentitud en medio de la confusión de primera hora de la mañana. Algunos estaban demasiado enfermos para moverse en absoluto. Los que se quedaban atrás o llamaban la atención, los que se atrevían a pensar que podían escabullirse para ir a las letrinas sin que nadie se diera cuenta, recibían una paliza o eran perseguidos por los perros. A veces les pegaban un tiro allí mismo para satisfacer un impulso bárbaro de sus captores. Cuando escapaban prisioneros, cosa que sucedía casi cada semana, su ausencia se notaba al pasar lista. Por lo general, los capturaban en cuestión de días, cuando no de horas. A su regreso, los torturaban, los ejecutaban públicamente y los dejaban colgados como ejemplo para los demás presos.

Mientras se pasaba lista por la mañana, los hombres se movían en el sitio, cansados de estar de pie durante horas. Esperaban, viendo el vapor de su aliento elevarse y desaparecer. En invierno, el sol era esquivo en Auschwitz y los ojos se acostumbraban a la oscuridad. Los presos apretaban los puños, con los zuecos cubiertos de nieve, sosteniéndose entre ellos como podían. A David le quemaba la piel de frío, pero no se atrevía a moverse. A su alrededor, la gente se moría. Se morían mientras se pasaba lista, como muñecos huesudos que se desplomaban sobre el suelo.

Cuando los oficiales decían su número, David gritaba rápidamente *¡Hier!* Después del *Appell*, marcharían con sus respectivos *Kommandos* para pasar el resto del día trabajando al servicio del imperio alemán.

Las funciones de trabajo dependían de la suerte, o de los contactos. Un *Kommando* se pasaba el día talando árboles en el bosque cercano para proveer de madera a las cámaras de gas, donde se quemaban los cuerpos en un horno. Dos meses antes, otros prisioneros habían empezado a trabajar en el subcampo Auschwitz-Monowitz, a unos minutos de la ubicación original. Allí, los presos trabajaban junto a civiles en la fábrica de IG Farben produciendo combustible sintético para apoyar el esfuerzo de guerra alemán y a la propia empresa química, cuyo gas Zyklon B con toda probabilidad se había utilizado para asesinar a las familias de aquellos mismos prisioneros. A menudo los trabajadores civiles se compadecían de los reclusos y les daban su ración de pan y sopa y les pasaban de contrabando jerséis, calcetines y guantes, sabiendo en todo momento que, si los pillaban, su limosna los mataría.

Los presos que tenían menos suerte —de entre los que seguían vivos, se entiende— descendían a los oscuros abismos de la tierra para triturar rocas en minas de carbón. Aquellos hombres trabajaban siempre mojados, ya que el agua cubría el suelo y goteaba del techo. Se les empapaban los zapatos y los pies se les quedaban fríos y arrugados. Los obligaban a gatear por túneles de sesenta y ocho centímetros de altura y se rascaban la espalda y la barriga con las rocas de alrededor. El polvo de carbón se les asentaba en la garganta y no tenían agua potable para aliviar el ardor. A veces, durante los turnos de ocho horas, entraban en galerías subterráneas más grandes donde lograban ponerse en cuclillas o arrodillarse. Las enfermedades proliferaban en aquella humedad perpetua; la vida allí tenía una fecha de caducidad corta, incluso para Auschwitz. Algunos hombres quedaban enterrados bajo los escombros. Los que sobrevivían tenían que soportar palizas esporádicas, derrumbes de túneles y trozos de carbón y de piedras que caían de arriba sin previo aviso.

El primer día de David en Auschwitz le enviaron a una zanja ancha que había en medio del campo de concentración con un equipo de trabajo conocido como el *Leichenkommando*, o escuadrón de los cadáveres. Allí, en la trinchera de tierra húmeda, encontraron cuerpos. El trabajo de David era reunir a los muertos para su «correcta» eliminación. Meses antes había visto el abrigo de su madre y el brazo rígido de su padre en una pila de cadáveres. Entonces había salido corriendo; ahora estaba rodeado de porras, pistolas y perros. Los guardias vigilaban a los prisioneros desde las torres de vigilancia. Huir no era una opción.

Algunos de los cadáveres tenían agujeros de bala, pero no todos. Casi cada día unas dos docenas de prisioneros corrían hacia los perímetros del campo en un intento de lanzarse contra la valla eléctrica. A algunos los abatían a tiros antes de que pudieran electrocutarse.

El trabajo de David era coger esos cadáveres que había a lo largo del perímetro del campo, todavía frescos, y arrastrarlos por el suelo nevado. Después los levantaban y los arrojaban a un carro de madera. A menudo, dos prisioneros arrastraban un cuerpo. Cuando el suelo quedaba libre de cadáveres, el trabajo de David había terminado. Por lo que sabía, después se llevaban los cuerpos para enterrarlos o arrojarlos a uno de los ríos cercanos. Pero en realidad los quemaban en fosas abiertas: eran pruebas no deseadas. Otro *Kommando* tiraba las cenizas a los ríos Soła y Vístula, que pasaban junto al campo y pronto quedaron saturados de cenizas humanas.

Mientras que estos cadáveres se mostraban abiertamente, ejemplos del precio que se pagaba por intentar huir o suicidarse, las cientos de vidas que las SS extinguían dentro de las cámaras de gas se manejaban con mucho más secreto. La eliminación de los cuerpos quedaba en manos de un grupo de reclusos especialmente seleccionados: el *Sonderkommando*, o unidad especial. Aquellos hombres se ocupaban de la etapa final del método industrial del campo para asesinar en masa; eran los últimos testigos de un crimen tan espeluznante que los nazis sabían que tenían que ocultárselo al mundo.

Cuando David llegó a Auschwitz, el proceso estaba bien ensayado: los oficiales de las SS escoltaban a las víctimas hacia lo que les explicaban que era una ducha, inocua, nada de qué preocuparse. La clave era evitar el pánico; y la mayoría de los prisioneros querían creer en la treta. Caminaban por la pineda, siguiendo el perímetro de Birkenau, hasta llegar a un claro, donde veían una pequeña granja de ladrillos. Tanto esa como la granja blanca estaban bien ocultas en el bosque. Al entrar en la granja, veían las filas de alcachofas de ducha en las paredes. El camuflaje, siempre primordial.

Les daban toallas. Los prisioneros dejaban su ropa en un vestuario especial. A veces les soltaban perros entrenados dentro del vestuario, un toque final de tormento. Los perros saltaban, gruñían y mordían a los prisioneros. Presa del pánico, los reclusos se pisoteaban unos a otros dentro de la sala cerrada. Después de que los captores retiraran a los perros, las puertas se cerraban y se tapiaban con tablones.

Cuando meses más tarde llegó a Auschwitz Josef Mengele, el infame médico que realizaba experimentos con prisioneros, él también participaba. Iba en la ambulancia que transportaba las latas de Zyklon B. Daba instrucciones a su ayudante: *Steinmetz, mach das fertig.* «Acábalo».

Steinmetz se ponía una máscara antigás y abría las latas con un martillo y un cuchillo, dejando a la vista los gránulos mortales, que, al entrar en contacto con el oxígeno, se convertían en un gas venenoso. Steinmetz echaba los cristales por la ventana rápidamente y la cerraba herméticamente.

Cuando los reclusos estaban asfixiados y en la sala ya no quedaba gas venenoso, era tarea del *Sonderkommando* retirar los cuerpos. Algunas de las víctimas, descubrirían inevitablemente, habían muerto en el tumulto que los alemanes habían provocado dentro de la cámara antes de liberar el gas.

Al *Sonderkommando*, un grupo sombrío, lo tenían separado del resto de prisioneros. Aquellos hombres dormían en el sótano del Bloque 11, conocido como el «bloque de la muerte», donde a menudo terminaban quienes intentaban escapar cuando eran atrapados. Más tarde, tras construirse los infames crematorios de Auschwitz, el *Sonderkommando* dormiría en habitaciones de esos edificios. Aquellos prisioneros, considerados privilegiados, llevaban ropa de civil y recibían raciones más grandes que los demás. Físicamente eran los más fuertes de todos los reclusos, elegidos para una tarea especial: limpiar las cámaras de gas.

El *Sonderkommando*, con las máscaras de gas puestas, sacaba los cadáveres al patio. Luego, bajo la supervisión de las SS, los dentistas o a veces los propios miembros del *Sonderkommando* se inclinaban sobre los rostros sin color y, con unos alicates, extraían cualquier diente de oro de las encías hinchadas de los muertos. Después se fundía el oro y se almacenaba para las SS. El *Sonderkommando* trasladaba los cuerpos, despojados de su valor, a las fosas donde serían quemados. Más tarde, el escuadrón recogía las cenizas —con fragmentos de cráneos, rodillas y huesos largos— en un carro y las tiraba a los ríos Soła y Vístula. El último paso era lavar a conciencia la cámara de gas, fregando el suelo y las paredes.

Aquel trabajo miserable no solía durar: los trabajadores del *Sonderkommando* sabían demasiado. Cada tres a seis meses, ellos mismos eran «transportados» a su muerte.

En el retorcido mundo de Birkenau, David tenía la suerte de que sus tratos con los muertos fueran al descubierto, al menos por el momento. Consiguió realizar su trabajo como un autómata. Si pensaba demasiado en lo que estaba haciendo, no podría funcionar. Y necesitaba sobrevivir: otro día, otra hora. Se repetía su mantra: «750 Grand Concourse, Bronx, Nueva York. 723 Gates Avenue, Brooklyn, Nueva York».

Pasaban los días, o las semanas, era difícil de decir. David se iba debilitando. A cada momento que pasaba era menos seguro que consiguiera sobrevivir.

Una noche se desplomó en su litera, exhausto. El trasiego de los hombres acordando posiciones en las literas, los ronquidos, las respiraciones dificultosas, se estaban volviendo familiares. También lo estaba haciendo un pensamiento doloroso: tal vez se despertara por la mañana, tal vez no.

—¿Hay alguien aquí que cante? —llamó el *Blockälteste*.

Los hombres de la litera de Wisnia lo empujaron hacia abajo. Lo habían oído cantar para sí mismo antes.

—Sí que lo hay —dijeron—. Aquí, aquí.

Antes de que se diera cuenta, el foco le apuntaba. El *Blockälteste*, un prisionero llamado Josef, le esperaba. Hizo un gesto para que David le siguiera a su habitación privada, adyacente pero separada de los demás presos.

—¿Qué tipo de canciones conoces? —le preguntó Josef.

—Todos los tipos —respondió David, con una confianza escénica que era puro instinto.

Josef le lanzó un trozo de pan y David actuó. Cantó como si estuviera en un gran teatro. Aquella tenía que ser la actuación de su vida. Si a Josef no le gustaba su canto, podían fusilarlo.

David cantó el éxito estadounidense de justo antes de la guerra, «Joseph! Joseph!», que coincidía con el nombre de su *Blockälteste*. Pensó en el ritmo de jazz de la gran banda, en las voces en armonía, y cantó como si le estuvieran apuntando con una pistola en la sien.

Cuando David terminó, Josef esperó la siguiente canción. David cantó lo primero que le vino a la cabeza: se daba cuenta de que lo único que importaba era su voz, no las palabras, ni la selección de canciones, ni siquiera el idioma que eligiera. Cantó en alemán, en hebreo, en yidis, en polaco, todas las canciones que se le ocurrieron. Le daba la sensación de que aquello era una audición.

Tenía razón. En el campo, a veces los guardias y oficiales elegían a intérpretes talentosos para que los entretuvieran. Aquellos prisioneros disfrutaban de privilegios: mejor trato, más raciones y, en ocasiones, protección. A partir de aquel momento, David se unió a sus filas: ya no tenía que recoger cadáveres. En lugar de ello, ayudaba a limpiar los barracones durante el día, siempre y cuando cantara para Josef y sus amigos cuando se lo dijeran.

A menudo David cantaba por la noche, mientras los demás dormían. El *Blockälteste* lo llamaba y él bajaba de su litera de madera, a cualquier hora, para ganarse la vida. Cuando cantaba, su tenor era tanto suave como operístico. Pensaba en los días en que cantaba en los altares de Sochaczew y Varsovia. Ahora, a más de doscientos setenta kilómetros de Varsovia, David actuaba para los guardias que se reunían a beber después del toque de queda. Repetía los versos y los guardias, demasiado borrachos para darse cuenta, no lo hacían detenerse. Cuando estaban complacidos, David regresaba a su litera.

Tal vez viviría un poco más, después de todo.

Josef lo arregló para que David recibiera raciones extra de sopa y té. Después le consiguió un puesto en la Sauna, como los prisioneros denominaban a las cálidas zonas de desinfección del campo. Se trataba de baños públicos provisionales con duchas y salas separadas para desinfectar la ropa. El trabajo en la Sauna era uno de los más codiciados en Auschwitz. Allí David tenía más probabilidades de estar protegido de las selecciones aleatorias. Allí la vida se volvía soportable.

Cada día llegaban nuevos reclusos al «lado sucio» de la Sauna, recién salidos de los vagones de ganado que pasaban por una rampa acabada de construir entre Auschwitz y Birkenau. El equipaje que había sido cuidadosamente empaquetado con las mejores ropas, joyas, fotografías, maletas y a veces instrumentos de los viajeros se tiraba al suelo o se colocaba en camiones para ser clasificado y expoliado para los nazis. La mayor parte iba a parar a las *Effektenkammern*, almacenes especiales que los presos llamaban Canadá, en honor a un país que creían que representaba lujo y riquezas.

Tras la selección, quienes sobrevivían eran llevados a la Sauna, donde se los desnudaba, rapaba y despiojaba. Pero antes tenían que entregar todos los efectos personales que aún conservaran: desde la ropa interior hasta el resto de su vestuario, carteras y joyas. La ropa pasaba por un proceso de desinfección. Todo lo demás era botín para Canadá. Todos y cada uno de los prisioneros que entraban en Auschwitz experimentaban este brutal rito de iniciación. Algunos tal vez regresaran a la Sauna, si se veían empujados a una «campaña de despiojamiento»: el intento de las SS de detener un brote de tifus. Sin embargo, para muchos esa era la última vez que verían la Sauna.

David estaba en la Sauna casi cada día. Su nuevo trabajo le situaba en el «lado limpio», desinfectando uniformes. Por la mañana se ponía una máscara antigás a modo de protección: los gránulos de Zyklon B, útiles para la asfixia, también desinfectaban los uniformes de los reclusos. Dos latas de doscientos gramos de Zyklon B podían eliminar los piojos, una amenaza constante, en entre dos y seis horas. El gas también mataba pulgas, insectos y cucarachas.

En un día normal, dos prisioneros con máscaras antigás se colocaban solos en medio de la sala, cada uno con una lata de metal llena de cristales de Zyklon B. Un tercer trabajador se quedaba en la entrada. Su trabajo consistía en asegurarse de que nadie se envenenara por accidente; las SS querían tener un control absoluto sobre dónde y cuándo sucedía eso. Los dos prisioneros de la máscara que llevaban las latas con los cristales de Zyklon B las abrían con unos cinceles especiales, vertían los gránulos en el suelo y luego salían deprisa y cerraban las puertas herméticas tras ellos. Al cabo de una hora regresaban para encender el extractor y volver a meter los cristales en las latas para devolverlos a IG Farben para su reciclaje. Cuando se completaba el proceso de despiojamiento, la ropa continuaba estando desgastada y sucia pero ahora estaba llena de piojos muertos. David y los demás de su *Kommando* arrojaban los harapos desinfectados a los prisioneros que acababan de entrar y estaban a la espera de sus nuevos uniformes.

Cuando no estaban despiojando, David y los demás hombres clasificaban la ropa entrante. A veces descubrían artículos que los prisioneros se habían llevado a Auschwitz. Los tesoros incluían relojes con incrustaciones de oro, diamantes, joyas y abrigos de piel. Las piezas valiosas se apartaban para las SS. La ropa vieja y gastada se reciclaba como uniformes para los prisioneros entrantes.

Mientras escogía entre aquellas posesiones confiscadas, David aprendió a «organizar», o robar: una ventaja clave de trabajar en la Sauna.

—Podéis organizar, pero que no os pillen —les dijo un guardia.

Aquellos bienes organizados se intercambiaban por favores, ropa y comida. David se agenciaba a hurtadillas premios aquí y allá. Devoraba una loncha de salami, para él tan valiosa como el billete de mil dólares que descubrió en el bolsillo de unos pantalones. Cambió el billete por un uniforme limpio hecho a medida por un antiguo profesional. Enseguida aprendió que los nazis valoraban la buena apariencia. En Auschwitz, la salud y la higiene engendraban salud e higiene.

El *Kommando* de la Sauna de David trabajaba casi siempre en un silencio colectivo pero a veces, cuando era seguro, David cantaba. Esto le hizo ganarse el cariño de un prisionero mayor, Szaja Kalfus, un judío polaco que había llegado a Auschwitz en 1942, poco antes que David. Szaja, que trabajaba para el *Kommando* de la Sauna con David, tenía problemas para caminar y sentarse: meses antes, estando enfermo con fiebre, no se había presentado cuando pasaban lista y la infracción le había valido cincuenta latigazos en las nalgas con un látigo de goma. Después de aquello Szaja pasó días sin poder ponerse de pie ni sentarse, mucho menos trabajar. Gracias a que otros reclusos lo sostenían, se mantenía en pie mientras pasaban lista cada día y luego iba a Canadá, donde clasificaba y organizaba los diversos bienes robados que habían llegado.

El nuevo amigo de David, Szaja, estaba discapacitado de por vida pero tenía la suerte de haber sobrevivido y de haber acabado donde estaba. Y ahora cuidaba del chico joven y formal que cantaba. A Szaja le daba lástima el chaval que había perdido su infancia. Le pasaba a David algunas raciones suyas. Gracias a su nuevo puesto, y su nuevo defensor, y a pesar de sus expectativas, David estaba empezando a ganar peso, a verse saludable de nuevo.

Prisioneros clasificando bienes confiscados en la puerta de un almacén del complejo de Auschwitz conocido como Canadá.

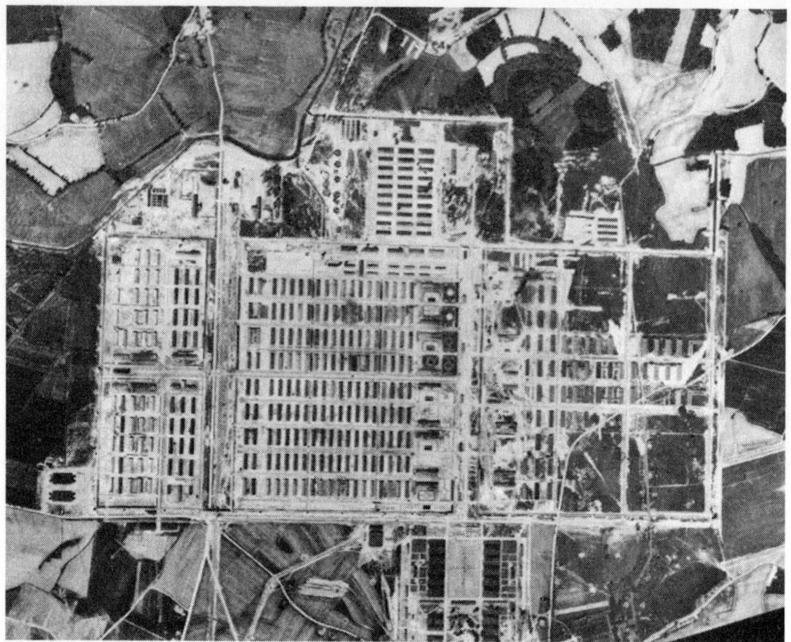

Foto de reconocimiento aéreo de Auschwitz II-Birkenau tomada más tarde en la guerra por la Fuerza Aérea del Ejército de Estados Unidos. La nueva Sauna Central es el edificio oscuro en forma de T que aparece en el extremo superior; las filas de almacenes que hay delante de él constituyen el complejo Canadá.

Desde que David había llegado a Birkenau, había visto entrar y salir prisioneros del campo de concentración. Buena parte de la ropa que desinfectaba pertenecía a personas que ya estaban muertas. Llevaba allí tiempo suficiente como para asumir que al final le tocaría a él. Y sin embargo, tanto él como Szaja habían logrado mantenerse con vida hasta el momento.

Había tenido la suerte de trabajar con algunos oficiales decentes. Georg, su supervisor en la Sauna, odiaba su trabajo. Lo único que quería era salir de Auschwitz, que lo enviaran al frente, estar en cualquier otro lugar. Si él hubiera podido, había sugerido Georg, los habría soltado a todos. Lamentablemente, Georg tenía un trabajo que hacer.

David lo entendía y cumplía con su cometido. La rutina se instaló en su vida. Era un engranaje de la máquina de Auschwitz, pero mientras hiciera su trabajo al menos podía esperar seguir con vida.

En los días más fríos de aquel primer invierno de 1942, David trataba de quedarse en el calor de la Sauna tanto tiempo como fuera posible. A veces se encontraba allí solo, colgando ropa. A veces, cuando había acabado, echaba un vistazo por la ventana. Costaba resistirse. Pero incluso un vistazo podía acarrear problemas.

No es que la vista cambiara mucho. Estaba la carretera principal del campo, que separaba el campo de hombres del de mujeres; la valla eléctrica que rodeaba el perímetro del campo; la larga zanja que atravesaba la carretera; y las zanjas más pequeñas, llenas de barro, por todo el terreno. Y luego estaban las personas: las rayas, las porras, las cabezas rapadas, las filas de cinco.

Aquel invierno, un día David miró por la ventana y vio que las SS parecían estar celebrando algo, pero no sabía el qué. Los oficiales estaban alineados a unos cincuenta o setenta metros de distancia, junto a la valla eléctrica. Miraban una zanja que iba en dirección a la Sauna, desde donde David, que estaba solo, observaba. Cada oficial sostenía una vara y estaba cerca de un montón de arena con un grupo de prisioneros.

Estaban jugando a un juego. Los prisioneros se abrían la chaqueta y los oficiales les echaban arena dentro de la camisa.

—*Schnell!* —gritaban los oficiales. «¡Corred!».

Los presos corrían alrededor de los oficiales. La regla era que no podían derramar arena. Si caía arena, «cuando» caía arena, los oficiales les pegaban con las varas hasta que los prisioneros ya no podían mantenerse en pie, hasta que no eran más que cuerpos, apenas vivos en la zanja. Entonces los oficiales les disparaban.

David no podía apartar la mirada. De vez en cuando, les llevaban un nuevo grupo de reclusos, peones frescos para el juego. Los oficiales se reían.

Entonces uno de los oficiales miró hacia la ventana de la Sauna y vio a David, un espectador no deseado.

Cuando el hombre se apresuró hacia la Sauna, David sintió que se le encogía el pecho. El oficial tendría que rodear el edificio para llegar a la puerta. David corrió hacia la sala adyacente, donde la ropa esperaba a ser gaseada.

Una voz resonó en alemán:

—¿Quién hay ahí? ¿Quién está mirando por la ventana?

David se apretujó detrás de un estante de ropa y contuvo la respiración. No había nadie más que pudiera delatarle.

—¿Dónde estás? ¿Dónde estás, hombre? —gritó el oficial.

David esperó.

El hombre parecía haberse ido.

Tras esperar lo que le pareció un tiempo de seguridad suficiente, David volvió al trabajo y se puso a colgar ropa como si nada hubiera ocurrido.

No volvería a mirar por la ventana nunca más. Viviría según las normas. Las excepciones, la prudente «organización» y el intercambio por comida extra, eran riesgos relativamente menores. Los grandes riesgos, pensó, nunca valían la pena considerando las consecuencias.

9
El libro de los números

Zippi se pasó tres semanas en la enfermería antes de que los guardias la sacaran a rastras de ella. La dejaron junto a docenas de mujeres debilitadas que estaban sentadas contra los muros de ladrillo del bloque, con los uniformes de harapos raídos colgando sobre sus cuerpos esqueléticos. Aquellas presas cuyos ojos aún seguían viendo miraban el desfile de camiones entrar y salir.

Zippi no era más que otro cuerpo que ardía de fiebre, pero aún le funcionaban los ojos, aunque fuera poco. Los enfocó y distinguió la figura de una amiga: Hanni Jäger, secretaria de Paul Heinrich Müller, que compartía el control del campo de mujeres con Johanna Langefeld. Hanni era una presa política alemana cuya relación con un hombre judío le había valido la reclusión en Auschwitz.

Zippi obligó a sus cuerdas vocales a trabajar.

—Hanni... Hanni... Estoy aquí —logró decir.

Hanni, que iba de camino al almuerzo, reconoció aquella frágil figura de mujer. Sabía que si Zippi subía a un camión, nunca regresaría, así que pidió ayuda a su jefe.

Zippi estaba sana, le dijo a Müller, y la necesitaban en la oficina. No tenía que estar con las prisioneras enfermas; las SS la necesitaban para pintar, para imprimir números en los uniformes. Müller envió a un oficial para comprobar si Zippi realmente era útil.

—¿Qué haces aquí? —le preguntó el oficial a Zippi.

—No lo sé —dijo Zippi, en un trance febril—. Quiero volver a trabajar.

El hombre la hizo entrar a un barracón.

—Trepa a la litera superior y vuelve a bajar —le ordenó.

Zippi estaba débil, pero también era implacable, así que obligó a su cuerpo dolorido a subir y a bajar. El oficial le ordenó que lo hiciera otra vez. Y otra. Cuando estaba en Bratislava, había subido escaleras de mano para pintar murales. En su día había hecho senderismo, había nadado, había sido atlética. Ahora apretaba los dientes para hacer acopio de cualquier reserva de fuerzas que le quedara.

El oficial ordenó a Zippi que saltara por encima de las amplias zanjas que recorrían la *Lagerstrasse*, la calle central del campo. Zippi obligó a su cuerpo de treinta kilos a saltar. El hombre le ordenó que lo hiciera otra vez, y luego otra más.

Al final llevó a Zippi a la enfermería. Una enfermera le puso el termómetro: la prueba final.

Zippi estuvo a punto de desmayarse de miedo.

—Zippi —susurró la enfermera. Era una presa política alemana, una conocida de Zippi—. Aunque estés a cuarenta y tres de fiebre, no diré nada.

Cada pocos minutos, el oficial regresaba para comprobar la temperatura de Zippi.

La enfermera retrasaba el resultado. Le daba a Zippi valeriana, un remedio de hierbas utilizado para calmar a los pacientes. Zippi veía por la ventana a las mujeres y niñas que se llevaban en los camiones. En cuanto se iban, la enfermera le aseguraba al oficial que Zippi no tenía fiebre. Estaba a salvo, de momento.

Aquel día los camiones transportaron a dos mil prisioneros a las cámaras de gas. Al día siguiente fue otro grupo, y otro más al siguiente. Si las SS decidían que Zippi estaba demasiado enferma para trabajar, la enviarían en el siguiente transporte.

Un guardia que había presenciado su calvario se acercó a Zippi y le entregó una pluma y papel.

—Siéntate y trabaja —le ordenó.

Para entonces, Zippi estaba tan enferma que no veía. Intentó explicar que estaba «fuera del mundo con fiebre», que ni siquiera sabía cómo era una letra.

—Mira —le dijo el oficial—. Haz lo que quieras. Pero trabaja.

Pensó en las mujeres con las que había estado minutos antes, en los zapatos que habían dejado atrás, ahora alineados contra la pared de ladrillo. Zippi levantó la pluma y fingió estar ocupada. Hacía un rato había estado haciendo ejercicios de calistenia; ahora coger la pluma le parecía un esfuerzo enorme.

Pasaron horas, o quizá fueron segundos. Zippi levantó la vista del mareo del papel y encontró a Katya mirándola fijamente. Junto a su amiga estaba Margot Drechsel, una de las mujeres más temidas de Birkenau. Drechsel, considerada por muchos como una sádica que pegaba a las mujeres sin motivo alguno, era ahora la subdirectora del campo de mujeres.

El resto del episodio de tifus de Zippi fue un borrón. Se desmayaba durante largos periodos de tiempo y entre ellos sufría dolores punzantes. Apenas recordaba haberse trasladado a las caballerizas de Birkenau con las demás mujeres de Auschwitz I semanas antes. Debía de haber gateado a cuatro patas, pensó. Se maravilló de su suerte, asombrada de haber evitado los camiones, de que las SS no le hubieran disparado en el acto.

Poco a poco Zippi fue recuperando la salud. Cada día una *Blockälteste* eslovaca de los barracones donde se recuperaba le llevaba una porción extra de sopa del campo. Zippi se obligaba a beber aquel brebaje; sabía que necesitaba las calorías para recuperarse.

Pero después del tifus Zippi cogió hepatitis. Tenía diarrea sanguinolenta y los globos oculares amarillos. Otra amiga, una testigo de Jehová de Ravensbrück que trabajaba en la farmacia de las SS, le pasaba cubitos de caldo de contrabando que ella lograba disolver en su té y se obligaba a beber.

Al final Zippi se recuperó. Todavía tenía forúnculos supurantes en las piernas que le picaban y quemaban, pero estaba viva. Gracias a varios nuevos amigos, incluida Katya.

El día que Zippi salió de la enfermería, Katya le dijo que todos sus papeles estaban arreglados. Frágil y delicada, Zippi siguió a Katya hacia lo desconocido.

Ahora Zippi formaba parte de la *Häftlingsschreibstube*, la oficina de prisioneros. Tenía acceso a lujos: jabón, toallas, papel higiénico. Incluso a un sujetador. Ropa interior nueva, calcetines. Ya no tenía que compartir una letrina con manadas de presas; tenía su propio cubo. En su nuevo trabajo de oficina, se esperaba que su apariencia estuviera a la altura: limpia y bien vestida, pulcra.

Katya, que hacía mucho que había dejado de ser la chica histérica que Zippi había conocido en Patrónka, había demostrado su valía ante las SS. Ya no tenía el mal aspecto que le habían conferido el pelo y las cejas rapadas, ni iba envuelta en un uniforme raído como el de las demás prisioneras, ahora llevaba vestidos limpios y abrigos caros. Volvía a crecerle el cabello rubio. Y tenía confianza. Cuando se registró por primera vez en Auschwitz, Katya era la prisionera 2098. Ahora era *Frau* Singer, la *Rapportschreiberin* del campo de mujeres, la empleada del registro. Todos los barracones de mujeres estaban bajo la jurisdicción de Katya.

Mientras Zippi tenía alucinaciones a causa de la fiebre, se reorganizó el liderazgo del campo de mujeres. Johanna Langefeld había chocado demasiadas veces con Höss, así que fue reasignada a Ravensbrück y reemplazada por Maria Mandl, una guardia austríaca de treinta años con una postura impecable, unos ojos azules como el hielo y un cabello rubio como la paja. Antes de llegar a Auschwitz, Mandl había subido en el escalafón desde guardia hasta supervisora en Lichtenburg y en Ravensbrück, y consolidado su papel en la administración de campos de concentración.

Intensamente leal al Partido Nazi, Mandl estaba ansiosa por escalar en su jerarquía. Era famosa por irrumpir esporádicamente en los bloques para realizar registros. Pateaba a las prisioneras por infracciones menores, como llevar capas adicionales de ropa debajo de los uniformes de prisión. Estar encorvada mientras pasaban lista implicaba palizas violentas que a menudo terminaban en muerte. Mandl tenía fama de usar su fuerza bruta para saltarle los dientes de un solo golpe a las prisioneras. Las pateaba en el estómago hasta dejarlas inconscientes o muertas. Para ella, las víctimas eran infrahumanas. Para ellas, ella era la Bestia.

Ahora Katya informaba directamente tanto a Mandl como a Margot Drechsel, quien a menudo torturaba a prisioneras golpeándolas en la cara, sumergiéndolas en sopa hirviendo y pegándoles con varas.

Por alguna razón, Katya les cayó en gracia. Conocía el paradero y el destino de cada mujer de Birkenau. Sabía quién se presentaba al *Appell* cada mañana y quién no regresaba del trabajo por la noche. Sabía quién llegaba a Birkenau y cuándo. Sabía quién tenía trabajo de interior y quién trabajaba al aire libre. Ese conocimiento era poder.

Para alivio de muchas prisioneras, y de las SS, Katya estaba progresando en la tarea de arreglar el accidentado sistema de pasar lista. Una mañana, Katya llevó a todas las reclusas al prado abierto. Prometió a las mujeres aterrorizadas que no tenían de qué preocuparse, que estarían bien. Anotó el número tatuado de todas y cada una de las mujeres. El campo al fin tenía una lista definitiva de todos los que estaban vivos. En el *Appell* matutino, la *Rapportführer* de cada bloque, o encargada de pasar lista, simplemente confirmaría que el número de mujeres a su cargo coincidía con el total de la lista de mujeres asignadas a su bloque en concreto.

Solo había una pega. Los números fluctuarían a medida que entraran al campo mujeres nuevas y otras fueran transferidas a otros campos, o a la enfermería o, lo más probable, murieran. Para llevar un seguimiento, Katya necesitaba ayuda. Y cuando les dijo a sus jefes que necesitaba algo para facilitar su trabajo, sus jefes la escucharon.

Las necesidades de Katya a menudo implicaban la ayuda de otras prisioneras. Ahora necesitaba a Zippi.

Katya sabía que Zippi era astuta, trabajadora y lista. Probablemente recordara que Zippi la había calmado cuando ella estaba literalmente a punto de saltar por un precipicio, en Patrónka. Katya le dijo a Mandl que necesitaba ayuda para montar una oficina del campo y organizarla, y que quería a Zippi de ayudante.

Lo que Katya quería lo conseguía. Su trabajo implicaba beneficios inimaginables para otras reclusas. Se movía por el campo con libertad. Tenía su propia habitación y camarera, que le planchaba la ropa y le abrillantaba las botas. Su guardarropa estaba lleno de regalos de prisioneras que trabajaban en los almacenes de Canadá. A cambio, ella les hacía favores que con frecuencia les salvaban la vida.

Además, Katya tenía una lista de admiradores, y algún tiempo después de noviembre de 1942 empezó una aventura con un oficial de alto rango de las SS. Los romances eran arriesgados en Auschwitz, sobre todo los que involucraban a un judío y a un nazi. Si los pillaban, las consecuencias serían catastróficas para ambos amantes. Katya no le habló de su aventura a Zippi.

El amante de Katya no era un oficial de las SS cualquiera; era Gerhard Palitzsch, el alemán ario por excelencia: rubio y musculoso, de fuerte mandíbula cuadrada y labios carnosos. Como *Rapportführer* responsable de la disciplina de los prisioneros, era conocido por deleitarse especialmente llevando a cabo ejecuciones. Su método preferido era alinear a los prisioneros desnudos, con las manos atadas a la espalda, contra el muro de ejecución, conocido como el Muro Negro, que, a pesar de su nombre, a menudo estaba manchado de rojo por la sangre. Palitzsch apretaba el cañón de su rifle o de su pistola de pistón contra la parte posterior del cráneo de cada prisionero y les disparaba, uno por uno. Tenía una amplia red de espías que vigilaban a los *Kapos* y guardias, y era tan despiadado como supervisor como devoto como nazi; «el verdadero jefe con los prisioneros», según Höss, quien creía que Palitzsch estaba mejor informado de lo que ocurría en el campo incluso que él mismo. Los prisioneros y los guardias temían a Palitzsch por igual, su vena sádica, su necesidad compulsiva de torturar.

La brutalidad de Palitzsch se extendía a su faceta de mujeriego. No le importaba matar a las mujeres con las que se acostaba. Pero Katya, siete años menor que él, creía que su relación era diferente. Cuando intentó convencerlo de que no enviara a la cámara de gas a una mujer gitana con la que había tenido un lío, él le dijo que no podía evitarlo. Sin embargo, con Katya era tierno. Le decía que se parecía a su difunta esposa, que había muerto de tifus poco después de la epidemia de 1942. Le decía a Katya que ella no era como las otras mujeres. Le enviaba cartas cuando se marchaba de Auschwitz. Cuando un prisionero del campo de hombres necesitaba la ayuda de Katya, ella le pedía a Palitzsch que interviniera. Él nunca entendía del todo por qué ella quería ayudar, pero hacía lo que ella le pedía.

Gerhard Palitzsch, temido oficial de las SS y amante de Katya Singer, en una foto sin fechar.

El infame Muro Negro de Auschwitz, 1946 o 1947. Aquí fueron ejecutados a tiros un número desconocido de prisioneros.

Con la ayuda de Palitzsch, la acumulación de cadáveres en Auschwitz se había vuelto enorme. El 21 de septiembre de 1942, las SS empezaron a quemar cuerpos en la pineda cercana al campo. Antes de eso, los enterraban, práctica que se volvió insostenible a medida que fue aumentando el volumen de muertos. Así pues, se asignó al *Sonderkommando* el macabro trabajo de rociar unos dos mil cadáveres con aceite o metanol, apilarlos en fosas profundas y prenderles fuego. Cuando los cuerpos quedaban reducidos a cenizas y brasas, se añadían dos mil más a la pira. El alto mando de Auschwitz empezó a estudiar la tecnología de la cremación humana, en busca de maximizar el rendimiento.

El hedor de los cadáveres quemados impregnaba el campo, otro recordatorio de muerte para aquellos que aún estaban vivos.

Como ayudante de Katya Singer, Zippi llevaba un vestido a rayas, que solo usaban los trabajadores administrativos, y un delantal negro con dos bolsillos donde guardaba a mano los suministros. Continuó pintando rayas en los uniformes de los prisioneros, pero además ayudaba a Katya a poner orden en Birkenau. Por estas dos funciones, Zippi recibía una ración doble del peor pan que había probado en su vida —una mezcla de patatas y serrín—, junto con sopa y colinabo, la única parte verdaderamente comestible de la comida. Todo lo demás parecía estar hecho con los restos de los alimentos desechados por los alemanes. Zippi también consiguió un par de medias, un tesoro ilícito que la mantenía caliente, pero se le pegaron al pus que le supuraba de los forúnculos de las piernas, cosa que la obligó a llevarlas puestas durante semanas, hasta que los abscesos se hubieron secado. Sus preciadas medias acabaron llenas de costras.

Zippi y Katya no perdieron el tiempo cuando se ponían a pensar maneras de mejorar las condiciones en Birkenau. Sentadas en bancos y descansando los pies sobre catres para protegerlos del suelo fangoso, trazaron un plan. Primero, Katya reclutaría nuevas administradoras de los barracones. La mayoría de las mujeres que habían ostentado el puesto hasta aquel momento eran prisioneras de Ravensbrück que se deleitaban castigando a quienes estaban a su cargo.

Katya formaría y asignaría a mujeres capaces, de confianza y amables que harían lo que ella les pidiera.

Mientras tanto, Zippi se ocupaba del papeleo desbocado. Revisaba montones de documentos, tratando de entender lo que veía.

Zippi era responsable del *Hauptbuch*, el libro de los números, un libro de registro general de los prisioneros, identificados por número. Cada día anotaba el de aquellas personas que no estaban presentes en el *Appell* matutino. En una columna especial identificada como «cadáveres desconocidos», hacía un seguimiento de cuerpos que supuestamente habían desaparecido; en realidad, aquellos eran los prisioneros seleccionados para la cámara de gas. Cuando le enseñaron el libro, Zippi reconoció al instante algunos números de mujeres con las que, cuando estaba enferma, había evitado por poco que la transportaran.

Al ojear los números, Zippi recordó haber visto a aquellas mujeres. Tan débiles que casi no se mantenían en pie, los guardias las habían perseguido y arrastrado a los camiones. Zippi recordaba haber visto eso y que después le habían dicho que aguantara una pluma, que escribiera. Estaba delirando pero aun así se había dado cuenta del destino que esperaba a aquellas chicas. Ninguna fue perdonada. Solo Zippi, la única superviviente entre miles.

Ahora tenía aquella lista y junto al número de cada una de esas mujeres había una cruz negra. Los números marcados con una cruz roja significaban muerte por diversas causas: latigazos, palizas, enfermedad, hambre. La cruz negra significaba «tratamiento especial»: el código para la cámara de gas.

Zippi no solo veía los números de los muertos. Cada día veía también los números de los condenados.

Antes de que se hiciera una selección, las SS proporcionaban a Zippi los números de personas que aún estaban vivas y a veces le decían que los marcara con una cruz negra. Para horror suyo, Zippi se estaba enterando de la muerte de las prisioneras antes de que realmente sucediera. A menudo registraba un número en el libro y lo marcaba con una cruz negra, y más tarde, aquel mismo día, se cruzaba con la persona en cuestión. Zippi se imaginaba una diana invisible en sus espaldas: eran muertos vivientes. El trabajo era horripilante y le pesaba, le confió Zippi a su amiga Magda Hellinger, una compañera eslovaca que trabajó por poco tiempo en la oficina.

Normalmente, los guardias llevaban a los grupos de mujeres a la cámara de gas al atardecer. Por la mañana, Zippi tenía un recuento en las manos, los números de quienes serían asesinadas por la noche. Actualizaba el libro y todos los archivos relevantes y pasaba los números de la columna de los vivos a la columna de los muertos. Si se paraba a pensarlo demasiado, podía perderse en la desesperación y la ira. Y se conocía lo bastante como para saber que si se deprimía, no sobreviviría. Así que intentaba desvincularse tanto como podía.

Con todo, a veces le era imposible. Justo antes de enfermar de tifus, Zippi le había pedido a Katya que trasladara a unas cuantas mujeres a Budy. Creía que Budy era una zona segura, un subcampo rodeado de prados y campos donde las internas no tenían que preocuparse por las selecciones ni las cámaras de gas. Estaba segura de que estaba salvando a sus amigas.

En cambio, las envió a una nueva versión del infierno. Las mujeres fueron masacradas días después de que Zippi saliera de la enfermería. Más tarde, los guardias de las SS y las prisioneras alemanas afirmaron que las internas habían intentado sublevarse. Como represalia, dijeron, los guardias habían utilizado cualquier arma que habían podido conseguir —palos, hachas y culatas de rifle— para asesinar a noventa internas. Tras lo que Höss denominó baño de sangre, los cadáveres quedaron esparcidos por el suelo, con moscas revoloteando sobre ellos. Los números de aquellas mujeres fueron trasladados a la columna de los muertos. El resto de su vida, Zippi padecería noches de insomnio pensando en ellas.

Zippi centró sus energías en hacer el bien. Juntas, Katya y ella idearon un registro de prisioneras para comprobar antes de pasar lista. Ahora para cada bloque había un libro con tres columnas: nombres, números y «observaciones». Zippi empleó a una ayudante que tenía la tarea específica de dibujar líneas para hacer esas columnas. La *Blockälteste* era la responsable de rellenar las observaciones: si alguien se había puesto enferma durante el día y había sido trasladada al hospital, o a un bloque diferente, o si había muerto. También llevaban un recuento de las nuevas prisioneras que llegaban durante el día. Cada noche, Zippi y Katya recopilaban esos informes de los administradores de todo el campo de mujeres: de los lugares de trabajo, del recinto hospitalario, de la fábrica de IG Farben y de los diferentes bloques de alojamientos. En cada libro actualizaba la lista de prisioneras. Zippi utilizaba los informes para crear ese registro que las SS podían revisar por la mañana, antes de pasar lista como tal. El registro tenía que ser preciso; tenía que coincidir exactamente con el número de prisioneras que hubiera al pasar lista por la mañana.

Ese papel estaba hecho a medida para Zippi, que era una perfeccionista. Con la ayuda de un cronómetro se percató de que, tras renovar el método de pasar lista, todo el proceso duraba aproximadamente tres minutos. Eso significaba que las internas, los guardias y las SS podían dormir un poco más. Los supervisores llevaban un mejor control de sus internas y cometían menos errores en sus informes a Berlín. Hasta donde le parecía a Zippi, todo el mundo salía ganando. Ahora, con Katya supervisando el proceso de pasar lista y la organización general, Zippi creía que las reclusas ya no tendrían que soportar días sin raciones suficientes, sin ropa suficiente o sin ropa de cama básica. Estaba convencida de que al proporcionar un mínimo de comodidades a las prisioneras, Katya y ella les estaban haciendo la vida ligeramente más tolerable.

El trabajo de Katya complacía a sus jefes y la joven aprovechó ese impulso para convencer a Mandl de crear una oficina especializada para monitorizar a las internas a través de gráficos y estadísticas. Con la intención de satisfacer el deseo de orden de los nazis, Mandl concedió a Katya el permiso para organizar la oficina como ella considerara adecuado.

Por aquella época, Zippi y Katya desarrollaron un sistema de archivado por fichas. En fichas indexadas, catalogaban la información recopilada sobre cada interna durante el registro: desde sus habilidades y profesiones hasta los idiomas que hablaba, su nacionalidad y su estado de salud general. La *Stabsgebäude*, la oficina administrativa principal del campo, enviaba a Birkenau una lista semanal de fábricas que necesitaban mano de obra. Mandl entregaba la lista a Margot Drechsel, quien se la pasaba a Katya y a Zippi. A partir de ahí, lograron transferir a mujeres a trabajos de fábrica más seguros.

Era un comienzo. Pero Katya y Zippi querían hacer más.

Conforme el papel de Zippi se volvía más prominente, la joven tenía más libertad para moverse por el campo.

Para el invierno de 1942, Franz Hössler, jefe del campo de mujeres junto con Mandl, había llegado a apreciar el trabajo de Zippi y le había conferido más responsabilidad y más margen de maniobra. Aparte de hacer que Zippi pasara lista y monitorizara las estadísticas del campo, Hössler le asignó el diseño de insignias para brazaletes que distinguieran las funciones de los prisioneros. Entre las más comunes estaban las *Kapos*, prisioneras que ayudaban a supervisar equipos de trabajo e informaban a los oficiales de las SS a cargo de cada *Kommando*; las *Blockälteste*, prisioneras que supervisaban barracones y respondían ante las *Rapportführer*, las oficiales de las SS que estaban al cargo de pasar lista; y las *Lagerälteste*, prisioneras que ayudaban a dirigir la administración del campo.

Hössler dispuso una salita dentro de la oficina de Katya para que Zippi tuviera su propia sala de dibujo. En ella, la joven disponía de una gran mesa de dibujo, una estufa y bancos. El propio Hössler había instalado la estufa para que Zippi pudiera calentar el pegamento y usarlo para mezclar la pintura. Ahora tenía una puerta que poder cerrar y una oficina calentita que podía decir que era suya.

Zippi se había convertido en la única diseñadora gráfica del campo. Como primer encargo, Hössler le pidió diagramas del campo de concentración que ilustraran la vida diaria en la división de mujeres. Sus gráficos codificados por colores ilustraban los entre dieciocho y veinte cambios que tenían lugar en el campo cada día, incluidos los turnos de la mano de obra, las nuevas internas, los tipos de trabajos que había en el campo y las filas cada vez mayores de los muertos. Los diagramas se generaban mensualmente. Cada curva de color representaba un cambio en la población de una división concreta para cada día del mes. Cuando los oficiales querían saber una estadística sobre el campo, acudían a Zippi.

Zippi también se volvió útil para los oficiales de las SS de un modo personal, lo cual amplió sus contactos. Cuando un oficial tenía una mancha en su uniforme, Zippi se ofrecía a limpiarla con trementina. Cuando se le empezaban a desteñir las botas, ella se ofrecía a teñirlas con tinte negro. Zippi se hizo conocida en el campo como Zippi *aus der Schreibstube*, o Zippi la de la oficina. Corrió la voz de que era habilidosa; era capaz de mantener a los SS arreglados y sus uniformes impecables. Los oficiales apreciaban su trabajo y, a cambio, le hacían pequeños favores, como trasladar a las internas a diferentes servicios, y a menudo salvarles la vida, cuando ella se los pedía.

A su vez, Zippi utilizaba su creciente influencia para proteger a las presas enfermas dándoles puestos dentro de su oficina. Allí podían recuperarse hasta que ella les consiguiera *Kommandos* más seguros. De ese modo evitaba que las trasladaran a lugares con condiciones peores, o que las gasearan.

Agradecía tener su pequeño enclave privado dentro del campo. Tenía ventanas, que los nazis habían dispuesto que estuvieran vestidas con cortinas azules y blancas tejidas con letras hebreas: chales de oración confiscados a prisioneros judíos. En su vida anterior, la idea de utilizar aquellos chales como adorno de ventana habría sido inconcebible. Pero este era otro mundo. Al menos, Zippi se decía a sí misma, las mujeres ortodoxas no se sentirían ofendidas por las cortinas, ya que nunca entraban en aquella habitación.

Su oficina también le permitía cuidarse mejor. Usaba su estufa para cocinar patatas para ella y sus amigas, y al acabar enseguida echaba pegamento al fuego para enmascarar el olor de la comida por si pasaba por allí algún oficial de las SS. Utilizaba su tabla de planchar para plancharse el uniforme. Continuaba untándose margarina en la cara, convencida de que le mantenía la piel suave y joven. Había oído decir que el aceite de hígado de bacalao tenía muchas vitaminas, así que lo buscaba en el campo, incluso rebuscando en paquetes desechados. Guardaba litros de aceite de hígado de bacalao escondidos en su oficina y se tomaba una botella al día. Era consciente de que toda ella apestaba a aceite, pero eso no era nada comparado con la confluencia de olores que había en el campo, sobre todo el ineludible hedor de los cuerpos quemados. En pleno invierno, cuando las mujeres se quejaban de tener congelados los dedos de los pies o los pezones, Zippi les cedía parte de su aceite de hígado de bacalao y les daba instrucciones de frotárselo sobre las heridas. Siempre le había importado su apariencia, sobre todo en Auschwitz: sabía hasta dónde podía llegar una buena impresión.

Su transformación era increíble. Semanas antes estaba demacrada y calva, vestía harapos y apestaba a orines y diarrea. Ahora iba limpia y, pensaba, incluso estaba bastante guapa. Y más importante todavía: había ganado algo de entidad y respeto, así como nuevos amigos influyentes. Entre ellos estaba el *Nachtwächter,* el vigilante nocturno, que se había convertido en un portero informal para Zippi. Cada noche, antes del toque de queda, los prisioneros tenían unos momentos de tiempo libre no oficial, una rara oportunidad de conectarse entre ellos. A escondidas, Zippi admitía visitas en su oficina. Se había vuelto popular entre las prisioneras e incluso entre los guardias, que visitaban su oficina con frecuencia y a veces se convertían en una distracción durante el día.

A Zippi ahora también se le permitía salir del campo, siempre que fuera acompañada de un oficial de las SS y solo con el propósito de comprar material de papelería y oficina en las tiendas del pueblo. Seguramente estar fuera de los límites del campo fuera casi tan opresivo como estar dentro de ellos. Los pocos ciudadanos polacos a los que se les permitía quedarse en el pueblo eran civiles que trabajaban en las fábricas alemanas o en las casas de los oficiales de las SS como criadas o jardineros. Vivían aterrados de los ocupantes nazis y sospechaban al menos parte de las atrocidades que ocurrían tras el alambre de espino. La mayoría no hacía nada para ayudar; los pocos que lo hacían —buscando formas de pasar a hurtadillas comida o información al campo— se enfrentaban a torturas y a la muerte si los atrapaban.

Además de sus breves incursiones fuera del campo, Zippi encontraba otras oportunidades para estirar las piernas. Daba frecuentes paseos por el campo, durante los cuales se encontraba con administradoras de bloque que se habían convertido en sus amigas y que compartirían las últimas noticias del mundo exterior. Cuando se enteraba de que llegaba gente nueva procedente de Eslovaquia, buscaba a ver si reconocía a alguien. Siempre se iba antes de que empezaran las selecciones; no soportaba verlas.

Fue a través de sus conocidas de Bratislava como se enteró de que su padre, su madrastra y sus hermanastros habían sido enviados en un «transporte familiar» al campo de Majdanek, en Lublin, a unos doscientos kilómetros al sur de Auschwitz. Originariamente, Himmler había señalado que Majdanek se convertiría en el campo de concentración más grande de la Europa ocupada por los alemanes. El plan no se realizó —esa distinción recayó sobre Auschwitz-Birkenau—, aunque las condiciones de los internos eran casi tan terribles como en Auschwitz.

La primera deportación masiva de judíos a Majdanek acababa de tener lugar aquella primavera: ocho mil quinientos judíos de Eslovaquia. Solo tres meses después de que Zippi estuviera en la antigua fábrica de balas de Patrónka, su padre, su madrastra y sus hermanastros pasaron por allí. Los guardias de Hlinka les habían dicho que se los trasladaba por motivos de trabajo y que las familias se quedarían juntas. Pero aquello formaba parte del acuerdo de la Alemania nazi para sacar a los judíos de Eslovaquia. Los tres hombres de la familia Spitzer fueron enviados a Majdanek y Regina Spitzer fue a Sobibór, un centro de exterminio de las afueras de Lublin.

Zippi no conocía los detalles de lo que sucedía dentro de aquellos campos, pero sabía lo suficiente como para no albergar esperanzas de volver a ver a su familia: su mundo fuera de Auschwitz había vuelto a reducirse.

Durante catorce meses después de llegar a Auschwitz, Zippi había dejado de tener la regla. Ahora, gracias a las raciones más grandes, volvía a sufrir dolores menstruales. Una mañana decidió quedarse en su litera y descansar.

Aquella mañana, Maria Mandl estaba realizando una de sus inspecciones espontáneas. Siempre ansiosa por tener la oportunidad de pegarle a una reclusa insolente, Mandl llevaba la porra y el látigo listos para usarlos allá donde fuera.

Cuando Mandl encontró a Zippi ociosa, le preguntó por qué no estaba trabajando. Tenía mucho dolor menstrual, le explicó.

Por una respuesta así, una presa normal podía esperar perder los dientes, o algo peor. Pero Zippi ya no era una presa normal. Hacía apenas unos meses la habían dejado morir en el suelo mugriento de una enfermería, pero ahora las cosas eran diferentes. Los diagramas de Zippi se habían ganado los elogios de los jefes de Mandl en Berlín. Aquella reclusa estaba haciendo quedar bien a Mandl.

Mandl alargó la mano hacia Zippi.

Le tocó la frente. Su tacto parecía casi maternal.

—Duerme y recupérate —dijo.

Zippi se pasó la tarde en cama descansando. Aquella noche se quedó despierta hasta tarde para terminar sus diagramas y entregarlos a tiempo.

No se engañaba: Mandl no era mejor que los demás. Era un animal, una asesina entrenada. Pero mientras Mandl estuviera satisfecha, Zippi estaría a salvo. O eso creía ella.

Mientras Zippi se dedicaba a sus traumáticas tareas, tenía que parecer impertérrita. Había conocido la pérdida dolorosa desde una edad temprana, y su abuela le había enseñado a no ceder a la aflicción. Era consciente de que ahora más que nunca reaccionar sería fatal, de que derrumbarse sería su ruina. Así que adoptó un enfoque clínico hacia su trabajo y hacia el campo en sí. Desde el momento en que puso un pie en el lodazal de Auschwitz y se desnudó, se dijo a sí misma que tenía que convertirse en una roca.

A pesar de sus conexiones cada vez más escasas con el mundo de fuera de Auschwitz, Zippi seguía intentándolo. Los mensajes que enviaba a su hermano Sam expresaban advertencias codificadas. Pasaban por los censores, esperaba que por los campos de batalla donde los alemanes continuaban avanzando y finalmente llegaban a manos de Sam. Él le escribía con poca frecuencia, también en código. Se entendían de un modo que solo ellos dos podían descifrar.

Es probable que las postales de él brindaran a Zippi algo de alivio, la confirmación de que estaba vivo.

Esta vez, sin embargo, las noticias no eran buenas.

Tibor, su prometido, se había ido.

Estaba muerto.

La postal no tenía detalles, solo lo suficiente para hacérselo saber.

La noticia fue devastadora. Era más que otro nombre en una lista; este era más familiar, más íntimo. Este había sido la promesa de un futuro nuevo.

Ahora más que nunca, Zippi tenía que ser una roca. Tenía que controlar su dolor, guardar para sí la noticia sobre Tibor. Lo más probable es que no le contara a nadie la desesperación que sentía. Se tragó aquella pérdida, como había hecho con tantas otras.

Años antes, en Bratislava, había decidido hacerle una fotografía. Estaba experimentando con una cámara y él posó para ella voluntariamente. Ahora aquellas fotos estaban perdidas, igual que él. Tibor no había dejado nada.

El joven tenía veintisiete años cuando murió. Zippi no lo había visto en al menos dos años.

Ahora la única persona que le quedaba era Sam. Mientras crecían nunca habían tenido una relación muy cercana. Tal vez fuera mejor así, pensó Zippi. ¿Cuánta pérdida podía soportar una persona?

«Guárdate el corazón», pensó.

De vez en cuando, Zippi tenía que ir a la Sauna. Podía ir a recopilar datos, a entregar un informe o a lavarse. Tenía sus razones, sus excusas. A veces se levantaba más temprano para ducharse antes de que pasaran lista a las cuatro de la mañana. Disfrutaba de aquellas duchas calientes a solas, en paz.

Un día vio dos caballos, uno montado por un hombre y el otro por una mujer. Los animales galopaban y el cabello de la mujer ondeaba al viento tras ella.

Zippi se quedó mirando a los hermosos jinetes, incapaz de apartar la vista. La pareja era encantadora, de película. «Todavía existe la belleza más allá de estas vallas», se dio cuenta entonces.

La mujer era Maria Mandl; el hombre, su amante. Los caballos pastaban; sus jinetes relucían.

Aquella imagen se quedó con Zippi durante días, semanas. ¿Era todavía posible una vida así? ¿Merecía existir la belleza en un lugar como aquel?

Ella se detuvo a mirar por una ventana que daba a una sala donde los hombres clasificaban la ropa.

Aquellos esqueletos calvos, pensó, no podían ser humanos. La piel con aspecto de globo arrugado, los ojos saltones, los cuerpos encorvados…, ver aquello la llenaba de tristeza.

Pero entre los cadáveres andantes destacaba una figura: joven, de ojos castaños llenos de vitalidad, de vida. Llevaba el uniforme hecho a medida y limpio. ¿Se alimentaba mejor que la mayoría? ¿Podía ser que estuviera incluso sano?

No mucho tiempo atrás, ella misma era un esqueleto calvo.

Pero ya no.

Le estaba creciendo el pelo, en ondas gruesas y sinuosas. Ahora iba limpia y tenía curvas: volvía a ser una mujer de verdad.

Sus ojos se cruzaron y ella vio un destello de vida en medio de un cementerio.

Él sonrió: le sonrió.

TERCERA PARTE

Dueto

10
El ahorcamiento

David sabía que Zippi no era una prisionera común. La había visto de pasada alguna vez, había oído rumores. Zippi la de la oficina. Iba a la Sauna a menudo, buscaba excusas para estar allí, para verle, sospechaba él. Cuando ella aparecía, él encontraba motivos para rozarla al pasar. Iba limpia y aseada, pero lo más tentador era su olor. No se parecía a nada que pudiera describir. Tal ver fuera solo que era una mujer, una rareza en su mundo; de cualquier manera, aquella chica era algo nuevo, refrescante.

Durante semanas después de su primer encuentro, probablemente a principios de 1943, Zippi y David se lanzaban miradas furtivas, tratando de no ser descarados. A su alrededor rondaban los guardias, ansiosos por torturar y destruir a cualquier prisionero que se pasara de la raya. David le rozaba la manga; ella murmuraba «Hola» suavemente.

Él, exultante, pensaba que ella lo perseguía. Imagínate: ¡una mujer! La sola idea era escandalosa, pero aun así. Sin duda ella se había fijado en su uniforme a rayas hecho a medida. Sin duda veía que estaba en buena forma, saludable. Debía de haber oído hablar de él. El joven atractivo y saludable de la Sauna. Sí, David estaba seguro de ello. Alguien le había hablado de él a Zippi y ella había ido a verlo por sí misma. Y debía de haberle gustado lo que había visto, porque seguía yendo.

Después de lo que parecieron meses, alguien los presentó. Ella iba mejor vestida que cualquier otra mujer de allí. Incluso llevaba una chaqueta bonita. Nadie más parecía estar mirándolos. David entendía algo de eslovaco; sabía decir alguna palabra, ya que era bastante parecido al polaco. Los dos hablaban hebreo también y David entendía algo de alemán, así que puede que el intercambio estuviera salpicado de un poco de cada idioma. Pero aquel primer encuentro fue muy breve, de hecho duró solo lo bastante como para quedar en volverse a ver. Zippi volvería a verlo a la Sauna.

David estaba hecho un manojo de nervios. ¡Aquello estaba prohibido! ¿Cómo era posible que estuviera hablando con una mujer? ¿Allí adentro? Ella conocía a gente: él lo había oído decir, por supuesto; pero no se había dado cuenta del alcance de sus contactos. Conocía a funcionarios, a prisioneros hombres, sabía cómo hacer que los guardias miraran hacia otro lado. Era importante y tenía experiencia en conseguir lo que quería. Podría haber tenido a cualquiera, pero lo había elegido a él. De todos los prisioneros del campo, lo había elegido a él.

David sentía que desfallecía solo de pensarlo. A los diecisiete años ya había experimentado muchas cosas, y al mismo tiempo nada en absoluto. Cuando tenía catorce había vivido un romance en Varsovia, un rito de iniciación. Ahora estaba listo para más. Pero, de todos los lugares posibles, ¿realmente podía suceder allí?

La primera vez que hablaron, David tuvo la sensación de que solo estaban ellos dos. Más tarde, al reproducir el momento en su cabeza, se preguntaría por los demás prisioneros, a dónde habían ido. En su recuerdo parecía como si hubieran abandonado la sala, como si hubieran desaparecido. Pero no podía ser. Intentaba recordar lo que había dicho ella, lo que había dicho él, pero las palabras se le escapaban. Había tenido una mujer al alcance de la mano, con su aliento suave contra el suyo…, eso era lo único que importaba.

Empezaron a enviarse notas a través de mensajeros. Trocitos de papel, nada que pudiera incriminarlos. De vez en cuando, intencionadamente, sus caminos se cruzaban y el susurro cálido chocaba contra la tela de sus uniformes. Con el tiempo, él olvidaría qué habían dicho exactamente, pero recordaría el aliento de ella contra su mejilla, el ligero toque de un dedo, una sonrisa escondida, la esperanza de algo más.

Era una locura pensarlo, pero tal vez encontraran la manera de pasar tiempo juntos, realmente solos.

¿Era una locura pensarlo?

Cuanto más tiempo sobrevivían en Auschwitz, más se daban cuenta de que cualquier cosa era posible.

Aquella primavera de 1943 hubo un momento, en la época en que David y Zippi se conocieron, en que los prisioneros albergaban esperanzas. El Sexto Ejército, la división más condecorada de la *Wehrmacht*, las fuerzas armadas alemanas, había caído hacía poco ante el Ejército Rojo de la Unión Soviética tras la tortuosa batalla de Stalingrado, de seis meses de duración. La rendición nazi llegó tras un sacrificio soviético considerable —más de setecientos cincuenta mil soldados del Ejército Rojo murieron en acción—, pero en las filas nazis también hubo un derramamiento de sangre considerable, con cuatrocientos mil soldados alemanes muertos y noventa y un mil supervivientes tomados como prisioneros de guerra hambrientos y congelados. La rendición coincidió con el décimo aniversario del poder nazi. El 3 de febrero de 1943, se anunció la derrota a través de la radio alemana, y Hitler declaró cuatro días de luto nacional.

Para los opositores al régimen nazi, el momento parecía prometedor, pero no detuvo la llegada constante de los transportes. El 2 de febrero, el día de la derrota nazi en Stalingrado, llegaron a Auschwitz 2.266 prisioneros de varios guetos. De ellos, 617 fueron admitidos en el campo; los 1.649 restantes fueron enviados a las cámaras de gas. Mientras tanto, los refugiados europeos seguían perdiendo sus hogares e intentaban escapar de un destino similar. Aquella primavera, delegados estadounidenses y británicos se reunieron en las islas Bermudas durante diez días de deliberaciones secretas sobre cómo ayudar a los desplazados. Sus propuestas fueron rechazadas casi de inmediato por los gobiernos respectivos de los representantes. Aunque el público estadounidense había empezado a enterarse de la masacre de Hitler en noviembre de 1942, solo se permitió la entrada de 11.153 europeos al país. Para finales de 1943, ese número se reduciría a 4.920.

El sueño de David de ir a Estados Unidos era cada vez más improbable. Sin embargo, el joven se desenvolvía por Auschwitz con relativa comodidad, tal vez con demasiada comodidad.

Todo empezó por el clima. No había manera de entrar en calor debidamente durante el invierno, cuando el gélido viento polaco quemaba el cuerpo al atravesar las finas capas de ropa. Cuando se daba la ocasión, la Sauna era de los pocos lugares donde los prisioneros podían calentarse. David había aprendido a aprovechar aquellas oportunidades cuando podía. Incluso cuando probablemente no habría debido.

Una tarde de domingo de marzo de 1943, David dormía en la Sauna y de pronto se despertó sobresaltado. Él y los demás trabajadores habían terminado de colgar la ropa desinfectada a mediodía. El domingo por la tarde se pasaba lista a la una del mediodía. Como contaba con menos de una hora para estirarse en el suelo de cemento y disfrutar del excepcional calor que emanaba a su alrededor, David cerró los ojos para descansar en su refugio desinfectado y venenoso.

Para cuando se hubo sacudido el sueño de los ojos, se dio cuenta de que estaba solo. Todos los demás estaban formando fuera. Sus supuestos amigos podrían haberlo despertado pero lo habían dejado allí. Y ahora David se estaba perdiendo el *Appell.*

Miró por la ventana. Columna tras columna de pálidos prisioneros, fila tras fila, siempre de a cinco, en posición de firmes. Los guardias patrullaban por los caminos de tierra, porra en mano, y gritaban órdenes bajo los árboles retorcidos. Sin duda ya llevaban un rato de pie en el frío intenso.

Presa del pánico, David se dio cuenta de que le estaban buscando. Sabía que había llegado a ser importante, pensó, pero debía de ser más importante de lo que pensaba para que toda aquella gente estuviera parada por él.

Salió a hurtadillas, tratando de pasar desapercibido. Su mirada se dirigió hacia su bloque de celdas. Los hombres estaban en sus posiciones habituales, en filas apretadas de ojos cansados y vacíos. David fue corriendo hasta pasada la zanja de en medio del campamento, la misma en la que había trabajado con el *Leichenkommando*. Fue arrastrando los pies siguiendo la valla eléctrica en dirección a su barracón, intentando esconderse entre los prisioneros para que no le vieran. Pero nadie le cubriría; era demasiado arriesgado.

Los guardias detectaron al tardón. Empujaron a David hacia delante de las filas, con el lodo salpicando bajo sus pies. El suelo estaba cubierto con los restos de la mezcla de lluvia y nieve de la noche anterior. Un guardia arrastró a David pasada la zanja de la que en su día él mismo sacaba cadáveres y lo dejó ante un charco marrón. «Ya está —pensó David—. Me van a matar, sin duda alguna».

Mientras David encaraba al *Lagerführer*, el comandante a cargo del almacén, notaba encima la mirada de miles de hombres, quizá incluso tantos como cincuenta mil. Solo una cosa evitaba que cayera en la desesperación total: si hubiera sido un recién llegado desconocido, pensó, habría estado listo, le habrían ejecutado en el acto. Pero llevaba allí casi cinco meses. En Auschwitz, sobrevivir tanto tiempo debía de ser buena señal: daba a entender que se tenían contactos importantes. Sus mejillas sonrosadas sugerían que estaba sano, que era útil. David, al igual que Zippi, entendió lo mucho que importaban allí las apariencias.

—Como te muevas y me ensucies las botas, eres hombre muerto —dijo un oficial en voz lo bastante alta como para que le oyera su jefe, y le pinchó en las costillas con un gancho de carne—. Eres hombre muerto aquí mismo.

David tenía los zapatos llenos de barro. Con los años, la tierra que estaba pisando había absorbido la sangre de innumerables prisioneros. Aquella infame zanja había contenido cuerpos muertos y vivos. Ahora, con la mirada fija en la punta afilada de un gancho de carne que tenía a centímetros del pecho, rogaba a su cuerpo que no se moviera.

El oficial le había guiñado un ojo, David estaba casi seguro de ello.

Lo envió de vuelta a su litera.

Ya en el barracón, David estaba seguro de que su castigo no había acabado. No podía ser. Había visto al oficial de las SS anotar su número. El joven tenía la respiración agitada. No iban a dejarlo ir así. Su amigo Szaja había faltado mientras pasaban lista y había recibido cincuenta latigazos en las nalgas y una cojera de por vida.

No, pensó, aquello no había acabado.

Al día siguiente, David despertó cubierto de sudor, ardiendo de fiebre. Los músculos de sus delgados brazos y piernas palpitaban, le dolía la cabeza, le dolía el estómago. Estaba claramente enfermo y no podía ocultarlo. Tenía fiebre tifoidea. Le enviaron a la enfermería del Bloque 7.

Débil y deshidratado como estaba, lo único que recibía era el misterioso brebaje de té-café. No habría medicinas, ni ningún lujo de ese tipo. La mayoría de los prisioneros iban allí a morir.

Pero, una vez más, David tuvo suerte. Los compañeros que había hecho en la Sauna le pasaban comida y agua. En cuestión de días volvía a estar lo bastante sano como para regresar a su bloque y al trabajo. Estaba perplejo. No podía quitarse de encima la sensación de que estaba en el ojo del huracán.

Estaba seguro de que lo utilizarían para dar ejemplo: las SS no dejarían pasar la oportunidad de mostrar su poder, de demostrar las consecuencias que tenía no vivir según sus reglas. David se despertaba cada mañana aterrado. Al final se dio cuenta del motivo del retraso: tenía que estar suficientemente sano como para sufrir.

Al cabo de unos días, un guardia le dio diez azotes en las manos. Los días siguientes se le hincharon las palmas, que goteaban pus y quemaban de la infección.

Lo siguiente fue que un oficial ordenó a David que le siguiera a una habitación. David vio una soga con un nudo corredizo. Habían instalado una horca. «Ya está —pensó—; así es como acaba». Había un grupo de hombres de las SS de pie: el público. Uno apretó la soga alrededor del cuello de David mientras sus compañeros observaban con anticipación exaltada. Un oficial le dio una patada a la tabla que había bajo los pies de David.

Su muerte sería un borrón.

Cayó en un agujero que tenía casi dos metros de profundidad. Los hombres que le rodeaban se reían a carcajadas de su broma: la soga que tenía alrededor del cuello no estaba atada.

De rodillas, para bien o para mal, David estaba bien vivo.

El simulacro de ahorcamiento de David fue su iniciación en la *Strafkompanie*, la colonia penal, donde entró el 19 de marzo de 1943 y donde sirvió durante los tres meses siguientes. Los reclusos que habían cometido los delitos más graves pero a los que se había perdonado de una ejecución pública acababan allí. La *Strafkompanie* era conocida por sus tácticas de tortura brutales. Anteriormente había estado ubicada dentro del Bloque 11, el «bloque de la muerte» del campo principal, en cuyo sótano había «celdas de pie» donde se confinaba a dormir por la noche a los prisioneros que sufrían los castigos más severos, y una mazmorra.

Cuando David fue encarcelado, la *Strafkompanie* se había trasladado al Bloque 1 de Birkenau, un espacio oscuro, polvoriento y abarrotado donde los prisioneros dormían en camas peladas, sobre tablones de madera. Los reclusos estaban aislados entre sí y les estaba prohibido tener contacto entre ellos. Trabajaban más horas y haciendo trabajos más extenuantes, empujando carretillas de grava y cavando la zanja central de drenaje. Su trabajo era más duro y en cambio recibían raciones más pequeñas. Mientras que los funcionarios prisioneros dirigían gran parte del campo, los oficiales de las SS mostraban un interés especial en supervisar la *Strafkompanie*, donde daban palizas aleatorias, infligían torturas y disfrutaban de matanzas a tiros. Los *Kapos* que supervisaban directamente a aquellos reclusos estaban entre los criminales más inmorales, parias depravados de los que se decía que disfrutaban aplastando los testículos de los hombres judíos con un martillo de madera sobre una tabla.

Un día tras otro, David salía a cavar zanjas. Le azotaban en la espalda cuando se movía demasiado despacio, le azotaban de nuevo cuando cogía una pala demasiado rápido. Ya no recibía raciones extra. Ya no cantaba. Los supervisores le abofeteaban a capricho.

Pasaron seis días..., quizá más, quizá menos. Los días ya no eran relevantes. El calor de la Sauna, el atisbo de un contacto con Zippi, era impensable. La supervivencia era minuto a minuto. David estaba perdiendo peso y fuerza. Estaba seguro de que nunca saldría vivo de la colonia penal.

Y entonces un día, sin previo aviso, le ordenaron que no fuera a trabajar.

11
Un entendimiento

Gracias a su trabajo a las órdenes de Katya, en mayo de 1943, catorce meses después de su reclusión, la situación de vida de Zippi había mejorado drásticamente. Se trasladó al Bloque 4, que albergaba a unas cien mujeres, una mejora significativa respecto a los otros bloques, donde a menudo se apiñaban entre ochocientas y novecientas prisioneras. Las mujeres del Bloque 4 tenían sábanas y mantas más cálidas. Incluso tenían pequeños compartimentos para guardar objetos personales, como ropa interior adicional. Alrededor del 60 por ciento de las internas eran judías; el resto era una mezcla de polacas, ucranianas y yugoslavas. Hablaban una variedad de idiomas. La mayoría trabajaba en la *Schreibstube*, la oficina administrativa de mujeres y el centro neurálgico de su campo, donde trabajaban Zippi y Katya. Convenientemente, la *Schreibstube* se encontraba en el Bloque 4. Una sala de estar con mesas largas y bancos separaba el espacio de trabajo y la habitación de Katya de los dormitorios.

Las mujeres del Bloque 4 tenían a Anna Palarczyk como *Blockälteste*. Anna era una presa política polaca de veinticuatro años que había llegado a Auschwitz aquel agosto, y que gruñía a sus internas y las abofeteaba cuando aparecían los oficiales de las SS, pero por lo demás era amable. Las mujeres a las que supervisaba comprendían el comportamiento vacilante de su supervisora, e incluso lo agradecían. Anna fue escogida personalmente por Katya para reemplazar a una bruta de Ravensbrück, y Katya le dejó claro que su principal responsabilidad era cuidar de las mujeres de su bloque, tratarlas bien. «Las mujeres judías y las polacas hemos de llegar a un entendimiento», dijo Katya; tenían que ayudarse mutuamente para hacer que la vida fuera soportable.

Las mujeres de orígenes similares tendían a gravitar las unas hacia las otras y a ayudarse entre ellas. Era una simple cuestión de practicidad: compartían idioma y cultura; llegaban juntas y solían quedarse juntas. Pero esto a menudo generaba resentimiento entre las diferentes nacionalidades. Como las mujeres eslovacas habían llegado al campo antes que las demás, habían logrado obtener los mejores puestos y tenían más contactos. Ayudaba el hecho de que, en tanto que residentes del antiguo Imperio austrohúngaro, por lo general hablaban alemán y, por lo tanto, podían comunicarse con las SS. Zippi ejemplificaba este fenómeno. Las mujeres polacas que habían llegado más tarde no tenían esa ventaja. Al designar a Anna Palarczyk como la nueva *Blockälteste* del Bloque 4, Katya intentaba ampliar el círculo de mujeres que tenían acceso al poder, y de ese modo aumentaba efectivamente el número a las que podía ayudar.

Zippi tenía la misma mentalidad. Admiraba a las mujeres que habían sido encarceladas por sus ideas políticas y sus valores. Respetaba a las luchadoras, y su nueva *Blockälteste* encajaba en ese molde. Al llegar a Auschwitz, Anna estaba en pésimas condiciones. Los zuecos de madera se le habían hecho pedazos casi en cuanto se los habían dado e iba descalza a cualquier trabajo que le asignaran. Transportaba cadáveres y acompañaba a mujeres enfermas a la enfermería. Padecía disentería y se quedó en los huesos y el pellejo. Estaba congestionada y abatida. Sin embargo, Mala Zimetbaum, una interna judía de Bélgica, riñó a Anna para que se recompusiera, se lavara y consiguiera ropa mejor y zapatos nuevos en el mercado negro del campo. Cuando Anna se lamentó de no tener dinero, Mala le dijo que no comiera en tres días y cambiara sus raciones de pan por unos zapatos. «Tienes que cuidarte —la reprendió Mala—. Porque si no... si no, palmarás aquí».

El duro consejo de Mala probablemente le salvó la vida a Anna. Su transformación de prisionera enfermiza probablemente también contribuyó a que consiguiera un trabajo mejor. Anna era la prueba de que el aspecto podía cambiar la vida de un prisionero.

Ahora Mala estaba al cargo de Anna en el Bloque 4, y era una de las compañeras de bloque de Zippi, quien no estaba segura de qué pensar de ella. Mala tenía una personalidad fuerte, y Zippi desconfiaba de a dónde podía llevarla eso.

Zippi había conocido a Mala en otoño de 1942, cuando estaba inscribiendo un nuevo transporte procedente de Bélgica. Incluso con poca luz, costaba ignorar a Mala. Se subió a una mesa de un brinco e intentó dar órdenes a las mujeres belgas que llegaban. Eso era problemático.

—Pero ¿qué haces? ¡Baja de ahí! —le siseó Zippi—. Estás en Auschwitz, no en Bélgica. No llames la atención. En cuanto lo hagas, las SS te recordarán. Baja de ahí; baja de la mesa.

Y ahora allí estaban, compartiendo barracón. Mala no solo había sobrevivido, sino que las SS la habían reclutado como intérprete, ya que hablaba con fluidez francés, alemán y polaco. Mala también estaba entre la docena de «recaderas» que rondaban por el campo, encargadas de entregar mensajes. Eso significaba que tenía un alcance amplio dentro de los terrenos del campo.

Mala podía ser una buena amiga a la que mantener cerca o una amiga peligrosa a la que mantener a distancia. Sin embargo, era una aliada. Y allí Zippi no tenía el lujo de poder elegir.

La granja que había en medio del bosque parecía bastante inofensiva.

Mandl había querido tener un gesto amable con las internas a cambio de su trabajo en la oficina administrativa: una caminata especial por el bosque, al aire fresco. Una *Kapo* de Ravensbrück las acompañaría, por supuesto.

Se toparon con la casita de campo, hecha de ladrillo cubierto de yeso blanco, con el techo cubierto de paja y las ventanas enrejadas. Había señales alrededor que decían ZUM BAD, «a los baños». Allí era donde se había gaseado a los primeros transportes, les explicó la *Kapo*. Desde hacía tiempo, las necesidades de Auschwitz habían superado aquella casa tan pequeña.

Las mujeres fueron conducidas al interior de la reliquia. Zippi pensó en las llamas rojo brillante, todavía visibles desde el campo de concentración. Ya sabía que cada noche ardían más cadáveres que nunca, pero allí, delante de sus ojos, estaba la confirmación: por mucho que mejorara su vida, continuaba viviendo en un infierno. Mientras caminaba por la cabaña conocida en todo Birkenau como la Casita Blanca, Zippi pensaba en aquellos que habían perdido la vida justo en aquel lugar.

¿Era la suerte la que la mantenía con vida? ¿El destino? ¿O era tan solo cuestión de tiempo?

Zippi iba acumulando secretos.

Para principios de 1943, había empezado a duplicar cada diagrama que creaba para sus supervisores y a esconder las copias en su despacho, con la esperanza de que algún día fueran útiles. Aquellos gráficos documentaban el alcance de los crímenes de las SS. Si un oficial la pillaba, la matarían, sí; pero algún día el mundo conocería la magnitud de su barbarie, y si ella podía contribuir a que sucediera, valía la pena arriesgar su vida.

Mientras tanto, Zippi tenía su puesto detrás de la mesa de registro, procesando a los recién llegados. Zippi *aus der Schreibstube*. Se sentía cómoda susurrando consejos a los recién llegados de ojos muy abiertos que aún no sabían cómo manejarse el campo. Para entonces los prisioneros hacían la mayor parte del trabajo, incluido el procesamiento de los recién llegados, con las SS supervisando desde la distancia. Esto brindaba a Zippi la oportunidad de preguntar sobre el mundo exterior, de enterarse de cosas sobre sus seres queridos. Y también de hacer advertencias.

—No digas ni una palabra —decía, a veces en alemán, a veces en polaco o eslovaco—. Tú solo haz lo que te digan y estarás bien.

Algunas mujeres se resistían.

—Estoy casada con un ario —gemían mientras les caían al suelo mechones de cabello.

—Calla —les advertía Zippi—. Deja que te corten el pelo. No es el fin del mundo. Te volverá a crecer.

De vuelta en la oficina, ella y Katya llevaban un libro mayor con varias columnas donde hacían un seguimiento de los internos: los enfermos, los que trabajaban en el campo, los que estaban en la oficina de personal, en las fábricas y por el campo. Su sistema de fichas llevaba un registro de las habilidades y profesiones de los internos, así que las SS acudían a Katya y a Zippi siempre que necesitaban a alguien con un perfil específico en el campo.

Zippi continuaba con la que había sido su primera función al llegar a la oficina de Katya: llevar a cabo el seguimiento del número de muertos para los registros de las SS. Sin embargo, lo que las SS no sabían era lo que Zippi y Katya hacían con esos números. Cuando un guardia pedía una lista de prisioneros condenados a muerte, Zippi cambiaba varios números por los de presos que ya estaban muertos, números que ya no estaban en circulación. Los nazis nunca se molestaban en contar a la gente a la que encerraban en la cámara de gas; si pedían quinientos prisioneros, bajo la mirada vigilante de Zippi y Katya, iban menos. Al reciclar números, podían fingir cumplir con la cuota de muerte de las SS, cuando de hecho estaban salvando la vida a mujeres.

Pero Zippi y Katya no se detuvieron ahí. Con la ayuda de otras mujeres que ocupaban posiciones estratégicas, ampliaron su esfera de influencia. Mala, compañera de bloque de Zippi y amiga vacilante, se había convertido en parte de su círculo y a menudo les pedía que encontraran trabajos mejores y más seguros para sus compatriotas belgas. En tanto que recadera del campo, Mala tenía otros métodos para ayudar a las mujeres. Buscaba formas de interactuar con las belgas recién llegadas, de darles algo de esperanza y aliento. Siempre que los guardias le ordenaban tomar nota de las enfermedades que había en el hospital, identificaba a las mujeres más débiles, las que corrían más peligro de ser asesinadas, y Zippi las trasladaba de la enfermería haciendo ver que la estaban ayudando en su trabajo. De este modo, Mala y Zippi compraban tiempo a aquellas internas para recuperarse, a salvo de una posible selección.

Mientras tanto, las funciones de Katya dentro del campo continuaban ampliándose, al igual que sus recompensas. Las presas se daban cuenta de ello: estaba su hermoso abrigo azul, su cabello recién teñido, y los rumores se extendieron cuando Hössler, quien dirigía el campo de mujeres junto con Mandl, le llevó a Katya un plato de galletas horneadas por su esposa. Algunas reclusas estaban molestas con ella, convencidas de que el poder la había corrompido. No tenía reparos en dar órdenes a las prisioneras, decían. Otras tenían la sensación de que utilizaba su posición para conceder favores especiales específicamente a las mujeres eslovacas, en lugar de distribuir su ayuda de forma equitativa entre las internas. Incluso aquellas a quienes agradaba tenían la sensación de que se estaba volviendo una engreída.

Sin embargo, a través de sus privilegios y su poder, Katya buscaba formas creativas de mejorar la vida en el campo. Desde el principio reemplazó a las guardias más despiadadas de Ravensbrück por reclusas judías y polacas como Anna Palarczyk, mujeres que eran decentes, incluso compasivas con las internas, y que no torturarían a las demás. Seleccionaba a mujeres que tenían «sentimientos humanos»: que no robaran raciones a las prisioneras, que ayudaran a conseguir alimentos y jabón extra para las mujeres en sus bloques. Aunque no podía reemplazar a las guardias ella misma, sí que podía susurrarle ideas al oído a Mandl. La Bestia había llegado a confiar en Katya y a menudo seguía sus consejos.

Zippi se dio cuenta de que gran parte de la infraestructura de Auschwitz estaba bajo la superficie, oculta a la vista de los reclusos normales, la mayoría de los cuales estaban centrados en sobrevivir de un minuto a otro. Había en marcha maquinaciones que ellos no verían nunca, que jamás entenderían.

El conocimiento era poder y seguridad, a veces. Zippi entendía que en Auschwitz tenía que moverse por la delgada línea que separaba el empoderamiento del peligro. En lo tocante a ciertas cosas que pasaban dentro del campo, se adhería a otro dicho: cuanto menos supiera, mejor.

Henryk Porębski, un electricista encargado de comprobar el cableado en todo Birkenau, se había convertido en una visita frecuente en el despacho de Zippi. Por lo que Zippi sabía, Henryk era el único hombre que vivía dentro del campo de mujeres. Su trabajo le daba permiso para caminar libremente con la excusa de que estaba revisando los cables. Durante sus visitas, Henryk le pedía a Zippi pequeños favores, el tipo de favores que ella se había acostumbrado a hacer para conocidas y amigas de amigas, como cambios de asignación de trabajo. Pero también iba a ella con peticiones más inusuales, como escribir símbolos y marcas especiales. Zippi le hacía aquellos favores sin hacer preguntas: le parecía más inteligente no involucrarse. Mientras tanto, sus amigas le hacían bromas diciendo que tenía una aventura con el polaco.

Henryk recorría el campo recopilando información y documentos allí donde pudiera. Reunía documentos de identidad y fotografías del suelo del crematorio y enterraba lo que conseguía. Un día, esperaba, aquello sería descubierto y saldría a la luz la verdad sobre Auschwitz. Al principio trabajaba solo, pero al final Henryk fue reclutado por la resistencia clandestina, que a aquellas alturas ya estaba bien establecida en el campo.

Fuera del campo, para 1943 la resistencia clandestina polaca, enraizada en movimientos juveniles como Hashomer Hatzair, la organización sionista a la que Zippi y Sam habían pertenecido, se había vuelto más activa que nunca, con reuniones regulares que tenían lugar dentro del gueto de Varsovia. Circulaban mensualmente periódicos clandestinos que difundían noticias sobre las atrocidades que ocurrían por toda Polonia. Al final esa información llegaba a los muros de Auschwitz.

Dentro de Auschwitz también se habían extendido movimientos similares que estaban fuera de la vista de las SS y de la mayoría de los presos. Aunque el campo tenía resistencia de todas las nacionalidades, los polacos eran de los mejor organizados. Quizá el más famoso fuera el capitán Witold Pilecki, de treinta y nueve años, soldado de la Segunda República Polaca.

Tres años antes, al alba del 19 de septiembre de 1940, Witold había caído deliberadamente en una redada nazi en Varsovia. Quería que las SS lo detuvieran. Quería que le llevaran a Auschwitz. El plan de Witold, ejecutado con una eficiencia estoica, era que lo capturaran y lo metieran en un camión con otros civiles encarcelados. A partir de ahí, pasaría a ser interno de Auschwitz y organizaría un grupo de resistencia desde dentro.

Witold había pasado meses creando una identidad falsa antes de llegar a Auschwitz. Sus esfuerzos dieron resultado: llegó sin levantar sospechas y le raparon, intimidaron y torturaron como a todos los demás. Se convirtió en el preso 4859: «Cegados por las luces, empujados, apaleados, pateados y perseguidos por los perros, de repente nos encontramos en unas condiciones que dudo que ninguno de nosotros hubiera experimentado antes», escribió más tarde. «Los más débiles estaban tan abrumados que simplemente caían en un estado de estupor». En cuestión de días, Witold se familiarizó con los tres oficiales que se habían ganado la reputación de ser los más peligrosos y sanguinarios del campo, y Palitzsch, el amante de Katya, figuraba en cabeza de la lista.

El plan de Witold era cuádruple: informar al mundo sobre la realidad de dentro de Auschwitz; proveer a los prisioneros del campo de noticias del exterior; recopilar alimentos y ropa adicionales a través de la resistencia clandestina y preparar a los reclusos para luchar. Escogió a presos que fueran leales y activos para que operaran en las narices de las SS. Sabía que las SS tenían informantes entre los presos y que confiar en cualquiera era un riesgo, así que tenía que ser selectivo. Pero poco a poco fue construyendo su red.

Al principio, su red dio lo que debería haber sido un golpe importante. Por casualidad, uno de los primeros reclutados por Witold, un preso político, se convirtió en uno de los pocos hombres oficialmente liberados del campo en octubre de 1940. Hasta el verano de 1942 se liberó a un número muy reducido de prisioneros, principalmente presos políticos polacos que tenían cierta influencia, ya fuera por contactos en Berlín o por sobornos. El hombre memorizó el informe de Witold, que detallaba las condiciones del campo, y suplicó al gobierno polaco que bombardeara Auschwitz y pusiera fin al tormento de los prisioneros. A través de un sistema de mensajeros, pasó de contrabando la información a la sede del Ejército Secreto Polaco, el grupo de resistencia que había fundado. En marzo de 1941, el gobierno polaco exiliado en Londres compartió esa información con los Aliados. Cuando el mensaje llegó a la Royal Air Force, la solicitud de bombardear Auschwitz se había convertido en el titular; el centro del informe de Witold, la descripción del campo y las penurias de los prisioneros, había quedado reducido a una sola línea. El Ministerio del Aire de Londres percibió el bombardeo como «una distracción indeseable y con pocas probabilidades de lograr su propósito». El mundo no reaccionó.

Más adelante, uno de los reclutas de Witold que trabajaba en el laboratorio del hospital de Auschwitz aprovechó la epidemia de tifus que hubo en el campo en 1942 para criar piojos infectados de tifus. El grupo los liberó en los abrigos de los miembros más atroces de las SS y de los guardias más despiadados. Palitzsch fue uno de los objetivos pero sobrevivió; su esposa contrajo el tifus y murió.

Witold y su creciente número de reclutas continuaron adelante y encontraron formas más creativas de enviar información. De vez en cuando, unos pocos presos, generalmente polacos, eran liberados. Las reclusas, en su mayoría cristianas polacas que trabajaban dentro de un almacén que contenía efectos personales de los presos políticos, escondían notitas dentro de los forros de las maletas que saldrían del campo cuando los internos fueran liberados.

Henryk Porębski, el electricista que había estado enterrando mensajes por iniciativa propia, no tardó en convertirse en uno de los reclutas de Witold. Entregaba mensajes entre el campo de hombres y el de mujeres pero, por su propia seguridad y la de los implicados, nunca hacía preguntas sobre cómo se usaría aquella información. Le pedía a Zippi datos y cifras y echaba un vistazo a las copias que guardaba de los diagramas y los gráficos que creaba para sus jefes. En una ocasión le pidió que pintara letras diminutas en el interior de un reloj vacío. Zippi se quedó perpleja ante aquella demanda tan extraña, pero hizo lo que le pedía. Confiaba en él. A cambio, Henryk compartía cualquier noticia que tuviera, que recibía a través de una radio oculta por la resistencia. Le pasaba la información a Anna Palarczyk, del Bloque 4, quien luego alertaba a Zippi.

A veces Henryk u otros miembros de la resistencia polaca pedían a Zippi que «saliera a dar una vuelta». Ella se paseaba por el campo, visitaba a las amigas que había hecho, desde guardias hasta Kapos, pasando por reclusas, y dejaba su oficina libre como espacio semiseguro para otras prisioneras. Era uno de los pocos lugares en el campo donde las internas podían tener cierta privacidad. Consciente de lo afortunada que era de tener su propio enclave, Zippi se alegraba de compartirlo.

Otras veces le dejaba el despacho a sus amigas para que pudieran encontrarse con sus amantes. Todo el mundo tenía necesidades, lo sabía perfectamente. Aunque raramente se reconocían, en ciertos círculos prosperaban las aventuras. Mientras que la mayoría de los prisioneros luchaban por encontrar comida suficiente para mantenerse con vida, unos pocos privilegiados encontraban el amor en Auschwitz. Sobre todo en Canadá, los prisioneros masculinos y femeninos tenían más oportunidad de interactuar. También tenían la moneda de cambio para protegerse unos a otros e intercambiar favores, cosa que podía conseguirles un rincón privado en algún almacén, con alguien que vigilara el espacio mientras los amantes estuvieran dentro. El pago a los guardias iba desde jabón hasta perfume o comida. Por lo general, los amigos facilitaban los intercambios de notas y cartas. Magda Hellinger, amiga de Zippi, había recibido una carta de amor de un hombre que trabajaba en la cocina. Rudolph Vrba, un judío eslovaco que logró escapar de Auschwitz, relató que ayudaba a un *Kapo* llamado Bruno a enviar mensajes a otra *Kapo*, Hermione, por la que se sentía atraído. No tardaron en organizar una especie de nidito de amor. Cuando Rudolph le preguntó a una chica del almacén cómo lo habían hecho, ella le contestó:

—Hemos amontonado varios miles de mantas para hacer una pared. Después de todo, los amantes necesitan algo de intimidad, ¿no?

Witold Pilecki, el líder de la resistencia, recordó que las autoridades de las SS del campo de las mujeres intercambiaban «miradas de complicidad» con las reclusas cuando regresaban a sus barracones después del trabajo.

Un indicio de romance entre prisioneros o que los implicara era arriesgado, sobre todo para los prisioneros involucrados. Las relaciones físicas no eran fáciles de ocultar y las consecuencias de ser descubiertos eran graves. Los reclusos con mayor estatus a veces evitaban la colonia penal, pero la mayoría no podía. Una aventura llevaba a la tortura, a la muerte.

Y sin embargo, para muchos, por aquellos encuentros clandestinos valía la pena correr el riesgo. Los prisioneros eran conscientes de su vulnerabilidad en aquel lugar, donde la muerte salvaje acechaba en cada esquina, casi inevitable, era cuestión de cuándo sucedería, no de si sucedería. Así que la posibilidad de sentir una caricia delicada, de experimentar algo que no fuera dolor, sino placer auténtico, se convertía en un objetivo poderoso. A menudo, la simple perspectiva de intimidad valía el precio.

Mientras el verano se iba asentando, David trabajaba en la *Strafkompanie*. Últimamente Zippi nunca le veía al visitar la Sauna. No se habían visto desde principios de marzo. Como siempre, Zippi se centraba en encontrar formas estratégicas de centrar su atención.

Un corredor del campo de hombres, en realidad solo un niño, había empezado a hacer visitas diarias a su oficina. Informaba del número de niños no judíos menores de cinco años que residían en el campo de las mujeres con sus madres. No eran muchos, pero Zippi llevaba un registro de los que sobrevivían. La información que proporcionaba al chico la hizo congraciarse con su jefe, que estaba al cargo de las cuadrillas de trabajo de los hombres. Después de que el chico recogiera las cifras, Zippi lo dejaba a solas en el despacho para que se reuniera con mujeres polacas y les transmitiera información del lado de los hombres. A cambio, él le dejaba a Zippi cigarrillos y tabaco, que ella después podía canjear por comida.

Desde su punto de vista, Zippi no pertenecía formalmente a la resistencia: sus contribuciones eran extraoficiales. Se alejaba de su oficina el tiempo que ellos necesitaran. Distribuía los favores que podía. Mientras tanto, intentaba no enterarse más que de lo estrictamente necesario.

Zippi hacía equilibrios en la cuerda floja. Cuando estaba en su despacho, a menudo recibía visitas de sus amigas. Prefería trabajar de noche, cuando no la molestaban «aquellos bichitos», como las llamaba cariñosamente. A veces tenía que gritarles que la dejaran tranquila para poder hacer su trabajo. De vez en cuando incluso echaba a su *Blockälteste*, y ahora amiga, Anna.

El flujo de visitantes de su oficina incluía una corriente constante de nazis, para los que oficialmente trabajaba y que no se alegrarían de ver a reclusos conspirando en su espacio de trabajo. También le enviaban a los forasteros de Berlín que buscaban a alguna persona o algún edificio en concreto. Zippi se había convertido en la brújula del campo de mujeres y las SS perfectamente podían entrar en un mal momento.

Aquel nuevo papel le dio a Zippi la semilla de una idea.

Construiría una maqueta tridimensional del campo de mujeres de Birkenau que mostraría exactamente dónde estaba ubicada cada cosa. La maqueta incluiría todos los edificios, barracones y oficinas, y serviría como directorio visual del campo. Para construirla, necesitaría acceso a cada centímetro del terreno. Lo dibujaría todo a escala, con precisión. Con ese fin, tendría que medir cada superficie, observar cada detalle. La maqueta sería una réplica exacta del campo de mujeres.

Sin pedir permiso, comenzó a trabajar.

Cuando Hössler le preguntó qué estaba haciendo, le explicó que la maqueta la ayudaría a dar mejor asistencia a quienes fueran a su oficina.

—¿Cómo voy a seguir si no sé bien las dimensiones? —le preguntó—. Me gustaría tener permiso para ir a medir correctamente los barracones y los espacios entre barracones. No quiero pedir los planos a la oficina de construcción; preferiría hacerlo yo misma.

Cuando Hössler le preguntó quién le había dado permiso, Zippi contestó:

—Nadie.

A pesar de esto, y quizá como testimonio de su creciente influencia, Hössler le dio luz verde para llevar a cabo el proyecto. Tendría acceso pleno y sin restricciones a todo el campo, pero no debía incluir los crematorios. A partir del 25 de junio de 1943, se habían construido y estaban completamente operativas cuatro instalaciones de este tipo, listas para quemar al menos 4.756 cadáveres al día.

Zippi acató. Recopilaría información; esperaba que cayera en las manos adecuadas.

Las postales de Sam al *KZ*, la abreviatura alemana para campo de concentración, eran cada vez menos.

En junio de 1943, poco después del cumpleaños del joven, Zippi le escribió una postal usando los apodos que utilizaban ambos.

> Mi querido Schani:
>
> Me alegra poder escribirte. Ha pasado mucho tiempo desde que nos separamos. Ya debes de tener veintiún años. Cada año, el tres de mayo, [pienso] mucho en ti. Sé fuerte, mi niño. Mantén la cabeza alta. Nunca debes olvidar que solo me tienes a mí y eso debería darte mucha esperanza. Aunque como hermanos tuvimos poco tiempo juntos, tal vez sea mejor así. Si nos volvemos a ver en esta vida, espero que nuestra relación sea fuerte. Mantente sano. Yo estoy muy bien y estoy trabajando. Si necesitas algo, por favor escribe una carta al KZ. Eso es todo por hoy. Un beso.
>
> Tu hermana Hellay

Sam todavía estaba preso en Bratislava. Para entonces llevaba diecisiete meses encerrado y le quedaban siete más antes de completar su condena, pero estaba enfermo.

¿Cuánto podía saber Zippi? ¿Se habría preguntado si la única persona que le quedaba en el mundo seguía viva? Es posible que supiera que Sam estaba enfermo; las noticias viajaban veloces a través de la resistencia. Los transportes desde Bratislava podían haber llevado información a Zippi, o tal vez Sam se lo hubiera dicho personalmente en una carta anterior.

Quizá su propia carta fuera un intento de instarle a luchar por su vida. Hacía mucho que había aprendido que eran muy pocas las cosas que podía controlar en aquella vida atormentada.

Así que tomaba el control donde podía.

Una tarde, Zippi entró en la Sauna mientras Josef Mengele estaba de pie ante un grupo de reclusos. Si bien era conocido por ser tranquilo y disfrutar de las bromas, en el breve tiempo que llevaba en el campo se había ganado de sobras el apodo que los presos de Auschwitz habían acuñado para él: el Ángel de la Muerte. Mengele empezó su carrera en Auschwitz en mayo de 1943, con treinta y dos años. Aunque al menos cincuenta médicos realizaban selecciones y experimentos en Auschwitz, quizá él era uno de los que escogía prisioneros con más frecuencia. A menudo, cuando un nuevo tren de ganado llegaba a la rampa de entrada, Mengele ya estaba esperando: un oficial bajo, de pelo oscuro, de pie y con una porra en la mano. Decidía el destino de cada prisionero con un chasquido de dedos: vida atroz o muerte inevitable. Muchos de los internos a los que perdonaba la vida en el andén del tren sufrirían en sus manos de otras formas.

Defensor de la eugenesia, Mengele estaba ansioso por mantener una «raza pura». Cualquier recluso podía ser sujeto de sus pseudoexperimentos, que iban desde inyecciones de queroseno a mujeres embarazadas hasta atroces tratamientos experimentales a niños gitanos. Pero lo que más fascinaba a Mengele eran los gemelos. Se sabía que les inyectaba bacterias, les extirpaba órganos y los mataba con indiferencia para realizarles autopsias, todo en nombre de «la ciencia».

A la hora de las selecciones, Mengele destacaba por su sadismo. No se limitaba a los recién llegados. Realizaba selecciones en cualquier momento, por capricho. A veces aparecía en los barracones sin previo aviso, y ordenaba a todo el mundo que se desnudaran y se pusieran en fila. Su motocicleta esperaba fuera mientras él recorría la habitación examinando con ojos entrenados las filas de internos, látigo o porra en mano. Mengele tenía una sonrisa fácil, de dientes separados, que le daba un aire de despreocupación, pero ¡ay del preso que captara su atención! El oficial era, en realidad, frío y calculador. Rara vez levantaba la voz; no le hacía falta. Inspeccionaba cada cuerpo y se fijaba en los más débiles y ancianos. Aquellos cuyos números anotaba eran enviados a los hornos, lo que generaba espacio para una nueva cosecha de prisioneros más jóvenes y fuertes.

Cuando Zippi entró en la Sauna, Mengele estaba en pleno proceso de selección.

Zippi le vio antes de que él se percatara de su presencia. La joven se paró en seco y apartó la mirada enseguida.

Para cuando él la advirtió, ella ya había empezado a alejarse.

—¡Eh, tú! —gritó Mengele—. ¿A dónde vas?

Zippi mantuvo la vista al frente, sin dejar de caminar hacia la salida. Iba bien vestida, no era una prisionera común, se dijo a sí misma. Seguramente él lo viera; seguramente estuviera a salvo. Pero también sabía que aquel era un hombre que castraba a los niños como si nada y envenenaba a las criaturas para dejarlas retorcerse de dolor hasta la muerte.

Zippi se dijo que tenía que mantener la calma. Pasara lo que pasara, no podía revelar el miedo que sentía.

—¡Eh! —volvió a gritar Mengele.

Tenía que largarse de allí. Mientras se marchaba precipitadamente, oyó que alguien le decía a Mengele que trabajaba en la oficina del campo.

Mengele salió corriendo tras ella, pero abandonó la persecución. Una vez más, Zippi había sobrevivido por un hilito de suerte.

Pero ¿cuántos hilos quedaban?

12
«¡Eres mi cuñada!»

Sin motivo ni explicaciones, a David le ordenaron que se quedara dentro. No debía unirse a los demás en la *Strafkompanie*. Ni aquel día ni al día siguiente. A partir de aquel momento, David fue relegado a tareas sencillas en interiores: se habían acabado las palizas, se había acabado el trabajo matador.

Alguien debía de estar cuidando de él, pensó. Alguien debía de saber que estaba al límite, que no sobreviviría a otro día de trabajos forzados. Quizá Georg, su supervisor en la Sauna, estuviera cuidando de él. A Georg le caía bien, era amable. Sí, pensó David, seguramente Georg había encontrado una manera de sobornar a las SS.

David pasaría lo que quedaba de su condena de tres meses en el pabellón penal limpiando los barracones y disfrutando de unas raciones extra que empezaron a llegarle de repente.

En junio de 1943 había regresado al trabajo de la Sauna. Tras haber sobrevivido al pabellón penal, que no era poca cosa, tenía la sensación de haberse vuelto todavía más importante.

Probablemente no pasó mucho tiempo antes de que Zippi hiciera una aparición en la Sauna, supuestamente para ducharse. David no tardó en darse cuenta de que la joven se duchaba casi cada día. Las miradas y los breves intercambios continuaron, como si nunca hubieran parado. Una nota de Zippi llegó hasta él; él la contestó.

Fuera entonces o en los meses siguientes, David le hablaría sobre sus visitas a la ópera con su padre. Compartirían su amor por la música, los recuerdos de tiempos mejores.

Nunca habría pensado que tendría una relación con una mujer allí. Jamás. Era inconcebible. Y sin embargo, allí estaban.

El sol acababa de ponerse y la ciudad de Oświęcim estaba gris y ahogada en humo. Las lámparas de arco iluminaban las columnas de prisioneros de Birkenau, que regresaban a sus barracones para que pasaran lista, cansados tras un largo día de trabajo.

De nuevo, faltaba David.

Disfrutaba de pequeñas excursiones en solitario: paseos sin rumbo, pequeños suspiros de una libertad artificial. Había sobrevivido a mucho y continuaba sobreviviendo. De alguna manera, se sentía protegido. A aquellas alturas, la mayoría de la gente lo conocía, conocía su voz.

Aunque había quien no.

Josef Schillinger, uno de los muchos sádicos que había en las SS, paró a David mientras iba caminando por en medio de la carretera. Exigió saber hacia dónde se dirigía el recluso. ¿Y por qué iba solo?

David trató de explicar que estaba haciendo un recado, pero la excusa no bastó. Schillinger le dijo a David que extendiera las manos, doblara las rodillas y se quedara quieto. David no debía moverse hasta que Schillinger le dijera que podía hacerlo, hasta que este se aburriera.

David hizo lo que le decía. Schillinger le pegó en la mejilla. La fuerza de su puño le saltó dos dientes al joven.

El poder intoxicaba a los sádicos como Schillinger, pero, a pesar de lo que quizá les habría gustado creer, no era absoluto. Schillinger lo descubriría meses más tarde, mientras reunía a los prisioneros para que se desnudaran antes de ser gaseados. Mientras ladraba órdenes, se detuvo, atraído por una reclusa nueva que se estaba quitando lentamente una media del arco del pie. Observó cómo se movía elegantemente para subirse la falda, para levantarse la blusa. Estaba absorto viéndola apoyarse en una columna e inclinarse para quitarse un zapato. La mujer, una bailarina polaca llamada Franceska Mann, aprovechó la fascinación paralizante que había causado en los hombres de las SS y golpeó a un oficial en la frente con el tacón alto de su zapato, le arrebató la pistola y disparó a Schillinger, además de a otros dos oficiales. Al caer al suelo, Schillinger gritó. Instantes después estaba muerto.

Sin embargo, por el momento Schillinger estaba vivito y coleando y tenía sus ojos puestos en David Wisnia. Ordenó a David, que sangraba por las encías, que regresara a su barracón. Tres presos habían intentado escapar, dijo Schillinger, y las SS tenían un espectáculo preparado para él y para el resto del campo.

David regresó a su bloque. Todos los reclusos del campo de hombres estaban ordenados en el exterior para pasar lista. David se unió a ellos y observó con horror. A tres prisioneros con grilletes se les ordenó subirse a sendas sillas. Delante de la cocina se habían montado tres horcas. Uno de los prisioneros era un niño. Los *kapos* les ataron los tobillos y los muslos y les pusieron la soga al cuello.

—¡Viva Polonia libre! —gritó uno de los adultos antes morir con los demás cuando tiraron la silla que le sostenía.

David se olvidó del nuevo hueco que tenía en la encía, del sabor metálico de la sangre que le cubría la lengua, de la marca de una mano que todavía le quemaba en la mejilla. Lo único que podía hacer era mirar, junto con otros mil prisioneros, obligados a presenciar juntos aquel acto, conscientes de que ellos también morirían si se atrevían a apartar la mirada.

En algún momento de finales del verano de 1943, David estaba de pie ante la Sauna, mirando más allá del alambre eléctrico que separaba el campo de mujeres del campo de hombres. Una columna de mujeres polacas marchaba en filas de a cinco. Entre las cabezas rapadas y los rostros demacrados, David creyó reconocer una silueta de su vida anterior.

Entornó los ojos. Sí, allí estaba: Sara Lewin, su vieja amiga y compañera de dueto de Sochaczew, ahora era una presa, una cerilla andante, la número 47100.

Tenía que encontrar la manera de llamar su atención, de hacer que lo reconociera.

—¡Sara! —gritó en polaco—. Recuerda, ¡eres mi cuñada!

David esperaba que se acordara de los papeles que una vez habían interpretado en el teatro de Sochaczew, cuando cantaban juntos, en libertad. Si los guardias y los *kapos* creían que tenían relación, pensó, tal vez ella estaría a salvo; después de todo, ahora David tenía algo de influencia. Y si de algún modo corría la voz de que se conocían de antes, no quería que el chisme llegara a Zippi y que ella pensara que Sara era una exnovia.

Sara continuó marchando sin mirar hacia él.

—Sarale —volvió a probar. Esta vez, ella se dio la vuelta. David estaba cerca de la zanja del campo de hombres, al otro lado de la carretera, junto al alambre de espino. Gritó de nuevo—: ¡Soy David! ¡Eres mi cuñada!

Al final la joven lo reconoció. Pero David se daba cuenta de que la chica no entendía lo que él trataba de decir. Sara continuó adelante; los guardias estaban observando. Puede que David se hubiera sentido seguro gritándole, pero sin duda ella no se sentía igual.

Sara parecía estar a punto de romperse en pedazos en cualquier momento. Nunca sobreviviría a Birkenau en aquel estado, pensó David. Pero él conocía a una persona que podía ayudar.

Sara había llegado en junio de 1943, en un vagón de ganado procedente de Majdanek, el campo de concentración de Lublin donde el padre y los hermanos de Zippi habían sido enviados hacía casi un año. Sara llegó con un grupo preseleccionado de hombres y mujeres considerados aptos para «trabajo extremadamente duro». Una de las hermanas de Sara había escapado de Varsovia con su esposo; a su hermana pequeña la habían separado de ella en Majdanek. Sus padres hacía mucho que habían muerto. Sara llegó a Auschwitz sola y de inmediato la colocaron en el *Aussenkommando*, la brigada al aire libre, donde transportaba grandes piedras de un lugar a otro bajo la fría mirada de los nazis, látigo en mano. Por las noches, se retiraba a su litera inferior, que compartía con siete mujeres. Se las apañaba con unas raciones que apenas la mantenían viva.

A Sara la sacaron del pase de lista y le ordenaron ir a ver a Zippi. Ella obedeció sin saber quién era aquella eslovaca menuda. Sin duda se sorprendió cuando Zippi le dio ropa extra y pan. Poco después Sara fue trasladada a una de las tareas más deseables del campo: un trabajo en uno de los almacenes Canadá, donde clasificaba montones de ropa confiscada a los reclusos (blusas de seda, pantalones de lana y abrigos elegantes), que ella apilaba por tipos de hermosas prendas que serían embaladas y enviadas a Berlín. Le habían advertido que cualquier cosa de valor pertenecía a las SS. Aun así, siempre que encontraba dinero en los bolsillos, se lo escondía en el uniforme. La próxima vez que viera a David le preguntaría qué podía hacer con el dinero. Él lo sabría, pensaba ella.

De vez en cuando, David se las arreglaba para visitarla. No era raro que los hombres y mujeres de Canadá interactuaran; ese era otro privilegio de los prisioneros «élite». Tenían acceso a más comida, a mejores condiciones de trabajo, a mejor ropa, a mejor higiene y a sus compañeros.

Sara llegó a confiar en David y Zippi. A veces David le pasaba una ración extra de sopa o pan. En un momento, Sara le enseñó los billetes que había encontrado y le preguntó qué podía conseguir con ellos. David le advirtió que no participara en el mercado negro de Canadá. «Es lo peor que puedes hacer. No vuelvas a hacerlo nunca». Cogió el dinero y le consiguió un trozo de pan a cambio. Ahora que Sara tenía un buen trabajo, él intentaría cuidarla, consciente en todo momento de sus limitaciones. Zippi también vigilaba a Sara.

David confiaba en Zippi. Cada vez que temía tener algún tipo de problema, se lo contaba a ella y de alguna manera sus problemas se esfumaban. Nunca preguntaba cómo, puede que le diera vergüenza, o tal vez sintiera que no disponía de suficiente tiempo para dar vueltas a hipótesis. Quizá le diera miedo saber, o que su suerte se fuera a acabar.

A su vez, quería impresionar a aquella mujer que tenía poder y confianza, aquella mujer que lo había elegido a él. Veía todo tipo de tesoros en la Sauna y se lo contaba: relojes, joyas y más. Quería llevarle regalos, pero Zippi se negaba; nada bueno podía salir de ello. Aun así, él le preguntaba una y otra vez: había visto un reloj precioso, ¿podía llevárselo? Cada vez, Zippi le decía que no.

Zippi sabía que si pillaban a David, lo mínimo que podían hacerle era torturarle; lo más probable era que lo mataran. Zippi no tenía paciencia para tal frivolidad. David parecía no entender que sus notas, sus intercambios, eran los únicos riesgos que ella quería que tomara.

13
Las chicas de la orquesta

Para Zippi, la vida en Auschwitz se había vuelto manejable, al menos en la medida en que podía serlo la vida en un campo de exterminio. Tenía un trabajo que la mantenía relativamente segura y que daba salida a su creatividad y, lo que es mejor, la capacidad para hacer algo bueno. Tenía sus flirteos con David. Y ahora también parecía que podía ser que la música encontrara la manera de regresar a su vida.

Maria Mandl quería crear una orquesta, una orquesta de verdad, completa, con violines, mandolinas, violoncelos, guitarras y una sección de percusión. Quería una orquesta que irradiara prestigio e impresionara a sus jefes: un grupo profesional compuesto por las reclusas más talentosas de Birkenau.

En 1941, antes de que Auschwitz se convirtiera en una fábrica de matar, en su transformación como parte clave de la solución de Himmler a la cuestión judía, un grupo de reclusos del campo de hombres había convencido a las SS para que los dejara tocar música en la planta baja del Bloque 24. Tenían instrumentos que habían llevado de sus casas y a las SS les gustó la idea de crear un ritmo mientras los presos marchaban hacia su trabajo al aire libre. Además, siempre podían usarlo como entretenimiento.

Para mayo de 1942, una orquesta de más de cien músicos actuaba de forma regular en la puerta principal de Auschwitz: un grupo de hombres rapados con el uniforme a rayas limpio y planchado y el pantalón entallado. Muchos llevaban gorra. Se sentaban delante de su atril e interpretaban marchas alemanas, sinfonías de Mozart y conciertos de Beethoven. Con el tiempo surgieron varias bandas en los subcampos, solo de hombres, pero la orquesta original seguía siendo la de referencia.

Durante meses, Katya fue presionando a Drechsel para tener algo similar, sugiriéndole que una orquesta beneficiaría al campo de mujeres. A Drechsel le acabó entusiasmando la idea y no le costó convencer a Mandl. Una orquesta de mujeres contribuiría a maquillar el campo: la política de las SS de que Birkenau era un campo de internamiento humano, nada que ver con una máquina de matar. ¿Cómo podía ser así, cuando proporcionaba una salida como aquella para sus artistas? ¿Qué mal podía acechar en un lugar que permitía a sus presos disfrutar de Mozart y Beethoven de camino al trabajo?

Mandl, amante de la música, valoraba un buen concierto. Y, como Katya y Zippi sabían, estaba ansiosa por aumentar su visibilidad entre los altos mandos de Berlín, por impresionar a sus jefes y ascender en las filas de las SS. Una orquesta añadiría otro logro a su currículum. Por su parte, Katya pensaba que sería otra oportunidad para colocar a mujeres en trabajos seguros. También podría pasar más tiempo en el campo de hombres con el pretexto de aprender a formar una banda. Eso le permitiría tener más libertad para implicarse en las operaciones clandestinas de los hombres, que parecían tener más información sobre el mundo exterior.

Mandl empezó reuniéndose con Katya y Zippi para discutir la mejor manera de reclutar mujeres. Necesitaban una directora de orquesta. Katya y Zippi podrían identificar fácilmente a una candidata consultando sus diversos sistemas de catalogación, en los que se describían las profesiones y habilidades de las reclusas. Pero las presas polacas empleadas en la oficina del campo presionaron en favor de Zofia Czajkowska, profesora de música y una de las suyas. Mandl dio por sentado que Zofia era pariente de Piotr Ilich Chaikovski, el famoso compositor, debido a la similitud de sus apellidos. En realidad, Zofia no tenía conexión alguna con Chaikovski. Además, Zippi tenía la sensación de que la mujer tenía poco talento musical, en absoluto el suficiente para crear y dirigir una orquesta. Sin embargo, las prisioneras polacas alentaron la suposición de Mandl, ya que tener a una polaca al cargo sería útil. Convencida, Mandl le entregó la batuta a Zofia.

Zippi, que no había cogido una mandolina en años, aprovechó aquella oportunidad de volver a tocar música. Convenció a Mandl de que con algo de práctica podría tocar en la orquesta y mantener su trabajo de oficina sin interrupciones. Mandl le dio su bendición y Zippi se convirtió en una miembro inaugural de la orquesta. Ahora no solo tenía otra vía de escape artística, sino también otra oportunidad de ampliar su acceso dentro de Birkenau y más allá, a rincones del sistema de Auschwitz que aún no había visto.

Pero antes necesitaban más instrumentos. Zippi y Zofia obtuvieron permiso para rebuscar en Auschwitz I, el campo principal, en busca de instrumentos. En un almacén se toparon con riquezas de un mundo pasado ya muy lejano: montones de piedras preciosas, oro, dinero y joyas. Pero en aquella época, un trozo de pan era mucho más valioso que un diamante. El verdadero tesoro eran los cientos de instrumentos que había tirados en el desorden, confiscados a unos prisioneros a los que se había animado a llevar consigo sus posesiones más preciadas para la reubicación. De aquel tesoro oculto, la orquesta de hombres había escogido sus instrumentos, desde mandolinas y flautas hasta guitarras y violoncelos. Ahora le correspondía a Zofia negociar su parte.

En cuestión de semanas, la orquesta de mujeres se había instalado en el Bloque 12, que pasó a conocerse como el Bloque de la Música. Las chicas de la orquesta, o «las mascotas de Mandl», tenían mejores camas, mejores raciones y mejor ropa. Su trabajo a tiempo completo era ensayar y actuar. Las mujeres que se unían a la orquesta estaban protegidas de las selecciones y se las trataba relativamente bien. Si bien Zippi seguía durmiendo en el Bloque 4, ahora tenía acceso tanto a las raciones de la oficina como a las de la orquesta. Además, también había conseguido otra excusa para reclutar a mujeres enfermas del hospital para que la ayudasen. Con Zippi se aseguraban un trabajo fabricando papel para partituras que las mantenía ocupadas de un modo seguro mientras se recuperaban.

Al principio, las intérpretes eran sobre todo reclutas polacas que daban pequeños conciertos en el hospital de mujeres: melodías polacas simples. Para Zippi, sonaban como *Katzenmusik*, una cacofonía de gatos aulladores. Zofia no tenía experiencia dirigiendo, pensaba Zippi. Realmente no tenía sentido que llevara la batuta.

A Zippi le preocupaba que la orquesta amateur no sobreviviera mucho tiempo.

«El Bloque 10 necesita un violín».

Katya recibió este extraño mensaje de un recadero tres meses después de que se creara la orquesta. No sonaba bien. El Bloque 10, un edificio infame de Auschwitz I, tenía una reputación, y no precisamente por su música.

Cuando la mayor parte de Auschwitz aún estaba en construcción, antes de que se autorizara la solución final, el doctor Carl Clauberg, un ginecólogo alemán, envió una propuesta a Himmler. Clauberg, un profesor calvo y de rostro redondo que llevaba gafas de culo de botella, estaba especializado en infertilidad femenina. Le dijo a Himmler que quería desarrollar nuevos métodos de esterilización masiva. La propuesta estaba en línea con el interés de Himmler de esterilizar al enemigo, especialmente a los judíos. Clauberg empezó su trabajo en Birkenau, pero cuando se estaba montando la orquesta de mujeres en abril de 1943, Clauberg contaba con un centro de investigación completo en el Bloque 10.

Desde el exterior, los barracones de dos pisos parecían como cualquier otro edificio de piedra de Auschwitz I, salvo porque algunas de sus ventanas estaban tapiadas para que las mujeres de dentro no pudieran mirar hacia el famoso Muro Negro que había delante.

En un principio, Clauberg necesitaba diez mujeres para sus experimentos. Las prisioneras desesperadas que pensaban que no tenían nada que perder se ofrecieron como voluntarias para unirse al bloque. Allí tendrían duchas (aunque con agua fría) y retretes con descarga (aunque sin privacidad). Se les dijo que no tendrían que salir a hacer trabajos forzados, que en su lugar se les haría algo en sus cuerpos, «con fines médicos».

Cada mañana, al pasar lista, se seleccionaba a un grupo de mujeres del Bloque 10 para la investigación. Las que no eran seleccionadas pasaban el día recolectando hojas y flores para el té, o llenando capazos de goma con tierra de la carretera para rellenar baches. A las seleccionadas para experimentos se las examinaba, palpaba y fotografiaba desnudas con las piernas bien abiertas en una silla ginecológica. Pero las exploraciones y las fotografías no eran nada comparado con lo que seguía.

Cirugías irreversibles, sin anestesia, y quemaduras graves por radiación de rayos X eran lo habitual. A algunas mujeres les practicaban inseminaciones artificialmente. A otras las esterilizaban. A algunas les extirpaban parte del cuello del útero en nombre de la «investigación contra el cáncer». Cuando Clauberg terminaba con ellas, quedaban incapaces de concebir para siempre. A menudo, Höss pasaba a ver cómo Clauberg inyectaba una sustancia química en las trompas de Falopio de una mujer.

A las mujeres que sobrevivían a aquellas depravaciones se las trasladaba a otro bloque. Tenían cicatrices físicas y emocionales, pero se les prohibía hablar de su experiencia. A pesar de ello, se acabó filtrando y todo el mundo sabía de los experimentos horrorosos que se perpetraban en el Bloque 10. Las mujeres dejaron de ofrecerse voluntarias y las empezaron a escoger a la fuerza en las selecciones. La propia Katya observaba cómo Clauberg, con su barrigón y su sonrisa apretada, elegía para su laboratorio a las recién llegadas más jóvenes y atractivas. A veces Clauberg hacía que Mandl le enviara nuevos sujetos. Otras veces era Mengele quien dirigía la selección y a menudo optaba por mujeres casadas. Pronto el Bloque 10 pasó a albergar entre trescientas y quinientas mujeres a la vez. Cuando ya no eran útiles, las supervivientes de aquel séquito eran «dadas de alta» de vuelta a Birkenau o enviadas a la cámara de gas.

¿Qué utilidad podía tener la música en un lugar como aquel?

Pero ahora, según el recadero, un prodigio musical había llegado entre las internas del Bloque 10: Alma Rosé. Y necesitaba un violín.

Katya preguntó a Zippi si le sonaba el nombre.

Claro que sí, dijo Zippi. Alma Rosé era una violinista talentosa aclamada por la crítica. Había fundado y dirigido una orquesta de mujeres vienesa que había recorrido Europa en la década de 1930. Había estado casada brevemente con un destacado y virtuoso violinista checo, Váša Příhoda. Después estaba el tío de Alma, el compositor y director judío austriaco Gustav Mahler, una leyenda viva. Para rematarlo, el padre de Alma era el violinista y famoso concertino Arnold Rosé, que había dirigido la Orquesta Filarmónica de Viena durante más de medio siglo. Alma había pasado la última década haciéndose un nombre; su rostro angelical, cabello castaño y sonrisa seductora habían sido destacados en periódicos internacionales y carteles publicitarios.

—¿Qué sucede? —preguntó Zippi a Katya.

Katya le transmitió el mensaje del recadero: Alma Rosé estaba en el Bloque 10 y necesitaba un violín.

Zippi se quedó perpleja. ¿Qué hacía Alma Rosé en el Bloque 10? ¡Alma era de la realeza musical! Escuchar su nombre en Auschwitz desentonaba. Alma era de un mundo diferente. Pero a ojos de los nazis, eso no importaba: era judía. Y aunque por poco tiempo había estado casada con un cristiano y había renunciado a su fe, no servía de nada. Había nacido judía y, según las SS, siempre sería judía.

—¡Bueno, vamos a transferirla aquí! —dijo Zippi.

Zippi sabía que era imposible transferir mujeres del Bloque 10. A pesar de todo lo que ella y Katya manipulaban las listas y los números de los nazis, el pequeño imperio de Clauberg era zona prohibida. Pero aquella no era una prisionera normal. Además, la orquesta de mujeres era una vergüenza, pensaba Zippi. Las cosas podían cambiar. Alma podía transformar la orquesta en algo de lo que estar orgullosas.

Cuando Alma Rosé llegó a Auschwitz, en julio de 1943, pasó por los procedimientos de registro típicos y fue marcada como prisionera 50381. Pero, a diferencia de la mayoría de reclusas, ella y una docena de otras mujeres, presumiblemente las más atractivas y jóvenes, fueron seleccionadas para el bloque experimental. Para entonces, casi cuatrocientas mujeres judías se habían convertido en sujetos de los experimentos de Clauberg y vivían con sesenta y cinco enfermeras prisioneras y unas dos docenas de mujeres que habían sido obligadas a prostituirse. Anteriormente, Himmler había ordenado la formación de burdeles en todos los campos de concentración para incentivar a los hombres a trabajar más duro. El primer burdel de Auschwitz se creó a mediados de 1943. A los judíos no se les permitía entrar, pero a los alemanes y a los prisioneros de alto rango a veces se les recompensaba con visitas. Solo las mujeres arias podían «prestarse voluntarias» para el trabajo. Aquellas supuestas voluntarias eran las que tenían los peores trabajos a la intemperie, las que vivían en las peores instalaciones; y se les prometía comida, cigarrillos, sus propias habitaciones y duchas diarias. Muchas acabaron en el Bloque 10.

Cuando Alma llegó, se quedó atónita. Antes de la guerra había fundado una orquesta itinerante. Había posado para fotos publicitarias y recortes de periódicos, con sus ojos oscuros y sensuales mirando con seguridad a su público. Había sido intensa acerca de su arte, buscaba la perfección. Ahora llevaba puesto un viejo uniforme de prisionero de guerra soviético. Su rostro de porcelana estaba hinchado. Se enteró de los procedimientos quirúrgicos que posiblemente la esperaran. Vio las máquinas de rayos X, a las mujeres demacradas, y supo que era probable que no sobreviviera. Aun así, se dio cuenta de que lo mejor sería mantener la calma.

En cuanto llegó Alma Rosé, se corrió la voz por el Bloque 10 de que entre ellas había una auténtica celebridad. Magda Hellinger, la *Blockälteste* y amiga de Zippi que había trabajado con ella por un breve periodo de tiempo, reconoció a Alma al instante.

En Eslovaquia, Magda había sido maestra de guardería. Había llegado a Auschwitz en el mismo transporte que Zippi y Katya, y había sido testigo de cómo utilizaban sus posiciones de poder para salvar vidas. En una ocasión, había visto a Katya salvar a unas trescientas mujeres que habían sido seleccionadas para la cámara de gas manipulando de alguna manera sus números y enviándolas de vuelta a sus barracones cuando las SS no miraban. En tanto que supuesta veterana del Bloque 10, Magda intentaba ayudar a sus compañeras prisioneras como podía. Le estaba creciendo su pelo rubio. Según un médico de las SS, «no parecía judía», y ella lo utilizaba a su favor, haciendo solicitudes para las mujeres de su bloque que de otro modo habrían sido rechazadas de plano, consiguiendo camisones, almohadas, jabón y toallas. Siempre que podía, también encontraba formas de alegrar el estado de ánimo de las mujeres del Bloque 10. Por las noches, después de que las SS se marcharan, reunía a un grupo de mujeres para que actuaran y bailaran. Las mujeres desfilaban y se reían de sus camisones ridículos, encontraban motivos para sonreír. En una ocasión, incluso había permitido que dos chicas se escabulleran del barracón. Más tarde, las chicas no estaban presentes cuando se pasó lista y a Magda la acusaron de sabotaje. Era un milagro que hubiera sobrevivido al incidente.

La presencia de Alma en el Bloque 10 suponía otra oportunidad para que Magda ayudara a las internas a su cargo. Pero tenía que encontrar la manera de comunicarse con la oficina principal.

No sería fácil. No podían pillarla escribiendo una nota o terminaría en el pabellón penal. Así que envió un mensaje oral a la oficina del campo a través de un recadero, el mismo que recibió Katya.

Alma recibió un violín aquella misma noche. Tras las puertas cerradas, actuó para las prisioneras del Bloque 10.

Durante unos días, Alma ofreció cabarés nocturnos para las mujeres de su bloque. Con el tiempo, las SS empezaron a asistir a ellos. Aquellos conciertos, que tenían lugar dentro de uno de los bloques más infames de Auschwitz, eran surrealistas, todavía más porque los ofrecía Alma, la predilecta de los virtuosos del violín de Viena.

Pero aquellas actuaciones en el Bloque 10 duraron poco.

Cuando Mandl tuvo noticia de Alma y de su talento, no perdió el tiempo. Decidió que Zofia no estaba a la altura de sus estándares. En cuestión de un mes desde su llegada, Alma fue trasladada al Bloque Musical de Birkenau y reemplazó a Zofia como directora de la orquesta de mujeres. A Zofia la degradaron y pasó a ser la *Blockälteste* del Bloque Musical.

Alma enseguida impuso a la orquesta un tipo de orden que antes faltaba. Era una profesional. Para ella, aquello no era un pasatiempo; no había lugar para la mediocridad. Destituyó a las mujeres que no tocaban bien, aunque siempre les encontraba otros trabajos dentro del Bloque Musical para mantenerlas protegidas. Expuso a Mandl que hacían falta más puestos de trabajo, desde copistas hasta trabajadoras de mantenimiento. Hacía pruebas a nuevas músicas de forma regular. Sus audiciones podían librar a una interna de trabajar a la intemperie, de tener que estar de pie en el frío mientras se pasaba lista, de una tortura ocasional y, por supuesto, de que la gasearan. Bajo la tutela de Alma, a «las chicas de la orquesta» se les permitía una ducha diaria y uniformes especiales para sus conciertos. Se les daban calcetines y ropa interior, e incluso una estufa de hierro que las mantenía calientes durante el intenso frío del invierno. Disfrutaban de raciones extra, que incluían un tercio de una hogaza de pan, margarina, salchichas, mermelada y remolachas tres días a la semana.

A cambio de aquellos privilegios, se esperaba que las mujeres ensayaran rigurosamente. Se las mantenía a un estándar de disciplina al que Zippi se había acostumbrado, y que valoraba, en la orquesta de mandolina en la que había tocado de niña. Alma les advertía una y otra vez: «Si no tocamos bien, iremos al gas».

Todas sabían lo que significaba ir al gas. Cada uno de los cuatro crematorios que se habían terminado el mes anterior tenía su propia cámara de gas. Ahora se podía exterminar a más prisioneros a la vez, y se hacía. Las chimeneas estaban permanentemente en uso. Cuando llegaban nuevos reclusos a Auschwitz y pasaban por las selecciones, contemplaban con asombro el humo y el fuego que contaminaban el cielo. Los veteranos bien intencionados intentaban calmar a aquellos presos sugiriéndoles que las SS estaban quemando la ropa vieja de los prisioneros. Pero el hedor a ceniza humana delataba los crematorios; su propósito era inequívoco.

Aunque no se podía escapar a la realidad, los momentos en que Zippi ensayaba con las chicas le daban un respiro. El desafío la entusiasmaba y tenía la sensación de que lo que Alma estaba haciendo era un milagro. A oídos de Zippi, ahora la orquesta sonaba bien, incluso a la perfección. Y lo más importante, en las manos capaces de Alma, ahora la orquesta tenía una oportunidad de sobrevivir y de crear nuevos puestos de trabajo seguros.

AUSCHWITZ II (BIRKENAU)

1. «Sauna»
2. Cámara de gas/Crematorio II
3. Cámara de gas/Crematorio III
4. Cámara de gas/Crematorio IV
5. Cámara de gas/Crematorio V
6. «Canadá»
7. Barracones de las mujeres
8. Barracones de los hombres
9. Piras
10. «La Casita Roja»
11. «La Casita Blanca»
12. Rampa del ferrocarril para las selecciones

Aguas residuales
Torres de vigía
Vallados de alambre de espino/electrificados

N

Ahora que tenían el estilo de los profesionales, las mujeres se levantaban antes del amanecer para tocar mientras los *Kommandos* marchaban hacia el trabajo. Algunas tenían la tarea de montar atriles y taburetes en la puerta principal del campo. Después todas se ponían de pie para el *Appell*, se bebían su brebaje de té-café y, en filas de a cinco, marchaban de regreso a la entrada principal. Tocaban marchas militares alemanas que hacían que las columnas de mujeres se movieran al compás. Por las noches, volvían a la puerta principal y tocaban cuando los *Kommandos* regresaban en grupos generalmente más pequeños que los que habían salido por la mañana.

La orquesta interpretaba selecciones de Schubert, Bach y otros, siempre conscientes de que la cámara de gas estaba en uso casi constante. Para algunos, aquella música hermosa en un entorno de asesinato desentonaba. Pero para Zippi, que solo tocaba en las marchas matutinas y vespertinas, la música era terapéutica. Después de la marcha matutina, las mujeres ensayaban operetas, arias de la ópera italiana *Madama Butterfly*, canciones populares e incluso obras de compositores judíos prohibidos, como el primer movimiento del *Concierto para violín en mi menor* de Mendelssohn. Los oficiales de las SS aparecían a capricho para exigir actuaciones.

Alma dirigía de un modo tranquilo y controlado, separando el campo de la música. Una vez, al oír la voz de un oficial o la risa de un guardia, detuvo a la orquesta.

—Así no puedo hacer música —dijo.

Los guardias bajaron la voz.

Pronto la orquesta empezó a acompañar a una variedad de talentosas bailarinas y cantantes, y actuaban todas juntas en el campo. Höss disfrutaba de conciertos privados en la comodidad de su villa. Mengele se tomaba descansos de los experimentos para ver bailar a bailarinas cualificadas solo para él. Entre las artistas estaba Edith Eva Eger, una bailarina húngara que había soñado con unirse al equipo olímpico pero que había sido descalificada a los dieciséis años por ser judía. Se convirtió en una de las favoritas de Mengele. Mientras Alma dirigía la orquesta por el vals *El Danubio azul* de Johann

Strauss II, Edith cerraba los ojos y hacía piruetas. Se imaginaba que estaba lejos de Auschwitz, en el escenario de la ópera de Budapest, donde en su día había soñado que bailaría.

En verano, los domingos por la mañana las mujeres actuaban al aire libre. Tocaban clásicos animados mientras los recién llegados pasaban por las selecciones y el humo se elevaba desde las chimeneas de los crematorios. En invierno tocaban en la Sauna y presenciaban castigos crueles y el terror de los internos que se registraban en su nuevo hogar. Intentaban mantenerse concentradas en la música, ya que las lágrimas implicaban castigo; Alma no iba a tolerar muestras de emoción.

Algunas mujeres tenían la sensación de que Alma no era sino una *Kapo*, ansiosa por ejercer su poder sobre ellas, feliz de menospreciarlas cuando le parecía que no rendían lo bastante. Otras creían que Alma luchaba por ellas, que las presionaba y exigía lo mejor de ellas para ayudarlas a sobrevivir. Todos estaban de acuerdo en que la orquesta se había convertido en la obsesión de Alma.

Anita Lasker-Wallfisch llegó a Auschwitz justo cuando la orquesta necesitaba un instrumento de octava baja. Durante el registro, Anita mencionó de pasada que tocaba el violonchelo. La prisionera que la registraba le dijo que se apartara y esperara en el cuarto de duchas y envió a una interna en busca de Alma.

—¡Qué bien que estés aquí! —le dijo Alma a Anita, que estaba ante ella completamente desnuda. Anita, de dieciocho años, acababa de soportar el afeitado ceremonial de Auschwitz. Tenía el antebrazo, recién tatuado, rojo e hinchado—. ¿Dónde has estudiado? —preguntó Alma. Le dijo a Anita que alguien la iría a buscar para hacer una audición—. Te salvarás —le aseguró antes de irse.

Anita había soñado con hacer carrera en la música. A los trece años, sus padres la habían enviado de Wrocław (entonces Breslau) a Berlín, a casi cuatrocientos kilómetros de distancia, para que estudiara violonchelo. Estuvo allí seis meses, de alquiler en una habitación del piso de una mujer mayor, hasta que las violentas matanzas de la Noche de los Cristales Rotos dejaron claro que Berlín ya no era un lugar seguro para los judíos. Habían pasado dos años desde que había tocado un violonchelo por última vez. Ahora, en Auschwitz, consiguió una audición en la que tocó una de las *Marchas militares* de Schubert, poco después de ser vestida y puesta en cuarentena. Estaba dentro.

La orquesta se convirtió en otra vía a través de la cual Zippi podía desconectarse de la muerte. «Puedo estar medio muerta, pero si tengo un trabajo que hacer, lo haré», pensó. A pesar de todo por lo que había pasado, de todas las personas a las que había perdido, se centraba en la belleza que pudiera encontrar. Su trabajo creativo era su terapia: construir maquetas, diseñar gráficos y tocar la mandolina. Su arte le permitía perderse, olvidar dónde estaba, aunque fuera brevemente. Le permitía sentirse como si fuera dueña de sí misma.

Y luego estaba David. Otro recordatorio, su propio recordatorio, de que la humanidad podía ser hermosa, de que podía ser buena, de que valía la pena luchar por ella. Aunque significara perderlo todo.

14
«Bajo la luna oscurece»

Probablemente fuera alrededor de febrero de 1944, alrededor de un año después de que Zippi y David intercambiaran miradas por primera vez. Un año tumultuoso lleno de muerte y de salvarse de milagro, desde enfermedades hasta encarcelamientos y palizas. Tomaban todo lo bueno que podían, sobre todo en forma de música y de notas de amor. Y entonces Zippi decidió que había llegado el momento de más.

La nueva Sauna Central estaba lista, tras nueve meses de construcción. Se trataba de una instalación de descontaminación de lo más moderna ubicada en el complejo Canadá y era el edificio más grande de Birkenau. Hombres y mujeres trabajaban codo con codo despiojando a los prisioneros y sus ropas.

Toda su vida, Zippi había medido estratégicamente los riesgos que tomaba. Pero cuando se trataba de David, se había permitido una excepción, un lujo. Tenían una soledad compartida, una necesidad de ternura compartida. Por la posibilidad de prolongar sus encuentros valía la pena arriesgar su vida, y su corazón.

Así que Zippi tomó las riendas.

La siguiente vez que se vieron, le dijo a David a dónde ir.

Por primera que David recordara, tenía ganas de despertarse.

Llegó al lugar indicado en Canadá con el corazón disparado y las manos sudorosas. Allí, en los barracones de al lado del Crematorio IV y el Crematorio V, encontró montañas de paquetes. Tras ellas había un espacio, un lugar solo para ellos. En su interior le llamó la atención una estructura semejante a una escalera de mano: chaquetas, pantalones y abrigos, todos enrollados, apretados como ladrillos. Subió por ella. Aquella era la ropa limpia de los presos, el botín que se confiscaba a la llegada. Una cornisa improvisada a la que solo él y Zippi subirían.

Se dio cuenta de que ella había construido aquel santuario para ellos. Afuera la nieve se encontraba con el barrizal, el olor a quemado, las sombras de los muertos. Pero adentro aquel espacio era solo de ellos dos: para sus cuerpos, para nadie más.

Sus compañeros prisioneros hacían guardia. Les pagaban, puede que con comida, o con ropa, o con algún tipo de protección. Durante la espera, quizá pasearan, lanzando miradas por el almacén, rezando en silencio para que no hubiera problemas. Tal vez se sentaran sobre paquetes de ropa, pensando en sus propios amores perdidos.

Mientras aquellos guardias tatuados vigilaban, Zippi y David intentaban no preocuparse. El riesgo de que los descubrieran era la muerte. Pero por el momento se tenían el uno al otro: aquel chico de diecisiete años y aquella mujer de veinticinco.

Ella se lo enseñaría todo.

Antes de que David y Zippi comenzaran su aventura, él no habría creído que tal arreglo fuera posible. A diferencia de Zippi, él no conocía a nadie más en Auschwitz que tuviera aquel tipo de relación romántica. Las consecuencias habrían sido demasiado horribles, pensaba: tortura, muerte. Pero la audacia de David, y su imprudencia, iban en aumento, al igual que su deseo por Zippi.

Ella lo arreglaba todo. Aproximadamente una vez al mes, Zippi y David se encontraban en el mismo lugar, su pequeño huequito dentro de una montaña de fardos de ropa en el almacén Canadá. Cada vez, ella pagaba a los reclusos guardias para que vigilaran y les advirtieran si se acercaban las SS.

Zippi y David limitaban su tiempo en el escondite a media hora, una como mucho. Tenían tanto cuidado como podían, conscientes en todo momento de que estaban siendo imprudentes.

Tras un par de encuentros, David necesitaba menos indicaciones, aunque continuaba siguiendo a Zippi. Ella era una joven segura de sí misma, experimentada. Dejaban a la vista poca piel: se contenían, se quitaban solo lo necesario. Aferrándose el uno al otro, dentro de su cueva.

Al principio, no hablaban mucho. Pero poco a poco se fueron soltando.

Él le contó a Zippi que había sido una estrella infantil en Varsovia. Recordó la pasión de su padre por la ópera. Zippi le habló de su mandolina, de la orquesta en la que tocaba cuando vivía en su casa y de que ahora volvía a tocar el instrumento.

Zippi quería oírlo cantar y él la complació con gusto. En algún momento quizá ella cantó o tarareó con él, armonizando con aquel chico de ojos brillantes que, como ella, aún veía la posibilidad de la música y la belleza.

Un día, Zippi le enseñó una canción húngara, «Holdvilágos éjszakán» («Bajo la luna oscurece»). Tenía un ritmo al cual podían imaginarse bailando, en un mundo diferente, palabras que podían transportarlos. Cantaron juntos:

Bajo la luna oscurece
¿Qué sueños le trae la noche?
Que un príncipe llega al galope
A lomos de un blanco corcel.

Qué maravilloso el sueño
Y qué despertar tan cruel
El príncipe se desvanece
Su llegada, un caos, un traspié.

Qué pequeñas las nubes allá arriba
Flotando al final del cielo
Las ve vagar a la deriva
Con esperanza y eterno anhelo
Y así continúa el cuento.

Bajo la luna oscurece
¿Qué sueños le trae la noche?
Que un príncipe llega al galope
A lomos de un blanco corcel.

Son cien mil las Cenicientas
Cien mil zapatos que buscan caballero
El príncipe se esconde de día
La dama es todo desespero
Tal vez encuentre a alguien nuevo.

Bajo la luna oscurece
¿Qué sueños le trae la noche?
Que un príncipe llega al galope
A lomos de un blanco corcel.

Qué pequeñas las nubes allí arriba
Flotando al final del cielo
Las ve vagar a la deriva
Con esperanza y eterno anhelo
Y así continúa el cuento.

Que un príncipe llega al galope
A lomos de un blanco corcel.

Antes de salir de su escondite, con las mejillas sonrojadas, se arreglaban lo mejor que podían. Se colocaban el cabello, se estiraban la camisa, salían sigilosamente, por separado. El último en salir reconstruía la pared.

15
«Vamos a tocar»

Cuando Roza Robota apareció en la oficina de Zippi una noche, probablemente hacia el otoño de 1943, ella notó una conexión inmediata. Roza, una judía polaca más o menos de la misma edad que Zippi, tenía unos ojos hundidos y caídos que brillaban cuando sonreía. Alta y de huesos anchos, tenía una presencia imponente.

Al igual que Zippi, Roza había llegado a Auschwitz bastante al principio, en 1942. Ahora trabajaba en el *Bekleidungskammer*, un almacén de ropa de Canadá, frente al Crematorio IV. Durante aquella primera visita, le dijo a Zippi que la reconocía de una reunión de Hashomer Hatzair en Polonia. Roza había sido miembro leal de la organización desde la infancia y había asumido varias funciones de liderazgo.

Esa noche, Roza y Zippi llegaron a un acuerdo: Roza, que tenía acceso a artículos de lujo, proporcionaría a Zippi ropa interior y vendajes para distribuir entre las mujeres que lo necesitaran. A cambio, Zippi colocaría a prisioneras específicas en los puestos de trabajo o los barracones que Roza solicitara.

A Zippi aquella primera conversación no le convenció. Entendía que las mujeres polacas de Birkenau estaban en desventaja en comparación con las eslovacas.

Tras unas cuantas noches, Roza regresó. Esta vez le llevó a Zippi un regalo: un delantal. Normalmente, Zippi llevaba una blusa simple y una falda; pocas internas tenían delantales. A Zippi le conmovió aquel pequeño gesto tan considerado.

Dos semanas después, Roza volvió a aparecer y le dio a Zippi un delantal nuevo.

—No necesito otro —trató de decirle Zippi.

Roza insistió y pidió a Zippi que le devolviera el delantal viejo; quería sustituirlo por el nuevo. Zippi aceptó. Cosas más extrañas le habían pedido.

Al cabo de dos semanas, Roza regresó con otro delantal. Una vez más, cambió el antiguo por el nuevo.

Los intercambios continuaron cada dos semanas. Eran extraños, pero Zippi lo pasaba por alto. Tiempo después, notó unas finas capas en las costuras de los delantales y se preguntó si había algo escondido en los pliegues de la tela; es poco probable que lo preguntara.

Aquel mes de mayo de 1944, bajo un calor sofocante, Zippi conoció a una niña tan pequeña que casi desaparecía dentro de su ropa. Le recordaba los días en que ella misma era un esqueleto andante, al borde de la muerte. La niña le suplicó ayuda.

Dos años antes, Zippi había acudido a Eva Weigel, la presa política alemana con la que había hecho amistad al principio, con una solicitud similar. Eva, que trabajaba para un nazi poderoso, le había dicho que regresara al barracón, que la harían *verfügbar*, disponible para un puesto en el interior. Ahora Zippi estaba en posición de hacer lo mismo.

Se llevó a la niña consigo a la Sauna. Una vez allí la desvistió y la bañó. Luego le entregó su remedio infalible de aceite de hígado de bacalao y le dijo a la *Blockälteste* que no la enviara a trabajar afuera; estaba *verfügbar*.

Zippi consiguió un trabajo para la niña como ayudante de enfermera en el hospital del campo, donde estaría caliente, tendría un poco más de comida y empezaría a recuperar algo de peso y fuerza. Allí tendría la oportunidad de sobrevivir.

Cuando podían, Zippi y Katya acogían a prisioneras en apuros en la oficina. Cuando una judía polaca mayor llegó al campo y pasó la selección en lo que Zippi supuso que debía de haber sido una noche especialmente oscura, Katya se la llevó rápidamente a la oficina y creó un trabajo para ella duplicando fichas de archivo. Siempre que las SS pasaban por allí, la escondía. Katya también lo arregló para que una mujer rumana mayor que había perdido ambos pechos, fuera por cáncer o por un accidente, tuviera un trabajo de oficina.

Había otros casos. Zippi y Katya habían hecho aquello antes y lo seguirían haciendo.

Les resultaba más fácil salvar a mujeres, pero de vez en cuando a Zippi le llegaba la noticia de que un hombre estaba en peligro de ser enviado en un transporte o trasladado a un trabajo a la intemperie. A veces, los informes venían de mujeres que descubrían que su pareja o un amigo había sido amenazado. Otras veces incluso venían de guardias de las SS a los que ella había sobornado para ese propósito.

Cuando sucedía eso, Zippi pedía permiso a Mandl para ir al campo de hombres. Decía que tenía que recoger datos estadísticos que le faltaban para sus diagramas. Mandl la dejaba ir. Zippi pedía ver al jefe de las cuadrillas de trabajo, un funcionario prisionero. Aquel hombre, cuyo recadero visitaba la oficina de Zippi a diario, la conocía y apreciaba su trabajo fiable. Ella le daba el número del prisionero al que quería ayudar y él lo hacía.

Zippi también había trabado amistad con un *Kapo* del campo de hombres que se encargaba de entregar zapatos para las mujeres. Cuando él lo solicitaba, ella organizaba reuniones para que él transmitiera mensajes a las reclusas durante sus visitas. A cambio, ella le pedía que estuviera pendiente de los hombres que ella sabía que podían necesitar ayuda.

Durante los encuentros amorosos mensuales de Zippi y David en su nidito de Canadá, rara vez hablaban de lo que sucedía dentro del campo; preferían centrarse en temas más felices: el mundo exterior, el pasado. Pero un día, estando en su escondite, Zippi le habló a David sobre el día en que Mandl la había enviado, junto con otras chicas de la oficina, a dar un paseo por el bosque. David escuchaba incrédulo.

Zippi había entrado en la Casita Blanca. Era incapaz de figurárselo.

Mientras Zippi hablaba, él pensaba en los transportes que entraban y nunca más salían. En el humo que cubría el cielo. Escuchaba la voz de Zippi y pensaba en la trampa que era la Casita Blanca, donde tantos reclusos habían muerto antes de que entraran en funcionamiento las nuevas cámaras de gas.

De alguna manera, ambos estaban a salvo. Pero fuera de aquel pequeño reducto de protección, el denso humo era abrumador. La imagen de la Casita Blanca, y todo lo que representaba, atormentaba a David, los atormentaba a ambos.

Para 1944, las dos casas de campo, las cámaras de gas provisionales originales, hacía mucho que habían sido reemplazadas por las cuatro cámaras de gas y los cuatro crematorios, más grandes. Cada día llegaba un número mayor de prisioneros, Birkenau se expandía, y las llamas de las chimeneas se elevaban más alto.

Si Zippi se quedaba embarazada, las repercusiones serían catastróficas. Zippi y David hacían todo lo posible para evitar un embarazo, pero sus métodos distaban mucho de ser infalibles. Sabían que existía la posibilidad de que ella quedara embarazada.

A las mujeres embarazadas a menudo se les practicaban abortos forzados que mataban tanto a la madre como al hijo. Los bebés nacidos en el campo a menudo eran envenenados, ahogados o gaseados. A algunos niños rubios de ojos azules, los afortunados, los enviaban lejos para «germanizarlos»: les cambiaban el nombre y los criaban como si fueran de etnia alemana.

Gerhard Palitzsch, el amante de Katya, era bien conocido por asesinar a familias enteras en el Muro Negro. En una ocasión alineó a una familia de cinco personas y disparó tranquilamente en la cabeza a una criatura que estaba acurrucada en brazos de su madre. Luego disparó a los dos hermanos mayores, antes de disparar a los padres. Otro día disparó primero al padre, después al hijo mayor. Después, en lugar de apuntar con su arma al más joven, un bebé que la madre sostenía contra el pecho, lo agarró, lo lanzó contra el Muro Negro y le rompió el cráneo. A la última persona que mató fue a la madre.

Zippi había sido testigo en primera persona de cómo Palitzsch ejecutaba a un prisionero en el muro. David y ella debieron de alejar ese pensamiento, pero también debieron de verse asolados por el hecho de que, si Zippi tenía una criatura, bien podría acabar en manos de un monstruo como Palitzsch.

Zippi no podía tolerar las visitas diarias de Palitzsch a la oficina de Katya. Tras semanas mordiéndose la lengua, ya no pudo contenerse más.

—¿Qué hace ese aquí? —le preguntó a Katya cuando Palitzsch se hubo marchado.

—Viene a visitarme —respondió Katya.

—¡Katya, es un asesino en masa! —dijo Zippi, horrorizada.

Lo había visto orquestar ejecuciones de cientos de prisioneros. En el campo todo el mundo conocía su sed de sangre, su hambre de poder y, sobre todo, su sadismo.

Katya no respondió.

—¿Le amas? —preguntó Zippi.

—¿Qué hay en él que se pueda amar? —fue su respuesta.

Intentó explicar que podía ayudar a más gente gracias a él, que él era el motivo por el que podía ayudar a prisioneros del campo de hombres.

Aun así, Zippi no podía entender a Katya. Comprendía la necesidad de compañía, pero no podía perdonar una aventura con Palitzsch. Advirtió a Katya que terminara la relación, pero Katya estaba demasiado enganchada; no había vuelta atrás. Por mucho que insistiera en lo contrario, Katya era una prisionera judía. ¿Cómo acaba una reclusa judía, por muy alto que sea su rango, una aventura con uno de los asesinos de judíos más infames los nazis?

Katya y Palitzsch estaban volviéndose descuidados. La *Blockälteste* de Zippi, Anna, también estaba al caso del amorío y estaba aterrada por Katya. Si los oficiales de las SS de alto rango se enteraban, sin duda la asesinarían. En cuanto a Palitzsch, cualquier hombre de las SS que durmiera con una mujer «infrahumana» como una judía o una gitana sería encerrado en el Bloque 11.

Palitzsch podría haberse satisfecho en un burdel del campo, pero quizá le atraía la naturaleza ilícita de la aventura. No era el único hombre de las SS de Auschwitz que tenía un lío con una reclusa. Se rumoreaba que incluso Höss tenía una amante entre las prisioneras.

Pero no importaba. Zippi no podía aceptar la relación de Katya. En su día había respetado mucho a su amiga, pero ahora Katya le parecía una ingenua. ¿Cómo podía arriesgarlo todo por aquel asesino?

En toda Europa ocupada, la resistencia clandestina bullía con las buenas noticias: 1944 había comenzado con la noticia de que los Aliados estaban venciendo a los nazis. En el campo, la visible pesadumbre de los oficiales de las SS confirmaba lo que les llegaba a los reclusos. En el este, un asedio a Leningrado de casi novecientos días había terminado cuando los soviéticos habían obligado a los alemanes a retirarse. Hitler creía que Leningrado (en la actualidad conocida como San Petersburgo) era «la cuna del bolchevismo» y que tenía que ser conquistada por el bien de la cruzada nazi. En junio de 1942, alrededor de tres millones de soldados alemanes y más de medio millón de aliados de los nazis no alemanes habían avanzado hacia la ciudad. Para Hitler, una victoria en Leningrado habría significado la dominación del territorio continental de la Unión Soviética y el paso indispensable para invadir Moscú. En cambio, la rendición del ejército alemán, el 27 de enero de 1944, marcó el comienzo de la caída de la Alemania nazi en el norte de Rusia.

Con todo, a Auschwitz cada día llegaban más y más prisioneros, Birkenau se expandía y más humo asaltaba los cielos.

Sin embargo, la resistencia de dentro del campo había logrado algunas victorias. Se filtraba información del campo de varias formas. El 7 de junio de 1943, el gobierno polaco en el exilio recibió un telegrama de una fuente que se hacía llamar Kazia. El mensaje llegaba incluso a afirmar que en Auschwitz se estaba asesinando a los prisioneros enfermos con inyecciones de plomo en el corazón, que se estaba sometiendo a hombres y mujeres a experimentos de castración, esterilización e inseminación artificial, y que se había construido un nuevo subcampo para los gitanos. Otros telegramas hacían un listado de los números de los enfermos y presos que habían «desaparecido». Los telegramas enviados desde otra fuente, con el nombre en clave Wanda, detallaban gaseamientos y selecciones. Ninguna fuente fue identificada nunca pero, crucialmente, su información había conseguido llegar más allá de los muros del campo.

Zippi, que tenía acceso a tanta información, de alguna manera proporcionó a la resistencia el número de mujeres que habían muerto en Birkenau en julio de aquel año (1.113). Para rematar, desde 1939, una organización de espías británica había estado interceptando intermitentemente las comunicaciones por radio entre Auschwitz y Berlín, en las que la administración del campo ponía al día al cuartel general nazi sobre el número de prisioneros entrantes y otras estadísticas cada vez más detalladas.

En parte como resultado de las últimas filtraciones, Himmler despidió oficialmente a Höss. En la radio inglesa se había hablado demasiado sobre el exterminio de prisioneros en Auschwitz, le explicó Himmler a Höss mientras ambos paseaban por los jardines que rodeaban la villa de Höss. Las pruebas eran demasiado condenatorias. La directiva de Berlín necesitaba distanciarse de los horrores del campo. Necesitaban el apoyo del público alemán y querían evitar la interferencia internacional. Hitler excusaba la agresión militar alemana presentando a Alemania como víctima de judíos y extranjeros, incluso cuando la tortura y el asesinato por parte de los nazis demostraban lo contrario. La culpa de las condiciones de Auschwitz recayó en Höss, un agente que iba por libre. En noviembre de 1943 ya se había ido.

Pero aquello era Auschwitz. Las celebraciones nunca duraban.

El 6 de marzo de 1944, Katya oyó a un oficial de las SS en una llamada telefónica con Berlín. Estaba programado que los prisioneros del campo familiar de Terezín, en Auschwitz, fueran asesinados.

El campo familiar de Terezín, compuesto principalmente por judíos checos, era un satélite inusual dentro del sistema de campos y subcampos de Auschwitz. La mayoría de sus prisioneros habían llegado del campo de trabajo del gueto de Theresienstadt, en Terezín, Checoslovaquia. Al llegar a Auschwitz, no les rapaban la cabeza, conservaban su equipaje y llevaban ropa de civil. Vivían en una sección especial del campo donde los niños compartían su propio bloque, recibían clases y jugaban.

El gobierno de Dinamarca había expresado su preocupación por la deportación y la «reubicación» de judíos daneses en Theresienstadt, y planeaba enviar una delegación de la Cruz Roja al campo. Las SS querían estar preparadas en caso de que después de Theresienstadt hubiera una visita a Auschwitz. El campo familiar de Terezín se había montado como un pueblo Potemkin, una maqueta viviente para engañar a cualquier inspector. Pero obviamente las SS habían decidido que ya no necesitaban mantener aquella farsa. Y ahora Katya se había enterado de que la muerte de sus prisioneros era inminente. Pasó la información a sus contactos clandestinos con urgencia, pero ya era demasiado tarde.

Dos días después, alrededor de las ocho de la tarde, las SS rodearon el campo familiar de Terezín con sus perros entrenados. Los oficiales ordenaron a los hombres, mujeres y niños judíos que subieran a unos camiones cubiertos con lonas. Les dijeron que su equipaje les seguiría en tren. A las diez de la noche salieron doce camiones, cada uno de ellos con cuarenta prisioneros. A los hombres los dejaron en el Crematorio III. A las mujeres y los niños, en el Crematorio II. Hacia las dos de la madrugada, mientras esperaban la muerte, las mujeres cantaron canciones folclóricas checas, el himno del movimiento sionista, «Hatikva», y el himno nacional checo. Empezaba a salir el sol cuando los 3.791 hombres, mujeres y niños judíos fueron gaseados hasta la muerte.

Zippi sintió náuseas al enterarse de la noticia. La resistencia había fracasado. Durante días no pudo pensar en nada más, era incapaz de ver con claridad. Aturdida, se chocó con la puerta de su oficina y se abrió una brecha en la frente. Le empezó a gotear sangre sobre los ojos. Una amiga suya que había sido dentista le cosió la herida.

Cuando podían, ella y Katya probaban suerte con una venganza. Ahora tenían un libro en el que se hacía seguimiento de todos los prisioneros dentro del pabellón penal. Eso presentaba una oportunidad: tal vez no pudieran devolver el golpe a los nazis, pero al menos podían asegurarse de que los peores colaboradores, los *Kapos* y *Blockälteste* más despiadados del campo, quedaran fuera de servicio tanto tiempo como fuera posible en caso de que acabaran en el pabellón penal por alguna infracción. Cuando Katya y Zippi veían un número perteneciente a alguien especialmente cruel, prolongaban su tiempo en el pabellón penal.

Durante meses, Alma Rosé pasó noches sin dormir buscando maneras de mejorar el repertorio de su orquesta. Su cabello se encanecía, un problema peligroso para la mayoría, ya que los signos de envejecimiento solían conducir a las selecciones. Su estado de ánimo oscilaba entre la depresión y la exaltación.

Entonces, en abril de 1944, Alma enfermó. Vomitaba, ardía de fiebre y sufría dolores en el pecho. La raíz de su enfermedad era misteriosa, pero muchos sospechaban de envenenamiento. Otros suponían que padecía botulismo por haber ingerido alcohol o alimentos en mal estado.

La Reina de Birkenau, como se la conocía, recibió una atención médica sin precedentes en Auschwitz. Y sin embargo, en cuestión de dos días, Alma murió.

Mengele ordenó una autopsia y análisis de laboratorio para detectar meningitis e intoxicación alimentaria. Zippi estaba caminando por el campo y se topó con el cuerpo. Abatida, Zippi vio la brutalidad con que le habían cosido el abdomen tras la autopsia.

Se permitió que la orquesta llorara a Alma. Incluso Mandl estaba visiblemente desolada. Una prisionera rusa reemplazó a Alma como directora, pero la orquesta nunca volvió a ser la misma. Se cancelaron las actuaciones de los domingos. Las integrantes tenían otros deberes además de ensayar: ahora tenían que tejer y remendar los uniformes de los prisioneros.

Zippi dejó de ir por completo.

Más adelante pensó en lo orgullosa que estaba Alma de la orquesta que había creado de la nada. «Nunca volveré a como era antes, a mi antigua forma de tocar —recordó Zippi que le decía Alma a su *troupe*—. Os llevaré a Europa, chicas, por toda Europa, y tocaremos».

Juntas, Zippi y Alma habían soñado con un mundo más allá de Auschwitz. Zippi recordaba cómo la había complacido recibir elogios de la directora, ser elegida por una violinista de renombre mundial. «¿Sabía Alma lo que significaba para nosotras recibir una oferta así?», se preguntó Zippi.

16
«Viva Polonia»

El volumen de cuerpos quemados en Birkenau el verano de 1944 producía un hedor tan insoportable que a veces parecía imposible respirar. Mientras los ejércitos aliados invadían Normandía, lo que se convertiría en un punto de inflexión de la guerra, las SS intensificaron sus planes para exterminar a todos los judíos húngaros.

Auschwitz y sus subcampos rebosaban de nuevos transportes, y los almacenes Canadá estaban repletos de bienes confiscados. Aun así, David y Zippi se las arreglaban para encontrarse.

Sus encuentros siempre habían sido emocionantes, pero ahora suponían un desafío mayor. Con el humo constante cerniéndose sobre ellos, costaba más distanciarse de la realidad que los rodeaba. Si lo que habían oído sobre la guerra era cierto, el fin del régimen nazi era una posibilidad clara. Sin embargo, también la muerte se acercaba más.

Zippi le habló a David sobre su hermano Sam. Todavía estaba vivo, le dijo, en algún lugar de Eslovaquia. Los hermanos de David ya no estaban. Uno estaba muerto en Varsovia; el otro, a saber. No tenía ni idea.

David no entendía cómo podía ser que hubiera sobrevivido tanto tiempo. Todos los días veía desaparecer a conocidos y compañeros de bloque, ya fuera transportados a otros campos o enviados a la cámara de gas. Cuando él y Zippi se encontraban, cuando ella se le acercaba, limpia, con una chaqueta, siempre tan bien arreglada..., bueno, él tenía sus sospechas. Aquella era una mujer con acceso, pensaba. Y cuanto más lo pensaba, más orgulloso se sentía, más especial por el hecho de que ella lo hubiera elegido.

La música les daba placer, así que cantaban. A veces incluso reían. Y se besaban, siempre con mucha ternura. Era surrealista tener aquellos breves momentos, aquellas treguas de la vida de fuera de Canadá. ¿Podía ser que se estuvieran enamorando? No se atrevían a decir las palabras. En su lugar, cantaban.

Bajo la luna oscurece
¿Qué sueños le trae la noche?
Que un príncipe llega al galope
A lomos de un blanco corcel.

Alguien gritó desde abajo, uno de sus guardias. Ya era seguro bajar.

Y así, sin más, hasta la próxima vez, esperaban, se había acabado la sesión.

Las sirenas resonaron por todo el campo. La noticia corrió rápidamente. Dos prisioneros se habían escapado: Mala Zimetbaum y su novio, Eduard Galiński, conocido como Edek.

Un par de horas antes, Zippi iba de camino a ver a una amiga, una *Blockälteste* eslovaca que conocía de su ciudad natal y a quien visitaba a menudo en el campo. Como de costumbre, ninguna de las supervisoras de Zippi parecía preocuparse por dónde estaba en aquella calurosa tarde de verano, siempre y cuando su trabajo estuviera hecho. Así que se esfumó y prestó su oficina a la resistencia mientras ella vagaba por el campo en una visita social.

Zippi entró en el Bloque 6, pero en lugar de a su amiga, encontró a Mala, la gritona recadera e intérprete belga que en su día había sido compañera de barracón suya. Mala había sufrido varios ataques de malaria y desde entonces había sido trasladada. Zippi la encontró acostada en una litera; su novio, Edek, estaba de pie cerca de ella. Preocupada por si Mala había sufrido un ataque de malaria, Zippi se acercó y le preguntó cómo se encontraba. Al darse cuenta de que estaba bien, Zippi se fue enseguida; ella no era de las que invadían la preciada privacidad de una compañera prisionera.

Edek era un preso político polaco que había llegado a Auschwitz con el primer transporte de prisioneros, allá por 1940; tenía un número de prisionero bajo, el 531. Como cerrajero, se le permitía moverse tanto por el campo de hombres como por el de mujeres. Tras su primer encuentro, Mala y Edek encontraron motivos para tropezarse el uno con el otro y al final se enamoraron. Luego desaparecieron.

A lo largo de los años, muchos hombres habían escapado de Auschwitz. Pocos consiguieron llegar lejos. Aquellos que eran capturados sufrían el trato rutinario de las SS: la tortura en el Bloque 11, seguida de la muerte, a menudo por ahorcamiento. Zippi había visto lo imprudente que Mala podía llegar a ser. Hacía menos de un año, la había visto subirse a una mesa tratando de tomar el mando de un grupo de prisioneras belgas. Imprudente. Y sin embargo había logrado salir de allí.

Mala había conseguido documentos que indicaban que iba a ser trasladada. Edek de alguna manera se había hecho con un uniforme de las SS y fingió escoltarla. Ella llevaba una pica de lavabo en la cabeza y caminaba tras él. El guardia de las SS que había en la puerta principal ni siquiera se molestó en mirar sus pases. Simplemente abrió la puerta y los dejó pasar.

Las sirenas sonaron horas después. Cuando los prisioneros se enteraron de qué era aquel alboroto, la mayoría se pusieron eufóricos. Dos prisioneros se habían conocido en Auschwitz, se habían enamorado y habían escapado, a pesar de todo. Era una historia de éxito, la prueba de que era posible desafiar las probabilidades.

Los oficiales de las SS estaban furiosos. Los intentos de fuga se habían vuelto cada vez más frecuentes. Y lo que era aún peor, en otras partes de Europa, los Aliados estaban derrotando a los alemanes. Junio de 1944 había empezado con el Día D, cuando las fuerzas aliadas habían aplastado a los alemanes en Normandía. Más adelante, aquel mismo mes, varias ciudades italianas habían sido liberadas. El 24 de junio de 1944, el día en que Mala y Edek escaparon, el Ejército Rojo se acercaba lentamente a Polonia.

Los nazis fueron implacables en su búsqueda de los amantes. Los guardias interrogaban a civiles y prisioneros de todo el campo y de los pueblos cercanos. Al principio descubrieron pocas pistas, pero eso cambió pronto.

No está claro qué fue exactamente lo que delató a la pareja. Algunos dicen que se quedaron sin comida y que un hombre de las SS reconoció a Mala al entrar en una tienda. Otros dicen que los entregó una chica polaca local. Sea como fuere, la pareja disfrutó tan solo de doce días de libertad.

Una vez detenidos, los amantes estaban prácticamente muertos. Un preso recordó ver cómo devolvían a Mala a Auschwitz en una carretilla, con la cabeza arrastrando por el suelo, «haciendo clank, clank, y dando golpes contra el asfalto».

A Mala y a Edek los encerraron en el búnker del Bloque 11. Fueron interrogados, azotados y torturados una y otra vez; la Gestapo estaba decidida a encontrar a cualquiera que les hubiera ayudado. Pero ni Edek ni Mala hablaron. Los condenaron a ser ahorcados públicamente.

El 15 de septiembre de 1944, todos los prisioneros tuvieron que estar presentes mientras se pasaba lista y presenciar las ejecuciones. El ahorcamiento de Edek tendría lugar en el campo de hombres de Birkenau; el de Mala sería en el campo de mujeres. Zippi tuvo el privilegio de poder evitar el repugnante espectáculo y se encerró en su oficina.

Mas tarde oyó diferentes versiones de lo sucedido en la plaza pública, el escenario de los nazis para ahorcamientos y demás castigos. Lo que parecía claro era que, mientras Mala estaba allí, con el pelo enmarañado y los ojos pálidos, Mandl había pronunciado un discurso. Los prisioneros que se aplicaran a su trabajo serían tratados bien por los alemanes, había dicho Mandl. En cuanto a aquellos que hubieran cometido traición contra los alemanes, bueno, sufrirían por ello.

Los dos amantes, Mala Zimetbaum y Edek Galiński, se fugaron del campo y disfrutaron de doce días de libertad antes de ser capturados.

El monólogo apenas había terminado cuando un prisionero le pasó una navaja a Mala. Antes de que nadie pudiera detenerla, Mala se cortó las venas de ambas muñecas. La sangre empezó a gotearle palmas abajo. Las SS notaron que algo no iba bien.

A partir de ahí, los detalles se volvían confusos. Zippi oyó que cuando Mala estaba perdiendo el conocimiento le había dado un bofetón a Mandl con la mano ensangrentada y entonces la habían empujado a un carro y se la habían llevado al crematorio. Algunos dijeron que un oficial de las SS le había disparado antes de que lo consiguiera. Otra prisionera aseguró que había visto a Mala darle un bofetón a otro oficial, al que se le puso la cara de un rojo encendido ante el horror de que una prisionera judía se atreviera a alzar la mano contra un alemán. Había rumores de que a Mala la habían echado en un carro que se usaba para transportar piedras y la habían llevado al hospital para que se recuperara antes de ser asesinada por las SS. Otra prisionera afirmó haberla oído gritar: «¡Viva Polonia, viva la libertad, viva el mundo sin Hitler!».

Sea lo que fuere que le sucedió, todos estuvieron de acuerdo en que su intento de suicidio causó una conmoción como nunca antes se había visto en el campo. En su propia ejecución, Edek gritó «¡Polonia vive!» mientras pateaba el taburete que tenía debajo.

«Estúpida egoísta», pensó Zippi. Había metido a mucha gente en problemas por aquella fuga mal planificada, ¿y para qué? Había perdido la vida, y Edek también. La sola idea la enfurecía. Mala contaba con un buen trabajo; había tenido la oportunidad de vivir y de ayudar a otros a hacer lo mismo, y la había desperdiciado.

Katya, también, se estaba arriesgando de más. Quería enviar información a su hermana, hacer que el mundo libre supiera la verdad de lo que estaba sucediendo dentro de Auschwitz. Pidió ayuda a Zippi para escribir un mensaje en alemán; Palitzsch había prometido enviarlo por correo. Katya y Zippi no se anduvieron con rodeos: escribieron sobre el hambre, la tortura y las cámaras de gas, sobre estar rodeados de humo y muerte.

No queda claro por qué Katya escribió la carta en alemán, ni por qué le pidió a Palitzsch que la enviara por ella, ni mucho menos si él sabía lo que contenía. De ser así, no debió de sorprenderla que, al final, la carta acabara en manos de la Gestapo. La hermana de Katya y su esposo fueron detenidos, y su hijo fue enviado a un orfanato.

Zippi había advertido a Katya que Palitzsch era un problema. Sin embargo, Katya se negaba a creer que Palitzsch la hubiera traicionado. Tal vez no lo hubiera hecho, tal vez sí. Más adelante, el oficial le envió una carta en la que le decía que por fin se había dado cuenta de que era un asesino. Había cambiado, le dijo. Ya no cumpliría sentencias de muerte. Katya le creyó. Quizá necesitaba hacerlo.

En cualquier caso, la imprudencia de aquellos amantes también los alcanzó pronto. Cuando alguien del campo denunció a Katya y a Palitzsch por su relación, Zippi no se sorprendió.

Katya había estado solicitando a las SS que la reconocieran como aria, para librarse de una vez por todas del estigma de ser una prisionera judía. Al parecer, Palitzsch había intentado ayudarla en su campaña. Josef Hustek-Erber, un oficial de las SS apodado Frankenstein por sus brazos largos, sus piernas torcidas, sus pómulos prominentes y sus dos juegos de dientes falsos, se percató de los esfuerzos de Palitzsch e inició una investigación. Enseguida descubrió la aventura, aunque puede que no fuera la primera persona en sacar a los amantes a la luz pública. Zippi creía que había sido Margot Drechsel, celosa del romance, la responsable de exponerlos.

Muchos oficiales de las SS que habían tenido relaciones con prisioneros a la vista de todos no eran necesariamente denunciados. Por ejemplo, el oficial Franz Wunsch, el mismo hombre que había dado cincuenta azotes al amigo de David, Szaja Kalfus, y lo había dejado discapacitado para siempre, se había enamorado perdidamente de una reclusa judía, Helena Citron, que había llegado de Eslovaquia en el primer transporte, antes que Zippi y Katya. Wunsch había sacado a la hermana de Helena de la cámara de gas al encontrar a Helena desconsolada. Había alimentado y protegido a Helena en un alojamiento especial cuando padeció un brote de tifus. La ayudó a sobrevivir en Auschwitz y llevó una fotografía de Helena en un medallón colgado del cuello el resto de su vida. En el campo, su romance se convirtió en un secreto a voces, pero Wunsch no fue castigado.

Palitzsch era un caso diferente. A Höss, que había regresado a Auschwitz en mayo de 1944, nunca le había caído bien el amante de Katya. Tal vez Höss se sintiera amenazado por Palitzsch. En cualquier caso, ahora tenía un motivo para deshacerse de él.

Tanto Katya como Palitzsch fueron enviados al pabellón penal y a principios de septiembre de 1944, Katya fue trasladada fuera de Auschwitz, a un campo de concentración en Stutthof. Allí se encontró en otro campo abarrotado en medio del bosque, pero sin tener influencia alguna. Afortunadamente, le dijeron que las cámaras de gas del campo estaban fuera de servicio. No la matarían, al menos de momento.

Mientras tanto, Palitzsch permaneció en Auschwitz. Fue acusado de robar ropa, dinero y objetos de valor de los prisioneros judíos y polacos, una práctica común y que por lo general se pasaba por alto, pero que técnicamente constituía una infracción, dado que de manera oficial se esperaba que dichos bienes fueran a parar al Tercer Reich. Höss aprovechó la oportunidad para culpar a Palitzsch del «maltrato» a los prisioneros, diciendo que cualquier abuso que hubieran sufrido se debía al sadismo de Palitzsch, no a su propio papel en la administración del campo, y mucho menos al sistema del campo en sí.

Palitzsch llegó al pabellón penal junto a polacos a los que en algún momento había atormentado, prisioneros a cuyos amigos y familiares había matado. Ahora se arrastraba y se golpeaba el pecho a modo de expiación. Escribió una carta a los prisioneros polacos pidiendo perdón. «Que Dios me ayude a salir de este búnker, para que pueda vengarme de Höss —escribió—, porque fue él quien me obligó a hacer todas aquellas cosas y a menudo, a pesar de sus propias reglas, exigía más y más víctimas». Luego pidió a los polacos de dentro del búnker que compartieran su pan con él.

Después de un tiempo en la unidad penal, Palitzsch fue trasladado fuera de Auschwitz y desapareció. Muchos creen que murió en batalla en el Frente Oriental.

Y así, de repente, la amiga más cercana de Zippi, su compañera en la resistencia, se marchó. Ella y Katya tenían sus diferencias, pero se habían salvado la vida mutuamente en incontables ocasiones. Zippi añadía otro nombre a la lista de seres queridos a los que había tenido que decir adiós. Hacía mucho que había aprendido a vivir con la pérdida, a seguir adelante. Pero eso no lo hacía más llevadero.

Tal vez enmascaró su tristeza con ira y decepción. Seguía sin poder creer que, al igual que Mala, Katya hubiera sido tan estúpida como para arriesgar su buena vida y su posición prominente en Auschwitz. Katya había salvado a miles de prisioneros y podría haber hecho mucho más, pensaba. En cambio, había renunciado a su vida por un asesino en masa.

Para entonces, Zippi se había ganado el reconocimiento de Mandl y Drechsel; a esta última Zippi no le importaba demasiado, pero aun así veía el valor de su trabajo. En concreto, la maqueta tridimensional de Auschwitz que Zippi había construido fue un éxito. Zippi estaba especialmente orgullosa de aquella maqueta: aparte de las cámaras de gas y los crematorios (que le habían prohibido incluir), era una réplica exacta, hasta el alambre de espino que bordeaba los límites del campo. Había utilizado una plantilla y óleos para imitar el color de los barracones de madera y acercarse al tono exacto de verde oliva de los techos. Había utilizado pegamento y arena para replicar la textura de las calles polvorientas. Henryk Porębski, el electricista de Birkenau que trabajaba con la resistencia, la había ayudado a poner una linterna alimentada por batería debajo de la maqueta. En la oscuridad, las torres de vigilancia de la maqueta iluminaban la puerta principal. Zippi firmó en la parte inferior de la maqueta con su número: 2286.

Mandl exhibió con satisfacción la maqueta a escala ante sus superiores. Acudieron a su oficina oficiales de Berlín para contemplarla, impresionados. A Zippi le dijeron que Franz Hössler, un exjefe del campo de mujeres, había solicitado que la maqueta fuera colocada en su oficina, bajo una vitrina de cristal. Más adelante oyó que la maqueta había sido trasladada al cuartel general de Berlín.

Por aquel entonces, el valor de Zippi para la administración del campo puede que volviera a salvarle la vida. Al cabo de un mes de la partida de Katya, las mujeres que habían actuado en la orquesta de Birkenau fueron trasladadas a Bergen-Belsen, un pequeño campo de concentración en condiciones tan deplorables que la mayoría de sus reclusos sucumbían al hambre o a la enfermedad. Pero gracias a su trabajo en la oficina, Zippi fue excluida del traslado.

A pesar de haber perdido a su cómplice, Zippi tenía motivos para el optimismo. Desde junio de 1944, las ciudades italianas y francesas habían sido liberadas de los nazis, una por una. Aquel mes de julio, el campo de concentración de Majdanek, en Lublin, donde habían encarcelado a Sara antes de trasladarla a Auschwitz, y adonde habían enviado a morir al padre y a los hermanos de Zippi, se convirtió en el primer campo en ser liberado por el Ejército Rojo. Y en Varsovia, los soldados clandestinos polacos se estaban preparando para sublevarse contra los alemanes.

El Alzamiento de Varsovia de 1944 —que no debe confundirse con el Levantamiento del gueto de Varsovia de 1943, la mayor sublevación judía de la Segunda Guerra Mundial, en la que murieron siete mil judíos—, comenzó aquel mes de agosto, liderado por el Ejército Nacional polaco, y por poco tiempo vio cómo la resistencia tomaba el control de la ciudad. Pero para finales del mes los periódicos internacionales informaban de que los alemanes estaban «arrasando salvajemente distritos enteros de Varsovia, matando a decenas de miles de personas, quemando todos los edificios principales y disparando sin piedad a cualquiera que intente apagar los incendios que se propagan sin control porque el suministro de agua de la ciudad está destrozado». De hecho, Varsovia, ya muy afectada por los bombardeos del asedio de 1939, ahora había ardido casi por completo. De nuevo, la resistencia había fracasado.

Con todo, las SS estaban nerviosas. En Auschwitz, los oficiales hacían planes para liquidar el campo y destruir todas las pruebas. Los administradores de Majdanek no habían eliminado los indicios de sus procedimientos de asesinato y cuando el Ejército Rojo se había presentado, sus acciones habían sido expuestas al mundo. Las SS no cometerían el mismo error en Auschwitz. Y fue así como, mientras los combatientes de la resistencia de dentro del campo entrenaban a los prisioneros para escapar y unirse a los partisanos en el bosque, los oficiales de las SS se dedicaban a quemar documentos.

Los prisioneros que estaban en contacto con la resistencia polaca tenían buena información de que el Ejército Rojo se estaba acercando a Varsovia y de que no tardarían en recuperar la ciudad de manos de los alemanes. Pronto llegarían a Auschwitz; pero la resistencia temía que no fuera lo bastante pronto.

Cuando Höss regresó a Auschwitz, se le encomendó la misión de eliminar a todos los judíos húngaros, la única comunidad judía de la Europa ocupada que permanecía intacta. No paraban de llegar transportes que mantenían las chimeneas de los crematorios arrojando fuego y humo un día tras otro. Un pequeño estanque cercano al Crematorio IV y el Crematorio V estaba lleno de cenizas humanas. Para mantener el ritmo de los constantes transportes de judíos húngaros que llegaban a Auschwitz, los funcionarios del campo ampliaron el *Sonderkommando* de los aproximadamente trescientos a unos novecientos prisioneros, al tiempo que volvieron a poner en funcionamiento el Búnker II, la Casita Blanca.

Pero Höss no había acabado en absoluto y estaba haciendo preparativos para eliminar Auschwitz. Quería destruir cualquier rastro de personas, barracones, cámaras de gas y crematorios, no dejar prueba alguna. A pesar de sus mejores esfuerzos, la resistencia continuaba sacando de contrabando documentos y fotografías que mostraban a los prisioneros siendo forzados a entrar en las cámaras de gas.

Aun así, las cenizas seguían acumulándose.

17
«No te rindas»

David y los demás que trabajaban en la Sauna estaban más ocupados que nunca desinfectando las pilas de ropa que llegaban cada día. A veces, Zippi llevaba puestos doce pares de ropa interior que Roza le había dado y luego los distribuía dentro de los barracones de los recién llegados, cuyos uniformes eran cada vez peores.

Al menos, pensaba David, las SS estaban tan ocupadas con el constante flujo de transportes que no se centraban tanto en los antiguos. Zippi y él seguían con sus visitas mensuales sin incidentes. A cada visita sus conversaciones eran más profundas, aunque siempre llegaban a un límite. Gran parte de su pasado era demasiado doloroso para hablar de él; y cualquier futuro continuaba siendo incierto.

David tenía un amigo, Ralph Hackman, que trabajaba en el «lado sucio» de la Sauna. Aquellos días, en las raras ocasiones en que podían hablar, se preguntaban sobre sus circunstancias. ¿Cómo era que aún no los habían «eliminado»? Ralph no creía que llegaran a salir alguna vez. Tal vez las SS se hubieran olvidado de ellos, le decía a David.

Pero no los olvidarían por mucho tiempo. La tarde del 7 de octubre de 1944, un sábado, David estaba colgando ropa desinfectada en la Sauna cuando oyó una fuerte explosión.

El estruendo fue seguido por el ra-ta-tá de las ametralladoras. David intentó mirar por la ventana de la Sauna. Había oído rumores sobre una revuelta; siempre se hablaba de una cosa u otra. Pero ahora realmente estaba sucediendo algo.

Meses antes se había gestado un plan dentro del edificio rojo y sin ventanas de la fábrica Weichsel-Union-Metallwerke, conocida como la Union, a unos kilómetros de Birkenau. En ella, los prisioneros de Auschwitz, hombres y mujeres, trabajaban junto a civiles para fabricar armamento para la *Wehrmacht*. En medio de maquinaria caliente, delantales de goma y grueso polvo amarillo, los prisioneros se habían unido en silencio. Grupos de resistencia judíos y polacos planeaban organizar una revuelta. Preparándose para ella, los líderes habían reclutado a Roza Robota, la amiga polaca de Zippi, para que coordinara a las mujeres judías de dentro de la Union para que sacaran de contrabando pólvora y la llevaran de vuelta a Birkenau.

A lo largo de los pasillos de cristal y las cadenas de montaje, bajo la mirada atenta de las SS, hombres y mujeres, judíos y no judíos, encontraban la manera de conspirar. Los hombres pasaban de contrabando pan y fruta a las mujeres. Quienes tenían acceso a herramientas y materiales robaban cerillas, gasolina, pólvora y demás. Cada objeto tenía su propósito. Por ejemplo, una mujer ocultaba un cortaalambres dentro de un pan vaciado. Al regresar al campo pasaba la inspección. El cortaalambres iba a parar debajo de su colchón, para ser usado más adelante. Era una pequeña pieza del rompecabezas, uno de muchos detalles.

Mientras tanto, las mujeres judías que trabajaban en la fabricación de pólvora cogían pequeñas cantidades del polvo grueso gris acero, similar a la sal, y lo escondían en trocitos de tela que anudaban en saquitos. Entonces dos hombres pasaban el contrabando fuera de la fábrica y lo escondían en el campo. A veces usaban cuencos de sopa con doble fondo; otras simplemente metían los saquitos en el bolsillo de un prisionero, con la esperanza de que no le cachearan. A veces introducían la pólvora dentro de las costuras de sus uniformes o sujetadores. Una vez que la pólvora llegaba a Birkenau, Roza era el enlace entre los líderes de los *Kommando* y los grupos de la resistencia. Los miembros del *Sonderkommando* recogían el contrabando de Roza, que trabajaba en un almacén de Canadá al otro lado del Crematorio IV, y escondían el contrabando en un carro lleno de cadáveres.

Dentro de la misma fábrica, los prisioneros saboteaban las máquinas en las que trabajaban. No cerraban correctamente los fusibles; desechaban material bueno a la basura; manipulaban la maquinaria. La mayoría desconocía lo que hacían los demás, pero sus esfuerzos combinados estaban surtiendo efecto. La *Wehrmacht* había empezado a quejarse de la artillería producida en la Union.

Algunos de los trabajadores llevaron sus esfuerzos más allá. Un prisionero apodado Prisionero T, un judío y organizador de la fábrica, fue reclutado por una célula del Servicio de Inteligencia británico. Le pidieron que manipulara las máquinas para que produjeran artículos defectuosos, con el fin de sabotear el esfuerzo de guerra de la *Wehrmacht*. El Prisionero T también fue reclutado por la resistencia para unirse a la revuelta. Contribuyó a planear el contrabando de pólvora desde la fábrica hacia el campo. Al final, tal vez inevitablemente, su camino se acabaría cruzando con el de Zippi.

La mañana del 7 de octubre de 1944, horas antes de que David oyera la explosión desde la Sauna, por el campo corrió la voz de que la administración de Auschwitz planeaba liquidar a los *Sonderkommando* aquel mismo día. Aquellos hombres eran conscientes de que se acercaba su hora. La idea nunca había sido que sobrevivieran a su trabajo: sabían demasiado. Pero no pensaban que el día llegara tan pronto. A medida que los Aliados avanzaban y los nazis empezaban a destruir pruebas, la resistencia quería hacer estallar los crematorios para eliminar al menos parte del sistema de exterminio del campo. Los grupos de resistencia involucrados en la planificación no tuvieron tiempo para coordinarse y enviar ayuda. El *Sonderkommando* del Crematorio IV no podía darse el lujo de esperar, así que a las 13.25 decidió actuar.

David oyó la explosión y los disparos, y luego vio gente corriendo: hombres y mujeres en un batiburrillo de rayas que hacía difícil distinguir a nadie. El Crematorio IV se veía desde la Sauna, estaba casi enfrente, a varias decenas de metros de distancia. El polvo y el humo llenaron el aire. Las SS y sus perros llegaron casi al instante; el sonido de las ametralladoras y las pistolas era ensordecedor. David solo veía conmoción; solo oía el sonido de la artillería. Antes de que pudiera reaccionar, las SS habían cerrado la Sauna para que nadie pudiera entrar ni salir.

Más tarde, David se enteró de algunos detalles de lo que había sucedido al lado de la Sauna. Los combatientes de la resistencia del *Sonderkommando* habían atacado a una unidad de guardias de las SS con martillos, hachas y piedras. Habían detonado granadas caseras que habían preparado y escondido dentro del Crematorio IV. Algunos utilizaron trapos empapados en gasolina para prender fuego a los colchones de los dormitorios. El fuego se había propagado rápidamente por las paredes.

Al ver el polvo elevarse sobre los almacenes Canadá, el *Sonderkommando* vinculado al Crematorio II se había apresurado a unirse a la resistencia. Habían matado a tres oficiales de las SS, a dos de los cuales los habían empujado dentro de un horno en llamas, después habían derribado una cerca y habían huido. Mientras tanto, cogidos por sorpresa, los *Sonderkommando* de los Crematorios III y V habían estado a tiempo de unirse antes de que intervinieran las SS. Las ametralladoras y la artillería de los prisioneros no eran rival para los nazis. Cuatrocientos cincuenta y un prisioneros murieron durante la revuelta; el *Sonderkommando* se redujo de 663 a 212 prisioneros.

Hubo una buena noticia: el Crematorio IV, que se había convertido en un montón de madera carbonizada y piedras desperdigadas, quedó fuera de servicio.

Tras la revuelta, los furiosos oficiales de las SS interrogaron a prisioneros y civiles por igual. ¿Cómo había accedido el *Sonderkommando* a la pólvora? ¿Cómo habían fabricado las granadas? Y más importante aún: ¿quién estaba involucrado? Todas las pruebas señalaban hacia la Union. Además, el cuartel general de Berlín llevaba mucho tiempo quejándose de que las granadas que producía la fábrica eran defectuosas. Exigieron una investigación. Al final, acusaron a cuatro mujeres, entre ellas Roza.

Cómo atraparon a aquellas mujeres continúa siendo un misterio. Algunos dijeron que fueron simples chivos expiatorios. Otros creían que un *Kapo* las había delatado. En cualquier caso, a pesar de ser brutalmente torturadas, aquellas mujeres se negaron a revelar nombres.

A Zippi la cogió por sorpresa que Roza estuviera implicada. Roza era una mujer astuta y hábil que había ayudado a muchísimos prisioneros polacos. Zippi admiraba profundamente a aquella mujer, su amiga.

Casi cuatro meses antes, Zippi se había encerrado en su oficina durante la ejecución de Mala. El 3 de enero de 1945, el día de la ejecución de Roza, hizo lo mismo.

Fuera, las reclusas estaban alineadas en filas de a cinco, mirando. Las SS organizaron dos sesiones. A las dos primeras mujeres las colgaron delante de las trabajadoras del turno de noche de la Union tras pasar lista por la tarde. A las otras dos las colgaron a la mañana siguiente ante las trabajadores del turno de día.

Roza mantuvo la cabeza alta hasta el final.

—¡Libertad! —gritó en polaco, antes de que su cuerpo cayera. Casi al instante, empezó a brotarle sangre de los ojos.

Más tarde, Zippi pensaría en los delantales que Roza insistía en cambiar cada dos semanas. Había algo en aquella práctica que no conseguía quitarse de la cabeza. ¿Había ayudado ella a pasar pólvora a las diversas visitas de su oficina sin darse cuenta? ¿Habían servido los delantales para almacenarla hasta que Roza pudiera entregar los explosivos al *Sonderkommando*?

Zippi no tenía respuestas. Sin embargo, estaba orgullosa de las mujeres que habían llevado a cabo la revuelta. Un crematorio había caído: una gran victoria contra los nazis, un triunfo que salvaría innumerables vidas.

El 10 de noviembre de 1944, Maria Mandl se acercó a Zippi. Necesitaba su buena caligrafía. El amigo de Mandl y comandante de Birkenau Josef Kramer celebraba un cumpleaños y ella le iba a regalar un libro.

—También es mi cumpleaños —le dijo Zippi mientras dedicaba el libro para Mandl.

Al parecer, Mandl estaba de buen humor.

—Ve a paquetería —dijo— y escoge el más bonito que encuentres para ti.

La paquetería estaba llena de cajas y sobres con medicinas y alimentos dirigidos a reclusas. Estaban sin reclamar, ya que sus destinatarias hacía mucho que habían muerto. Encontró un paquete lleno de chocolate y fruta. Al morder una manzana, notó algo duro. Era una tira de metal, delgada como una cuchilla y flexible, doblada en forma de cono. Dentro del cono encontró doblado un pedacito de papel de algo más de dos centímetros. Todo el artilugio era lo bastante pequeño como para dejar tan solo un rasguño mínimo en la manzana.

Zippi miró a su alrededor, tratando de ocultar la emoción. Necesitaba un lugar donde leer el mensaje a solas. Cuando encontró un lugar seguro, tuvo que entornar los ojos: había pocas palabras, diminutas, y escritas en alemán.

«No te rindas», decía. «La guerra podría terminar en cualquier momento».

A Zippi se le llenaron los ojos de lágrimas. Por la etiqueta, se dio cuenta de que la carta la había escrito un oficial alemán, aunque obviamente no un nazi. Su caligrafía ordenada y pequeña probablemente fuera destinada a su amante o prometida, que Zippi sabía con seguridad que estaba muerta. Se le ocurrió que, de haber sido un nazi quien hubiera mordido la manzana, probablemente el autor de la nota no habría sobrevivido.

Se tragó el mensaje.

Durante semanas, pensaría en las palabras que se había comido. Llevaba su calor dentro de ella.

A medida que los soviéticos se acercaban, el temor de los nazis crecía exponencialmente. Ahora la batalla se libraba en su patio trasero; oían los tiros desde dentro del campo. Los oficiales de las SS empezaron a desaparecer: algunos se iban para unirse a la lucha, otros simplemente desertaban.

A finales de noviembre de 1944, un mes después de la revuelta de los *Sonderkommando*, Himmler emitió una orden: todas las cámaras de gas y los crematorios de Auschwitz serían clausurados. Martillos y picos en mano, una fuerza de trabajo recién reunida rompió las enormes losas de hormigón de las instalaciones. Mientras los prisioneros demolían los cimientos de los crematorios, algunos encontraron en la tierra cercana los alicates que el *Sonderkommando* había utilizado para sacar los dientes de oro de las víctimas: pruebas enterradas. Otro *Kommando*, esta vez formado por mujeres, recogía los ladrillos arrancados de las paredes de los crematorios y los colocaba en carretas de manera ordenada. No se desperdiciaba nada. Los fragmentos de aquellos edificios se conservaban para volver a utilizarlos más adelante. Otro *Kommando* desmontaba las piezas de los ventiladores y los hornos. Otros perforaban las paredes de las cámaras de gas para meter dinamita en los agujeros. Solo unas semanas después, en enero de 1945, las SS hicieron explotar lo que quedaba.

Era el fin de una era: los prisioneros del campo ya no serían gaseados. En lugar de eso, fueron trasladados a otros campos. Auschwitz había entrado en su fase terminal.

Hacia finales de diciembre de 1944, el sonido de la artillería cambió. Hacía mucho que los prisioneros se habían acostumbrado al ra-ta-tá de las ametralladoras y a las explosiones de las bombas en la distancia, al estruendo interminable y al relampaguear crepitante. Pero ahora había algo diferente. David no sabía decir qué. Los hombres de las SS estaban cada vez más nerviosos, más amigables de lo habitual.

David estaba trabajando en la Sauna cuando su jefe, Georg, entró, agitado.

—Vamos a perder la guerra —dijo Georg.

Hacía algún tiempo que David tenía esa impresión; Zippi incluso se lo había dicho hacía poco. Pero escucharlo de Georg fue una confirmación. David pensó en el tiempo que había sobrevivido. La mayoría de los hombres que habían llegado con él en el tren de ganado dos años atrás hacía mucho que habían muerto. Pensó en la obsesión de los nazis por deshacerse de los indicios y se dio cuenta de que él mismo era un estorbo para ellos. Sabía demasiado; había visto demasiado. Querían deshacerse de todas las pruebas, y él era una prueba.

Se entregó completamente a su trabajo en la Sauna, aparentando en todo momento estar ocupado, colgando ropa. Esperaba que las SS lo consideraran esencial para el mantenimiento del campo. Desde que había descubierto los cuerpos de sus padres, de su hermano pequeño y de su abuelo en una pila con otros cadáveres, se había prometido a sí mismo que sobreviviría. Había resistido dos años y medio en Auschwitz gracias, pensaba él, a una combinación de Dios y de su propia determinación. Ahora más que nunca tenía la sensación de que su tiempo tocaba a su fin.

—¿Cómo voy a recordarte si nos separan? —le dijo Szaja Kalfus, amigo de David en la Sauna, una mañana de mediados de diciembre mientras colgaban uniformes.

Szaja tuvo una idea. David siempre estaba trasteando con música; incluso había compuesto un par de canciones, una en yidis y otra en polaco. A veces David tarareaba sus canciones y compartía las letras con sus amigos. Szaja encontró un cuaderno y un bolígrafo azul y le dijo a David que escribiera su canción «La Casita Blanca del bosque». La canción describía los transportes que se hacían hacia el Búnker II.

Sentado en la oficina del *Kapo* de la Sauna mientras Szaja vigilaba, David escribió sobre la granja donde los prisioneros habían sido asesinados antes de que se construyeran los crematorios. También escribió la letra de una parodia polaca que había compuesto. Cuando terminó, entregó las hojas de cuaderno a su amigo. A cambio, Szaja le dio a David un poema que había escrito: «La bendición de Janucá».

Con aquellos recuerdos en la mano, los dos hombres regresaron al trabajo, conscientes de que su tiempo juntos estaba llegando a su fin.

Zippi lo organizó todo para encontrarse con él en el sitio habitual. Pero esta vez era diferente.

Le dijo a David que pronto los evacuarían a todos del campo. Ya lo estaban haciendo; partían transportes cada día.

Aquella podía ser su última oportunidad de estar juntos.

¿Dónde se volverían a encontrar?, se preguntaban.

David solo podía pensar en un lugar: su antiguo hogar.

Sugirió que se reunieran en el Centro Comunitario Judío de Varsovia, o donde había estado en su día. A Zippi le pareció bien. Cuando hubiera pasado todo, se prometieron, cuando los alemanes perdieran la guerra, cuando fueran libres, se encontrarían de nuevo.

Y así dejaron su escondite por última vez, con una promesa.

18
«Siempre hacia delante»

La madrugada del 17 de enero de 1945 nadie fue a trabajar. En lugar de estar lleno de reclusos marchando hacia la muerte, el campo estaba lleno de nazis frenéticos montando en bicicleta y en moto. Los presos, cautelosos, observaban, esperando su destino. Pasó todo el día; por la noche se colocaron en fila para que pasaran lista.

Himmler finalmente había dado la orden de evacuar los campos. Todos aquellos que estuvieran en buenas condiciones físicas debían marcharse. Les dijeron que se prepararan para un viaje.

Los hombres partirían primero. Alemania necesitaba una fuerza de trabajo, ya que sus hombres estaban en el frente. El país necesitaba mano de obra barata para fabricar equipos de calefacción y material bélico, y nada era más barato que los esclavos. Además, Alemania no quería dejar atrás a hombres capaces que pudieran pasar a ser soldados de los Aliados. Sin embargo, el destino de los enfermos y los discapacitados no entraba en los cálculos de los comandantes de las SS. Esos prisioneros se quedarían en Auschwitz. El frío de enero, pensaban ellos, se encargaría de las pruebas; se encargaría de los que quedaran atrás, de aquellos demasiado débiles para trabajar.

Se planearon los últimos detalles. Los prisioneros y oficiales que pudieran cogerían ropa y comida extra, cualquier cosa que fueran capaces de cargar. Algunos pensaron en esconderse y esperar a que llegaran los rusos, pero los nazis tenían sabuesos para olfatear en busca de reclusos escondidos, a quienes disparaban en el acto. Antes de unirse a la columna de prisioneros que se estaba formando en la calle principal, David organizó raciones extra. Llevaba ropa de civil debajo del uniforme. Escondió pan y demás alimentos dentro del abrigo. Hacía tiempo que había abandonado sus horribles zuecos de madera y en su lugar llevaba unos zapatos resistentes que había logrado «organizar» para sí mismo.

La primera marcha comenzó justo antes de la medianoche. Los vientos invernales hacían que la nieve cayera en todas direcciones. Los prisioneros estaban alineados uno al lado del otro en filas que formaban una larga columna, con hombres armados de las SS en los flancos: hacía mucho que se habían acostumbrado a formar ordenadamente. Así fue como emprendieron la marcha hacia la noche oscura, alejándose de las puertas que los habían tenido confinados durante tanto tiempo.

David se convirtió en una silueta más entre la multitud que avanzaba por la carretera. Caminaba junto a hombres que tenían los ojos vacíos, las mejillas hundidas, cuyos espíritus habían sido destruidos hacía mucho. Se colocó hacia el medio de la multitud. Los perímetros eran más peligrosos; era más seguro ocultarse en el centro. Su amigo Szaja Kalfus marchaba a su lado. Caminarían unos cincuenta kilómetros.

A los hombres que se quedaban rezagados les disparaban. Cuando sus cuerpos fríos y cubiertos de nieve obstruían el camino, las SS ordenaban a los prisioneros que los apartaran de en medio, hacia el bosque. La marcha continuaba y algunos hombres se salían de la línea, a otros los arrastraban sus compañeros y otros se caían sobre la nieve y se quedaban allí. Habían sobrevivido a los campos para ahora sucumbir a aquel último esfuerzo penoso y agonizante.

Mientras tanto, las hélices soviéticas giraban sobre ellos. Cada vez que David veía destellos de estrellas rojas en las alas de los aviones, sentía un atisbo de esperanza. Todo el mundo sabía que los alemanes estaban de retirada. Las sirenas de las alarmas antiaéreas tocaban una sinfonía cacofónica mientras los hombres avanzaban en la oscuridad. Los soldados alemanes heridos que habían sobrevivido en el frente caminaban junto a los prisioneros. A algunos les faltaban las piernas; a otros, uno o ambos brazos.

Hicieron una pausa en Gleiwitz, un pequeño subcampo de Auschwitz cerca de un depósito de trenes. Allí, los prisioneros fueron cargados en un tren abierto que antes transportaba carbón y madera. En cada compartimento se metieron alrededor de ciento veinte hombres, apretujados para un viaje de casi ochocientos kilómetros con temperaturas gélidas. No tenían retretes, ni cubos, ni agua, ni mantas. David tenía suerte: había robado dos chaquetas gruesas de Canadá. Algunos hombres pasaban latas de orina para aplacar la sed; estaban desesperados, ya no pensaban con claridad. Cada pocos kilómetros, el tren se detenía para descargar a los muertos.

A medida que David avanzaba, lo que le hacía especial se desvanecía. Atrás dejaba todos sus privilegios, todas las cosas que lo habían mantenido con vida. Y con ellas, a Zippi.

En Auschwitz, las SS continuaban destruyendo todo aquello que fuera incriminatorio, cualquier cosa que diera testimonio de los crímenes espantosos que habían cometido. Documentos, certificados de defunción y archivos fueron a parar a un coche de las SS. Reunieron páginas y páginas con diagramas y estadísticas y las quemaron. La primera lista que se enroscó entre las llamas contenía registros de todos los prisioneros que habían sido gaseados hasta la muerte.

Zippi se había dedicado a ir duplicando en papel encerado casi cada lista, diagrama y boceto que había creado, y los escondía cuidadosamente. Sabía que si las SS descubrían lo que estaba haciendo, la matarían. Pero si los Aliados encontraban sus copias, el mundo conocería los detalles de la depravación de Auschwitz, la gran cantidad de prisioneros que habían sido convertidos en números, en humo. Metió todo lo que pudo en tubos y enterró un rollo de documentos detrás de una librería y otro detrás de un armario, con la esperanza de que con ello pudiera contribuir a llevar a los nazis ante la justicia.

Una de las últimas tareas que Zippi había recibido había sido poner la etiqueta de dirección a tres pesados paquetes para las oficiales de las SS Luise Helene y Elisabeth Danz, esta última conocida por su especial crueldad; Danz tenía predilección por pegar a los prisioneros debajo de la barbilla mientras les asestaba rodillazos en el torso. Zippi estaba segura de que los tres paquetes contenían algún tipo de metal precioso, quizá un bloque de oro hecho con los empastes de los prisioneros asesinados.

Las SS acabarían prendiendo fuego a los almacenes Canadá, pero no sin antes haber enviado al tercer Reich varios paquetes con objetos de valor que iban desde ropa hasta oro. Gran parte de lo que quedó atrás fue consumido en un incendio que duró cinco días.

La víspera del 17 de enero de 1945, 67.012 prisioneros de Auschwitz del campo principal y de los subcampos se presentaron para el último *Appell*. Del 17 al 21 de enero, unos 56.000 prisioneros fueron evacuados en marchas de la muerte.

Algunos empezaron la marcha al final de la tarde. Otros partieron en mitad de la noche. En la fría nieve que los rodeaba había montículos de nieve endurecida. A quienes podían caminar les dijeron que abandonaran el campo. Una mujer que había estado enferma en cama reunió la fuerza para ponerse de pie y marcharse junto a sus compañeras de barracón. Si había sobrevivido tanto tiempo, bien podía intentar sobrevivir otro día, pensó, para presenciar la derrota de Hitler.

Mientras tanto, en el hospital del campo, los prisioneros con piernas rotas, dolores de muelas o tifus esperaban su muerte. Los restos de los archivos de los prisioneros, desde su historial de enfermedades hasta sus tablas de fiebre, fueron quemados. Los barracones ardían en las grietas fangosas por todo el campo.

A Zippi no le quedaba nada allí; era hora de irse.

Saldrían a intervalos. El 18 de enero de 1945, al unirse al río de cuerpos, Zippi, al igual que David, dejó atrás su estatus y sus privilegios en el campo y se convirtió en una prisionera más entre una aglomeración de casi sesenta mil personas que partían. El grupo de David se dirigiría al norte; el de Zippi, al sur. Cada uno viajaría decenas de kilómetros en direcciones opuestas.

De alguna manera, Zippi y Sara lograron encontrarse en medio del caos. Los oficiales de las SS, disciplinados hasta el final, seguían tratando de mantener a las mujeres en filas de a cinco. La lluvia caía con fuerza; algunas prisioneras se acercaban demasiado a las cercas eléctricas y se electrocutaban antes de tener la oportunidad de marcharse. Los oficiales perseguían a otros reclusos para que se movieran más rápido. Las mujeres que no iban bien preparadas hundían los pies descalzos en montículos de nieve que tenían al menos un metro de profundidad. A las que llevaban botas de fieltro se les congelaban los dedos. Pisaban con fuerza sobre las mantas que había tiradas por el camino, restos abandonados por quienes se habían vuelto demasiado débiles para llevarlas. Zippi y Sara aguantaban el paso; soportarían aquello juntas.

—¿A dónde vamos? —se atrevió a preguntar una mujer a un guardia.

—Siempre hacia delante —respondió él.

Marchaban hacia el oeste, alejándose de los soviéticos. Aquellas que intentaban escapar eran acusadas de sabotaje y fusiladas en el acto.

El ra-ta-tá de las ametralladoras que resonaba a su alrededor era el nuevo redoble que les marcaba el ritmo. Las prisioneras sabían bien que sus vidas eran baratas a ojos de los nazis. Un oficial disparó a una mujer por beber de su cantimplora. Otra mujer, escondida bajo un montón de heno en un vagón, fue asesinada con una horquilla. Otras tuvieron más suerte: dos hermanas se encontraron una bolsa de azúcar sin que nadie se diera cuenta: un regalo caído del cielo.

Seguían adelante, con los zapatos atascados en las zanjas teñidas de marrón por el barro empapado de sangre. Todo el camino estaba cubierto de nieve rayada de rojo. Antes pensaban que Auschwitz era el infierno, que no podía empeorar. Pero sí, descubrieron que sí que podía.

Dondequiera que Zippi miraba, veía cadáveres; muertos a tiros o simplemente marchando hacia la muerte. Los residentes locales observaban boquiabiertos desde sus ventanas, horrorizados. Una mujer insistió en ofrecer agua a los prisioneros y un oficial le dio un tiro en la nuca. Otros civiles lograron pasar pan y agua a los prisioneros sin que los pillaran. Una docena de mujeres polacas de un pueblecito se pusieron junto al camino para ofrecer agua a los esqueletos sedientos que veían caminar arduamente por la carretera. Aquellos gestos amables daban esperanza a los presos para seguir adelante.

Aquella primera noche, algunos se durmieron de pie. Se rumoreaba que el Ejército Rojo estaba a unos cinco kilómetros de distancia.

Continuaron arrastrándose durante dos o tres días con sus noches. Siempre hacia delante.

Al principio, apenas hablaban. Habían anhelado un recuerdo de que el placer podía superar al dolor. En su cueva, lo recordaron. Todo aliento y contacto, se esforzaban por el silencio.

Pero las palabras crecían a partir de balbuceos hasta convertirse en torrentes y corrientes de música. Susurrando, se abrieron. Otro riesgo.

Su momento pasó, y acabó.

A pesar de sí mismos, hicieron promesas.

Y cuando bajaron por la escalera de mano, de nuevo meros números, tomaron caminos separados.

CUARTA PARTE

Interludio

19
«¡Sois libres!»

Los aviones rugían sobre sus cabezas, con las luces de la punta de las alas brillando como luciérnagas, mientras las mujeres salían arrastrándose de la estación de ferrocarril de Breslau, Alemania, antes conocida como Wrocław, Polonia. Era de noche. Observaron cómo las siluetas silenciosas de los oficiales de las SS sacaban cadáveres congelados de los compartimentos de los trenes de carga abiertos; las columnas vertebrales se rompían como ramitas al golpear el barro congelado. Zippi y algunas de las otras mujeres tomaron el control del compartimento. Desesperadas por comer, escarbaban en busca de pedazos de nieve relativamente limpia.

Una tormenta de invierno trajo consigo vientos entumecedores y cortinas cegadoras de nieve fresca, con el consiguiente tiritar. A pesar de que las estaciones de ferrocarril de todo el país habían sido bombardeadas, lograron llegar a Berlín evitando el fuego. Dentro de su compartimento del tren, la amiga de Zippi Susan Cernyak-Spatz observaba las sombras de la ciudad pasar rápidamente. Qué gran satisfacción, pensó, ver la capital nazi en ruinas.

Desde donde estaba, Zippi no veía nada, pero al cabo de unas cuantas paradas empezó a sospechar que se dirigían a Alemania. Había aprendido las ubicaciones de varios campos a través de sus diagramas de traslados de prisioneros. Parte de su trabajo había consistido en calcular las ubicaciones de los diferentes campos y la distancia a la que estaban de Auschwitz. Supuso que el campo de Ravensbrück, en el norte de Alemania, sería su parada final.

Tenía razón. Algunas de las *Kapos* más crueles que había conocido en Birkenau habían estado previamente presas en Ravensbrück.

Se había hecho amiga de algunas más amables, que le habían revelado que allí las SS ponían en aislamiento a las mujeres polacas y les extraían quirúrgicamente las costillas, que de algún modo serían utilizadas en beneficio de los soldados alemanes que habían quedado discapacitados en la guerra.

Ahora Zippi y unas mil doscientas mujeres más desembarcaron justo a las puertas del campo para pasar la noche apiñadas en una única habitación. Sin poder estirar las piernas, se agacharon en el suelo, espalda contra espalda. Los piojos anidaban en cada hueco de sus cuerpos. El sueño era esquivo, la comida aún más.

A la mañana siguiente, al acercarse a las puertas del campo, Zippi recordó la suciedad, el desorden y el hambre atroz que la habían recibido en Auschwitz en 1942. Aquí pasar lista también era un desbarajuste. Aquí las SS tampoco tenían ningún sistema organizado a punto.

Los presos locales recibieron a la multitud de nuevos llegados con ira.

—¡Teníais oro, teníais hombres! Volved a Auschwitz —decían.

Por lo menos las habitaciones tenían ventanas que se podían abrir, su oportunidad para comer nieve. Las mujeres se lanzaron a las sobras sueltas de comida.

A veces aparecía un caldero. Zippi estaba haciendo cola, intentando mantener la compostura. En un abrir y cerrar de ojos, alguien la empujó al suelo. El pesado talón de una bota le golpeó la mandíbula y entonces todo se volvió negro.

El 27 de enero de 1945, nueve días después de que Zippi hubiera dejado Birkenau, una unidad del Ejército Rojo llegó finalmente a Auschwitz. Una granada explotó junto a las puertas de hierro y los soldados soviéticos entraron en el campo. Encontraron una escena que solo puede describirse como infernal: hoyos llenos de documentos humeantes, edificios carbonizados, huesos enterrados. Cuando los prisioneros vieron a sus liberadores, les entró pánico y se lanzaron contra las vallas que en su día habían estado electrificadas; y sobrevivieron.

Casi siete mil cadáveres vivientes esperaban la libertad.

—¡Bienvenidos, vencedores y liberadores! —gritó uno en ruso.

—¡Sois libres! —respondió un soldado.

Algunos supervivientes derramaron lágrimas de alegría. La mayoría parecían inhumanos a los soldados liberadores. Los prisioneros habían perdido la chispa de la vida en sus ojos. Aquellos eran, en su mayoría, los presos que estaban demasiado enfermos o débiles para marcharse del campo. Muchos estaban apáticos, con el rostro demacrado, el cuerpo hecho polvo, cubiertos de suciedad.

Aquí y allá se amontonaban zapatos y ropa, pequeñas montañas en un campo de barro. Los nazis se habían marchado con tanta prisa que no habían tenido oportunidad de enviar al Tercer Reich todo el cabello humano rapado —tonos dorados, castaños, pelirrojos y grises— que habían almacenado. Unos seis mil ochocientos kilos de pelo de las víctimas de los nazis se habían enviado a las fábricas alemanas para hacer textiles y tejidos, pero mucho de él continuaba en Auschwitz. Los soldados encontraron fragmentos de huesos humanos, dejados por los *Kommandos* que tenían la tarea de destruirlos. Alrededor de seiscientos cadáveres carbonizados, muchos de ellos apilados entre troncos de madera, se extendían por la tierra pantanosa.

Allí, entre los muertos vivientes, el Ejército Rojo halló vestigios del millón cien mil personas que habían perecido en el sistema de campos de Auschwitz.

Los médicos llegaron casi de inmediato, pero ¿cómo realizar un triaje en un lugar infestado de piojos, enfermedades y excrementos humanos? ¿Un lugar sumido en la hambruna, la diarrea, la tuberculosis y el trauma agudo? ¿Un lugar sin agua, medicinas, ropa de cama limpia, calefacción ni comida?

Un pelotón de soldados soviéticos reunió a los niños supervivientes y a los ancianos alrededor de la horca para grabar en video aquel instante trascendental. Uno de los más jóvenes, un niño de cinco años, recordaría aquel momento hasta la vejez: el momento en que su liberación fue documentada, en la misma tarima donde a otros los habían colgado hasta la muerte.

Los pacientes se estremecían cuando los llamaron para «un baño», palabra que evocaba la cámara de gas. Sentían pavor ante las inyecciones. Las enfermeras repartían pan, que los pacientes escondían rápidamente debajo del colchón por miedo a que no hubiera más. Un superviviente devoró una loncha de queso que un soldado le había dado. Al día siguiente, murió de perforación estomacal; su cuerpo no pudo soportar el volumen ni siquiera de un bocado tan pequeño.

Se formó un grupo de voluntarios locales para distribuir comida y ayudar al personal médico. Algunos se llevaron a exprisioneros a sus casas; unos cuantos incluso adoptaron a niños del campo. Al final, algunos de aquellos supervivientes lograrían encontrar a sus familias, aunque les llevaría años de búsqueda.

Algunos supervivientes nunca pudieron escapar de verdad, claro está. Pasarían años sin hablar de su pasado, sufriendo una vida de culpa, preguntándose por qué habían sobrevivido cuando tantos otros no lo habían hecho. Pese a buscar un nuevo comienzo, seguirían aferrándose toda su vida a lo que habían perdido.

A unos seiscientos cincuenta kilómetros de distancia, en Ravensbrück, Zippi no había estado inconsciente por mucho tiempo. Una prisionera compañera la ayudó a levantarse y a limpiarse para que pudiera esperar de pie junto a la aglomeración de prisioneros que esperaban comida. Le zumbaba la cabeza. Notaba la mandíbula dislocada. No tenía vendas, mucho menos analgésicos o medicamentos. Lo único que podía hacer era esperar, aunque nadie podía estar seguro de qué.

Las siguientes semanas fueron un borrón. A las mujeres les dijeron que se trasladarían de nuevo, a otro campamento satélite. De nuevo marcharon. De nuevo subieron a un tren. De nuevo no tuvieron comida ni bebida. Se dirigían a Malchow, a unos ochenta kilómetros al noroeste de Ravensbrück.

Malchow era otro subcampo masificado rodeado por una valla eléctrica, pero era más pequeño que cualquiera en el que hubieran estado antes. Zippi no vio torres de vigilancia. De nuevo, la organización era nula. Los presos afortunados recibían tres rebanadas de pan seco al día, pero la mayoría sufría unos calambres por el hambre tan intensos que se comían la hierba. Las primeras mujeres en llegar compartían literas o colchones en el suelo, pero la mayoría se acostaban directamente en el suelo.

Algunos prisioneros trabajaban en una fábrica de municiones subterránea fabricando balas para la maquinaria bélica alemana. Zippi trabajaba en la cocina. Su tarea era hacer recuento de los calderos de cocina y limpiar los platos utilizados por el personal nazi.

Los prisioneros iban adelgazando día a día. A medida que los rusos se acercaban, los cadáveres se iban acumulando.

Cientos de reclusos perecieron en Malchow. No como consecuencia de palizas o disparos; de hecho, Zippi nunca vio asesinar a nadie abiertamente. Allí la causa de la muerte solía ser el hambre, la deshidratación y las condiciones miserables en general.

Los guardias del campo nazi se volvieron cada vez más escasos. Por lo que Zippi podía ver, habían sido reemplazados por la *Wehrmacht*, soldados del ejército alemán. Sin embargo, el ejército alemán se estaba desmoronando. Los soldados desertaban de sus uniformes, aterrados ante la idea de que el Ejército Rojo se vengara por las atrocidades que habían cometido contra los prisioneros de guerra soviéticos.

El 1 de mayo de 1945, Zippi vio llegar a Malchow un convoy de autobuses blancos. Los «Autobuses Blancos», una acción de rescate de la Cruz Roja sueca, habían ido a evacuar partes del campo. Primero se llevaron a los reclusos enfermos. Mientras Zippi observaba, la *Rapportschreiberin* polaca, la empleada del registro, seleccionaba a paisanas polacas para ser evacuadas. La empleada húngara seleccionaba a las húngaras. Allí no había eslovacas al cargo, así que Zippi no tenía ninguna posibilidad.

Al principio, los reclusos desconfiaban de la Cruz Roja sueca. En los campos de concentración, los nazis habían usado el nombre de la Cruz Roja para engañar a sus víctimas. Los prisioneros veían ambulancias grises con el logo de la Cruz Roja en el capó, pero en lugar de transportar enfermos, aquellas ambulancias llevaban latas de Zyklon B.

Al final se logró convencer a los internos de Malchow de que se subieran a los autobuses, que los llevarían a Copenhague, Dinamarca, y finalmente a Lund, Suecia. Los prisioneros que no cupieron en el primer convoy recibieron paquetes de comida. Algunos de aquellos paquetes contenían sardinas; más tarde, aquellos que las habían comido padecieron diarrea, ya que sus cuerpos no estaban acostumbrados a tanto alimento. Por el momento, Zippi observaba cómo la mayoría de las raciones iban para las polacas y las húngaras. Ella no recibía nada. Pero no importaba: por fin se permitía creer que su libertad estaba cerca.

Mientras tanto, más allá de las puertas de Malchow había una masa de refugiados que marchaban. Prisioneros en marchas de la muerte, soldados y civiles todos mezclados. En algún lugar de una carretera, sin que Zippi pudiera oírlo, una motocicleta con sidecar rugió.

—¡El Führer ha muerto! —gritó un soldado.

La columna se detuvo.

—¡Somos libres! —gritaron algunos.

La celebración duró solo un momento y luego se reanudó la marcha.

Los pocos guardias que quedaban en Malchow anunciaron: «Vivos o muertos, hay que contar a todo el mundo». Se marchaban a una ciudad vecina. Los soviéticos se acercaban y los alemanes tenían que haberse ido para cuando llegaran.

Juntos, los guardias y los reclusos marcharon hacia la carretera cercana, que estaba atascada de camiones, caballos, calesas, motocicletas y coches. Ahora los guardias de las SS eran diferentes. No eran los típicos guardias de campo entrenados. Estos eran los *Waffen-SS* y algunos parecían aún más sádicos que los guardias de campo. Un niño pequeño se había atrevido a arrodillarse junto a su padre moribundo y un guardia mató a la criatura con la culata de su rifle.

Zippi se sentía responsable de Sara Lewin; había prometido a David que cuidaría de su amiga. Permanecerían juntas, pasara lo que pasara. Sara se aferraba a Zippi sin saber que David era algo más que un amigo para ella: era el faro que guiaba a Zippi hacia el final de aquel calvario.

Hacía mucho que las columnas ordenadas se habían desintegrado; las filas de cinco se habían deshecho. A medida que la luz del sol se desvanecía, algunos internos se adentraban en el bosque. A los que llevaban la cabeza rapada y uniforme los atrapaban fácilmente. Eran huesos y pellejo; forúnculos y piojos. Sin embargo, cuanto más avanzaban, menos importaba: los soldados de la *Wehrmacht* y los nazis empezaron a quitarse los uniformes y a cambiárselos por ropa civil y también intentaban desaparecer.

Zippi había estado buscando una oportunidad, y ahora la tenía. Cogió a Sara de la mano. En Auschwitz había ideado un plan mientras pintaba en la ropa rayas rojas, las rayas que identificaban a los prisioneros del campo. En lugar de la pintura aprobada por las SS, Zippi había utilizado acuarela en sus ropas. Ahora quitó las rayas con facilidad, probablemente con el agua derretida de la nieve, y eso permitió que Sara y ella se escabulleran.

Caminaron hasta bien entrada la tarde, por calles frenéticas, bajo ráfagas de nieve y lluvia. Se perdieron entre la multitud. ¿Cómo podían saber en quién confiar? Prisioneros de guerra franceses, soviéticos y miembros de las SS que habían «perdido» sus insignias paseaban por la carretera, unos al lado de otros.

Al final Zippi y Sara se deslizaron hacia un campo que había al lado de la carretera. La luz del día casi se había ido cuando Zippi vio una pequeña granja abandonada en los campos. Parecía un buen lugar para descansar.

Eran libres.

La libertad, después de años de esclavitud, en medio de una guerra que había creado millones de refugiados sin hogar, no era sencilla. No tenían tiempo para procesar que se hubiera acabado el pasar lista, las vallas eléctricas, las chimeneas humeantes. O la pérdida de sus seres queridos.

Mientras Zippi y Sara se dirigían al granero, se les unieron dos hombres. Puede que parecieran daneses, u holandeses. En cualquier caso, estaban tan perdidos como ellas. Discutieron su siguiente movimiento. ¿Deberían continuar hacia el oeste, hacia los estadounidenses? ¿O esperar a los soviéticos?

Los rusos, estadounidenses y británicos eran todos iguales, dijo Zippi. Lo que importaba era el hecho de que fueran libres. Y Varsovia. Tenía que llegar a Varsovia. Tenía una promesa que cumplir.

Zippi y Sara decidieron pasar la noche en el granero. Los dos hombres querían seguir adelante, pero Zippi los convenció de lo contrario. No valía la pena: los alemanes podían dispararles. Zippi se mostró tan segura de sí misma que los hombres estuvieron de acuerdo. Hacerse amiga de los hombres y convencerlos de quedarse cerca de ellas fue prudente: en el caos de la liberación, las mujeres eran particularmente vulnerables a manos de soldados aliados ebrios y nazis por igual.

Estaban rodeados de caos, y todavía en peligro mortal. Los cañonazos del bosque cercano los mantenían despiertos. Zippi se preguntaba si también oía Katiushas, los lanzacohetes soviéticos conocidos por su característico aullido seguido de un chasquido atronador. Eran populares, sobre todo en la vanguardia. Las explosiones aullantes sacudieron el bosque hasta las tres o cuatro de la madrugada.

Justo antes del amanecer, el silencio se apoderó del lugar.

20
Una estrella blanca

David supo que estaba en problemas nada más poner un pie en el campo de concentración de Dachau, en enero de 1945. Ansiosos por salir de los vagones de ganado, los hombres se empujaban unos a otros. Algunos yacían donde habían caído, muertos desde hacía mucho. Otros se derrumbaban, vivos pero incapaces de moverse, y los nazis les golpeaban con la culata del rifle. David tenía la sensación de que los alemanes habían llevado a todos sus prisioneros a aquella franja de tierra sucia e infestada de enfermedades.

Dachau estaba en pleno proceso de evacuación. A medida que llegaban nuevos prisioneros, a los antiguos los enviaban fuera. A algunos recién llegados los obligaban a entregar su ropa y les daban mantas en lugar de uniformes. Vivirían sin ropa durante semanas. Los prisioneros dormían de pie en los pasillos, agachados sobre el suelo de cemento o fuera, en montículos de tierra; dondequiera que encontraran espacio. A David se le estaba acabando la poca comida de Auschwitz que había entrado de contrabando.

Los hombres de Dachau eran esqueletos vivientes: sus globos oculares casi habían desaparecido dentro del cráneo, y tenían negros los labios resecos. Gemían, incapaces de moverse. David tendría que acostumbrarse al hedor de los cadáveres que se descomponían lentamente en la nieve, un horror olfativo diferente del humo omnipresente en Auschwitz.

En Auschwitz, David había contraído tifus, había presenciado epidemias y hambruna, y sin embargo, nada de eso era comparable a la miseria que encontró en Dachau. Aquel definitivamente no era un lugar del que se saliera con vida. El joven se recordaba a sí mismo que los soviéticos se acercaban por el este y los demás aliados por el oeste; lo único que tenía que hacer era mantenerse con vida un poco más.

No se pasaba lista, no había manera de llevar la cuenta del tiempo, pero después de lo que debieron de ser varios días, David vio unos panfletos pegados por todo el campo. Los alemanes buscaban voluntarios para trabajar en el sur de Austria. Necesitaban hombres fuertes para cargar sacos de cemento de cincuenta kilos para construir un hangar subterráneo para aviones.

Por el momento, pensó David, todavía estaba en forma. Aquella era su oportunidad de escapar.

David era uno de cerca de cien prisioneros más fuertes de Dachau a los que metieron en un vagón de ganado cerrado y enviaron a Mühldorf, un campo satélite en Baviera. Mientras viajaban hacia el este, el Ejército Rojo se acercaba cada vez más.

La primera vez que oyeron un ataque aéreo, los nazis desalojaron rápidamente a todos del tren. Se quedaron junto a un barranco casi una hora. Cuando pasaron las sirenas, volvieron a subir al tren. Al cabo de poco rato, volvió a ocurrir. A medida que los bombardeos aéreos se volvían más frecuentes, también lo eran sus paradas. El ejército alemán estaba en retirada y sus unidades se unían a los trenes de prisioneros en un intento de protegerse del fuego aliado.

El tren fue atacado una y otra vez por aviones aliados: aviones negros con doble cola que pasaban zumbando sobre ellos. David los reconoció como rusos, precursores de la liberación, tan cerca y aun así todavía fuera de su alcance. Una y otra vez, el vagón de ganado se detenía y los prisioneros y los guardias bajaban y se colocaban junto a la cuneta. Los soldados alemanes disparaban contra los aviones atacantes. Un prisionero resultó herido accidentalmente en la mano. David vio cómo los demás le envolvían la herida con trapos sucios. Los soldados alemanes utilizaban sus rifles y ametralladoras para obligar a los prisioneros a volver al tren.

—Será mejor que escapemos de aquí —dijo David a unos hombres a los que había reconocido de Auschwitz—. En algún momento del camino nos van a matar.

El suelo tembló bajo sus pies y una estela de humo se elevó desde la parte trasera del largo tren. Era extraño, pero los guardias alemanes que iban encontrando en las estaciones parecían envejecer en cada parada. «Los nazis deben de necesitar reemplazos constantes», pensó David. Estaban enviando a sus hombres jóvenes al frente y reemplazándolos por guardias mayores.

En la siguiente parada, David y un grupo de hombres se abalanzaron fuera del tren. Corrieron hacia un campo abierto, donde vieron una granja y un granero rodeados de jardines y cercados por una valla de madera. Los hombres saltaron al jardín y se echaron en el suelo.

Pero un puñado de guardias armados de las SS los habían seguido y los atraparon. David estaba seguro de que su racha de suerte había terminado.

Tal vez los guardias no quisieran dejar más cadáveres tras ellos. O estuvieran muy desesperados por la mano de obra. Fueran cuales fueren sus motivos, escoltaron a los fugitivos de vuelta al vagón de ganado y no los castigaron. De nuevo, se habían salvado de milagro. En algún momento los matarían, pensó David, fueran los alemanes o los aviones que los bombardeaban desde el aire.

No tenía mucho que perder. La siguiente vez que se detuvieran, pensó, intentaría escapar de nuevo. Habló con otros dos prisioneros. Decidieron correr cada uno en una dirección diferente. Si los alemanes atrapaban a uno de ellos, tal vez lo mataran, pero al menos los otros podrían escapar.

Pasó casi una hora antes de que el tren se detuviera de nuevo. Los hombres bajaron y se encontraron en un barranco, con decenas de guardias de las SS alineados en paralelo a la vía, separados unos treinta metros entre sí. De pronto, David notó que el guardia más cercano a él estaba rojo y sudaba. Se dio cuenta de que el nazi estaba más asustado por los bombardeos aéreos que él mismo.

Mientras David se movía, pisó algo: una pequeña pala. «O me mata o lo mato», pensó. Agarró la herramienta, se acercó sigilosamente por detrás al soldado, reunió todas sus fuerzas y lo golpeó en la cabeza. El hombre cayó desplomado al suelo.

David soltó la pala y salió corriendo.

Quizá el guardia lo estuviera persiguiendo. Quizá estuviera muerto. David no tenía tiempo para considerarlo. Corrió hacia la oscuridad de la noche, agradecido de que el sol ya se hubiera puesto. Suponía que el retumbar de la artillería lo llevaría a la vanguardia del frente. Al final oyó que su tren se alejaba y se preguntó si los otros dos hombres habrían logrado escapar, sobrevivir.

Calculó que estaba al menos a quince kilómetros de Dachau. Se escabulló por los campos oscuros. Se detuvo frente a un granero; parecía estar vacío. Se preguntó si habría comida dentro. La puerta estaba abierta: una invitación. Ni siquiera tuvo que forzarla. Era un espacio amplio, lleno de heno y paja. Una escalera lo llevó a un segundo nivel, lejos de los animales. Se acostó en el heno.

«¿A dónde voy desde aquí?», pensó, luchando por mantener los ojos abiertos.

Polonia no era una opción. Su mundo había llegado a un fin devastador en Varsovia; no quería volver. Cuando le había sugerido a Zippi que se encontraran en Varsovia, le había parecido un destino natural, familiar. Pero ahora, con la realidad de la liberación ante él, sentía que la ciudad le repelía. Quería empezar de cero, lejos de los horrores que había vivido. Necesitaba dejar atrás la tragedia de su pasado.

Se imaginó a Estados Unidos, su sueño de la infancia. Su mantra lo mantuvo en marcha: «750 Grand Concourse, Bronx, Nueva York. 723 Gates Avenue, Brooklyn, Nueva York».

David se quedó en el granero hasta la noche siguiente. No se atrevía a salir mientras brillara la luz del sol. Aquella noche, el aire frío lo golpeaba mientras él caminaba bajo la luz de la luna, en dirección a los disparos en la distancia. No había visto a una sola persona desde que dejó el tren, y ya le iba bien. Iba por los campos, evitando los caminos. Si se encontraba con alguien, diría que era un trabajador civil alemán.

Al amanecer, David encontró otro granero abandonado. «Este es mi destino —pensó—. Esto es lo que voy a estar haciendo el resto de mi vida. Voy a estar yendo de granero en granero». Se quedó allí un día y una noche.

El fuego de artillería cesó al salir el sol. Echó un vistazo fuera. El mundo estaba en silencio. ¿Podía haber terminado la guerra?, se preguntó. Un cerro salpicado de árboles se alzaba a unos quinientos metros de distancia. Se encaminó hacia él y empezó a subirlo.

El débil traqueteo de los tanques interrumpió el silencio. Tal vez la guerra hubiera terminado realmente, pensó, aunque no se lo creía del todo. Bajo sus pies resplandecía una magnífica carretera y el rechinar de los tanques se iba haciendo cada vez más fuerte. Entonces apareció una columna de quince o veinte tanques rodando por la carretera.

David se esforzó por distinguir una insignia: una cruz negra o una esvástica. Estaba seguro de que los tanques eran alemanes. Pero tal vez no fuera así; tal vez su suerte hubiera cambiado. Mientras no viera una esvástica o una cruz negra, estaría bien.

A medida que los tanques se acercaban, David distinguió el contorno de una estrella blanca.

David cogió aire. Tenían que ser los soviéticos. «¡Ay, Dios, Wisnia, lo lograste!». Bajó corriendo la colina, exultante.

Volvió el silencio. La columna de tanques, intercalada con camiones y jeeps, se detuvo abruptamente. Se estaban deteniendo por él, David se dio cuenta. «¡Soy importante! —pensó—. ¡La guerra se ha detenido por Wisnia!». Bajó corriendo la montaña y se detuvo en un barranco que había junto a la carretera. Tropezó al borde y contuvo el aliento.

La escotilla del tanque principal se abrió y salió un soldado.

El hombre habló y a David le invadió la confusión. Él hablaba alemán, polaco, hebreo, algo de yidis y entendía algo de inglés, pero no reconocía aquel idioma.

—¿De dónde vienes? —preguntó el soldado con un fuerte acento de Carolina del Sur.

David recordó sus clases del colegio y se dio cuenta de que se trataba de algún tipo de inglés con acento. Eso le hizo sospechar.

Había oído hablar de alemanes que se hacían pasar por estadounidenses, incluso llegando a llevar puestos uniformes estadounidenses.

El hombre le señaló.

—¿De dónde has escapado? —preguntó.

—Tren —respondió David.

—¿Qué tren? —preguntó el hombre—. ¿De las SS?

—Sí —dijo David.

—Enséñamelo —dijo el soldado—. Vamos.

David no estaba convencido.

—¿Tú ruso? —preguntó David—. ¿Russkiy?

—No, americano —respondió el hombre.

—No, no, estrella rusa —dijo David.

Había visto estrellas en los aviones mientras salía de Dachau, y eran aviones soviéticos.

—No, no, no, americano —insistió el hombre.

David estaba incrédulo. El soldado insistió.

Poco a poco, David empezó a entender mejor la pronunciación lenta y arrastrada del acento sureño del hombre. Preguntó si alguien hablaba polaco. El hombre lo consultó con los otros soldados y luego llamó hacia atrás. Se acercó un jeep y bajó de él un soldado raso. Ferdinand «Ferd» Wilczek medía metro sesenta y siete y hablaba suficiente polaco como para hacerse entender con David.

Receloso, David preguntó si alguien era yidis, un término entonces intercambiable con judío. De nuevo, los soldados consultaron y gritaron hacia atrás de la columna.

Se acercó otro jeep y un soldado se presentó como Harry Weiner. Harry dijo unas palabras en yidis. David lo escuchó, divertido: el yidis de aquel hombre era peor que el polaco de Ferd. Pero David decidió fiarse de ellos.

«Bueno, Wisnia, lo lograste —pensó de nuevo. Y no solo eso—: Has llegado hasta los estadounidenses».

Y, como pronto descubrió, aquellos no eran unos estadounidenses cualesquiera. Los muchachos del 506° Regimiento de Infantería, una unidad de la 101ª División Aerotransportada del Ejército de Estados Unidos, estaban agotados. Había sido un invierno oscuro y despiadado. Era abril de 1945 y habían sufrido pérdidas devastadoras. Mientras avanzaban por el sur de Alemania y Austria, liberando una ciudad tras otra, se alegraban de ver paisajes ondulantes y al fin algo de verde. Estaba llegando la primavera.

Habían entrenado en el Campamento Toccoa, en Georgia, desde 1942. Hasta el sorpresivo ataque japonés a Pearl Harbor, la gran mayoría de los estadounidenses no querían participar en lo que consideraban una guerra extranjera. Pero Pearl Harbor fue el acontecimiento que lo cambió todo. En una semana tras el ataque del 7 de diciembre de 1941, el país se aunó: según una encuesta Gallup, el 91 por ciento de los estadounidenses estaban de acuerdo en que Estados Unidos debía declarar la guerra tanto a Alemania como a Japón. Louis Vecchi, un recluta de veintiún años de California, explicó a su madre, mientras ella sacudía la cabeza con exasperación, que quería ser paracaidista porque eran «los combatientes mejor entrenados del ejército».

En el Campamento Toccoa, los jóvenes soldados habían pasado por carreras extenuantes, escaladas de cuerda, ejercicios exigentes y entrenamientos interminables. Allí, los paracaidistas saltaron al vacío por primera vez desde una torre de más de diez metros. Completaron su entrenamiento de salto en paracaídas en suelo estadounidense en Fort Benning, con saltos iniciales de al menos mil quinientos pies.

En Fort Benning, los hombres recibieron sus «alas», un pin plateado que exhibían con orgullo en sus chaquetas de salto. El verano de 1943 se embarcaron en buques de transporte de tropas hacia Inglaterra, donde pasaron otros nueve meses entrenando. Realizaron exhibiciones de paracaidismo para Winston Churchill y simulacros de misiones y saltos.

En junio de 1944, tras un retraso por mal tiempo, finalmente el general Dwight Eisenhower les dio luz verde. Miles y miles de tropas, británicas y estadounidenses, se prepararon para tomar los cielos. En el campo de aviación celebraron la tan esperada orden y se subieron a los C-47, conocidos como Albatros, listos para luchar contra los nazis en la Francia ocupada.

La mayoría de los pilotos de los albatros no habían entrado nunca en combate. Ahora maniobraban por cielos abarrotados, de noche, entre nubes densas, cargados con miles de paracaidistas en dirección a Normandía.

Era la una de la madrugada cuando empezaron a saltar. El cielo estaba tan oscuro que no sabían si se les había abierto o no el paracaídas. Louis Vecchi, para entonces cabo, aterrizó hasta la cintura en un campo inundado. Estaba empapado y llevaba al menos cincuenta kilos de munición y proyectiles de mortero en su cuerpo de sesenta y dos kilos y medio. Fred Bahlau, teniente, creía que había saltado unos mil doscientos pies, aunque costaba estar seguro. Aterrizó justo al lado de un río navegable llamado Douve. Al tocar tierra, se agarró a su subfusil Thompson para estabilizarse.

Era el 6 de junio de 1944, el Día D, y los alemanes los estaban esperando.

La 101ª División Aerotransportada perdió muchos hombres durante la invasión de Normandía. Se suponía que la Compañía H, una unidad del 506º Regimiento, estaría en Normandía cuatro o cinco días, pero se quedó un mes entero para ayudar a otras unidades. Los soldados supervivientes cruzaron puentes reptando mientras intentaban evitar proyectiles de mortero y artillería y el fuego de las ametralladoras. Algunos lo lograron; muchos no. Para entonces, los Aliados ya no estaban tomando prisioneros: disparaban contra cualquier alemán que se interpusiera en su camino. Estaban decididos, y enfadados. Habían perdido a demasiados de los suyos como para mostrar misericordia o aminorar la marcha.

Los periódicos estadounidenses hablaban del Día D como de una «batalla decisiva» y destacaban las «escenas cruciales de acción por vía aérea». Pero solo el 6 de junio murieron más de seis mil quinientos soldados estadounidenses, y el 41 por ciento de los estadounidenses no tenía claro por qué estaban en guerra. Habían oído hablar de la persecución de los nazis a los judíos, pero no querían acoger refugiados. Muchos estadounidenses creían que las historias de los campos de concentración eran propaganda. ¿Cómo podían ser verdad unos relatos tan espeluznantes?

Los soldados que sobrevivieron al Día D se prepararon para enfrentar otro desafío: liberar Europa occidental. En Normandía habían experimentado algunas de las peores tragedias que podrían haber imaginado: sus camaradas habían sido masacrados, ahogados, volaron por los aires al pisar minas terrestres y quedaron destrozados por la artillería; algunos murieron en el acto, otros demasiado lentamente. Los supervivientes estaban abatidos y, aun así, siguieron adelante. Limpiaron pueblos de nazis, uno tras otro, utilizando sus rifles sin dudar.

En agosto de 1944, París estaba liberada, pero el trabajo no había terminado. Las tropas regresaron a Londres para reabastecerse y empezaron a entrenar de nuevo. Aquel mes de septiembre se lanzaron en paracaídas sobre Holanda, pero esta vez el salto fue diferente. Lo hicieron de día, teniendo una vista clara desde el cielo, hacia una batalla que duró setenta y dos días. Finalmente, les dieron permiso en París.

Luego, en diciembre de 1944, a los hombres de la Compañía H se les ordenó coger un rifle y moverse deprisa. Durmieron al raso y se pusieron en marcha al amanecer. Hacía tanto frío que apenas podían pensar. Sus botas de paracaidista no eran lo bastante gruesas para aislarlos del frío, pero no podían hacer fogatas para no delatar su posición. Lo único que podían hacer era frotarse las manos, masajearse los dedos congelados y envolverse las botas con mantas.

En lo que se conocería como la batalla de las Ardenas, en la ciudad belga de Bastoña, los alemanes les asestaron un duro golpe, especialmente con tanques y francotiradores, que les hizo tener muchas bajas. La 101ª División Aerotransportada salió de la batalla de las Ardenas herida pero no destrozada. Al final, no solo habían liberado París; habían liberado toda Francia, Bélgica y Holanda. Después avanzaron por Alemania hasta llegar a Austria, liberando por el camino una ciudad tras otra.

Los paracaidistas estaban todo lo preparados que se podía estar para experimentar un combate espantoso. Pero al llegar a Kaufering, uno de los subcampos de Dachau, vieron esqueletos y cadáveres en descomposición tirados como despojos. La diferencia entre los vivos y los muertos era casi imperceptible. Los soldados quedaron aturdidos. Aquel era un tipo de matanza diferente, nada para lo que hubieran podido prepararse.

Esos eran los hombres que David encontró por casualidad: los miembros de la Compañía H, una unidad del 506° Regimiento de Infantería Paracaidista, adjunta a la 101ª División Aerotransportada; esos eran algunos de los soldados estadounidenses cuyo servicio en Europa es objeto de leyenda. Pero él no tenía forma de saberlo. Lo único que sabía era que por fin estaba a salvo. Y también que sentía a sus tías de Nueva York más cerca que nunca.

Los soldados le pidieron a David que subiera a un camión de la Cruz Roja para un reconocimiento médico. David se negó.

—No, no, no —dijo, sacudiendo la cabeza. No dijo nada, pero pensó: «Ahí es donde asfixian a la gente».

Los hombres no le presionaron. David no estaba muy bajo de peso; su posición privilegiada en Auschwitz le había proporcionado kilos de más, algunos de las cuales había conservado en las semanas que habían pasado desde que abandonara el campo. Todavía llevaba la ropa que había sacado de contrabando del campo: una chaqueta corta y cálida, unos pantalones largos, una camisa y unos zapatos normales. Pero los soldados vieron el tatuaje, el pelo rapado. Probablemente se dieron cuenta de que David había sobrevivido a un campo de concentración. No le hicieron ninguna pregunta a aquel asustado joven de dieciocho años que había salido de la nada y que parecía haber soportado los campos mejor que la mayoría.

Las tropas tenían trabajo que hacer. Antes de irse, le dieron de comer a David carne en lata Spam y chocolate hasta que ya no pudo más. Las raciones que había recibido en Birkenau lo habían mantenido lo bastante sano como para que aquella comida no fuera un shock para su organismo.

En algún momento durante aquella parada, los soldados habían tomado una decisión, que David también había tomado. Lo llevarían con ellos. David ya se sentía como la mascota de la unidad, el hermano pequeño al que los soldados querían proteger. Y para él, ellos no solo eran sus salvadores; también eran su familia adoptiva.

El chico se subió al jeep de Harry Weiner. Mientras se alejaba con sus nuevos amigos estadounidenses, Auschwitz se disolvía en otra vida, una que estaba ansioso por dejar atrás. Zippi también se estaba desvaneciendo ya, desapareciendo con los demás fantasmas de su pasado.

El 29 de abril de 1945, aproximadamente al mismo tiempo que David fue adoptado por la 101ª División Aerotransportada, el Séptimo Ejército de Estados Unidos liberó a treinta y dos mil prisioneros que habían logrado sobrevivir al campo principal de Dachau. Casi diez mil prisioneros habían perecido allí después de que David se marchara.

Los soldados estaban atónitos, al igual que la prensa estadounidense, que finalmente publicó pruebas de los crímenes cometidos en el corazón de la civilizada Europa. Un corresponsal de la revista *Time* describió los vagones de carbón llenos de esqueletos camino del campo. Una vez dentro, conoció a los prisioneros liberados, y más tarde escribió que «empezaron a darnos besos, y cuando un montón de hombres histéricos, sin afeitar, llenos de piojos, medio borrachos, infectados de tifus quieren besarte, no hay nada que puedas hacer. Nada en absoluto».

Un grupo de directores y editores de todo Estados Unidos volaron a Europa para ver por sí mismos si el horror era tan tremendo como se había informado. «Vimos que no habían exagerado —dijo Joseph Pulitzer, editor del *St. Louis Post-Dispatch*—. De hecho, se habían quedado cortos». Los periodistas estuvieron de acuerdo en que el público estadounidense debía estar más expuesto a la realidad de Europa. «Si hay personas que tienen que soportar esas atrocidades, sin duda otras personas pueden mirarlas», dijo William L. Chenery, editor de la revista *Collier's*. Dachau, convinieron, los había expuesto a la peor de las depravaciones que habían visto.

Al final, los estadounidenses quizá verían lo que muchos aún no podían creer. Una vez lo vieran, tal vez podrían abrirse un poco las puertas para los inmigrantes. David sentía que Estados Unidos estaba más cerca que nunca. Escuchaba el inglés fluido entre los soldados e intentaba absorber cada palabra. Estaba decidido a convertirse en uno de ellos.

No pudo quedarse con ellos por mucho tiempo: las tropas tenían que regresar a la batalla. Les habían ordenado reunirse en Starnberg, una ciudad a unos cincuenta kilómetros al sur. Prometieron que volverían a por él; mientras tanto, buscarían un lugar seguro donde dejarlo.

Harry encontró una casa que tenía un escudo en la puerta, el símbolo que indicaba que allí residía un médico alemán. David tendría que esperarlos allí con el hombre y su familia, le dijo Harry.

David observó, incrédulo, cómo Harry marcaba el marco de la puerta con una estrella de David. «Si al chico le pasa algo malo, le dispararé a usted a mi regreso», advirtió Harry al médico.

La 101ª volvería por él, le aseguró Harry a David.

Había estado tan cerca de Estados Unidos, o al menos eso se había permitido pensar. Y ahora estaba allí, colocado en un hogar alemán.

21
«¿Somos libres?»

Las mujeres apenas durmieron en el granero, ni siquiera cuando disminuyeron los aullidos de los misiles soviéticos. Por la mañana, con el estómago rugiendo, cogieron las patatas que habían visto en el jardín. Pasó por allí un soldado. Zippi vio la estrella roja soviética de su gorra.

—¿Quién eres? —preguntó en ruso.

Él no respondió.

—¿Eres un soldado ruso? —probó nuevamente.

—Sí —contestó él.

—¿Y los rusos ya están aquí? —preguntó Zippi.

—Sí —dijo él.

Zippi le ofreció algo de su comida, pero él la rechazó. El ejército estaba regresando con golosinas, dijo.

—¿Y somos libres? —preguntó ella.

—Sí —dijo el chico.

Él y otro soldado siguieron adelante para inspeccionar el lugar en busca de nazis escondidos.

Era el 3 de mayo de 1945, una fecha significativa para Zippi: el cumpleaños de Sam. Y ahora por fin eran verdaderamente libres: estaban liberados. Llevaba menos de veinticuatro horas fuera de la supervisión alemana, pero aquel fue el preciso instante en que su libertad se hizo oficial.

Aquel era el momento de saltar de alegría, de bailar de felicidad, gritar de regocijo. Pero ¿cómo podrían celebrarlo? No tenía energía, tenía ampollas en los pies, el rostro magullado y probablemente huesos rotos. La mayoría de sus seres queridos habían muerto. No tenían hogar. No tenían nada. Tenían que buscar a dónde ir, dónde dormir esa noche y todas las siguientes.

En cuestión de un momento, cerca del bosque, en la carretera principal, apareció una columna de tanques, caballos y soldados. Mientras Zippi y sus amigos caminaban junto al granero, los soldados soviéticos les dieron golosinas. A lo largo de la carretera había alineados exprisioneros medio desnudos y consumidos, al borde de la muerte. Los soviéticos cogían comida y suministros de los pueblos alemanes que ahora ocupaban y se los repartían. Muchos de ellos comían con un desenfreno temerario; inevitablemente, algunos enfermarían: demasiado alimento, demasiado pronto.

Era el cumpleaños de su hermano, le contó Zippi a Sara. Los habían liberado el día de su cumpleaños, era asombroso. Necesitaba encontrarlo. Si había de encontrarlo en algún sitio, pensó, probablemente sería en su casa de Bratislava.

Pero antes que nada irían a Varsovia.

El caos de la posguerra se extendía desde Alemania a Polonia. Los aldeanos colgaban sábanas blancas de la ventana en señal de rendición mientras el Ejército Rojo iba liberando una ciudad tras otra. Miles de desplazados buscaban a familiares y amigos. Tenían que lidiar con trenes lentos, vías que se acababan de repente, locomotoras que se averiaban y hacinamiento. Muchos soldados soviéticos que habían liberado Alemania celebraban su victoria con estallidos de violencia sexual y violaciones, principalmente hacia las mujeres alemanas, pero a veces también hacia otras.

Para llegar a Varsovia, Zippi y Sara tendrían que viajar unos setecientos kilómetros hacia el este en medio de aquel caos, un rodeo significativo en su camino hacia Bratislava. El desvío conllevaría tiempo, pero también un tremendo riesgo. Las dos mujeres viajarían por países cuyos gobiernos y sociedades habían sido derrocados, lugares donde las brasas de la guerra todavía ardían. Zippi y Sara serían blancos fáciles para refugiados desesperados y soldados salvajes.

Pero Zippi había hecho una promesa: iría al Centro Comunitario Judío de Varsovia. Con Sara, encontraría a David.

Decidieron hacer autoestop. Zippi paró un coche conducido por un soldado soviético y le pidió que las llevara. Las acercó hasta Waren, una pequeña ciudad del norte de Alemania, donde las dejó con comida y les consiguió una habitación para pasar la noche. Les advirtió que se dirigieran a la zona americana lo antes posible, donde estarían más seguras, y les aconsejó que descansaran; en unas horas pasaría un vehículo del ejército soviético para transportar a los supervivientes.

En Waren, los prisioneros liberados de toda Europa se congregaban en el alboroto de la libertad. Zippi se acercó con curiosidad a unos hombres que llevaban uniformes que no reconocía. Los hombres le explicaron que eran prisioneros de guerra estadounidenses liberados por los soviéticos. Zippi se presentó. Dijo que había estado encarcelada por ser judía y que era eslovaca. Un soldado le dijo que sus padres también eran de Bratislava. Alguien dijo que allí todavía había combates. Intercambiaron historias, consejos sobre a dónde ir, lugares supuestamente seguros y lugares que evitar. Zippi habló con refugiados y soldados, cambiando con facilidad de un idioma a otro.

Necesitaba un mapa, dijo. Cuando lo tuviera se sentiría más segura moviéndose por aquel paisaje desconocido. Y a la mañana siguiente consiguió uno.

Mapa en mano, Zippi se sentía preparada para continuar hacia Varsovia. La capital polaca estaba a más de setecientos kilómetros al este de Waren. Sara y ella consiguieron que las llevaran hasta una estación de enlace ferroviario y allí cogieron un tren de ganado. El viaje duraría días. No había una ruta directa; había destrucción por todas partes. Cuando finalmente Zippi llegó a la ciudad natal de David, encontró una ciudad arrasada por la guerra. Los alemanes habían aniquilado sistemáticamente la en su día resplandeciente capital polaca, «calle a calle, manzana a manzana, edificio a edificio», informó *The New York Times*.

La destrucción había comenzado con la toma del poder por parte de los nazis en 1939, había continuado con el Levantamiento del gueto de Varsovia en 1943 y había culminado con el fallido Alzamiento de Varsovia el verano de 1944. Incluso a principios de enero de 1945, un corresponsal apuntó que continuaba habiendo bombardeos de artillería regulares de una orilla a otra del río Vístula. Según el reportero, todos y cada uno de los edificios de la ciudad estaban destruidos por dentro. No consiguió ver señales de vida humana. Días después de su informe, el Ejército Rojo rompió las líneas alemanas y tomó por fin la metrópolis bombardeada.

Para cuando Zippi y Sara llegaron a Varsovia, miles de judíos polacos habían sido liberados de diversos campos y todos estaban buscando a otros supervivientes. Los refugiados no solo aparecían de los campos; también salían tras años de estar escondidos en sótanos, o de los bosques donde habían luchado como partisanos y soldados, o de las casas de gentiles que habían arriesgado sus vidas para salvarlos. Convergían en Varsovia con la esperanza de encontrar a cualquiera que hubiera sobrevivido. El Comité Judío Estadounidense para la Distribución Conjunta, conocido informalmente como «el Joint», montó comedores sociales por la ciudad donde los desplazados podían circular, buscar y esperar.

Quedaban en pie algunas farolas, elegantes e intactas, en calles que acababan en socavones cavernosos. La gente se congregaba dentro de edificios que casi no tenían tejado, en antiguos hogares con las ventanas rotas, sin puertas, con el suelo cubierto de cristales rotos y de trozos de piedra y madera. No se había salvado casi ninguna estructura; incluso las que habían sobrevivido al combate habían sido saqueadas, desvalijadas y luego incendiadas.

Los refugiados montaban casetas y chabolas hechas con ladrillos rotos e intercambiaban cualquier comida y ropa que tuvieran. Algunas cafeterías habían sobrevivido milagrosamente y estaban volviendo a la vida. Una todavía conservaba un piano de cola, donde la gente se congregaba y cantaba. Se reunían con esperanza.

Zippi y Sara dieron una vuelta por la ciudad en ruinas y enseguida se dieron cuenta de que ya no había nada parecido a un centro comunitario judío. En su lugar, los comedores sociales financiados por el Joint servían como puntos de encuentro donde los refugiados intercambiaban información.

Un hombre encontró a su esposa, a quien creía perdida después del Alzamiento de Varsovia. Pero otra mujer pasó años esperando antes de que finalmente apareciera una hermana mayor. Muchos temían lo que podían descubrir. Podían tropezar con un ser querido por pura casualidad, pero también podían encontrar confirmación de su muerte. Atisbar un tatuaje en el antebrazo de un hombre podía llevar a un reencuentro familiar, o a la transmisión de noticias devastadoras.

Al final, encontrar a un ser querido requería una combinación de paciencia, persistencia y pura suerte.

Zippi fue paciente.

Esperó a David. Y siguió esperando.

Esperaba cada día.

Pero David no llegó.

22
El pequeño Davey

La hija del médico quería saber qué había pasado, cómo David había acabado entre los estadounidenses, así que él les explicó a ella y a su padre lo que había sucedido. Se lo contó todo.

El médico alemán le dijo a David que tenía algo de sangre judía, que entre sus antepasados había habido un judío. David no tenía manera de saber si era cierto o no, si solo trataban de tranquilizarlo o de protegerse a sí mismos, pero lo que estaba claro era que no le harían daño. Los estadounidenses habían tomado la ciudad y habían marcado el dintel de la puerta con una estrella de David. Por una vez, aquel símbolo lo protegería.

El doctor le ofreció comida, pero a David le dolía el estómago por toda la carne en lata y el chocolate que había comido con los soldados. Así que, en lugar de eso, su anfitrión le dio un cepillo de dientes y, por primera vez desde que David era capaz de recordar, el chico se cepilló los dientes y se dio una ducha de verdad.

La esposa del doctor lo acompañó a una pequeña habitación en la que había una cama. La casa de la familia era sobria y estaba muy limpia; en calma. David se metió en la cama. Habían pasado cuatro años desde la última vez que había recostado la cabeza en una almohada suave. Se tapó con una sábana blanca y limpia y una pesada manta.

Finalmente, se durmió.

David durmió, comió y volvió a dormir un poco más. En cuestión de días, Harry regresó a por él, como había prometido.

De vuelta en la Compañía H, David se sentía protegido. A sus dieciocho años estaba seguro de ser el más joven del grupo. Los soldados lo apodaron cariñosamente «Pequeño Davey».

Escuchaba a los soldados hablar en inglés. A David le divertía el acento sureño del capitán Walker, la forma en que arrastraba las vocales al decir «Ca-roo-liiii-naaa», en comparación con el acento de Rhode Island de Ferd, que algunas veces omitía las erres en algunas palabras y las añadía al final de otras. El oído musical de David lo ayudó a aprender inglés rápidamente. Se esforzó por eliminar cualquier atisbo de acento europeo. Se reinventó meticulosamente.

Al cabo de una semana de reencontrarse, los hombres de la Compañía H le pusieron a David un uniforme caqui del ejército estadounidense. Unas semanas antes se había deshecho de sus harapos de Auschwitz y ahora estaba allí, ataviado con una chaqueta Eisenhower con botones de puño, una entrepierna de lana y una gorra cuartelera de lana de la infantería paracaidista ligeramente inclinada sobre la frente.

David Wisnia con su uniforme del ejército de Estados Unidos tras ser «adoptado» por los soldados de la 101ª División Aerotransportada en 1945.

Le faltó tiempo para desprenderse de su antigua piel, de su antigua vida.

En la época en que los soldados de la 101ª División Aerotransportada adoptaron a David, la artillería pesada de la guerra prácticamente había acabado. En su mayoría, los nazis habían dejado de disparar.

Pero los soldados todavía tenían trabajo por hacer. A finales de abril, el general Eisenhower les ordenó dirigirse a Berchtesgaden, una ciudad turística en la frontera austriaca. Hitler tenía una casa idílica justo a las afueras de la ciudad, en la cima del pico Kehlstein, a dos mil quinientos metros sobre el nivel del mar. Se habían excavado complejos de búnkeres subterráneos como refugio de último recurso para los líderes del partido: el último bastión del Tercer Reich. Puesto que Berchtesgaden era conocida como una arteria principal del sistema nazi, los comandantes estadounidenses estaban dedicando miles de paracaidistas de varias compañías, con municiones y raciones adicionales, para tomar aquella fortaleza montañosa.

Los hombres de la Compañía H, junto con el resto de la 101ª División Aerotransportada, iban a vaciar el Nido del Águila. Y David iba a ir con ellos.

El alemán fluido de David y su cada vez mayor comprensión del inglés lo convertían en un intérprete ideal. Asumió un papel no oficial y no remunerado como auxiliar civil del ejército de Estados Unidos, y por primera vez en años se sintió empoderado. Ahora, en lugar de ser interrogado por los nazis, era él quien hacía las preguntas. En lugar de acobardarse frente a los soldados de las SS, era él quien se mantenía firme, observándolos temblar al ver a los estadounidenses. Recordó la mañana que había pasado con su padre presenciando el desfile de la victoria de Hitler en Varsovia. En aquel entonces, David no podía creer que alguien pudiera vencer a los nazis. Ahora, al presenciar su derrota, se sentía realizado.

David viajaba en un jeep en la parte trasera del convoy, gritando por un altavoz a los alemanes que pasaban: *Wirf deine Waffen runter!*,

«¡Tirad las armas!». Les sonreía con desdén mientras ellos se humillaban. Ya no se preocupaba porque le dispararan, sobre todo porque los hombres de la Compañía H hacían todo lo posible por protegerlo. Cada vez que saltaban de un camión para una escaramuza, una pared de soldados estadounidenses lo vigilaba y se aseguraba de que se mantuviera en la retaguardia. Cuando no estaban luchando, David ayudaba a Ferd, que era sargento de la sala de suministros y se encargaba de organizar la ropa y diversos artículos para los soldados. David mantenía la sala limpia y ordenada. Por las noches, dormía en el barracón, cerca de Ferd.

Para mayo de 1945, se habían desplazado en dirección este, hacia Austria, pasando por Landsberg, en Alemania, donde los coches quemados y las armas desechadas llenaban las carreteras. En los campos había montones de nueve metros de altura de cascos alemanes abandonados. En toda Europa, las carreteras estaban congestionadas con casi veinte millones de personas errantes, incluidos soldados de varias nacionalidades, prisioneros de guerra, exsoldados y supervivientes de los campos de concentración.

Conforme se iban acercando al Nido del Águila, los hombres de la Compañía H se iban preparando para su misión. Un sargento le entregó a David una ametralladora Thompson. Tenía que saber protegerse. El sargento enseñó a David a montar, desmontar, cargar y disparar el arma. David rodeó con los dedos la empuñadura de nogal, deleitándose con los cuatro kilos y medio de aluminio, acero y madera.

Se dio cuenta de que podía matar a alguien. Recordó la escuela hebrea y los Diez Mandamientos, lecciones de un tiempo pasado.

Con la Thompson en la mano, ansiaba venganza.

Cuando la Compañía H llegó a Berchtesgaden, la mayoría de los alemanes de la ciudad ya habían admitido la derrota. Los Aliados habían empezado a redactar los términos de la rendición nazi. El 6 de mayo llegó un mensaje: los soldados estadounidenses no dispararían a los alemanes a menos que ellos les dispararan primero. A las tropas alemanas se les había ordenado entregar las armas y los soldados que estaban al oeste de la línea de rendición se convirtieron en prisioneros de guerra y quedaron recluidos en graneros y escuelas a la espera de su destino.

Las compañías de la 101ª División Aerotransportada pasaron mucho de su tiempo en Berchtesgaden cogiendo el botín nazi, desde joyas hasta arte, puros y vinos añejos. Los soldados descubrieron salas llenas de obras de arte de valor incalculable y candelabros y jarrones suntuosos incrustados en oro. Un general reemplazó su jeep por el Mercedes-Benz blindado de cuatro toneladas de Hitler. Los soldados estadounidenses encontraron enterrados verdaderos tesoros, incluidos más de cuatro millones de dólares en diferentes monedas dentro de un granero. Técnicamente, aquel botín no se podía tocar. Aun así, los soldados se quedaron con cámaras, escopetas y prismáticos, «recuerdos» para llevar a casa. Las diversas divisiones de la 101ª realizaron registros en los edificios destruidos que había por la ciudad. David no sabía por dónde empezar.

—Vamos, David, coge lo que quieras —le dijo uno de los soldados. El hombre abrió una puerta y dejó que echara un vistazo en la habitación.

David examinó el surtido de armas, algunas de las cuales bien podrían haber sido del mismo tipo que los nazis habían usado en su día contra él y su familia. Cogió una pequeña pistola Walther. Luego cogió una cámara; nunca antes había visto una cámara tan bonita. Por último, cogió una pistola más grande, una semiautomática. Sonrió. Aquel fue uno de los mejores días de su vida.

Sin embargo, el premio gordo fueron los líderes nazis más notorios, que se habían escondido en los pueblecitos alemanes. Se refugiaban en graneros abandonados, en granjas, en casas de civiles. Entre los capturados en la época en que David estaba en Berchtesgaden se encontraban Hermann Göring, el líder militar nazi de mayor rango; Robert Ley, líder del Frente Alemán del Trabajo; y Franz Xaver Schwarz, tesorero nacional del Partido Nazi.

Por fin las tropas aliadas podían darse a la celebración. Tras un invierno y una primavera muy largos, tenían a su disposición los lujosos hoteles de la costa del cristalino lago Königssee, uno de los más hermosos de Alemania. Disfrutaron del licor que corría por la ciudad turística. Mataron vacas locales y se hicieron filetes y asados, saboreando la comida que antes había pertenecido a las SS. David bebió vino y champán, cortesía de sus captores nazis, y, lo mejor de todo, lo disfrutó con los estadounidenses. Cada vez que veía un piano, tocaba y cantaba, complacido de proporcionar música, de entretener, a su manera.

Pasados unos cuantos días de beber mucho, celebrar, dormir en buenas camas y comer copiosamente, la 101ª se dispersó por las localidades cercanas. Todavía con la Compañía H, la siguiente parada de David fue Zell am See, Austria, a unos treinta kilómetros al sur.

David iba en un jeep con Ferd, de camino a Zell am See, cuando este se detuvo espontáneamente en medio de la carretera y salió del vehículo.

—Baja, Pequeño Davey —dijo.

David salió, confundido, sin entender qué sucedía.

Ferd agarró a David y lo abrazó con fuerza y le besó.

—Lo lograste, sinvergüenza —dijo Ferd.

—¿Qué pasa? —preguntó David, confundido.

—¡La guerra ha terminado!

No habían tenido la oportunidad de detenerse, de pensar, de entender. No habían procesado nada de aquello, a pesar del champán, del vino, de la celebración. Ahora, al fin, se habían dado cuenta. Ferd necesitaba pronunciar las palabras en voz alta, reconocer por lo que habían pasado.

Las probabilidades habían estado abrumadoramente en contra de David. Y, sin embargo, lo había logrado.

Aquel momento acabó tan abruptamente como había comenzado. Subieron de nuevo al jeep y prosiguieron su camino.

En Zell am See, la Compañía H descubrió otro encantador pueblo turístico junto a un espléndido lago. Los hoteles, antes caros, se habían convertido en hospitales militares que estaban abarrotados de soldados alemanes. Los soldados estadounidenses tomaron el mando. La 101ª tenía una misión clara: encontrar a los nazis escondidos. Lo hicieron mientras disfrutaban de la localidad y del servicio de los refugiados y soldados alemanes derrotados, que se encargaban de cocinar y limpiar.

El Pequeño Davey cantaba y tocaba el piano siempre que tenía ocasión. También realizaba trabajos más serios, como ayudar a los soldados a recoger cualquier arma alemana que pudieran encontrar. Como intérprete informal, llamaba a las puertas y preguntaba a los residentes sobre personas a las que habían visto, nazis escondidos, cualquier información que pudiera ayudar en su misión.

Una tarde abrió la puerta un hombre polaco. Al oír a un compatriota, David cambió inmediatamente del alemán al polaco para hacer sus preguntas habituales.

Esta vez, la respuesta del hombre encendió una chispa en David.

—Hay un nazi escondido cerca de aquí —dijo el polaco—. Estaba a cargo de un campo. Fue responsable de torturar a prisioneros.

El polaco señaló un granero.

David se dirigió hacia el edificio solo, sin decir nada a ninguno de sus amigos.

Llevaba su Walther con él.

23
«¿Cómo es que sigues viva?»

Tras días esperando a David, Zippi y Sara acabaron reconociendo que el joven no se iba a presentar. ¿Estaba muerto? De no ser así, ¿por qué no iba a su encuentro? ¿Dónde estaba? No tenían forma de saberlo.

Ahora iban a la deriva en Varsovia, un remolino en el vasto río de personas desplazadas que recorrían la Europa central en los últimos días de la Segunda Guerra Mundial. Era mayo de 1945 y los alemanes acababan de rendirse. El único lugar al que Zippi y Sara podían pensar en ir era el que en su día había sido «su hogar».

Zippi había visto un edificio con una gran bandera de la Cruz Roja checa colgando afuera. Allí encontró a un conocido dispuesto a prestarle suficiente dinero para viajar a Bratislava. Por primera vez en años, Zippi y Sara no fueron tratadas como ganado. No tenían paja enredada en el pelo, ni piojos arrastrándose por su piel, ni olor a orines en el compartimento. Pero el pasado encontraba otras maneras de aferrarse a ellas como humo. Algunos viajeros todavía llevaban sus uniformes infestados de pulgas, la cabeza rapada, irreconocibles. Todos viajaban ligeros de equipaje.

Zippi llegó a Bratislava con los zapatos en los pies, la ropa en el cuerpo, un mapa de Alemania en la mano y el dolor en su corazón por otro amor perdido.

Meses antes, Bratislava había sido una ciudad fantasma. La liberación la había transformado, pero no del todo para bien: los soldados soviéticos rondaban por las calles y las mujeres tenían miedo de que las violaran. Los apartamentos que antes pertenecían a los judíos estaban abandonados u ocupados por gentiles. Los judíos que regresaban a la ciudad se encontraban a sus antiguos vecinos por la calle llevando puestos sus viejos abrigos de invierno. Una mujer vio a una desconocida con el vestido de su madre, un vestido que su madre se había hecho ella misma. Mucha gente no tenía demasiadas ganas de ver volver a sus antiguos vecinos: no querían renunciar a las casas confiscadas, la ropa robada y los muebles saqueados de los que llevaban tiempo disfrutando.

Cada día, los supervivientes se reunían en la estación de ferrocarril en busca de rostros perdidos. Allí se enfrentaban a la llegada de cuerpos que, de tan esqueléticos, eran irreconocibles. Acabados de liberar, aquellos recién llegados se presentaban en una oficina judía dirigida por la Administración de las Naciones Unidas para el Auxilio y la Rehabilitación (UNRRA, por sus siglas en inglés), donde hacían cola esperando registrar sus nombres y buscar a familiares y un alojamiento.

Un hombre y una mujer de la cola entablaron una conversación demasiado habitual:

—¿Tú dónde estabas? —preguntó ella.

—En Auschwitz —respondió él.

—Yo también.

—¿Has encontrado a algún familiar al volver? —preguntó él.

—A una hermana —dijo ella.

—Qué suerte.

La UNRRA ayudaba a algunos refugiados a ponerse en contacto con familiares perdidos, y otros encontraban nuevos compañeros de habitación, entablaban nuevas amistades o conocían personas con quienes empezar una nueva vida en pareja.

Probablemente fuera a través de la UNRRA como Zippi descubrió que la única persona de su vida anterior que había sobrevivido a la guerra era Sam. Había seguido su rastro por medio de conocidos de Bratislava y de la correspondencia que habían mantenido, pero hasta entonces no podía saber con certeza si había sobrevivido a los últimos estertores de la guerra.

Pero entonces se enteró de la feliz realidad: Sam estaba vivo. No pudo ser demasiado difícil encontrarlo, ya que él estaba ayudando a personas desplazadas, como ella. Ningún hermano dejó constancia de cómo o dónde se habían encontrado. Pero tras más de tres años separados, de intercambiar postales codificadas, de largos silencios que los dejaban preguntándose si aquel momento llegaría alguna vez, su alivio debió de ser abrumador. Eran huérfanos; su familia estaba muerta. Pero al menos se tenían el uno al otro.

Finalmente, Sam pudo contarle a Zippi detalles que no había podido transmitir en sus postales.

Le habían liberado de la prisión de Bratislava unos meses antes, por buen comportamiento, pero en la puerta de su celda se encontró con dos oficiales esperándolo. Ahora que ya no era prisionero de guerra, volvía a ser algo peor: judío. Los nazis habían ido a por él.

Le llevaron al campo de trabajo de Sered', que fabricaba ataúdes para el ejército alemán, así como otros productos para el público en general. Al principio, Sam trabajó con la brigada de bomberos del campo. Luego se convirtió en el enterrador del campo. Cuando estalló la epidemia del tifus, Sam lavaba los cadáveres y los envolvía en sábanas para tratar de contener la enfermedad. Como era inevitable, Sam se infectó y lo pusieron en cuarentena en un convento cercano.

Mientras se recuperaba, el ambiente clandestino bullía con planes de resistencia y Sam se mantenía informado. En 1943 las fuerzas eslovacas que querían derrocar a Jozef Tiso y al régimen nazi fundaron el Consejo Nacional Eslovaco, con su propio movimiento partisano y ejército clandestinos. El gobierno checoslovaco en el exilio y el Consejo Nacional Eslovaco ahora luchaban contra el mismo enemigo. En el campo de Sered', los guardias eslovacos hacían la vista gorda mientras los prisioneros se movilizaban para una sublevación. A Sam le dieron una misión: escapar del campo de trabajo e informar a los organizadores de la resistencia, tras lo cual se uniría al ejército eslovaco de resistencia y lucharía contra el Eje. Las fuerzas clandestinas le proporcionaron suficiente dinero para un pasaje de tren; el resto dependía de él.

Parecía una tarea imposible, pero ninguno de los guardias intentó evitar que se marchara. Escapar del convento fue tan simple como salir por la puerta, explicó Sam, riendo. Para entonces era 1944 y la mitad de los guardias parecían dispuestos a unirse a la resistencia. Encontró sorprendentemente fácil subirse a un tren y desaparecer. Se reunió con los organizadores en un lugar acordado en Prievidza, una gran metrópolis del oeste de Eslovaquia, y recibió una nueva identidad, incluido un nombre nuevo y documentos oficiales de identificación con huellas dactilares. Sam Spitzer ya no existía: aquel mes de junio se convirtió en Jan Maslonka, que no era judío, una identidad más segura entre la resistencia, aunque lucharan contra el mismo enemigo. Sam mantuvo su fecha y ciudad de nacimiento para evitar más confusiones de las necesarias; tenía que hacer que su nueva historia fuera sólida.

Como Jan Maslonka, Sam se informó en cuarteles militares y se unió a los disidentes del ejército eslovaco que habían estado trabajando con el gobierno checoslovaco en el exilio, con sede en Londres, la misma entidad que había supervisado la misión de Tibor Justh dos años antes. Su primera parada fue el aeropuerto militar del centro de Eslovaquia, Letisko Tri Duby, donde los británicos y los estadounidenses proporcionaban suministros a la resistencia.

Poco después de que Sam se uniera, Alemania ocupó formalmente Eslovaquia con la aprobación del presidente títere del país, Jozef Tiso. La Insurrección Nacional Eslovaca comenzó el 29 de agosto de 1944, un día después de la ocupación. Las fuerzas eslovacas, incluido Sam, se convirtieron en parte de un ejército formal llamado 1er Cuerpo del Ejército Checoslovaco. Se unieron a las fuerzas aliadas y mantenían el contacto con los demás combatientes a través de una conexión por radio.

«Íbamos armados hasta los dientes», —recordaría Sam más tarde. Tenían ropa, municiones, tanques, cañones— «y… cayó todo en nuestras manos».

La insurrección nacional eslovaca terminó en derrota, con pueblos y aldeas reducidos a cenizas y bajas en todos los bandos. Algunas de las barbaridades que Sam presenció quedaron grabadas en su memoria para siempre. Pero tropezar con la familia de un amigo que al parecer se había escondido para escapar de los alemanes fue lo que realmente lo sacudió hasta la médula. Reconoció al hombre, el padre de su amigo, abrazando a su nieto. Toda la familia estaba apiñada y tenían buen aspecto; pero estaban todos muertos, congelados.

Poco después de eso, los alemanes capturaron a Sam y a unos cuantos soldados eslovacos más, los llevaron a una casa de huéspedes y cerraron las puertas. «Ya está —pensó Sam—. Por la mañana me ejecutarán».

Los alemanes se pasaron la noche bebiendo. Sam vio una ventana abierta. Debían de ser sobre las cuatro de la madrugada cuando se escapó, se dirigió a la ciudad más cercana y consiguió que le dejaran subir a un tren hacia Bratislava. De alguna manera, restableció el contacto con la resistencia clandestina y de nuevo se convirtió en Jan Maslonka.

En las tierras del interior de Checoslovaquia, la lucha continuó. Sam y unos veinte mil combatientes eslovacos eran ahora partisanos. A lo largo de la cordillera del Bajo Tatra, día tras día, caminaba unos cinco kilómetros desde su base para colocarse como francotirador junto a las ruinas de un castillo medieval. A pesar del clima gélido y de las capas de nieve, las vistas desde su posición privilegiada eran buenas: estaba en la cima de un acantilado rocoso de piedra caliza que daba al Danubio, el río más largo de Eslovaquia.

Sam disparaba a los soldados alemanes con ametralladoras y cañones antitanque; lanzaba granadas y usaba cualquier munición que tuviera a su disposición. A orillas de un arroyo a unos quinientos metros de donde dormía, los nazis habían masacrado a un grupo de partisanos franceses. Los nazis habían dejado huellas. Sam y sus compañeros las siguieron y vengaron las muertes de los partisanos. Se aseguraba de que, al regresar a la base cada mañana, no le quedara ninguna bala sobrante.

El 4 de abril de 1945, los partisanos eslovacos, con la ayuda de los soviéticos, finalmente obligaron al ejército alemán a retirarse de Bratislava. Para entonces, el Ejército Rojo había liberado la mayor parte del país. Sam regresó victorioso a su lugar de nacimiento, vestido con su uniforme de partisano y portando una pistola semiautomática.

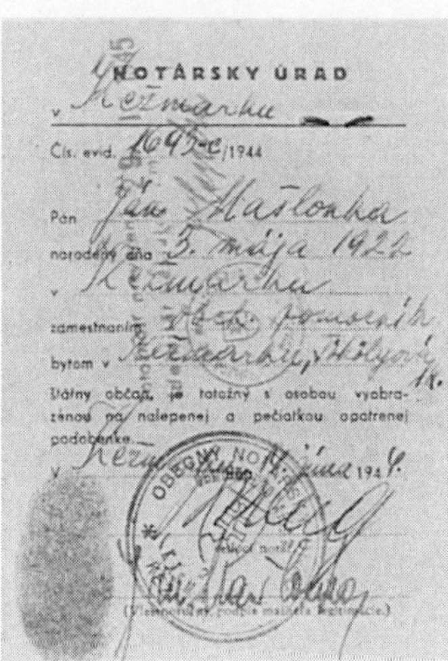
NOTÁRSKY ÚRAD
v Kežmarku
Čís. evid. 1695-c/1944
Pán Jan Maslonka
narodený dňa 5. mája 1924
v Kežmarku
zamestnaním
bytom v
štátny občan, je totožný s osobou vyobrazenou na nalepenej a pečiatkou opatrenej podobenke.
V Kežmarku 14. júna 1944

Documento de identidad falso en el que Sam Spitzer aparece identificado como Jan Maslonka, emitido por el movimiento clandestino, junio de 1944. Los judíos recibían papeles falsificados con una identidad no judía para mayor seguridad.

La sensación no duró mucho. Casi de inmediato, Sam vio a un soldado del Ejército Rojo empujar a un vecino judío que había logrado sobrevivir escondido. El judío miró a Sam y se arriesgó.

—Ayuda —articuló el hombre.

«Los judíos tienen algo —reflexionaba Sam más adelante—. Se reconocen unos a otros por la tristeza de sus ojos».

Sam se acercó al soldado soviético con los ojos encendidos.

—Ese no es alemán, es judío —dijo, dispuesto a darle al soldado la oportunidad de retractarse.

Pero el soldado le maldijo. Sam lo encañonó con su pistola. La policía militar fue a ver qué pasaba y Sam explicó lo sucedido. Los policías eran judíos. Se llevaron al soldado soviético y... «Hasta luego, amigo, ¿sabes?», recordaba Sam más adelante.

Este momento fue decisivo en la vida de Sam. Hasta entonces había creído en los principios del régimen comunista, había luchado por ellos. Pero entonces se dio cuenta de una cosa triste: la idea del comunismo era hermosa solo sobre el papel, decidió. No funcionaría en el mundo real, un mundo donde el prejuicio siempre se interpondría en el camino de la verdadera cooperación.

El regreso de Sam a Bratislava no fue tan triunfal como había esperado. Con todo, él quería ser útil, así que se ofreció como voluntario para ayudar a distribuir las mantas que proporcionaba la UNRRA.

Tras unos días de trabajo, reconoció a una chica de su época en Hashomer Hatzair. Se llamaba Margaret y se había convertido en una hermosa mujer.

—Dios mío, ¿estás vivo? —fue la pregunta ya familiar, pronunciada con incredulidad y alegría—. ¿Dónde has sobrevivido a la guerra?

—En la cárcel —respondió él.

—¿Qué robaste? —bromeó ella con una sonrisa.

Se enamoraron casi al instante. Ninguno de los dos tenía a nadie más que conocieran; Sam no había tenido noticias de Zippi y solo podía imaginar qué le había sucedido.

Cada día que pasaba, Sam recuperaba el contacto con más compañeros supervivientes de Hashomer Hatzair. A través de ellos conoció a un judío palestino polaco que había ido a Europa para ayudar a los judíos desplazados a emigrar a Palestina, algo todavía ilegal bajo el Mandato Británico. El hombre también estaba organizando una cadena de suministro de armamento para el Palmach, una fuerza militar sionista de Palestina que luchaba contra los británicos por un Estado judío independiente. Sam quería ayudar y tenía buenas conexiones, así que utilizó su red para ayudar al Palmach.

La revelación de que Sam se había enamorado, de que había encontrado un nuevo comienzo, debió de ser agridulce para Zippi, cuyos planes románticos se habían desvanecido durante los días que había pasado esperando a David en Varsovia. Pero su hermano estaba feliz y ella se centró en eso.

También se centró en encontrar un propósito. De adolescentes, Zippi y Sam habían presenciado de primera mano el goteo de refugiados judíos que habían pasado por Bratislava de camino a Palestina. Ahora que la guerra había acabado, un gran número de judíos desplazados no tenían a dónde ir. Al igual que su hermano, Zippi quería ayudar.

Zippi Spitzer poco después de su liberación en 1945.

En el mundo de la posguerra, las fronteras se habían vuelto a dibujar. La Alemania ocupada ahora estaba dividida en cuatro zonas aliadas: la británica, la francesa, la soviética y la estadounidense. En cada región se habían construido rápidamente campos para desplazados, muchos en antiguos campos de concentración, y los administraba el ejército. El caos y el pánico se extendieron por la nación cuando los desplazados volvieron a verse atrapados de nuevo: los judíos polacos que intentaban regresar a casa descubrieron que no estaban seguros en Polonia, pero las fronteras entre zonas estaban fuertemente custodiadas.

Muchos refugiados lograron escapar a través de la Brichah (de la palabra hebrea para «huida»), un movimiento clandestino iniciado por un grupo de supervivientes de guerra para sacar judíos de contrabando por las fronteras. Algunos desplazados querían ir a Palestina; otros querían ir dondequiera que les quedara algún vínculo familiar. La mayoría quería huir hacia el oeste y dejar atrás el sufrimiento y la calamidad de Europa. Los supervivientes tenían la sensación de que el continente estaba manchado para siempre con la sangre de sus familiares y amigos. Allí no quedaba nada para los vivos.

La Brichah tenía conexiones no oficiales con varios gobiernos locales y recibía financiamiento del Comité Judío Estadounidense para la Distribución Conjunta, con el que Zippi había tenido un primer contacto en Varsovia. El grupo organizaba documentos de identidad y dinero para los refugiados, cuyos viajes a menudo duraban varias semanas. Un líder de la Brichah escoltaba a los refugiados de frontera en frontera, con frecuencia bien entrada la noche. A veces, los refugiados escapaban en tren e intentaban no delatarse cuando los guardias pasaban y les pedían que se identificaran. Otras veces viajaban en camiones conducidos por otros miembros de la Brichah. Dondequiera que se dirigieran, la mayoría pasaba por Bratislava, un centro neurálgico.

El gobierno checo permitía el ingreso de transeúntes judíos dentro de sus fronteras e incluso accedió a proporcionarles alimentos y transporte. Sin embargo, la supuesta generosidad tenía dos condiciones: los judíos acordaban no quedarse permanentemente y al gobierno checo se le tenían que reembolsar todos sus gastos. El antisemitismo seguía siendo descontrolado en todo el continente, a menudo se intensificaba, incluso cuando la verdad sobre el Holocausto finalmente estaba saliendo a la luz.

Zippi encontró un propósito en escoltar a los desplazados para que cruzaran las fronteras a través de la Brichah. Los escoltaba hacia el oeste desde Viena hasta Múnich, luego a Feldafing, el primer campo de desplazados completamente judío de Europa. Antiguo campamento de verano de las Juventudes Hitlerianas en las orillas espectaculares de un lago bávaro, tras la guerra se estableció para que los judíos vivieran en libertad evitando el antisemitismo y a vecinos que habían sido cómplices de torturas y asesinatos. Durante uno de sus primeros viajes clandestinos por las fronteras de Checoslovaquia, Austria y Alemania, Zippi guio a una familia judío-polaca disfrazada de griegos. Les advirtió que no hablaran mientras viajaban por Austria. Es posible que, por el camino, Zippi también ayudara a falsificar documentos de identidad para aquellos a quienes ayudaba a pasar.

Tras una experiencia perturbadora en su ciudad natal, Sara también emprendió el viaje. Antes de llegar a Bratislava, Zippi la había acompañado a Sochaczew, el pueblecito donde Sara y David habían crecido y cantado juntos. Tal vez Zippi esperara encontrar a David caminando por las calles en las que había crecido. Puede que recorriera la ciudad del chico a quien había amado en Auschwitz temiendo que ya no estuviera vivo. Sara tenía la esperanza de ver su antigua casa, de buscar cualquier cosa que hubiera pertenecido a su familia. Pero sus esperanzas se desvanecieron cuando se encontró por la calle con su antigua señora de la limpieza.

—¿Cómo es que sigues viva? —le preguntó la mujer con evidente disgusto.

Sara quedó afectada. Se fueron de Polonia de inmediato, y Sara prometió no volver nunca más. Tenía una hermana que probablemente siguiera viva, y al final la encontró, en Feldafing.

Zippi no estaba del todo segura de querer quedarse en Feldafing. Quizá una parte de ella esperara que David la buscara en Bratislava. O, pensó, tal vez no hubieran acordado encontrarse en Varsovia, después de todo. ¿Podía haber sido Bratislava desde el principio? ¿Podía ser que uno de los dos lo hubiera entendido mal?

A finales de septiembre de 1945, Sam y Margaret se casaron. Zippi se quedó en Bratislava unos meses, sobre todo trabajando con la Brichah, pero al final decidió que había llegado el momento de seguir adelante. Su hermano y su nueva cuñada estaban ansiosos por comenzar su propia familia y Zippi no quería que se sintieran responsables de ella. Además, ya había esperado bastante. Había ayudado a decenas de desplazados a comenzar de nuevo; era hora de forjar su propio camino.

Durante uno de sus viajes a Feldafing, Zippi recuperó el contacto con conocidos de Birkenau, a muchos de los cuales había protegido en algún momento. Le dijeron que sus habilidades organizativas eran muy necesarias en el creciente campo de desplazados, donde cada día llegaban cientos de supervivientes. También conoció al doctor Henri Heitan, un médico francés de UNRRA que estaba a cargo del cuidado de los pacientes del campo. Él le dijo que podía ayudarlo distribuyendo alimentos a mujeres embarazadas, bebés y enfermos crónicos.

Para entonces, Zippi había hecho varios viajes de ida y vuelta. Era hora de dar el salto. Además, muchos supervivientes de Auschwitz y Birkenau estaban comenzando de nuevo en Feldafing. A saber a quién podría encontrarse.

24
Un ejemplo para el resto del mundo

David se acercó al granero pistola en mano. Abrió la puerta y se coló dentro, sigiloso como una tumba.

Había un hombre de pie, solo. Al ver a David, un soldado de ochenta kilos con el uniforme estadounidense, retrocedió.

—¿Dónde está tu uniforme? —le preguntó David en alemán. Quería pruebas, aunque ya sabía lo que era aquel hombre.

Al principio, el nazi fingió ignorancia, pero enseguida cambió de táctica.

—Solo estaba trabajando —le dijo a David—. Era el gobierno. Yo solo cumplía con mi deber. No tenía nada que ver con ello.

«Claro», pensó David.

Vio la motocicleta del hombre dentro del granero y su uniforme en un rincón. No había duda.

Aquel no era un soldado normal. Era de las SS.

El nazi estaba a punto de escaparse. David notó la pistola contra la palma de la mano. Había sido diseñada y desarrollada para la *Wehrmacht*. Era su recuerdo de Berchtesgaden. Solo hacía falta poner el dedo en el gatillo.

«Aquí tienes el pago por cumplir con tu deber», pensó David.

Le disparó en el pecho y después le volvió a disparar.

Fue rápido, expeditivo.

Más tarde, David se diría que era posible que no hubiera matado al hombre. Estaba claro que le había disparado dos veces a quemarropa, pero igual…

Sin embargo, lo que era ineludible era esto: era la primera vez que le disparaba a una persona a propósito. Porque sí, aunque el nazi hubiera sobrevivido de alguna manera, David le había disparado con la intención de matarlo.

David empezó a encontrarse mal. Quería salir de allí. Pero antes de marcharse sacó del granero la motocicleta del oficial de las SS. Se montó en ella, la llevó hasta la curva de la carretera para encontrarse con el resto del grupo y perdió el control.

Chocó con un montón de heno y se cayó de la moto.

David notaba el cuerpo rígido y por un momento se preguntó si estaba muerto. Pero se levantó, se sacudió el heno de encima y vio que las ruedas de la moto todavía giraban en el aire. La levantó y la enderezó de nuevo.

Aceleró el motor: todavía funcionaba. La moto estaba bien y él también.

No le contó a nadie lo que había hecho. En lugar de eso, se reunió con sus amigos como si nada. Nadie le preguntó por la moto. Se habían acostumbrado a apropiarse de tesoros abandonados.

David trató de guardar aquel incidente en el fondo de su cabeza, repugnado por lo que había hecho. No era exactamente culpa, pero algo le revolvía el estómago. Ojalá no volviera a pensar en ello nunca más.

A los dieciocho años, David tenía varios años perdidos que recuperar. Mientras él y las tropas de la 101ª División Aerotransportada estuvieron estacionados en Zell am See, Austria, disfrutaron de las emociones de ser los vencedores de la ciudad. Cuando llegó el momento de trasladarse de nuevo, sus convoyes se dirigieron a París.

Hasta hacía poco, París había sido apenas una sombra de la gran ciudad que fuera en otro tiempo. Tiendas cerradas, panaderías cerradas, clubs nocturnos a oscuras. Solo el metro, que seguía funcionando bajo tierra, parecía estar vivo. Pero para cuando David y su regimiento llegaron en junio de 1945, la ciudad de la luz volvía a resplandecer de vida.

Tras un breve permiso, a las tropas estadounidenses les habían dicho que serían redestinadas al Pacífico para volver a entrar en combate. David continuaría llevando uniforme, sin ser miembro oficial de la Compañía H, tanto como pudiera. No tenía hogar al que regresar. Polonia estaba fuera de toda discusión. Zippi no era más que un recuerdo, una sombra de una vida pasada que estaba ansioso por dejar atrás. Y no tenía intención de abandonar a su familia adoptiva. Su acento yanqui era prácticamente perfecto. Su futuro estaba en Estados Unidos.

Necesitaba ponerse en contacto con sus tías de Nueva York; seguramente le ayudarían económicamente. Mientras tanto, se quedó con su uniforme de la 101ª División Aerotransportada junto a sus amigos soldados. David se sentía poderoso con el uniforme. Evidentemente, le habría gustado ganar las impresionantes insignias que sus compañeros llevaban en las chaquetas, pero aun así él era uno de ellos, al menos hasta que partieran para el Pacífico y se quedara solo.

Pero el 6 de agosto de 1945 cayó una bomba atómica sobre Hiroshima y todo cambió.

Los días de lucha de la Compañía H habían terminado.

Las tropas estadounidenses recibieron una *Guía de bolsillo de París y las ciudades del norte de Francia*, emitida por el ejército de Estados Unidos. «Hasta donde sus deberes militares lo permitan, visiten tanto como puedan —aconsejaba la guía—. Ahora tienen una gran oportunidad de hacer, con los gastos principales pagados, lo que después de la guerra les costaría mucho dinero de su bolsillo. Aprovéchenlo».

Y así lo hicieron. El espíritu hedonista se desató, sobre todo entre los liberadores de la ciudad. «Desde el atardecer hasta altas horas de la madrugada, los soldados estadounidenses que están en París suelen acudir en masa al distrito de cabarés de Montmartre para disfrutar con las bonitas chicas francesas», informaba el periódico del ejército *Stars and Stripes*. Se abrió un club nocturno para hombres en lo alto de la Torre Eiffel exclusivamente para el placer de los soldados aliados uniformados, a quienes se les permitía llevar consigo a un invitado civil.

Por primera vez en su vida, David se emborrachó. Con sus colegas, fue al Folies Bergère, un cabaret en el que había mujeres desnudas. Disfrutó demasiado del Benedictine, un licor de hierbas francés, y cortó las corbatas de todos sus compañeros. David estaba felizmente ebrio. Emparejó a sus amigos estadounidenses con mujeres francesas, ya que hablaba el idioma y se consideraba el «proveedor» de chicas del grupo.

Los soldados estadounidenses también exploraron la cultura de la ciudad durante el día. En julio de 1945 celebraron el Día de la Bastilla bailando por las calles por primera vez desde la ocupación de París cinco años antes. Los cafés y restaurantes permanecían abiertos hasta tarde y en los altavoces de cada esquina sonaba música. Cuando no estaban bailando, las tropas estadounidenses eran de los primeros en presenciar el regreso de obras maestras como la *Mona Lisa*, la *Venus de Milo* y *Mercurio atándose las sandalias*, que habían sido evacuadas del Louvre a escondites provisionales antes de la guerra.

De vez en cuando, David se encontraba con supervivientes judíos que intentaban convencerlo de que fuera a Palestina con ellos. Pero ahora David formaba parte del ejército de Estados Unidos, intentaba explicarles. Era estadounidense. Tenía una nueva vida.

París no era solo diversión. David tenía un trabajo militar en Versalles, a unos veinte kilómetros de París, administrando un economato militar del ejército, un mercado exclusivo para soldados estadounidenses donde compraban bebidas, refrigerios, cigarrillos e incluso ropa importada de Estados Unidos a precios rebajados.

Para entonces, David estaba en nómina del ejército. Además, estaba bien posicionado para amasar una pequeña fortuna participando en el desenfrenado mercado negro de posguerra. Ganaba más dinero del que había imaginado posible comprando un cartón de cigarrillos en el economato estadounidense por cincuenta francos y revendiéndolo en otra parte por mil.

El mercado negro iba mucho más allá de los cigarrillos. La París de posguerra carecía de bienes, desde carbón hasta viviendas, alimentos y ropa. Los tratos turbios plagaban todo el continente y casi todas las facetas de la vida. Eso provocó un aumento del precio de los alimentos para los ciudadanos de clase media, que ya vivían a base del pan que les subvencionaba el gobierno y del vino, el azúcar y la carne de racionamiento. En Estados Unidos, el contrabando también se había convertido en un problema. Los cigarrillos prácticamente se convirtieron en moneda de cambio. Quienes participaban en el mercado negro iban desde el soldado en solitario hasta bandas sofisticadas. Tanto el fiscal general como el FBI advirtieron a los especuladores de la guerra que sufrirían las consecuencias. Pero eso no intimidó a David ni a los miles de otros que estaban contentos de meterse unos dólares extra en el bolsillo después de años de privaciones.

Aunque disfrutaba de aquella nueva vida inimaginable, las direcciones de sus tías martilleaban en la cabeza de David. «750 Grand Concourse, Bronx, Nueva York. 723 Gates Avenue, Brooklyn, Nueva York». Ahora las necesitaba más que nunca.

Emigrar a Estados Unidos distaba mucho de ser pan comido, incluso para un refugiado con uniforme militar. Se estaba librando un debate nacional sobre cómo manejar a los desplazados de Europa. Si bien unos seis millones de desplazados habían sido repatriados para septiembre de 1945, todavía había un millón solo en las zonas estadounidense y británica. Seis millones de judíos habían sido asesinados en Europa y más de medio millón se habían quedado sin hogar. Aquellos supervivientes judíos esperaban que los campos de desplazados los acabaran llevando hacia el oeste o hacia Palestina.

A pesar de haber visto fotografías de Europa y escuchado los horribles relatos de las víctimas del nazismo, la mayoría de los estadounidenses no querían recibir a los refugiados. En 1945 Estados Unidos habían caído en una recesión. Los excombatientes tenían dificultades para encontrar empleo y vivienda, y el antisemitismo seguía estando generalizado.

Sin embargo, en un movimiento en contra de la opinión popular, en diciembre de 145 el presidente Harry Truman emitió la Directiva Truman. Si bien su orden ejecutiva mantuvo las cuotas de inmigración existentes, otorgó preferencia de visados a las víctimas del nazismo, subrayando que la mayoría de los refugiados que llegaran deberían ser niños huérfanos.

La directiva facilitaría la inmigración, especialmente para los desplazados de las zonas estadounidenses de la Europa ocupada. «Esta es la oportunidad para que Estados Unidos sirva de ejemplo al resto del mundo en materia de cooperación con el fin de aliviar el sufrimiento humano», declaró el presidente Truman.

David era huérfano pero, según la fecha de nacimiento que había proporcionado al llegar a Auschwitz, tenía veintiún años, aunque en realidad acababa de cumplir diecinueve. Sin embargo, ya no era un niño. Tenía que pedir a sus tías de Nueva York que respondieran por él para garantizar que no iba a ser una carga económica para el país.

Cuando un amigo soldado mencionó que regresaba a casa a Nueva York, David le dio la dirección de su tía Helen: «750 Grand Concourse, Bronx, Nueva York», cada palabra y número eran como un talismán gastado tras todas aquellas noches en Auschwitz.

David había estado muy unido a ambas hermanas de su madre, pero mucho más a Helen que a Rose; después de todo, Helen había ayudado a criarlos a él y a sus hermanos. Ella los había alimentado y el recuerdo de su sopa de pollo, como el mantra de su dirección de Nueva York, lo habían ayudado a soportar las largas y difíciles noches en el campo. Ella le llevaría a América, estaba seguro.

Le pidió a su amigo que le dijera a la tía Helen que David estaba vivo, que estaba destacado en Versalles, renacido de las cenizas como soldado estadounidense.

Al parecer, ahora la tía de David también era estadounidense, al menos en cierto modo. La mujer del 750 Grand Concourse, Bronx, no quería tener nada que ver con su sobrino refugiado.

Su amigo la había llamado, había ido a su edificio, pero sin éxito. Ella continuaba insistiendo en que no conocía a ningún David Wisnias.

Indignado, el amigo le dijo lo que pensaba: ¿cómo podía abandonar a su sobrino, que había perdido a toda su familia? Pero eso no ayudó. El amigo de David pasó cuatro meses tratando de convencerla, pero ella repetía cada vez que no sabía quién era David.

El mensaje no podía estar más claro.

—Chico, no quieren saber de ti —le dijo su amigo—. Estás solo.

David no podía creerlo. ¿Cómo podía ser? Después de tantas noches repitiendo su dirección, «750 Grand Concourse, Bronx, Nueva York», ¿cómo podía ser que precisamente tía Helen lo rechazara? Y pensar que, presumiblemente, seguía cerca de la tía Rose. Aquello significaba que Helen no había sido la única en rechazarlo: ambas tías habían tomado la decisión. Estaba desolado. ¿A dónde iría? Al acabar la guerra, en algún momento se enteró de que su hermano mayor, Moshe, había sido asesinado. En Europa no le quedaba ninguna familia.

David escribió una carta con su información al *Jewish Daily Forward*, un periódico en yidis que se imprimía en Nueva York y estaba relacionado con la emisora de radio WEVD. Los viernes por la tarde, la emisora transmitía los nombres de los supervivientes de guerra que buscaban a sus familiares. El joven esperaba que sus tías estuvieran escuchando y tal vez cambiaran de idea. De un modo u otro, llegaría hasta Estados Unidos, se dijo.

Mientras tanto, sus deberes militares se habían ampliado a ayudar a suministrar a los campos de desplazados. La amplia red de campos era administrada por la UNRRA y en gran medida por el ejército estadounidense. Los estadounidenses se habían comprometido a cuidar de las víctimas de guerra desamparadas. Aunque algunos soldados expresaban resentimiento hacia los desplazados, la mayoría mostraba empatía. Los soldados judíos en especial querían hacer todo lo posible por ayudar. Algunos llegaban incluso a adoptar huérfanos para llevarlos a Estados Unidos; otros hacían de padres honorarios en bar mitzvás y bodas celebrados en los campos de desplazados.

El ejército se aseguraba de que los campos estuvieran bien administrados, tuvieran suministros suficientes y fueran seguros. Se coordinaba con organizaciones judías, especialmente el Comité para la Distribución Conjunta y la Sociedad Hebrea de Ayuda al Inmigrante (HIAS), que proporcionaban fondos y ayudaban con la logística. Pero cuando la burocracia ralentizaba la respuesta de estas agencias de bienestar, el peso del trabajo recaía en el ejército. Y, en tanto que asistente civil del ejército estadounidense, a menudo le tocaba a David.

Resultó que uno de sus principales trabajos sería conducir diez horas en un jeep del ejército para entregar suministros a un campo de desplazados de las afueras de Múnich, un campo llamado Feldafing.

Ella lo había visto por primera vez en la Sauna. Solo hizo falta una mirada. Habían esperado meses. Habían sido pacientes. Notas, breves murmullos, nada más. Finalmente, en su nido, se habían abrazado a pesar de todo.

Pero él había nacido para ser solista. Y, a su manera, ella también lo era.

Habían esperado y esperado: la espera emocionante, entonces.

QUINTA PARTE

Cadencia

25
«La soledad de la supervivencia»

Zippi se enorgullecía de engordar a los muchos bebés que nacían a diario en el campo de desplazados. Pasaba sus días distribuyendo alimentos entre un auge de mujeres embarazadas. ¿Qué podría ser más gratificante para un nuevo comienzo pacífico? El entorno ayudaba. Feldafing era un «hermoso paisaje ondulado, con pequeños lagos y pequeñas colinas», escribió Katie Louchheim, una diplomática estadounidense que había ayudado a formar la UNRRA, al describir su llegada a las puertas del campamento. «Un camión lleno de soldados estadounidenses grita "Ven a jugar" mientras agitan bates de béisbol. Están cantando».

Para Zippi y sus amigos, sin embargo, lo mejor de Feldafing estaba fuera del campamento. La principal atracción era el idílico lago Starnberg, a cuya orilla había llegado misteriosamente el cuerpo del rey bávaro Luis II en 1886.

Décadas después, fue allí también donde, según Zippi, ella le salvó la vida a Erwin Tichauer.

Los cálidos días de verano eran una ocasión perfecta para que los desplazados se divirtieran en el lago fresco y cristalino. Pero en aquel tranquilo oasis, Zippi vio a una persona luchando en el agua. Los días de campeona de natación en el Danubio de Zippi habían quedado atrás, pero aún sabía cómo manejarse. Se zambulló y llevó a la orilla al hombre: bronceado, musculoso, de ojos oscuros y cabello rizado. Poco se imaginaba a dónde podría llevar aquel rescate.

Erwin había oído hablar de Zippi mucho antes de llegar a Feldafing. Cuando estaba prisionero en Auschwitz, había oído hablar de una mujer «peculiar» y «temperamental» que era la diseñadora gráfica del campo de mujeres de Birkenau. Aquella mujer, según oyó, era muy meticulosa en su trabajo. De hecho, él estuvo a punto de convertirse en su jefe en la fábrica de munición. Franz Hössler, que supervisaba el campo de mujeres de Birkenau con Maria Mandl, propuso la idea. Llegó incluso a decir a los ingenieros civiles de la fábrica que esperaran que la delineante se incorporara al trabajo pronto, y que Erwin sería su supervisor. Pero Zippi insistió para que Katya y Margot Drechsel no la dejaran ir. La habían instruido como diseñadora gráfica, argumentó, no como delineante. No sabía nada sobre dibujo técnico.

Por su parte, Zippi nunca había oído hablar de Erwin hasta que llegó a Feldafing, donde él era relativamente conocido. Allí era el jefe de policía del campo y agente de seguridad empleado por la UNRRA, a cargo de la seguridad de toda la zona. También mantenía contacto con el ejército estadounidense para asegurarse de que el campamento tuviera todos los suministros necesarios.

Erwin era un berlinés de pies a cabeza y, en la estructura de clases autoasignada de los desplazados, los berlineses estaban en lo más alto de la pirámide: en general, los alemanes eran considerados de los más cultos, mientras que los judíos de habla yidis de Lituania y Polonia a menudo eran menospreciados como «judíos de shtetl».

La llegada de Erwin a Feldafing fue un tanto misteriosa, al igual que su existencia en Auschwitz. En Berlín había crecido trasteando con relojes: desmontándolos y volviéndolos a montar, aprendiendo su mecánica. Hijo de un respetado profesor de derecho berlinés, Erwin había estudiado en un instituto alemán donde el entrenamiento militar formaba parte del plan de estudios. Su tiempo libre lo pasaba observando los movimientos de los animales en el zoológico y viendo cómo los caballos de cervecería tiraban de pesadas cargas por las calles de la ciudad. Se entretenía estudiando al hombre paleolítico y las herramientas de piedra prehistóricas en el Museo für Völkerkunde, el Museo Etnológico de Berlín. Conforme iba creciendo, Erwin quería dedicarse a la ciencia, la ingeniería mecánica o la cirugía.

Durante los años previos a la guerra, obtuvo una licenciatura, matrícula de honor en su posgrado y un doctorado por la Universidad de Königsberg, en Prusia Oriental, donde luego se convirtió en profesor.

Cuando los nazis llegaron al poder, el trabajo académico de Erwin se interrumpió abruptamente. En lugar de enseñar, fue obligado a trabajar en una fábrica de cartón alemana, donde era responsable del mantenimiento de la maquinaria y habitualmente se tenía que echar desnudo bajo las sucias máquinas de corte para limpiar y engrasar las afiladas cuchillas. «El futuro cirujano estirado y a punto de operación», recordaría más adelante un amigo. En lugar de sentarse con los otros trabajadores durante los escasos descansos, Erwin pasaba el tiempo solo, leyendo libros. Por la noche, lideraba el grupo sionista ilegal HeHalutz («Pionero») y entrenaba a jóvenes judíos para el trabajo agrícola en Palestina. Antes de abandonar la fábrica de cartón, al parecer Erwin hizo detonar una bomba casera que la destruyó casi por completo, según el relato de su amigo. Nunca le capturaron.

Erwin fue detenido durante lo que se conoció como la Fabrik-Aktion, o acción fábrica, una deportación final a gran escala de los judíos alemanes a Auschwitz durante las primeras semanas de marzo de 1943, durante la cual fueron detenidos once mil judíos berlineses. La Gestapo arrancó a los judíos de sus trabajos y hogares, y de las calles, y los metió en camiones con destino a Auschwitz. Pero su entrada en el infame campo de concentración debió de ser más cercana a la del combatiente de la resistencia polaca Witold Pilecki que a las experiencias de Zippi, David y la mayoría de los demás prisioneros de Auschwitz. Según los rumores entre quienes lo conocían, era miembro de la Legión Extranjera, un grupo de combatientes clandestinos polacos y franceses que oponían resistencia ante los nazis. Decían que la legión había enviado a Erwin a Auschwitz como infiltrado.

En Auschwitz, Erwin llevaba el triángulo rojo que lo identificaba como preso político, a pesar de ser judío. Al principio le asignaron a un subcampo, Jawischowitz, donde trabajó en una mina de carbón, uno de los trabajos más duros y agotadores físicamente de

Auschwitz. Más adelante fue transferido al *Kommando* Union, la fábrica de municiones de Auschwitz. Posteriormente afirmó haber contribuido a planificar la revuelta de los *Sonderkommando* allí, y una vez más evitó que le apresaran por su papel en el sabotaje.

Erwin había salido de Auschwitz hacia Dachau en una marcha de la muerte junto con miles de hombres, grupo en el que estaba David. Al igual que el joven, se había ofrecido voluntario para dejar Dachau y transportar hormigón para los nazis hasta el subcampo de Mühldorf. En una increíble coincidencia, Erwin, al igual que David, también había estado entre los prisioneros que habían logrado escapar en el traslado a Mühldorf. ¿Podría ser que hubieran planeado la fuga juntos? En cualquier caso, Zippi tal vez no supiera nunca lo cerca que habían estado ambos hombres.

A partir de ahí, los detalles se vuelven confusos. Algunos dicen que Erwin era espía del MI5, la agencia británica de contraespionaje. Si eso es cierto, puede que fuera el llamado Prisionero T, el trabajador reclutado por los británicos para sabotear la maquinaria de la Union de Auschwitz. Otros supervivientes sostienen que había trabajado todo el tiempo para el Cuerpo de Contrainteligencia del Ejército de Estados Unidos (CIC, por sus siglas en inglés).

Al parecer Erwin sí que tuvo relación con las fuerzas armadas de Estados Unidos. Los registros de posguerra de Erwin indican que, al igual que David, se unió a la unidad militar estadounidense que lo liberó. Más tarde, la propia Zippi afirmó que Erwin fue clave para la toma del puente Ludendorff sobre el Rin por parte del ejército de Estados Unidos. Esa conquista fue un gran logro que pudo haber ayudado a acortar la guerra. Zippi dijo más tarde que Erwin conoció al general George Patton y se hizo amigo suyo durante aquella operación, donde se ganó el apodo de *Eisenbrecher*, o Rompehierros. En verano de 1945, bajo la jurisdicción del XX Cuerpo del General Patton en el Tercer Ejército estadounidense, Erwin había conseguido el puesto de alto mando en el campo de desplazados de Feldafing.

Fue por aquella época, en agosto de 1945, cuando Earl G. Harrison, representante de Estados Unidos ante el Comité Intergubernamental sobre Refugiados, una organización internacional creada en

1938 para ayudar a los refugiados políticos de Alemania y Austria, publicó un documento ahora conocido como el Informe Harrison. En él, Harrison describía a los refugiados de los campos de desplazados diciendo que vivían «bajo guardia tras vallas de alambre de espino [...] hacinados, en condiciones a menudo insalubres y generalmente nefastas, completamente ociosos, sin ninguna oportunidad, salvo furtivamente, de comunicarse con el mundo exterior, esperando, deseando recibir alguna palabra de aliento y acción en su favor». Además, tras años de trato inhumano, los supervivientes de la guerra tenían que readaptarse a un entorno social, lo cual no era cosa fácil. El campo necesitaba desesperadamente organización y disciplina.

Al igual que Zippi, Erwin tenía un sentido innato de la organización. Además, había recibido entrenamiento militar, lo que lo convertía en un candidato ideal para estructurar el campo. Se le encomendó reforzar la fuerza policial del campo y mantener el orden dentro de sus límites. Trabajaba estrechamente con el jefe de la policía militar estadounidense.

Erwin también era el encargado de combatir el mercado negro, extremadamente popular en el campo, que estaba causando estragos en las monedas locales. Su departamento realizaba redadas diarias y organizaba tribunales de honor que juzgaban desde delitos cotidianos como a cualquier judío que hubiera ayudado a un nazi. Los abogados de los desplazados servían como defensores y Erwin actuaba como fiscal. A menudo, los juicios se llevaban a cabo al aire libre, a la vista de cualquier espectador interesado.

Feldafing, según escribió la diplomática estadounidense Katie Louchheim, se había convertido en «una ciudad de hospitales, sombría y prohibida», con «barracones de madera destrozados por las bombas». Los supervivientes querían olvidar su pasado y disfrutar de la esperanza de un nuevo comienzo. En su campaña por la legalidad y la dignidad, Erwin les proporcionaba esas cosas también.

Zippi en Tutzing, primavera de 1946, en el gallinero cercado de la casa en la que vivían Erwin y ella.

Zippi y Erwin empezaron a salir poco después de que ella lo salvara de ahogarse. Ambos compartían el amor por aprender. Al igual que Zippi, Erwin hablaba varios idiomas, a saber, húngaro, español, inglés y su lengua materna, el alemán. También ambos habían perdido a la mayor parte de sus familias. En Feldafing, Erwin y Zippi disfrutaron de cierta alegría tras pasar incontables años rodeados de muerte, y ocuparon gran parte de su tiempo libre gozando de las aguas del lago Starnberg con sus nuevos amigos.

Erwin y Zippi relajándose junto al lago Starnberg, cerca de Feldafing, junio de 1946.

En septiembre de 1945, Erwin llevó a los generales Eisenhower y George Patton a recorrer el campamento. El dúo había acudido en respuesta al Informe Harrison, a solicitud del presidente Truman de que visitaran un campo de desplazados bajo jurisdicción estadounidense. Tras el recorrido, Erwin detalló las experiencias de los desplazados bajo el régimen nazi, prestando especial atención a las atrocidades cometidas en Auschwitz. Después el general Eisenhower dirigió unas palabras a los residentes de Feldafing.

Zippi estaba entre la multitud. Más tarde oyó la opinión personal de Erwin sobre el general Patton. Se habían conocido en marzo, en la toma del puente Ludendorff, en Remagen. Según Zippi, el general Patton consideraba a Erwin un héroe de guerra. Los hombres se habían hecho amigos y, en un momento dado, el general Patton llamó a Erwin para una charla informal.

Erwin Tichauer conduciendo al general Dwight Eisenhower de visita al campo de desplazados de Feldafing, 1945.

—Hablemos —dijo el general Patton. Le preguntó a Erwin si tenía novia.

—Sí —respondió Erwin.

—¿De dónde es? —preguntó el general Patton.

—De Eslovaquia —contestó Erwin.

El general Patton le preguntó si a su novia le gustaban los bombones o los cigarrillos.

—No aceptará ninguno de esos regalos —le dijo Erwin.

—Entonces agárrala bien —respondió el general Patton, al parecer insinuando que Erwin había encontrado una mujer honrada.

Erwin tenía toda la intención de precisamente eso.

El nuevo novio de Zippi estaba locamente enamorado de aquella mujer segura de sí misma y testaruda que no paraba de rechazar las medias de nailon y los bombones que le regalaba. Ambos entendían, como la mayoría de los supervivientes que los rodeaban, que el tiempo era un lujo que no debía darse por sentado. Zippi tenía veintiséis años, considerada mayor para ser una mujer soltera que había sobrevivido a la guerra; Erwin también tenía veintitantos. La mayoría de los supervivientes del campo eran adolescentes o tenían veintipocos, ya que los nazis tenían predilección por mantener con vida a los jóvenes y físicamente capaces mientras fueran productivos.

A pesar de haber sido una mujer ambiciosa en su carrera, Zippi no había tenido la intención de quedarse soltera hasta los veintiséis. Pero Tibor Justh, su combatiente de la resistencia, el hombre con quien pensó que pasaría su vida, había muerto bajo la hoja de una guillotina. Luego había llegado David, por supuesto. David, su joven amante, su vía de escape temporal de los horrores de Auschwitz. David, que la había dejado esperando, que la había abandonado.

David, que le había roto el corazón.

David, quien, sin que ninguno de los dos lo supiera, había estado haciendo recados a Feldafing desde que Zippi se había trasladado al campo. De alguna manera, sus caminos no se cruzaron nunca.

Unos meses antes, sin embargo, Zippi se encontró con una amiga que tenía noticias de David. El alivio, la curiosidad y la incredulidad debieron de abrumarla al enterarse de que su antiguo amor estaba vivo. Tal vez David tuviera una buena razón para no haber aparecido a su encuentro.

Pero no. David estaba en París, dijo su amiga. Se había unido al ejército estadounidense y había pasado meses en París. Estaba pasándolo muy bien, añadió su amiga.

Zippi asimiló la noticia. Así que mientras ella estaba en Varsovia esperando y esperando, con la esperanza de que David apareciera, él había estado de juerga en París. Mientras ella se ocupaba de su amiga Sara, asegurándose de que estuviera alimentada, vestida y viva, David no había vuelto a pensar en ellas.

Estaba muy claro: David ya no formaba parte de su vida.

Sin embargo, ella no tenía la intención de estar sola.

Erwin se preocupaba por ella. Era brillante, valiente y amable, un líder. Además, era atractivo. Las oficiales jóvenes y las trabajadoras humanitarias competían por tener su atención, envidiosas de Zippi. Le instaban a no casarse con una desplazada. Pero sus esfuerzos no calaron en él.

En febrero de 1946, Zippi y Erwin se casaron en Tutzing, una ciudad turística con vistas panorámicas de los Alpes bávaros. En el siglo anterior, la belleza de Tutzing había inspirado a Johannes Brahms a completar sus cuartetos de cuerda *Opus 51* y las *Variaciones sobre un tema de Haydn*. Era el lugar adecuado para la boda de una mujer que había crecido amando la música y cuyo hogar había estado inspirado por las artes.

Tutzing estaba cinco kilómetros al sur de Feldafing y, debido al cargo oficial de Erwin, Zippi y su nuevo esposo podían vivir en la ciudad, fuera de los terrenos del campamento de desplazados. Se instalaron en una villa que había sido requisada por el ejército para el personal estadounidense y de la UNRRA. Contrataron a una familia alemana como empleados domésticos. Un jeep con chófer los llevaba al campamento cada día. Erwin cobraba su sueldo en dólares americanos y la pareja hacía sus compras en el economato militar de Múnich. En lugar de cenar con los desplazados, comían en la cantina estadounidense.

Una vez más, Zippi disfrutaba de una vida de relativo privilegio, y como antes, lo devolvía lo mejor que sabía. Continuaba distribuyendo raciones a mujeres embarazadas y describía su posición como «alta dirección». Años después, recordaría que uno de los primeros bebés que vio nacer en Feldafing era de padre griego y madre húngara, «dos personas que no compartían idioma pero sí una urgente necesidad de escapar de la soledad de la supervivencia».

Y, en efecto, en la Alemania de posguerra los judíos se casaban y tenían hijos con cifras récord. En 1946, el país ostentaba la tasa de natalidad judía más alta del mundo.

Aquel mismo verano, un judío letón estadounidense apareció en Feldafing con un magnetófono y doscientas bobinas de alambre. David Boder, psicólogo de profesión, estaba recopilando historias de supervivientes por toda Europa. Entrevistó a Erwin y luego se acercó a Zippi.

Zippi participó con entusiasmo. Ella y Boder hablaron en alemán durante casi dos horas. A lo largo de su conversación, le explicó su deportación a Auschwitz, los entresijos del campo y su liberación. Habló con energía y detalle, pero sin un atisbo de sensiblería. Su objetivo no era lamentarse, sino sintetizar lo que había visto, sobre todo dada su inusual posición privilegiada desde el punto de vista tanto de los prisioneros como de los nazis.

Aquella entrevista resultó ser el inicio de su papel como guía histórica de Auschwitz.

Zippi no quería que la definieran por sus vínculos con Auschwitz, pero tampoco intentaba escapar de su pasado. Lo llevaba grabado en ella de modos que iban más allá del número que tenía tatuado en el antebrazo. Sufría de dolor crónico en la cara, que nunca había sido tratado de forma adecuada tras la brutal patada que había recibido mientras estaba en Ravensbrück. Aquel invierno ignoró el dolor hasta que tropezó en la nieve y fue hospitalizada con una fractura de peroné, lo que resultó ser una coincidencia afortunada, ya que la puso delante de médicos que pudieron tratar sus otras lesiones. El 30 de diciembre de 1946, Zippi empezó a recibir tratamiento en el hospital de la UNRRA de Feldafing. Estuvo ingresada casi un mes y luego otros cuatro días en febrero. Además del tratamiento para la pierna rota, Zippi también fue sometida a una cirugía reconstructiva de emergencia para sacarle trozos de huesos rotos del rostro.

Hacia mediados de 1947, Zippi y Erwin decidieron que ya era hora de irse de Alemania. No podían quedarse allí para siempre; ya se habían cansado de vivir en el limbo. A su alrededor, los refugiados continuaban el viaje: hacia Estados Unidos, Canadá, Australia y Palestina.

Erwin no tenía ganas de regresar a Berlín. Sin embargo, tenía un par de tíos que habían dejado la ciudad poco antes de la guerra y ahora vivían en Chile. Antes de conocer a Erwin, Zippi había considerado regresar a Bratislava para estar cerca de su hermano. Pero la perspectiva de Chile la emocionaba: estaba ansiosa por viajar a un lugar desconocido, aprender un idioma, conocer gente nueva y absorber una nueva cultura. Y en Chile tendrían familia que podría asistirlos y ayudarles económicamente. Sin embargo, para llegar allí tenían que volar a través de Argentina o Brasil, y ninguno de esos países otorgaría un visado a nadie que viajara sin un pasaporte internacional. Varias comisiones de refugiados trabajaban para conseguirles los documentos necesarios. Mientras tanto, como la mayoría de los refugiados, Zippi y Erwin esperaron.

Zippi disfrutando de un momento feliz en un periodo de posguerra a menudo doloroso.

26
«Ese es americano»

Uno a uno, los soldados estadounidenses a los que David había conocido iban regresando a casa. David se preguntaba por su propio futuro. Al final, tendría que pedir un visado en alguna otra parte, regresar a Polonia o ir a un campo de desplazados, pero se negaba a considerar cualquiera de esas opciones. Encontraría la manera de ir a Estados Unidos. Tenía que hacerlo.

En aquella época, David trabajaba sobre todo en el economato militar de Bar-le-Duc, donde el ejército tenía una base. De vez en cuando hacía el viaje a Feldafing, sin ni una sola vez encontrarse con Zippi, y continuaba visitando París cuando tenía vacaciones. Un día, estaba trabajando en el economato cuando le llamaron.

—Wisnia, preséntate en la oficina del capitán —fue la orden.

—¿Qué he hecho ahora? —preguntó David mientras iba hacia allí.

—Tenemos aquí un telegrama con un giro postal de veinticinco dólares procedente de Estados Unidos —le dijo el capitán.

David lo supo al instante. Su carta al *Jewish Daily Forward* debía de haber funcionado. Debían de haber leído su nombre en voz alta en la radio de Nueva York y sus tías debían de haberlo oído y reconsiderado su posición. Claro que no, claro que no lo habían abandonado. David estaba entusiasmado... y aliviado. Algo debía de haberlas hecho cambiar de parecer. Pero daba igual: habían respondido.

Pero también estaba el asunto del giro postal. Para entonces había amasado una buena suma de dinero con el negocio de los cigarrillos en el mercado negro y no necesitaba el giro para nada.

David volvió al economato militar y le habló a un amigo sobre el telegrama y el dinero.

—Creo que debería devolverlo —dijo.

—No lo hagas —le aconsejó su amigo—. Sería un insulto.

—Pero es que no lo necesito —dijo David—. Seguramente lo necesiten más que yo.

Lo que preocupaba a David mucho más que el dinero era recuperar el contacto con su familia. Empezó escribiendo a tía Helen, que dijo que se pondría de inmediato con el papeleo para pagarle el viaje en barco: David estaría pronto de camino a Estados Unidos. Siempre había tenido el presentimiento de que llegaría el día. Y, en efecto, preveía que pronto sería un estadounidense en suelo americano.

En febrero de 1946, en el puerto de Burdeos, David Wisnia se embarcó en el SS Monarch of the Seas, despidiéndose de su vida en Europa. Zarpó con veintitrés pasajeros entre los que había franceses, españoles y austríacos, en un grupo que comprendía estudiantes, un mecánico, un chófer y un ama de casa. David era de los más jóvenes a bordo y el único pasajero que llevaba uniforme de soldado estadounidense.

A David el viaje de dos semanas para cruzar el océano Atlántico se le hizo interminable de puras ansias. Finalmente, una gélida tarde de miércoles, David pisó la tierra que había deseado ver desde que tenía memoria.

Su familia estadounidense le esperaba en la terminal.

—¡Davidja! —gritó la tía Helen al verle en la distancia. Ella había sido la última en verle, quien le había dado de comer sopa de pollo los viernes, y le reconoció casi al instante.

—No, ese es un soldado —dijo la tía Rose, la hermana mayor, que había emigrado a Estados Unidos antes de que naciera David y solo lo había visto en foto—. Ese es americano.

—¡Es él! —insistió la tía Helen.

Mientras el chico se acercaba a ellas, sus tías estaban de una pieza. Sí que era su David. Lo observaron maravilladas, el único superviviente de su familia europea. Su familia estadounidense supo a través de su mensaje en la radio que él era el único superviviente, así que se ahorró tener que contárselo en aquel momento. Abrazaron a su soldado, a su chico.

¿Cómo podían haberlo rechazado?

Resultó ser que no lo habían hecho.

Un viernes por la noche, apenas unos meses antes, una de sus tías estaba cocinando una comida de *sabbat* mientras escuchaba la WEVD, la radio del periódico *Forward*, cuando oyó la carta de David. Dejó caer el pescado, le contó más adelante su tía; lo dejó caer todo. Enseguida alertó a la familia de que su pequeño David estaba vivo.

En un extraño giro del destino, tras tantos años de repetir las direcciones de sus tías para sí mismo, resultó que David recordaba mal la información. La mujer a la que había enviado a su amigo del ejército no era su tía, sino una mujer que no tenía nada que ver con él, apellidada Borenstein. Por lo tanto, la persona a la que su amigo había abordado y perseguido durante meses realmente no sabía quién era David. Más tarde, David se reiría de sí mismo por cometer semejante error. Era un milagro que hubiera recordado una dirección, diría después.

Cuando la verdadera tía Helen de David se enteró de que estaba vivo y destinado en la base del ejército de Estados Unidos de Bar-le-Duc, le envió el telegrama inmediatamente con el giro postal de veinticinco dólares. Pero su sobrino realmente no necesitaba el dinero. Cuando David llegó a Nueva Jersey había acumulado unos cinco mil dólares.

Después de un emotivo reencuentro en el puerto de Hoboken, David necesitaba ropa civil adecuada; solo tenía su uniforme. Sus tías regresaron a casa y el tío de David, Izzy, el esposo de Rose, se subió con David al tren PATH de Nueva Jersey y ambos partieron hacia Manhattan.

David no podía creer que su tío Izzy tuviera tanto acento hablando inglés: ya llevaba décadas viviendo en Estados Unidos.

¿Cómo no hablaba un inglés mejor? Entretanto, David se daba cuenta de que su tío estaba impresionado por su vocabulario y su acento estadounidense impecable. Llegaron a la Sexta Avenida, donde el tío Izzy presentó a David el gran centro comercial estadounidense. David no quedó impresionado.

—Tío Izzy, en París hay grandes centros comerciales —dijo David—. Y yo no soy de ningún pueblucho; soy de Varsovia, ¿sabes? Es una ciudad grande.

David tenía la sensación de que toda su vida se había estado preparando para la ciudad de Nueva York. Se compró un traje enseguida. La tía Rose había insistido en que David se quedara con ella e Izzy en Brooklyn. Izzy era dueño de dos fábricas de sombreros y les iba bastante bien económicamente. En cambio, la tía Helen y el tío Sam tenían dos niñas pequeñas en casa, incluida una recién nacida. Pero a David no le pareció bien el plan. La tía Helen prácticamente lo había criado, le era familiar; quería estar con ella. Viviría en el piso de la tía Helen en el Bronx y dormiría en el sofá.

David no planeaba pasar mucho tiempo en aquel sofá. En su primera noche en Estados Unidos, salió a bailar por Manhattan. Informó a su tía y a su tío de que iba al Palladium Ballroom. El Palladium acababa de abrir en Midtown y se estaba convirtiendo rápidamente en una meca de la música latina. La tía Helen protestó diciendo que literalmente acababa de llegar al país hacía unas pocas horas, pero David le aseguró que hablaba bien inglés y que se las apañaría. No quería perder más tiempo; y allá que se fue.

David pasó su primera noche en Estados Unidos bailando el mambo en el Palladium Ballroom. Cuando se cansó, se dio el gusto de tomarse un café y un trozo de pastel en la Cafetería Hector's, en la calle Cincuenta con Broadway. Se sentía como en casa. Había llevado consigo uno de sus recuerdos nazis, la cámara que había cogido en Berchtesgaden, y la dejó sobre el mostrador. Pero fue apartar la vista y la cámara había desaparecido.

Al principio, David se quedó desolado, pero, tal como había hecho antes, se dijo que no necesitaba recordatorios de su pasado. Ya tenía suficiente con el tatuaje que llevaba grabado en el antebrazo. Ahora Auschwitz, y todo lo que había ocurrido allí, quedaba atrás.

La vida en Estados Unidos era todo lo que había esperado. Al principio, David trabajó con el esposo de la tía Helen, Sam, en un pequeño colmado del Bronx. Trabajaron atendiéndolo juntos hasta que abrió una tienda Safeway cerca y no pudieron aguantar la competencia. Sin embargo, David no se molestó apenas: nunca había imaginado un futuro reponiendo comestibles. Ya era demasiado tarde para hacer carrera en la ópera, pero al menos quería ganar más dinero.

Buscó en los anuncios clasificados un puesto aceptable hasta que llamó su atención una oferta en una editorial. La Wonderland of Knowledge Corporation, una empresa que hacía enciclopedias, buscaba vendedores de libros.

David consiguió el trabajo. Era carismático, simpático y ambicioso. Enseguida se ganó una buena reputación y empezó a ascender en la empresa y a labrarse su propio sueño americano.

Un año después de llegar a Estados Unidos, David conoció a Hope, una prima tercera suya, en una boda en Manhattan. El chico quedó impresionado por la joven de cabello castaño, ojos color avellana y sonrisa brillante; Hope se sintió atraída por aquel hombre seguro de sí mismo, de hoyuelos y movimientos de baile fluidos. Pasaron la noche charlando y bailando.

David y Hope tuvieron una cita. De nuevo, bailaron el mambo. David se consideraba un bailarín sofisticado; sus amigos habían empezado a llamarle Mambo Dave. Hope quedó cautivada por aquel apuesto europeo tan entusiasmado por la vida. La chica había nacido y crecido en Brooklyn, y ahora estudiaba en el Brooklyn College y daba clases a estudiantes de secundaria. Sin embargo, David no hablaba mucho sobre su pasado.

Cada fin de semana, David iba en su Chevy negro de Queens al Bronx para ver a Hope. En cuestión de meses, la pareja se casó.

—Si he de decir por qué me casé con él, la verdad es que besaba bien, iba bien vestido y era buen bailarín —diría Hope más adelante.

Un año después de casarse, la pareja tuvo su primer hijo.

En 1952 los Wisnia se mudaron a Levittown, Pennsylvania, donde David dirigía la sucursal local de Wonderland of Knowledge Corporation, ahora como vicepresidente de ventas. La familia vivía en una casa de dos pisos en una ciudad planificada predominantemente judía. Poco después, la Conferencia sobre Reclamos Materiales Judíos contra Alemania, una organización sin ánimo de lucro, empezó a negociar reparaciones por parte de Alemania por las propiedades robadas al pueblo judío y el sufrimiento y las pérdidas que habían sufrido a manos de los nazis. David utilizó el dinero para comprarse un Jaguar.

Ahora David tenía una familia en crecimiento, una casa bonita, un césped y un coche de lujo en el camino de entrada a su casa. Se había asegurado su trozo de América.

Cada lunes por la mañana, temprano, se subía a un avión para vender enciclopedias por todo el país. Al igual que su padre años antes, regresaba a casa los fines de semana. Aprovechó la oportunidad de ofrecerse voluntario como cantor en la sinagoga local, donde dirigía a la congregación en la oración y cantaba versos litúrgicos. Ahora tenía una actuación regular en la que compartía su pasión por la música con las oraciones de su infancia, lo que él llamaba música soul judía. David intentaba siempre regresar a Levittown a tiempo para unirse a los oficios del viernes y el sábado por la noche. Mientras tanto, Hope criaba a sus cuatro hijos, dos niños y dos niñas, básicamente sola, mientras David se convertía más en una figura decorativa de la familia. Sus hijos lo encontraban feliz y bondadoso, aunque a menudo distante físicamente.

Desde su llegada a Estados Unidos, David era conocido simplemente como el prodigio europeo que había sobrevivido a la guerra, el apuesto políglota de hermosa voz. Nadie preguntaba nunca por sus orígenes, por los detalles de su vida en Europa. Y a él ya le parecía bien. Cuando llevaba camisa de manga corta, la gente preguntaba por los dígitos de su antebrazo izquierdo. David tenía la sensación de que si les contaba la verdad, se arrepentirían de haber preguntado, así que les ofrecía la respuesta estándar que se había convertido en una broma popular entre otros supervivientes: «Es mi número de teléfono». Estaba cansado de vivir con el tatuaje y harto de la pregunta que evocaba aquella vida que tan deliberadamente había dejado atrás. Más que nada, David quería integrarse en aquel mundo en el que tanto se había esforzado por encontrar un espacio.

En 1951 se nacionalizó; por fin era un estadounidense de pleno derecho. Decidió que había llegado el momento de borrar el 83526, y Auschwitz, de una vez por todas. Encontró un cirujano en Roosevelt Boulevard, Filadelfia, y le dijo que le quitara los números, y el cirujano hizo exactamente eso, cortar los números de su antebrazo y juntar la piel de alrededor de la incisión. David no había imaginado que aquella intervención le provocaría un dolor tan ardiente y punzante; el precio, en cierto modo, de tratar de olvidar.

Y es que un año después de la operación, David todavía tenía problemas para conciliar el sueño. El trozo que le habían cortado le quemaba; la agonía era casi insoportable.

Y además, todavía le quedaba una curva del número seis.

Mientras tanto, en junio de 1950, Sara Radomski había llegado a Estados Unidos, también en un barco lleno de supervivientes. Iba con su marido, a quien había conocido a través de amigos en Feldafing. Su boda en Múnich fue pequeña y triste, con pocos amigos, nadie de la familia y sin adornos.

Al igual que David, Sara estaba cansada de que le preguntaran por su tatuaje. Cada día se lo tapaba con una tirita: era su herida perpetua, una que se negaba a sanar.

A través de una próspera red de supervivientes, Sara se enteró de que David estaba vivo y casado, y de que ahora vivía en Levittown, Pennsylvania, y le llamó por teléfono. Habían cantado juntos de niños en Sochaczew y la última vez que se habían visto había sido tras las puertas de Auschwitz. Se pusieron al día de sus nuevas vidas, intercambiando detalles de su pasado.

Zippi también estaba viva, mencionó Sara. Le dijo a David que después de la guerra habían ido juntas a Varsovia a buscarlo, pero que, al no aparecer, se habían ido.

Si David sintió un pellizco de arrepentimiento al escuchar esto, nunca lo admitió. Pero sí que quiso saber más sobre su antigua amante. Sara le contó lo que sabía; las dos mujeres se habían distanciado, pero todavía hablaban esporádicamente. El esposo de Zippi era un inteligente científico que trabajaba para las Naciones Unidas. Lo último que sabía era que vivían en Sudamérica. Todos habían seguido adelante y dejado atrás su desoladora historia en Europa. Y, si bien ansiaban olvidar el pasado, continuaban manteniendo el contacto. El suyo era un vínculo de por vida, un trauma compartido que nadie entendería jamás.

Antes de colgar, Sara le dio a David la información de contacto de Zippi.

Después de aquella conversación, David pensó más en Zippi. Había una pregunta que le había asaltado de forma recurrente aquellos últimos años, una pregunta que finalmente se permitió hacerse: ¿cómo había sobrevivido a Auschwitz tantos años cuando la mayoría de la gente duraba solo semanas?

Sabía cantar, claro. Había entretenido a los nazis, sí. Pero, echando la vista atrás, casi parecía como si un ángel guardián lo hubiera protegido. Cada vez que se metía en problemas, de alguna manera salía de ellos con vida.

Sabía sin lugar a dudas que Zippi había salvado la vida de Sara, tal vez más de una vez, porque él así se lo había pedido. Y se preguntaba: ¿le había mantenido vivo también a él?

David decidió llamar a su antigua novia.

27
«Justo lo que necesitaba»

Cuando David telefoneó por primera vez a Zippi, ella no supo qué decir. No había escuchado su voz en años. Además, durante todo el tiempo que habían pasado juntos, todas aquellas horas secretas en Canadá, básicamente le había oído susurrar. Ahora su voz sonaba más fuerte, más segura. La misma voz, pero más seria. Madura.

Fue poco después de que terminara la guerra, pero no lo bastante pronto: finales de 1949, principios de 1950. Para entonces, David estaba casado, al igual que Zippi. Más tarde, Zippi no recordaría dónde estaba cuando recibió aquella llamada telefónica.

Mientras hablaban, Erwin Tichauer escuchaba desde otro teléfono. «¿Y por qué no habría de hacerlo», pensó ella. No tenía nada que esconder.

David quería que se encontraran, pero a Zippi no le parecía correcto. La había dejado plantada en Varsovia. Había tomado una decisión consciente: había abandonado los planes que habían hecho. La había abandonado a ella. Y ella no podía olvidar aquella promesa rota. Además, ambos se habían construido nuevas vidas por sí mismos. ¿Por qué reunirse ahora? ¿Para qué?

David le habló a Zippi sobre sí mismo, como si charlara con una vieja amiga. Le habló sobre cómo había emigrado a Estados Unidos, sobre su esposa, que le iba bien, que llevaba la vida que siempre había soñado.

Ni una sola vez le preguntó a Zippi cómo le iba a ella.

Ni una sola vez se disculpó por no haber ido a Varsovia.

«¿Se arrepiente lo más mínimo?».

Zippi trató de restarle importancia. «Hoy en día la mayoría de la gente solo se preocupa por sí misma», intentó decirse. No era nada personal. Aun así, ¿pensaba David en ella solo como una antigua conocida, como un rollo casual? Porque él no había sido eso para ella.

Así que, cuando David le preguntó si podía ir a visitarla, Zippi dijo que no; un no rotundo. No podía ir a visitarla. No estaba interesada.

Colgaron y la decepción se instaló a ambos lados de la línea.

En aquel momento, Zippi decidió que no tendría más contacto con él.

«Es mejor así», pensó. Su esposo y ella estaban empezando una nueva vida.

Zippi y Erwin habían llegado a Chile solo unos años antes, en 1947. Para entonces, Erwin ya había obtenido varios puestos como ingeniero en empresas de manufacturas. Era inteligente y tenía carisma, el tipo de persona que cautivaba a la gente solo con entrar en la sala. También sabía cómo promocionarse, de modo que su reputación como ingeniero consumado se extendió rápidamente.

Zippi sabía que su esposo tenía talento, y ella también. Le fascinaba su campo y estaba convencida de que podía enriquecer el trabajo de Erwin con sus propias habilidades. Seguiría experimentando en diseño gráfico cuando pudiera, pero decidió centrarse principalmente en ayudar a impulsar la carrera de su esposo. Eran un equipo y se aseguraría de que él tuviera éxito. Se convertiría en compañera y colaboradora de Erwin.

Al principio, Erwin trabajaba para un fabricante de maquinaria especializada de Chile. Buscaba maneras de rediseñar herramientas cotidianas para trabajos manuales y rehabilitar la mano de obra. La curiosidad innata y las habilidades de diseño de Zippi complementaban perfectamente la experiencia en ingeniería de Erwin. Juntos, marido y mujer realizaban investigaciones y escribían artículos. Zippi estudiaba ergonomía y dibujaba diagramas para acompañar el trabajo de su esposo. Erwin empezó a hacerse un nombre en el campo de la biomecánica ocupacional y la ergonomía. Como su socia, Zippi participaba en casi toda su investigación, contribuyendo con diagramas e ideas. La entusiasmaba ver sus ilustraciones y gráficos impresos en las publicaciones científicas. Nunca recibió un reconocimiento oficial por su trabajo, aunque Erwin lo reconocía ante amigos y colegas.

Toda su vida Zippi había funcionado de esa manera: nunca pidió reconocimiento por ayudar a la resistencia en Bratislava, en Auschwitz o con la Brichah; de hecho, prefería no hablar sobre su participación en ello. Lo único que quería era mantenerse ocupada de un modo que fuera útil y de ayuda para los demás.

Aunque Zippi se negaba a escribir su propia historia, presionaba a su esposo para que compartiera la suya. Tal vez sus heridas aún estuvieran demasiado frescas; tal vez veía más valor en ser una fuente para los historiadores. En momentos robados, Zippi persuadía a Erwin para que le revelara su historia de guerra, y al final lo hizo. Lo instó a que le permitiera escribirla; él estuvo de acuerdo, a condición de que cambiara los nombres de las personas y ciertos detalles, y ella aceptó.

Y así lo hicieron. Él hablaba; Zippi escribía.

En 1950, a Erwin y Zippi les ofrecieron un nuevo hogar en Australia, donde el gobierno había acogido a más supervivientes del Holocausto que cualquier otro país, en proporción a su población total. Una empresa de equipamientos agrícolas de Brisbane contrató a Erwin para ocupar un cargo de directivo como ingeniero de diseño. Además, la Universidad de Queensland le ofreció un puesto como profesor.

Durante meses, Zippi sufrió unos dolores de cabeza que la debilitaban, otra consecuencia de las lesiones que había sufrido en Auschwitz y Ravensbrück. Antes de mudarse a Brisbane, Zippi voló a Múnich para someterse a otra operación.

Estando en Múnich, en una oficina de correos, le llamó la atención una pareja a la que reconoció. Al principio pensó que debían de ser viejos amigos. Tenía una fuerte sensación de *déjà vu*, pero no recordaba de dónde los conocía.

Luego se dio cuenta, fue algo visceral. Entendió por las expresiones de sus caras que ellos también se habían dado cuenta, tal vez al mismo tiempo.

Eran antiguos miembros de las SS. Los conocía de Auschwitz. De repente, notó que las piernas le pesaban como si fueran de hierro, como si estuviera atrapada en arenas movedizas. Antes de que pudiera reaccionar, la pareja salió corriendo por la puerta trasera de la oficina de correos. Pensó en perseguirlos, pero tenía demasiado miedo.

Aquel incidente la perseguiría durante años.

Europa también tenía algunas sorpresas bienvenidas. A través de la red de supervivientes, Zippi descubrió que su querido tío Leo estaba vivo. Aquel era el hombre que había mimado a Zippi después de que muriera su madre, después de que su padre la abandonara. Aquel era el hombre que había protegido a Zippi, que la había introducido a la mandolina y a Hashomer Hatzair. Había hecho de la música el centro de su vida. Estaba emocionada por la noticia de que no solo había sobrevivido a la guerra, sino que estaba casado y vivía en Praga.

Zippi y su tío Leo se reunieron en cuanto pudieron. Después de huir a Palestina en 1933, el tío Leo había ido a Francia para unirse al gobierno checoslovaco en el exilio. Quería luchar por el país que amaba, que estaba siendo destruido por extremistas. Cuando no estaba en combate, tocaba la mandolina en una orquesta, igual que Zippi, solo que con el gobierno checoslovaco en el exilio.

Zippi y el tío Leo se encontraron en Praga. Durante años, ella puso empeño en reunirse con él allí periódicamente, y caminaban juntos por la ciudad, cogidos del brazo. El tío Leo y Sam eran ahora las únicas conexiones de Zippi con su pasado. Disfrutaba de tener aquellos recordatorios de quién era y de dónde venía.

Cuando Zippi y Erwin finalmente se instalaron en Australia, encontraron su nuevo hogar hermoso, limpio y moderno, nada que ver con Europa, donde un pasado pesado colgaba de cada esquina. No era un mal lugar para empezar de nuevo. Brisbane ofrecía las dos cualidades que Zippi había amado de Bratislava: una población diversa y un litoral bello. Y lo mejor de todo era que Sam, su esposa y su hija también habían emigrado a Brisbane justo el año anterior.

Sam y su familia habían abandonado Bratislava en 1949, tras una serie de matanzas que les hicieron darse cuenta de que nunca se sentirían seguros en Europa. Harto de aquella persecución sin fin, Sam decidió que quería alejarse lo más posible de Europa, y Australia era «justo lo que necesitaba». Una vez allí, tuvo una serie de empleos ocasionales, desde pinche de cocina hasta trabajar en una fábrica de caucho. También estudió inglés. Sam hacía horas extra: quería poner en marcha su propio negocio. Zippi y él se veían de vez en cuando, pero no con frecuencia; ambos estaban ocupados reconstruyendo sus vidas.

Zippi y Erwin trabajaban duro afianzando la carrera de él. Viajaba por el mundo para asistir a conferencias y en ocasiones Zippi lo acompañaba. La Organización Internacional del Trabajo (OIT), una agencia de la ONU centrada en mejorar las prácticas laborales en países en vías de desarrollo, reclutó a Erwin. Durante varios meses, fue consultor técnico en productividad industrial en Lima, Perú. Erwin asesoraba a organizaciones gubernamentales, universidades y empresas sobre cómo llevar a cabo la capacitación vocacional. Daba consejos técnicos y hacía recomendaciones a los empleados. Erwin y Zippi también pasaron tiempo en La Paz, Bolivia, donde Erwin trabajó con el ministerio de trabajo del país. Zippi continuó haciendo cuanto pudo para ayudar a las mujeres a mejorar sus vidas: cuando descubrió a una comunidad de madres lactantes con dificultades, diseñó unas latas que conservaban la leche para los bebés.

Erwin escribía informes de investigación y Zippi los ilustraba. En su campo, las ilustraciones y diagramas eran fundamentales para la investigación realizada. En 1960, Erwin fue invitado a ser profesor titular de Ingeniería Industrial y Ergonomía en la Universidad de Sídney. La pareja se mudó a unas diez horas en coche costa abajo desde Brisbane. Sam y su familia los siguieron poco después. Para entonces, Sam había montado una empresa inmobiliaria de éxito. Por un breve tiempo, los hermanos disfrutaron viviendo cerca el uno del otro. Pero Erwin y Zippi pronto volvieron a estar en movimiento.

En 1963, la Universidad de Texas Tech reclutó a Erwin para unirse al claustro como profesor visitante y desarrollar cursos de posgrado en biomecánica. Era un trabajo de prestigio que le proporcionaba la oportunidad de expandir las instalaciones de investigación de la universidad, así que la pareja se mudó a Estados Unidos y fijó su residencia en Lubbock, Texas. Al cabo de un año, Erwin era profesor titular de Ingeniería Industrial.

Pero Zippi estaba triste. Lubbock le parecía pequeño. Había un racismo descontrolado contra las poblaciones negra y latina. Casi no había judíos en la ciudad. Zippi se sentía como una extranjera en su nuevo hogar. No podía creer el fanatismo y la ignorancia que la rodeaban. Había soportado discriminación en Europa y pensaba que Estados Unidos sería mejor que aquello.

Así que, cuando podía, viajaba.

Fue por aquella época cuando Sara volvió a contactar a Zippi y le dijo que David todavía tenía la esperanza de reunirse con ella. Y casualmente, Zippi y Erwin estaban planeando un viaje a Nueva York. Esa podía ser una oportunidad.

Zippi vaciló, pero David había sido muy insistente. Habían pasado unos diez años desde la última vez que él la había llamado. Tal vez había pasado suficiente tiempo; tal vez la conversación sería diferente esta vez.

Le dijo a Sara que de acuerdo, que se reuniría con él en Manhattan.

28
«Pregúntame lo que quieras»

David giró hacia el norte por la autopista interestatal. El trayecto de Levittown a Manhattan era de aproximadamente una hora y media. Iba solo en su Jaguar; tal vez llevara bajada la capota convertible y el viento le soplara en las entradas del pelo, que empezaba a retroceder. Eran mediados de los años sesenta y David tenía unos treinta y tantos años. La última vez que había visto a Zippi, ambos eran unos veinte años más jóvenes.

Tal vez estuviera nervioso. Emocionado. Solo se habían visto como esclavos, como prisioneros. Solo se conocían con uniforme. Por aquel entonces, él no era más que un muchacho, ingenuo. Había aprendido mucho desde entonces. Ella no había visto al hombre en el que se había convertido. ¿Qué pensaría de él ahora?

David condujo por el túnel de Lincoln, bajo el río Hudson. En Manhattan siempre había más tráfico, pero aun así ahora estaba a solo unos minutos de distancia. ¿Agarraba el volante con fuerza? ¿Se le ponían los nudillos blancos? ¿Tarareaba una vieja melodía?

Finalmente, al llegar a Central Park, encontró un hueco para aparcar el coche cerca del hotel que habían elegido para su reencuentro. Probablemente se había puesto elegante para la ocasión: pantalón de vestir, una camisa recién planchada, una chaqueta. Posiblemente Hope lo despidiera más temprano.

David se sentó en el vestíbulo de un hotel que estaba frente a Central Park y esperó.

Hombres de negocios, familias y parejas; turistas de todo el mundo pasaban a su lado. David miraba expectante, buscando aquel rostro familiar. ¿Se reconocerían de inmediato? ¿Cuánto podría haber cambiado ella en diez años? ¿Tuvo David un momento de pánico?

Buscó entre las caras. Y siguió esperando. Pasaron los minutos.

Zippi no se presentó.

David había querido cortar por lo sano con su pasado, pero Zippi era diferente. Ella lo había consolado cuando estaba solo, cuando era un esclavo en un infierno y sus padres habían muerto. Es más, Zippi estaba en el centro de un misterio que cada vez ardía más intensamente en la cabeza de David: había visto la muerte a su alrededor y había sobrevivido. Por mucho que intentara no pensar en ello, no podía evitarlo. ¿Cómo había vivido cuando tantos otros habían perecido? Estaba seguro de que Zippi sabía la respuesta.

Poco antes de que David esperara reunirse con Zippi, había regresado a Auschwitz. Era 1957, diez años después de que se abriera un memorial y un museo en el sitio del antiguo campo principal. El campo estaba abierto y él quería visitarlo. Tras años de apartar la vista, no pudo evitar mirar.

—Solo quería verlo —diría más tarde, encogiéndose de hombros—. La vida te arrastra.

No podía explicar la atracción. Caminó por el suelo de hierba alta del campo principal de Auschwitz. Birkenau aún se estaba recuperando del caos que los nazis habían dejado: hacía un par de años, el tejado de la Sauna se había derrumbado poco después de que un grupo de visitantes pasara por allí. Los bloques mejor conservados del campo principal se estaban utilizando para hacer exposiciones.

David entró en el Bloque 15. En su día abarrotado hasta lo impensable, ahora estaba vacío y era frío y húmedo. Subió a la litera de en medio de una de las literas triples y se echó sobre las tablas de madera. Seguramente con la ayuda de una llave, grabó su nombre en mayúsculas sobre la piedra gris. Listo. Ya había dejado su marca. Era la primera vez que volvía como hombre libre, y no sería la última.

En su casa, con su joven familia, David se negaba a hablar de su pasado. Por aquella época, el hijo mayor de David, Eric, de unos siete u ocho años, preguntó por qué no tenía abuelos por parte de padre. Sus padres le dijeron que estaban muertos, y ahí terminó la conversación. A veces, en cambio, David le hablaba a Eric sobre su experiencia como veterano del ejército estadounidense.

Solo en el bar mitzvá de Eric, en 1962, después de interpretar la canción que había escrito en Auschwitz, David le explicó a Eric que no había nacido en Estados Unidos, sino en Polonia, y que sus padres y abuelos habían sido asesinados allí. Eric quedó asombrado. David tenía un acento americano perfecto y a Eric nunca le había pasado por la cabeza que su padre no hubiera nacido y crecido en Estados Unidos.

David tardaría otros cuatro años en entrar en detalles. Cuando el rabino de Eric se dio cuenta de que el chico no sabía nada sobre el pasado de su padre, organizó una conversación. Una tarde de verano de 1966, el rabino Hendel llevó a Eric, de dieciséis años, a Pete Lorenzo's Cafe, cerca de la estación de tren de Trenton. Allí se encontraron con David y se sentaron a comer en un reservado. David habló durante dos horas. Mientras hablaba se dirigía al rabino, incapaz de aguantarle la mirada a su hijo.

Eric no dijo ni una palabra. Estaba atónito. Ni David ni Hope habían contado nunca a sus hijos nada sobre la guerra. Eric se preguntaba cuánto sabía su madre.

David tardaría varios años más en hablar libremente sobre su pasado. En 1974, él y Eric, que para entonces era un rabino de veinticuatro años, empezaron a hablar sobre el Holocausto sin demasiada agitación. David empezó a viajar de forma regular a Varsovia, donde visitaba sinagogas y compartía su historia con miembros de la comunidad judía de la ciudad, y de nuevo sintió la adoración que había experimentado de niño. Antes de la guerra, en el Estado de Polonia vivían alrededor de tres millones de judíos; sobrevivieron más de trescientos mil.

Durante aquellos viajes, David también solía visitar Auschwitz. Para ver, para tratar de entender.

Por aquel entonces, David había cambiado de carrera. Durante décadas había sido cantor voluntario mientras tenía un trabajo bien remunerado en ventas. Pero cuando Books of Wonder hizo reducción de personal, David perdió su trabajo. Intentó abrir su propio negocio de libros desde casa, pero no funcionó. Necesitaba ganar dinero. Se presentó a un examen de cantor en Nueva York y fue oficialmente ordenado. Poco después, se convirtió en un cantor de verdad que ganaba un sueldo regular en su templo local. Sus compañeros feligreses le querían y hacían cola para que oficiara bar mitzvás y bodas.

En aquella época el mundo también estaba más preparado para afrontar el Holocausto. Durante décadas había sido un tema tabú en todas partes. La mayoría de los supervivientes evitaban hablar de ello por completo; algunos se sentían culpables por haber sobrevivido cuando tantos habían perecido, y otros se avergonzaban de haber sido víctimas. Con frecuencia solo querían pasar página, olvidar los detalles sórdidos de su pasado, proteger a sus familias de su trauma. Pero en la década de 1970, para cuando David comenzó a compartir más sobre su vida, muchos otros supervivientes de todo el mundo empezaron a abrirse sobre sus experiencias. Al final empezaron a publicar memorias, a menudo aclamadas. Elie Wiesel, un superviviente húngaro, es quizá el más famoso entre ellos. Sus memorias sobre Auschwitz, *La noche*, se publicaron por primera vez en inglés en 1960 y luego tuvieron un gran éxito comercial, y Wiesel ganó numerosas medallas y premios literarios, incluido el Premio Nobel de la Paz en 1986.

Al principio a David le daba vergüenza hablar sobre su pasado. Pero cuando notó la admiración y la curiosidad entre los estudiantes y feligreses, se sintió cada vez más cómodo compartiendo su historia. Más adelante, Eric bromeó diciendo que cuando su padre se dio cuenta de que la gente estaba interesada en oír hablar de su pasado, no dejaba de hablar sobre él. Probablemente fue aquella conversación en el café de Nueva Jersey la que abrió las compuertas. David dio entrevistas a periódicos locales, a museos y en su mesa de cocina; incluso hizo un documental, patrocinado por una empresa local de aire acondicionado de Levittown. De repente se dio cuenta del valor que tenía compartir su historia.

Principalmente, David cantaba. Uno de sus nietos, Avi, era músico y se convirtió en su compañero. El dúo actuaba en sinagogas y bibliotecas; David cantaba y Avi lo acompañaba al piano. Después, David, orador carismático y artista por naturaleza, compartía parte de su historia.

David también explicaba pequeñas anécdotas de su pasado en el templo de Eric. Los feligreses que lo escuchaban quedaban fascinados. Una congregante, Robin Black, quedó tan impresionada por David que le sugirió que escribiera sus memorias. En un primer momento, David se negó. Robin insistió, añadiendo que ella lo ayudaría a escribirlas. Finalmente lo convenció. Robin y David pasaron meses explorando el pasado de él; fueron juntos a Varsovia y a Auschwitz, donde él le mostró dónde estaba su antigua litera, la Sauna y Canadá.

A medida que por fin se iba permitiendo revisitar su pasado, David revivía fragmentos del tiempo que había pasado en Auschwitz. De vez en cuando recordaba detalles sobre sus padres. Una noche, durante la cena, de repente recordó el color del abrigo de su madre en aquella pila de cadáveres. Marrón. No pudo quitarse la tela de la cabeza. Aquella noche no se acabó la cena.

Antes de eso, rara vez hablaba de Zippi, pero al abrirse con Robin también empezó a abrirse con su familia. Hubo un momento, hacia 1965, en que había hecho mención de Zippi a Hope, cuando esperaba encontrarse con su antigua novia en el vestíbulo de aquel hotel de Manhattan. Ahora sí que habló a su familia sobre ella, sobre lo poderosa que había sido en Auschwitz.

Al final, David incluyó a Zippi en sus memorias, *One Voice, Two Lives* («Una voz, dos vidas»). Le puso un seudónimo, Rose. En sus páginas, Rose tiene un atractivo misterioso; aparece serena y sofisticada. Ella lo había elegido, y él aún se maravillaba de la suerte que había tenido. Aun así, Rose solo aparecía en un par de páginas de un libro muy extenso y David afirmaba que su relación había sido más física que emocional.

—Estábamos en el lugar correcto en el momento adecuado, eso fue todo —le dijo a Robin.

Pero eso no fue todo.

La creciente sospecha de David de que Zippi de alguna manera lo había ayudado a sobrevivir en Auschwitz era abrumadora. Su familia estaba intrigada. Querían ayudar a encontrar a aquella misteriosa mujer, la que comenzaban a sospechar que había hecho posible que tuvieran una vida juntos.

Para deleite de Zippi, su estancia en Lubbock fue breve. En 1967 Erwin y ella se mudaron a Manhattan. Nueva York no tenía nada que ver con Texas. En Lubbock, Zippi sentía claustrofobia; en Manhattan se sentía más en casa. La diversidad y la cultura de la ciudad le proporcionaban una sensación de pertenencia.

En la Universidad de Nueva York, Erwin tenía los recursos y el tiempo para desarrollar su investigación en ingeniería anatómica. Zippi y él a menudo invitaban a estudiantes y profesores a cenar a su casa de Kips Bay, en la calle Treinta y Tres Este, entre la Primera y la Segunda Avenida, donde disfrutaban del tipo de conversaciones intelectuales con las que Zippi se había deleitado incluso de niña. Erwin y su investigación aparecían regularmente en los medios internacionales. En 1969, a los cuarenta y nueve años, Erwin se convirtió en profesor titular en la NYU. Aquel mismo año, la revista *Time* publicó un artículo de dos páginas sobre Erwin que incluía ilustraciones que probablemente fueran de Zippi. Ella estaba en su elemento.

La pareja disfrutaba de la emoción de la academia, hasta que a Erwin le diagnosticaron la enfermedad de Parkinson en la década de 1980. La enfermedad avanzó rápidamente y en poco tiempo pasaron a apenas salir de casa.

Joan Ringelheim, una historiadora destacada que se centraba en las mujeres y el Holocausto, visitó por primera vez a Zippi en aquella época. En aquel momento, Joan supervisaba los archivos de historia oral del Museo Conmemorativo del Holocausto de los Estados Unidos, en Washington. Antes de dejar que Joan subiera a su apartamento, Zippi quiso prepararla: su esposo sufría de la enfermedad de Parkinson, le dijo. Tenía dificultades para hablar y estaba físicamente discapacitado. Pero Zippi dejó claro que no toleraría que ignorara a su esposo. Si la historiadora no sabía manejarse con la enfermedad de él, no la dejaría subir.

Zippi también quería asegurarse de que Joan tuviera un conocimiento adecuado del Holocausto, que fuera lo bastante inteligente para entender las complejidades de Auschwitz. Zippi no dudaba en echar de su casa a historiadores si parecían frívolos o desinformados. Lo había hecho antes y lo volvería a hacer.

Joan se quedó de piedra. Había entrevistado a decenas de personas y nunca antes se había sentido intimidada de aquella manera. Pero aceptó, de modo que Zippi la recibió en su apartamento. Joan se sintió aliviada, cuando al final de la entrevista, se dio cuenta de que había pasado su prueba.

Joan continuó entrevistando a Zippi muchas veces en las siguientes décadas, a menudo por teléfono. También se reunió con la pareja en persona varias veces más. En una ocasión, Erwin se acercó a Joan arrastrando los pies mientras Zippi estaba fuera de la habitación.

—¿Quieres saber lo que me pasó a mí? —le preguntó.

Joan se sorprendió. Aunque podía caminar y participar en conversaciones, la salud de Erwin se había deteriorado rápidamente y le costaba hablar. Antes de que pudiera responder, él continuó.

—Fui un espía —farfulló con un acento alemán mínimo.

Joan quedó impactada y no supo cómo reaccionar. El momento pasó y Zippi regresó para su entrevista. Joan le preguntó sobre lo que Erwin acababa de compartir con ella. Zippi se encogió de hombros. ¿Le sorprendía que Erwin hubiera compartido algo así con Joan? De ser así, no lo mostró, pero tampoco profundizó en el tema, sino que prefirió volver a su propia entrevista. Solo hablaría de su propia experiencia. En 1950, Erwin había presentado a una editorial un manuscrito terminado basado en su vida, pero la obra había sido rechazada: le dijeron que a los lectores no les interesaba la literatura sobre los campos de concentración.

—Quizá tenía la sensación de que necesitaba decírselo a alguien —pensó Joan más adelante. Tal vez Erwin la había visto tantas veces que se sentía cómodo contándoselo a ella.

Fuera verdad o no, Zippi fingió ignorancia.

—Había algo en ella que mantenía la distancia —dijo Joan. Con el tiempo, las dos mujeres se hicieron amigas y hablaban por teléfono dos o tres veces por semana. Indefectiblemente, Zippi siempre acababa hablando de Auschwitz. Había recopilado una variedad de libros sobre el Holocausto, y se quejaba de que muchos de ellos contenían errores. Sentía la necesidad de corregir esos errores, por pequeños que fueran. En una ocasión, al ver una fotografía mal etiquetada en un libro sobre Auschwitz, buscó el número de teléfono del autor y lo llamó a casa. El autor, Peter Hellman, se sintió avergonzado mientras la mujer del teléfono señalaba su error. Después de aquello se convirtió en uno de los amigos más cercanos de Zippi. Pasados tantos años de su tiempo en Auschwitz, Zippi seguía conectando con la gente por naturaleza, construyendo lazos de amistad gracias a su sinceridad y a su lealtad inagotable.

A finales de la década de 1980, Erwin ya no podía caminar, ni alimentarse ni vestirse por sí mismo. En 1988 se retiró de la NYU como profesor emérito y Zippi asumió un nuevo y último papel en su relación: su cuidadora a tiempo completo. Los amigos recuerdan su pequeña silueta levantando a su esposo de la cama de hospital que ahora ocupaba el centro de su sala de estar, así como vistiéndolo y alimentándolo. Se negaba a dejar que otros cuidaran de él.

La propia Zippi se estaba volviendo más frágil. Rara vez salía de su apartamento. Las palizas que había recibido durante la guerra la perseguían ahora en la vejez. Estaba perdiendo la vista y la audición. Con todo, devoraba nuevos libros sobre el Holocausto, recopilaba documentos y creaba sus propios archivos personales. Ayudó a decenas de historiadores que estaban escribiendo ensayos y libros sobre Auschwitz. Soñaba con recrear algún día algunos de los diagramas que había diseñado en aquella oficina tantos años atrás, los diagramas que se había tomado la molestia de duplicar pero que aún no habían sido encontrados. Quería que los estudiosos comprendieran lo que había visto. Le parecía que nadie acababa de entender el complejo sistema de campos que había sido Auschwitz.

Con los años, Zippi había estado en contacto con las nietas gemelas del tío Leo, Petra y Hana Nichtburgerova, que vivían en Praga. El verano de 2001, Petra, de diecinueve años, visitó la ciudad de Nueva York y se alojó con Zippi. No sabía mucho sobre el Holocausto; su familia nunca había hablado de ello. Antes de que Petra fuese a casa de Zippi, la familia de Petra advirtió a la joven que no le preguntara sobre su pasado.

—En Europa, parece como si los judíos ya no existieran —dijo Petra años después—. De adolescente tenía la sensación de que no era apropiado decirle a la gente que era judía, es decir, medio judía. No era un tema de conversación.

Pero a los pocos minutos de llegar a casa de su tía abuela en Manhattan, todo cambió, recordaría después.

—Pregúntame lo que quieras —le dijo Zippi en cuanto Petra se sentó en el sofá.

Se pasó horas relatándole su pasado. Hizo otro tanto con Hana, por teléfono. Gracias a Zippi, Hana se convirtió en estudiosa del Holocausto.

Mientras estuvo de visita, Petra tuvo la impresión de que Zippi siempre estaba organizando sus papeles y libros. Estaba casi ciega, pero se pasaba al menos un par de horas al día con una lupa con luz, leyendo y organizando. Petra se preguntaba por qué su tía abuela nunca había escrito su historia. Suponía que era porque Zippi era demasiado perfeccionista.

—La verdad es que era muy dura con la gente —recordó Petra—. Pero también lo era consigo misma.

Años después de la muerte de Erwin en 1996, Zippi se apoderó de la cama de hospital en la que él había estado postrado tanto tiempo. Tenía setenta y ocho años y le dolía el cuerpo casi en todo momento. Se movía lo menos posible y necesitaba un andador cuando lo hacía. Eso no le impedía organizar el estudio de Erwin, donde habían acumulado montañas de investigaciones, diarios e informes. Tenían libros sobre temas que iban desde arte hasta los judíos de Checoslovaquia, y prácticamente todo lo que se había escrito sobre Auschwitz. Sola en su apartamento, examinaba cuidadosamente sus papeles, utilizando un dispositivo de aumento.

Estaba decidida a publicar la historia de Erwin, y al final logró su objetivo: Jürgen Matthäus, jefe del departamento de investigación del Museo Conmemorativo del Holocausto de los Estados Unidos, que también era un amigo y confidente leal, la ayudó a encontrar un editor alemán para el libro *Totenkopf und Zebrakleid: Ein Berliner Jude in Auschwitz* («Calavera y trajes de cebra: un judío berlinés en Auschwitz»), publicado en 2000. Erwin aparece como autor del libro.

Para entonces, un grupo de historiadores a quienes ella respetaba y con quienes hablaba semanalmente se había convertido en una especie de prolongación de la familia. Konrad Kwiet, historiador del Museo Judío de Sídney que había llegado a conocer a su hermano Sam, se convirtió en un hijo adoptivo que la llamaba todos los viernes. Michael Berkowitz, profesor de Historia Judía en el University College London, también era como un hijo adoptivo, a quien ella regaló la vieja cámara de su esposo, así como su ropa interior sin abrir. («¿Por qué habría de tirarla o dársela a un desconocido cuando está nueva?», le había dicho a Michael). Zippi también ayudó a Wendy Lower, una destacada historiadora, a escribir un informe sobre Feldafing. En el proceso, Wendy se convirtió en la hija adoptiva de Zippi e incluso la ayudó a obtener su certificado de matrimonio y le llevaba frascos de sardinas en escabeche, que le encantaban, cuando viajaba a Alemania.

En 2009, Zippi finalmente autorizó a un grupo de historiadores, dirigidos por Jürgen Matthäus, a publicar un libro sobre sus experiencias en Auschwitz. El libro, *Approaching an Auschwitz Survivor: Holocaust Testimony and Its Transformations* («Una superviviente de Auschwitz: Testimonio del Holocausto y sus transformaciones»), ofrece una visión única de la memoria y está contado solamente desde la perspectiva de Zippi. Cinco académicos escribieron sendos ensayos basados en múltiples entrevistas que tuvieron con Zippi a lo largo de muchos años. Cada pieza se centra en un aspecto diferente de sus experiencias durante la guerra.

En todas aquellas entrevistas, Zippi nunca mencionó a David ni la aventura que mantuvieron.

David descubrió el libro de Zippi en 2011 y volvió a ponerse en contacto con ella.

De nuevo, Zippi contestó el teléfono. De nuevo, le dejó hablar. David quería saber si podía ir a verla.

Esta vez, Zippi no se opuso a ello. Había pasado mucho tiempo: suponía que él había tenido que encontrar su propio camino. El caso es que Erwin ya no estaba vivo, así que ella no tenía que preocuparse por ofender a su esposo.

Aun así, no tenía prisa. Tal vez todavía quisiera castigar a David. O se estuviera protegiendo. En cualquier caso, si David realmente quería ver a Zippi, tendría que esperar.

David Wisnia años después, en la casa donde crio a su familia, en Levittown, Pennsylvania.

29
¿No es extraña la vida?

Cinco años después, una tarde soleada de agosto de 2016, David y dos de sus seis nietos emprendieron el viaje de casi dos horas en coche desde Levittown a Manhattan. David estuvo callado la mayor parte del trayecto. No sabía qué esperar. Aquella situación era surrealista: iba a ver a una antigua novia con la que apenas había hablado en más de setenta años.

Cuando los tres hombres de la familia Wisnia llegaron, quedaron sorprendidos por la oscuridad del apartamento de Zippi, así como por las estanterías llenas de libros y documentos. Una frágil mujer de cabello gris yacía en una cama de hospital, con una asistente a su lado que la ayudaba. Zippi apenas podía moverse y parecía no entender quiénes eran. Los nietos de David temían que su abuelo quedara consternado. ¿Qué pasaría si Zippi no lo recordaba? Tenía casi noventa y ocho años. ¿Y si llegaban demasiado tarde?

Mientras sus nietos estaban allí aguantando la respiración, David se acercó lentamente a aquella figura pequeña y silenciosa, se inclinó y dijo su nombre.

—David Wisnia.

Zippi se iluminó.

La conexión fue instantánea. Sabía perfectamente quién era él.

Lo que siguió fue una avalancha de palabras en inglés, el idioma que ambos habían adoptado.

—Te esperé en Varsovia. Esperé, esperé y esperé —repetía Zippi una y otra vez.

David trataba de explicarse.

—Iba a Feldafing en coche, pero no sabía que estabas allí. Era un soldado estadounidense.

—¿No es extraña la vida? —decía ella con asombro.

—Iba y venía en coche a Feldafing —decía él—. Y no tenía idea de que estabas allí.

—Yo esperaba, esperaba y esperaba —añadía ella—. No sabía si estabas vivo.

De nuevo, Zippi le decía que lo había esperado. ¿Acaso David no recordaba la promesa que se habían hecho?

David intentaba explicarse una y otra vez. No era más que un soldado raso, pero había sido una oportunidad extraordinaria. Tenía dieciocho años, no era más que un chaval. Polonia representaba la muerte de su familia directa, la muerte de su infancia. Cuando surgió la oportunidad de una nueva vida, una nueva vida en América, la agarró y se aferró a ella con todas sus fuerzas. Para sobrevivir necesitaba un nuevo comienzo lejos de Polonia. Zippi tenía que entenderlo.

David recordó a Zippi que había intentado verla hacía muchos años en Nueva York, que había ido a encontrarse con ella, pero que no se había presentado.

—Fue valiente por mi parte no ir a verte —respondió Zippi. Romper una promesa no iba con su carácter, pero lo más importante era respetar a su esposo. Él era con quien compartía su vida, quien merecía su máxima lealtad. ¿Acaso tuvo miedo de que David todavía tuviera influencia sobre ella?

Zippi le habló a David sobre Erwin, sobre su batalla contra la enfermedad de Parkinson, sobre lo difícil que había sido ese periodo de sus vidas para ambos. Y ella empezaba a olvidar cosas, dijo. Después de todo, era mayor que David.

—Tú eres una joven estrella del rock —dijo Zippi.

—Tú también eras una jovencita, lo recuerdo bien —dijo David riendo, sin perder comba.

Por un breve momento, volvían a estar en Auschwitz, recordando sus escapadas secretas.

—¿Recuerdas nuestros encuentros? —preguntó David.

—¡Claro! —respondió Zippi—. Entrábamos a un reservado dentro de una sala. Recuerdo la ventanita; cuánto trepábamos para llegar allí. Y luego nos besábamos.

David rio entre dientes, avergonzado, consciente de que sus nietos estaban escuchando.

Durante un ratito se pusieron al día de las últimas siete décadas. Zippi le contó que había viajado bastante con su esposo. David le habló de sus hijos y nietos, su orgullo y alegría. Le regaló un ramo de zinnias amarillas.

Avi, el nieto de David, que había estado escuchando en segundo plano, le entregó las flores.

Zippi admiró el ramo antes de que su asistente se lo llevara y lo pusiera en agua. Había mucho de qué ponerse al día. David mostró a Zippi fotografías antiguas que había traído consigo. Le enseñó una foto suya de uniforme con una ametralladora.

Ella forcejeó por ver la foto con la poca vista que le quedaba.

—¿Cómo era yo en Birkenau? ¿Recuerdas qué aspecto tenía? —preguntó, todavía la jovencita vivaz que daba tanta importancia a las apariencias, que se esforzaba tanto por cuidarse, cualidades que la habían salvado en el campo, y que también habían salvado a tantos otros.

David se revolvió, incómodo, como si volviera a ser un adolescente.

—¡Estabas muy guapa! —dijo riendo.

Desde su almohada, Zippi sonrió.

David no pudo contenerse más. Tenía que hacer la pregunta que lo había atormentado todos aquellos años.

¿Cómo había logrado salir de Auschwitz? ¿Había sido ella la responsable de que sobreviviera en Birkenau?

Zippi levantó la mano para mostrar cinco dedos frágiles.

—Te salvé cinco veces —dijo.

David ahogó un jadeó.

Nunca había estado del todo seguro, pero en lo más profundo de su ser siempre lo había sabido.

Miró a sus nietos para asegurarse de que entendían lo que aquella mujer había hecho por él.

—Cuando seleccionaban prisioneros, te buscaba —dijo Zippi.

—Me sacaste de problemas —dijo David.

—Sí —afirmó ella—. No sabía por qué, pero lo hice. También lo hice por otros. Había tanta gente que necesitaba ayuda…

—También salvaste a Sara —dijo David—. No habría sobrevivido sin ti.

Zippi no respondió. En lugar de eso, preguntó por la hija de Sara; hacía mucho tiempo que habían perdido el contacto. David le dijo que él tampoco sabía nada de ella.

David le explicó que siempre se había preguntado cómo había sobrevivido al campo.

—La mayoría de las personas que llegaban a Birkenau morían —dijo—. Cuando me quedé dormido y acabé en el *Strafkommando*… fuiste tú quien sacó mi nombre —dijo, más como una pregunta que como una afirmación.

—¿Cómo lo supiste? —preguntó ella, sorprendida.

—Tenía un presentimiento —dijo él.

Sí, le dijo ahora. Había sido ella.

¿Cómo se le agradece a alguien que te salvara la vida tantas veces, tantos años atrás?

—Te amaba —admitió Zippi suavemente, casi en un susurro.

—Y yo a ti —susurró David también.

Durante aquella visita, Zippi presionó a David en más de una ocasión para que le dijera por qué no había ido a buscarla al acabar la guerra. ¿Acaso no sabía su nombre? Podría haber preguntado a los supervivientes; podría haberla buscado. No pensaba dejar que se fuera de rositas, ni siquiera ahora.

Cada vez que Zippi presionaba a David sobre por qué la había abandonado en Varsovia, él hacía todo lo posible por explicarse. Era un niño perdido. ¿No se daba cuenta Zippi? Puede que al final lo hiciera, porque dejó de preguntárselo.

En cambio, le preguntó si había algo que ella pudiera hacer por él o por sus nietos.

—Nada —respondió David.

Él solo quería enseñarles a sus nietos las vidas que ella había hecho posibles.

Antes de que se marchara, Zippi le pidió a David que le cantara. Mientras sus dos nietos observaban, él eligió la canción húngara que ella le había enseñado tantos años atrás. Le cogió la mano y por última vez estuvieron en paz juntos.

Bajo la luna oscurece
¿Qué sueños le trae la noche?
Que un príncipe llega al galope
A lomos de un blanco corcel.

David no se había presentado en Varsovia. Pero tampoco había olvidado.

Epílogo

Cómo puede alguien sobrevivir al trauma de ver a su familia en una pila de cadáveres? ¿De escribir una lista de números que representan a los humanos que son designados para morir asesinados? ¿Al trauma de soportar una vida de tortura y esclavitud diaria, sin un final a la vista?

¿Cómo puede alguien pasar página de esos momentos? ¿Llevar una vida normal, y mucho menos funcionar en absoluto?

Cuando eres un superviviente, como eran David y Zippi, sigues encontrando maneras.

Hacia el final de su vida, David se había acostumbrado a compartir su historia desde el púlpito; el arco de su narrativa se había convertido en una actuación que había perfeccionado. Mientras tanto, Zippi pasaría toda una vida centrándose en los detalles de su pasado. Se convertiría en una historiadora de historiadores que trataba de ayudar a los académicos a entender Auschwitz, que trataba de entenderlo ella misma.

Por mucho que quisieran olvidar, David y Zippi estaban ambos atormentados. Pero eso no evitó que vivieran, ni que llevaran una vida extraordinaria.

Eric Wisnia dijo en una ocasión que su padre tenía la madurez emocional de un niño de trece años cuya juventud había sido brutalmente truncada. Disfrutaba de un estilo de vida hedonista, en parte porque había aprendido a apoyarse en las cualidades que lo habían salvado: su voz, su carisma, su buena presencia. Sin embargo, la alegría de vivir de David ocultaba una profundidad de carácter que resonaba con quienes le conocían.

Unos años después de que David llegara a Estados Unidos, buscó a Ferd Wilczek, el soldado que lo había acogido bajo su protección cuando David se había unido a la 101ª División Aerotransportada. La esposa y la hija pequeña de Ferd se sorprendieron, como Ferd, al ver aparecer a David en la puerta de su casa de Rhode Island. No sabían quién era David, que llegó con un tomo de enciclopedia en las manos como regalo.

Ferd nunca había hablado con su familia sobre sus días en el ejército. Lo único por lo que su hija sabía que Ferd había sido soldado era porque había visto su uniforme en el armario. Había conservado sus botas, sus anillos de plata y su uniforme, pero nunca había asistido a reuniones ni hablado de aquella época de su vida.

David lo invitó al bar mitzvá de Eric y los dos hombres siguieron en contacto hasta la muerte de Ferd en 2013.

Para Ferd y David, el ejército representaba el recuerdo de experiencias totalmente diferentes. Ferd había estado en combate; había visto morir a amigos. Sin embargo, para David el ejército había sido su salvación, la familia que lo había adoptado con los brazos abiertos. En 2008, David empezó a asistir en Florida a reuniones de antiguos miembros de la 101ª División Aerotransportada. Allí se relacionaba con veteranos y con sus familias, y pedía liderar el canto del himno nacional en la noche de clausura de las reuniones. David siempre decía que era «110 por ciento estadounidense». En el jardín delantero de su casa de casi siete décadas, ondeaban con orgullo dos banderas: una bandera estadounidense y una bandera de la 101ª División Aerotransportada.

A pesar de su lealtad a Estados Unidos y su desprecio inicial hacia Polonia inmediatamente después de la guerra, David siempre se sentiría atraído por el glamour de Varsovia, donde en su día había sentido que su estrella empezaba a brillar. Con el paso de los años, regresaba allí a menudo. Se deleitaba cuando una multitud se congregaba a su alrededor para oír su historia, su voz. Disfrutó de la vida nocturna de Varsovia hasta bien entrados los ochenta años. En 2015, una sinagoga reformista de Varsovia lo invitó a enseñar a cantores laicos la música que había aprendido en la Gran Sinagoga de Varsovia en la década de 1930. El nieto de David, Avi, lo acompañó al piano. Durante ese mismo viaje, David asistió al septuagésimo aniversario de la liberación de Auschwitz.

Cinco años después, en 2020, David regresó una vez más a Auschwitz. Tenía noventa y cuatro años. Para entonces solo quedaban dos mil supervivientes del campo. Esa vez se hizo acompañar por sus nietos, así como por sus hijos, y los llevó a ver los lugares de su hogar de la infancia en Sochaczew, la última casa que había tenido su familia en Varsovia y el sitio donde una vez le habían obligado a cantar en Birkenau. En Auschwitz, David cantó una oración por los difuntos en una ceremonia que conmemoraba los setenta y cinco años de la liberación del campo. Hacía meses que le fallaba la salud, pero insistió en aquel último viaje al campo. Rodeado de su familia, David cantó en Auschwitz; por voluntad propia.

Antes de su muerte, Zippi continuó teniendo conversaciones regulares con el círculo de historiadores que se había convertido en su familia. Hablaba con ellos desde la cama de hospital que tenía en su casa, con la ayuda de dos asistentes húngaras que la cuidaban las veinticuatro horas del día. Ya no podía leer sin la ayuda de un dispositivo de aumento, ni oír sin sus audífonos. El teléfono, recordó la historiadora Atina Grossmann, se convirtió en la línea de vida de Zippi con el mundo exterior.

—No necesito ni fama ni gloria —dijo Zippi. Sin embargo, sentía una ardiente responsabilidad de hablar sobre lo que sabía de Auschwitz y de preservar la verdad sobre aquel campo de muerte tan infame.

A Zippi le dolía que los académicos no hubieran conseguido encontrar los documentos que meticulosamente había duplicado y ocultado antes de ser evacuada. Para su gran frustración, el gran modelo tridimensional que había construido también había desaparecido. Hasta su muerte, Zippi estuvo obsesionada con encontrar aquel trabajo. Los académicos creen que los documentos bien están en archivos rusos inaccesibles, bien fueron descubiertos por los nazis y destruidos.

A Zippi también le desconcertaba y molestaba que nunca la hubieran llamado para hablar en un proceso judicial contra criminales nazis. La única vez que testificó fue en 1971, sobre el subcampo de Ravensbrück Malchow. Como de costumbre, se centró en los detalles técnicos del campo, sobre todo en su disposición y tamaño. En su testimonio dijo que no recordaba que se disparara a los prisioneros en la marcha de evacuación de Malchow. Además, afirmó que en Birkenau solo una vez había sido testigo presencial de un asesinato. Resulta incomprensible, teniendo en cuenta todos los años que pasó allí. Tal vez consiguió apartar la vista de los asesinatos que se perpetraban a diario, como hizo durante el ahorcamiento de Roza Robota y el ahorcamiento fallido de Mala Zimetbaum. O quizá había borrado aquellos momentos de la memoria. También es posible que Zippi, tan centrada en los detalles, simplemente se enredara en cuestiones semánticas: que había visto muchos otros cadáveres pero que, en esos casos, no había presenciado explícitamente el asesinato.

Zippi se negaba a proclamar haber pertenecido a un movimiento de resistencia, y eso también parece ser una cuestión semántica. Aunque se negara a admitirlo, formó parte integrante de la resistencia. Desde copiar documentos hasta manipular números en listas, Zippi opuso resistencia a los nazis siempre que pudo. En última instancia, no está claro si los delantales que Roza Robota le dio estaban relacionados con la revuelta de los *Sonderkommando*. Quizá fueran solo regalos inocentes, aunque es poco probable. Y más allá de que pudiera haber transportado pólvora, Zippi había ayudado a Roza a colocar a las personas adecuadas en los puestos apropiados. Al final, la vida de Zippi también estuvo en riesgo.

Zippi no concedía entrevistas a los medios ni participaba en coloquios. Insistía en que su papel era aclarar la verdad. Según ella, los académicos e historiadores habían difundido sin querer innumerables conceptos erróneos sobre el campo. Ella tenía el mejor punto de vista para relatar la verdad sobre Auschwitz: había vivido en las peores condiciones del campo, pero también había tenido acceso directo a los rangos más altos de las SS. Lo más importante, estuvo en Auschwitz desde casi su inicio hasta su fin. Los supervivientes recordaban las cosas mal o tergiversaban lo que había sucedido, afirmaba. Insistía en que ella sabía las cosas mejor. Tanto ella como Sam se preocupaban por el antisemitismo y la negación del Holocausto, uno de los motivos principales por los que luchaba con tanta vehemencia contra los testimonios inexactos.

En más de una ocasión, desmintió una historia inventada de un superviviente antes de que se publicara.

Dada la postura inflexible de Zippi de separar la realidad de la ficción, la premisa misma de las memorias de su esposo Erwin resulta sorprendente. El libro, un híbrido de ficción y memorias, presenta a un protagonista llamado Herbert Stein, obviamente un sustituto de Erwin, que está encarcelado en un subcampo de Auschwitz en 1943. Herbert se convierte en supervisor en la fábrica de municiones Union y participa en un complot para sacar pólvora de contrabando y volar los crematorios. Esta confusión entre ficción y no ficción podría nacer del deseo de Erwin de proteger su misterioso pasado, o de permitirse la libertad de poner florituras que no quería que se retrataran como hechos.

Mucha de la vida de Erwin estaba documentada en los medios, aunque nada relacionado con la guerra. En 1973 la publicación comercial británica *Safety & Rescue* se maravillaba de que «el profesor Erwin Tichauer tiene tantos títulos, tantos compromisos, tantas tareas que debería ser dos o tres hombres, puede que cuatro». En las Colecciones y Archivos Especiales de la Universidad de Nueva York hay una gruesa carpeta titulada «Erwin Tichauer» que está llena principalmente de cobertura de noticias internacionales sobre sus investigaciones, recortes de periódicos y revistas y comunicados de prensa de la Universidad de Nueva York elogiando los diversos premios que había recibido a lo largo de los años. Erwin no mencionó sus experiencias de guerra en una sola entrevista. Tal vez el trauma hacía que hablar de ello le resultara demasiado difícil. Después de la guerra, Erwin pasó dos años buscando a sus padres y a su hermana menor. En septiembre de 1947 recibió una carta de la Agencia Central de Búsqueda que le informaba de que su hermana había muerto en Auschwitz, el mismo campo donde Erwin había pasado gran parte de la guerra, y al que, por supuesto, había sobrevivido. Nunca consiguió localizar a sus padres.

Las conversaciones sobre el Holocausto eran, en su mayoría, dominio de su esposa. A lo sumo intervenía ocasionalmente cuando Zippi, en medio de una conversación con un historiador, gritaba desde el otro lado de la habitación para confirmar una fecha o una cifra. Su único testimonio, grabado por David Boder en 1946, desapareció poco después de registrarse. A la fecha de este escrito permanece perdido.

Tenía a su colaboradora silenciosa, Zippi, a su lado, escribiendo con él, discutiendo sobre sus investigaciones, ilustrando su trabajo y recibiendo estudiantes y profesores en su casa. Quienes conocían a la pareja sabían que Zippi, desde la sombra, hacía posibles los logros y reconocimientos de Erwin.

Sam Spitzer murió de cáncer en un hospicio de Sídney en 2009. Antes de su muerte, él y Zippi solían cantarse mutuamente por teléfono; sus voces resonaban a través del Pacífico, desde Sídney hasta Manhattan. Según la nieta de Sam, ambos hermanos compartían muchos rasgos, desde su obsesión por los detalles y la precisión hasta su demanda de atención hacia sí mismos y su deseo de defender a quienes necesitaban ayuda.

A lo largo de los años, Sam dedicó gran parte de su energía a luchar por la restitución de los bienes confiscados de los judíos eslovacos. «¡Fue Eslovaquia quien proporcionó los primeros prisioneros judíos a Auschwitz!», escribió Sam en una emotiva súplica al Congreso Judío Mundial de Nueva York. Pero sus reclamaciones contra la corrupta nación eslovaca no tuvieron éxito.

Un año antes de su muerte, Sam inauguró las Puertas Roza Robota del Hogar judío Sir Moses Montefiore de Sídney. Las puertas honraban a la mujer de quien su hermana le había hablado tantos años atrás, una mujer cuyo coraje y fortaleza ambos admiraban.

Katya y Zippi recuperaron el contacto después de la guerra. Katya había llevado una vida tranquila en Praga, donde Zippi y ella se reunieron por última vez en 1975. Katya rara vez hablaba sobre su experiencia en la guerra; en su lugar, remitía a cualquiera que estuviera interesado en ello a Zippi. Katya solo dio su testimonio una vez, para los procesos penales contra el doctor Carl Clauberg, el ginecólogo alemán que se propuso desarrollar métodos de esterilización masiva no quirúrgica. Él era el hombre que había tras el infame Bloque 10, donde inicialmente aterrizó Alma Rosé y donde cientos de mujeres y chicas de Auschwitz fueron obligadas a soportar experimentos horribles. En su testimonio, Katya explicó que el bloque de Clauberg creció a partir de diez mujeres; relató sus espeluznantes experimentos con víctimas que no sabían qué les esperaba, y que aislaba a sus supervivientes y se deshacía de ellas en las cámaras de gas. Estimó que al menos mil mujeres habían muerto como resultado de sus experimentos.

En 1991, Zippi convenció a Katya para que fuera entrevistada por Susan Cernyak-Spatz, una amiga de Zippi. Por primera vez que se tenga constancia, Katya habló con otra superviviente de Auschwitz sobre sus experiencias. La conversación, publicada en *Jewish Currents*, es la única entrevista conocida que Katya dio en su vida.

«Tras la liberación, Singer retomó la vida civil y enterró su pasado con éxito —dice el artículo—. Se casó con un cristiano, tuvo hijos y trabajó para el gobierno checo como conservadora de galerías de arte. Ninguna de las personas con quienes pasó los últimos cincuenta años de su vida sabía nada de lo que había hecho».

Katya murió en 1995 de insuficiencia renal.

Se desconoce a cuántas personas contribuyó Katya a salvar mediante su trabajo de *Rapportschreiberin*, o cuántas vidas salvó Zippi como artista gráfica de Birkenau. Ahora bien, según las mujeres que las conocieron en Auschwitz, salvaron al menos a mil seiscientas mujeres.

Zippi hizo cuanto pudo para mejorar la situación de las mujeres que la rodeaban; las salvó cuando pudo.

Hizo todo a su alcance por rescatar y mantener a los hombres a los que amó.

A Erwin lo salvó en una ocasión, de ahogarse.

A David lo salvó cinco veces.

Solo fue a Tibor, su primer amor, a quien no pudo salvar.

El 6 de julio de 2018, Zippi falleció a los noventa y nueve años. Murió en un hospital de Nueva York con una cuidadora a su lado. Zippi y Erwin nunca tuvieron hijos; la nieta de Sam ayudó a coordinar un funeral modesto. Zippi había sobrevivido a la mayoría de sus amigos. Peter Hellman, el periodista cuyo libro sobre Auschwitz ella había corregido, hizo un panegírico muy sentido.

David murió casi tres años después, el 15 de junio de 2021, rodeado de su familia. Poco después de regresar a Estados Unidos tras su último viaje a Auschwitz se había mudado a una comunidad asistida para ancianos. La pandemia global hizo que no tuviera visitas en persona de su familia durante un año, pero pudieron estar con él cuando falleció.

La familia de David organizó un acto público en su recuerdo al que asistieron decenas de invitados. La entrada al auditorio donde fue homenajeado estaba llena de recortes de periódico enmarcados y fotografías de David con su uniforme militar. Familiares y amigos contaron historias de una vida bien vivida, y después cantaron oraciones por él.

Setenta años antes de su reunión en Manhattan, un chico vio a una chica.

Aquella primera mirada estuvo cargada desde el principio. Estaban dentro de la Sauna, donde los humos eran venenosos. Afuera, las rachas de viento transportaban el humo espeso de unos incendios demasiado horribles para ser descritos.

El chico era más joven; ella era mayor. Él era inexperto; ella era segura, sabia. Cruzaron miradas y ella lo eligió. En un mundo de muerte y destrucción, treparon por una escalera improvisada y encontraron una ventana. Juntos ya no eran números; ya no estaban solos.

Era invierno en Birkenau, el subcampo más grande y mortífero de Auschwitz.

Juntos sobrevivieron.

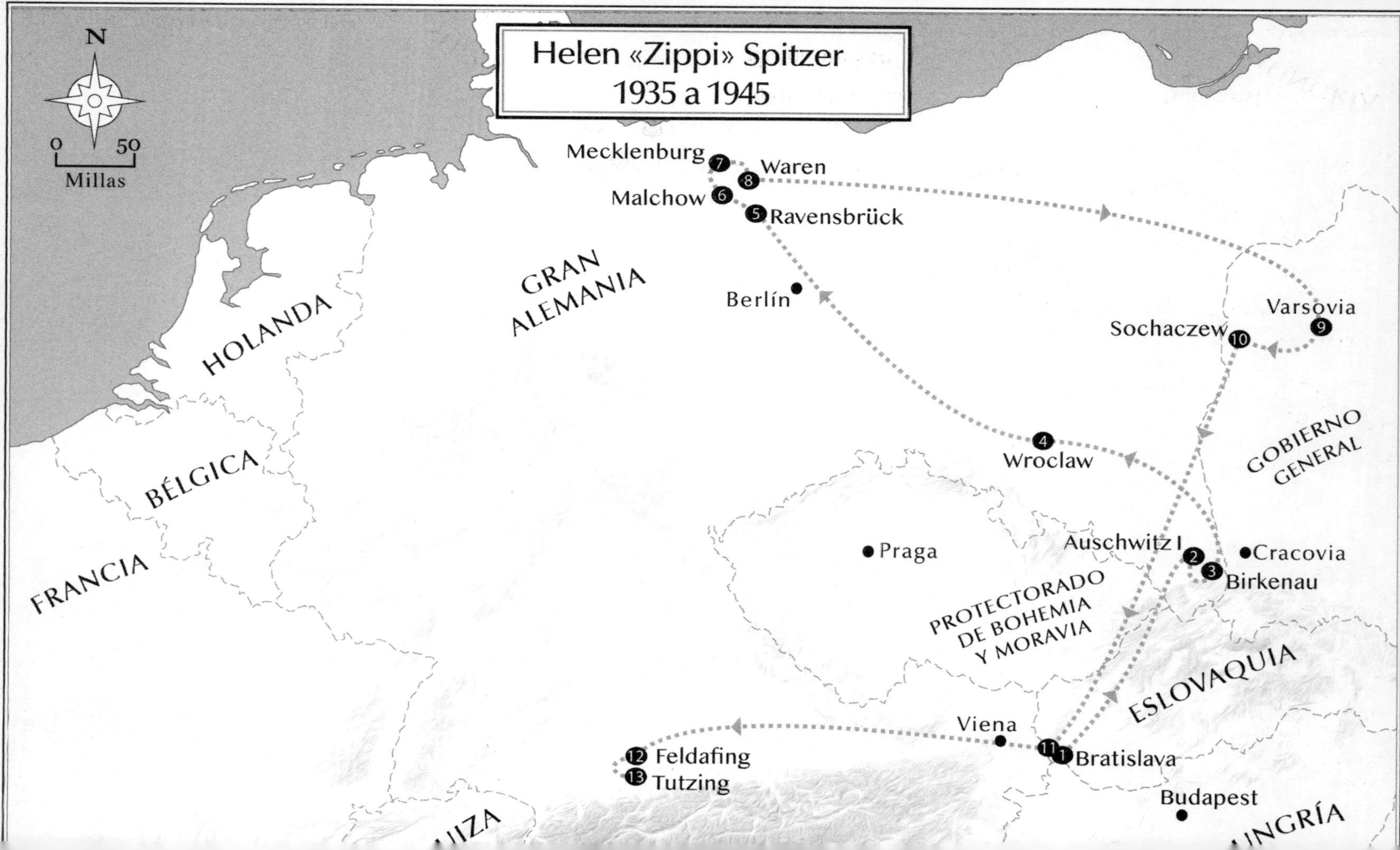
Helen «Zippi» Spitzer
1935 a 1945
N
0
50
Millas
Mecklenburg
7
Waren
8
Malchow
6
5
Ravensbrück
GRAN
ALEMANIA
Berlín
HOLANDA
BÉLGICA
FRANCIA
Varsovia
9
Sochaczew
10
4
Wroclaw
GOBIERNO
GENERAL
Praga
Auschwitz I
2
3
Birkenau
Cracovia
PROTECTORADO
DE BOHEMIA
Y MORAVIA
ESLOVAQUIA
Viena
11
1
Bratislava
12
Feldafing
13
Tutzing
Budapest

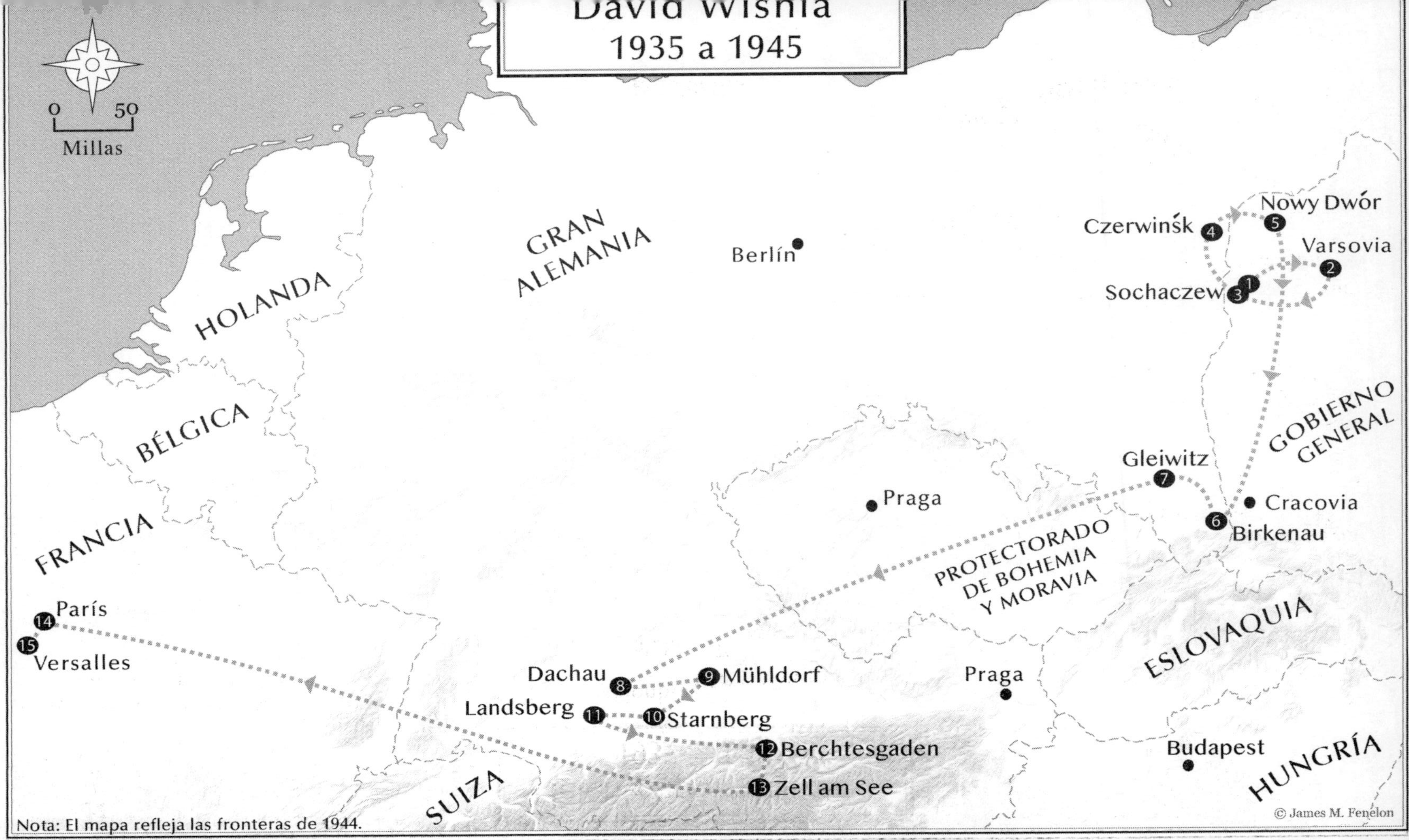
David Wisnia
1935 a 1945
0 50
Millas
GRAN ALEMANIA
HOLANDA
BÉLGICA
FRANCIA
SUIZA
PROTECTORADO DE BOHEMIA Y MORAVIA
ESLOVAQUIA
HUNGRÍA
GOBIERNO GENERAL
Berlín
Praga
Praga
Cracovia
Budapest
1 Sochaczew
2 Varsovia
3 Sochaczew
4 Czerwińsk
5 Nowy Dwór
6 Birkenau
7 Gleiwitz
8 Dachau
9 Mühldorf
10 Starnberg
11 Landsberg
12 Berchtesgaden
13 Zell am See
14 París
15 Versalles
Nota: El mapa refleja las fronteras de 1944.
© James M. Fenelon

Agradecimientos

Debo mi más profunda gratitud al difunto David Wisnia, quien me invitó a su casa y me relató tantas historias de su vida. La dignidad de David y su capacidad de encontrar el humor y la belleza en la vida son una lección sobre el poder del optimismo. Es un honor para mí compartir su historia.

También estoy sumamente agradecida a la familia Wisnia, en especial a Avi Wisnia y al rabino Eric Wisnia, por ayudarme a coordinar las entrevistas, por sentarse conmigo para realizarlas y por compartir fotografías de su patriarca. Gracias también a Sarah Taksler, quien sugirió que contactara con Avi cuando investigaba un libro sobre los refugiados de la Segunda Guerra Mundial.

Al documentarme sobre la vida de Zippi, llegué a conocer a un círculo leal de amigos que permanecieron cerca de ella en sus últimos años. Esas personas son la prueba de que Zippi fue hábil, hasta el final, en rodearse de confidentes magníficos y generosos.

Mi agradecimiento a Jürgen Matthäus, editor de *Approaching an Auschwitz Survivor*, que me brindó su tiempo y su formidable conocimiento en cada paso de este proyecto, y a Konrad Kwiet, que regularmente recibía mis llamadas matutinas en Sídney y compartió su sabiduría y entusiasmo inquebrantables por este proyecto. Las perspectivas tanto de Jürgen como de Konrad sobre la vida de Zippi y sobre el contexto más amplio del Holocausto fueron de incalculable valor.

A la difunta Joan Ringelheim, quien durante veinte años grabó horas de entrevistas con Zippi. Las ideas de Joan sobre Zippi y Erwin, nuestras animadas discusiones sobre filosofía y sus estudios sobre las mujeres y el Holocausto dejaron todos su marca en estas páginas. A Michael Berkowitz, por compartir su tiempo y vasto conocimiento de la Alemania de posguerra y la fotografía, y por desenterrar periódicos, cintas de microcasete y esas primeras fotografías de Zippi y Tibor.

Al extraordinario periodista Peter Hellman, quien compartió sus notas de entrevistas, innumerables anécdotas y su hermoso panegírico para Zippi. También a Wendy Lower, que compartió sus experiencias con Zippi, así como entrevistas y vídeos. A Atina Grossmann, cuyo conocimiento sobre la vida de posguerra de Zippi, y sobre Feldafing y la Alemania de posguerra, fue tremendamente ilustrativo. Mi agradecimiento también a Joseph Toltz por arrojar luz sobre la educación musical de Zippi y el mundo de la música judía, así como por compartir su entrevista inédita con ella.

Gracias a Robin Black, que ayudó a David Wisnia a escribir sus memorias, *One Voice, Two Lives*, y años después se puso en contacto conmigo y compartió generosamente las cintas de sus entrevistas. Y hablando de tesoros inesperados, estoy muy agradecida a Anabel Aliaga-Buchenau, de la Universidad de Carolina del Norte en Charlotte, quien descubrió el manuscrito de Zippi, que había estado perdido durante mucho tiempo. Gracias también por una hermosa traducción del libro de Erwin Tichauer. A la hija de Susan Cernyak-Spatz, Jackie Fishman, por ponernos en contacto; y a Ilana Abramovitch por llevarme hasta Jackie.

Estoy sumamente agradecida a Hana y Petra Nichtburgerova, Edvard Nichtburger y Lisa Jacobson, quienes compartieron sus experiencias con Zippi, Sam y Leo. También a Alice Tyroler, una de las primeras amigas de la infancia de Zippi en Bratislava, por tomarse el tiempo de responder a mis preguntas sobre su pasado.

Estoy en deuda con el personal de varias bibliotecas y archivos que me brindaron una ayuda incalculable. A Steven Vitto, Elliott Wrenn y James Gilmore, del Museo Conmemorativo del Holocausto de los Estados Unidos, en Washington, D.C.; a Christine Schmidt y Barbara Warnock, de la Biblioteca del Holocausto Wiener; a Crispin Brooks, Jenna Leventhal y Zach Larkin, de la Fundación Shoah de la Universidad del Sur de California; a Sima Velkovich, de Yad Vashem; a Janet Bunde, de las Colecciones Especiales de la Universidad de Nueva York; al Instituto Pilecki; a los Archivos Arolsen; al personal de la Biblioteca Butler de la Universidad de Columbia; a Stephen Naron, del Archivo de Vídeo Fortunoff para Testimonios del Holocausto de la Universidad de Yale; al Museo Imperial de la Guerra; a Piotr Setkiewicz, del Museo Estatal de Auschwitz-Birkenau; a Adam Strohm y Mindy Pugh, de Voces del Holocausto del Instituto de Tecnología de Illinois; a Holly Rivet, de los Archivos Nacionales; a Nancy Toff, de la editorial de Oxford University Press; y a Jason Dawsey, del Instituto para el Estudio de la Guerra y la Democracia, del Museo Nacional de la Segunda Guerra Mundial. También le doy las gracias a Brad Zarlin, que donó muchas horas de entrevistas tanto con David como con Sara al Museo Conmemorativo del Holocausto de los Estados Unidos.

Mi deuda se extiende también a innumerables supervivientes cuyos poderosos testimonios orales y memorias arrojaron luz sobre mundos inimaginables. En particular, *Los nazis sabían mi nombre*, de Magda Hellinger y Maya Lee con David Brewster; *Protective Custody: Prisoner 34042*, de Susan Cernyak-Spatz; *I Escaped Auschwitz*, de Rudolf Vrba y Alan Bestic; *The Auschwitz Volunteer*, de Witold Pilecki; e *Inherit the Truth: 1939-1945*, de Anita Lasker-Wallfisch.

A mis excepcionales verificadoras de hechos, Sue Carswell y Beatrice Hogan: ellas me han salvado de mí misma una y otra vez. Cualquier error es mío. Por diversos motivos que van desde entrevistas hasta investigaciones y traducciones, he de dar las gracias a Arielle Goren, Betty Taylor Hill, Ralph Hakman, Leonora Franzke, Luca Makai y Lori Miller, de Red Bird Research.

A Erika Storella, Rebecca Gardner, Will Roberts y Nora Gonzalez, que apoyaron incansablemente este proyecto, y al maravilloso equipo de The Gernert Company, por su experiencia y apoyo. Estoy especialmente agradecida a Erika por poner este proyecto en las manos expertas de Alexander Littlefield.

Cuando hablé con Alex por primera vez, supe que sería afortunada de tenerlo como guía para llevar este libro a buen puerto. Le estoy inmensamente agradecida por compartir mi visión y por ayudar a transformar un mar de informes en una estructura narrativa coherente. No podría haber esperado tener un editor más sensible, creativo y hábil. A Morgan Wu, por su buen ojo para los detalles y por llevar el manuscrito hasta la meta. A Albert LaFarge, cuya meticulosa corrección de estilo suavizó muchos aspectos ásperos. A Ian Gibbs y Linda Feldman, expertos correctores de pruebas, que mejoraron cada página que tocaron. También a Lucy Kim, por la hermosa portada del libro, y a Elizabeth Garriga, Danielle Finnegan, Linda Arends y el fantástico equipo de Little, Brown. Gracias también a Fariza Hawke y Jessica Vestuto por sus acertados comentarios y su *feedback* en los primeros borradores de este libro.

Mi enorme agradecimiento a Bill Ferguson, del *New York Times*, por su excelente orientación a lo largo de mi investigación y de la redacción de *Los amantes de Auschwitz*. Gracias también por originar lo que acabaría siendo el título del libro.

A mi querida amiga y prima talentosa, Maya Barkai, por hacer mi fotografía de autora. A Marcia Butler, que ofreció aportaciones significativas, apoyo infinito y cuya creatividad me inspira diariamente. A Duy Linh Tu, mi colega y consejero de vida. A Michelle Falkenstein, que me ayudó a adentrarme en este mundo del periodismo. A David Andelman y Matt Schifrin, que apostaron por mí como periodista y me han animado desde entonces. Gracias también a Amir Shaviv, por ser un mentor y por sus sabios consejos a lo largo de los años. También a Tom Post, Joseph Berger, Annalisa Birdsall y Charles Salzberg, por su apoyo.

A Dawa Choezom, Sharon Moreno y Emanuele Oliveira, por cuidar de mis hijos mientras escribía.

Y finalmente quiero expresar mi agradecimiento a Tali y David por nuestras charlas nocturnas y risas, por su entusiasmo y amor infinitos. A Orli, que desde que llegó al mundo ilumina allí donde esté. Gracias a Michael y a Lloyd por ayudarnos a mudarnos de Brooklyn cuando nos dimos cuenta de que la vida había cambiado.

En marzo de 2020, nuestra familia de tres voló de Nueva York a Texas pensando que serían solo unas semanas. Durante los siete meses siguientes, mis padres, Max y Desirée, nos acogieron amorosamente. Las palabras no bastan para expresar la gratitud que siento hacia mi madre por su apoyo incondicional al llevar cada día a Rafa a visitar los pavos reales del vecindario, jugar al Lego al ritmo de *Mary Poppins* durante horas y cocinar comidas deliciosas. También a mi padre, que perfeccionó su receta de jalá, jugaba con Rafa y me animaba a continuar escribiendo. Ambos siguen leyendo lo que escribo con entusiasmo. Este libro se lo dedico a ellos.

En noviembre de 2020, ya como familia de cuatro, condujimos una autocaravana hasta California. No podría haber esperado unos suegros más cálidos y amables para formar una burbuja durante los cinco meses siguientes: gracias a Rachelle, Murad, Yael y Jeremy por todo su cuidado y apoyo, y sobre todo por su compañía y amistad. También a «Kai-Noah-Liv», que hizo que nuestra burbuja fuera especialmente animada.

Estoy eternamente agradecida a mis hijos, Rafael y Samuel. Me pasé muchísimas mañanas concentrada en algunos de los episodios más oscuros de nuestra historia reciente. Cuando salía de mi cueva, sus sonrisas y carcajadas me devolvían a la luz. Y es que vosotros sois la luz.

Y a Jonathan, mi compañero y defensor. Tanto si estamos viajando por el mundo como aislados de él, no existe otra persona con quien preferiría compartir mi vida.

Mis cuatro abuelos perdieron a la mayor parte de sus familias en el Holocausto. Desplazados de Europa del Este, acabaron en Brasil. Este libro está escrito en memoria de mis dos queridas abuelas, Helena y Zipora: veo su ímpetu y determinación en Helen Zipora («Zippi») Tichauer. También está escrito en memoria de mi abuelo, Eliezer, periodista, pianista y romántico carismático que luchó por sus convicciones.

El abuelo que me queda vivo, Dov, sobrevivió a tragedias atroces, resistió y perseveró con optimismo y pasión por la vida. Sigue siendo una fuerza de la naturaleza y su historia sirve de gran inspiración. Un mes antes de la publicación de este libro celebraremos juntos sus noventa y ocho años.

Notas sobre las fuentes

Zippi Tichauer no quiso profundizar sobre su relación con David Wisnia. Esa es la conclusión inevitable de las lagunas que hay en las notas que dejó. Sus recuerdos llenaron libros enteros; sin embargo, en las decenas de entrevistas formales que concedió a historiadores y académicos tras la guerra, incluso en sus propias memorias inéditas, Zippi nunca mencionó a David.

Reconoció su relación con David en ocasiones diferentes ante al menos dos historiadores con los que hablé. Ninguno de los dos casos era una entrevista formal. Relató brevemente la aventura a Jürgen Matthäus, pero ofreciendo pocos detalles, mostrando poca implicación emocional y restándole importancia a su significado, diciendo que entre los prisioneros privilegiados era común que hubiera romances. Admitió haber salvado la vida a David, pero minimizó el hecho diciendo que también había ayudado a otros y que cualquiera en su posición habría hecho lo mismo. Más allá de eso, Zippi no tenía ningún deseo de detenerse en esa parte concreta de su historia.

No tuve la oportunidad de conocer a Zippi, así que más allá de corroborar su relación, me basé en David para obtener detalles. David me habló por primera vez de su antigua novia en 2018. Yo había estado entrevistando a refugiados europeos que habían emigrado a Estados Unidos durante la Segunda Guerra Mundial en circunstancias inusuales. Me hablaron de un cantor que se había unido a la 101ª División Aerotransportada después de sobrevivir a Auschwitz. Para entonces, David había abandonado la timidez respecto de su pasado: había publicado unas memorias, había hablado sobre su tiempo con la 101ª División Aerotransportada a *BuzzFeed* y a otros medios de comunicación.

Nos reunimos en su casa en Levittown, donde hablamos durante horas en su despacho, una habitación con estantes llenos de fotos enmarcadas de familiares, una pared cubierta de fotografías de sus estudiantes y un gran póster enmarcado de la 101ª División Aerotransportada con la firma de decenas de veteranos. Estaba sentado en una silla de oficina negra frente a un escritorio de caoba lleno de cartas de agradecimiento de estudiantes, con papeles, lápices y archivos, un par de gafas y un monitor de sobremesa. Me habló de su infancia en Europa, de su familia en el gueto, de cómo el canto le había salvado la vida en Auschwitz y de unirse a la 101ª División Aerotransportada. De vez en cuando se giraba para revisar el correo electrónico en su ordenador portátil o respondía el teléfono móvil que llevaba colgado de un cordón alrededor del cuello.

Antes de irme, entrevisté a David y a su nieto Avi juntos en la mesa de su sala de estar y miramos fotografías. Ya me había levantado, lista para marcharme, cuando David dijo algo que me detuvo: «Tuve una novia en el campo». Volví a sentarme.

David estaba orgulloso de su relación con Zippi. También la relató en testimonios orales y en sus memorias. Reconstruí la escena del reencuentro en Nueva York de David y Zippi realizando varias entrevistas con él y Avi, apoyándome en fotografías y en una grabación. Sin embargo, en lo tocante a Auschwitz, confié en los recuerdos de David.

Tuve la suerte de reunirme con David en varias ocasiones para entrevistarle extensamente antes de que falleciera en 2021. Tenía noventa y dos años cuando nos conocimos y habían pasado más de setenta años desde que estuviera prisionero en Auschwitz. David era un narrador nato y para entonces estaba claramente cómodo compartiendo la historia de su vida. Era evidente que a David le importaba Zippi. Pero cuando le brillaban los ojos de una forma especial era cuando hablaba de «los muchachos» de la 101ª División Aerotransportada.

Evidentemente, la memoria humana es frágil. ¿Podría ser que David hubiera recordado mal algunos momentos? Claro que sí. En las notas finales señalo los pocos casos en que los recuerdos de David no coincidían del todo con otras fuentes. Por ejemplo, David creía haber visto a Sara al llegar ella a Birkenau; sin embargo, Sara recordaba llevar ya un tiempo allí. Tampoco estaba del todo seguro de cuándo se habían conocido Zippi y él, más allá de que aún estaba en la «vieja Sauna» y que había sido antes de reconocer a Sara. Además, no está del todo claro dónde se encontró David con la 506ª Infantería Paracaidista que lo adoptó. Existen documentos del Servicio Internacional de Búsqueda de la Cruz Roja que indican que no hay registros sobre su paradero más allá del 8 de mayo de 1945.

Al escribir este libro, he intentado llenar los vacíos corroborando los hechos mediante tantas entrevistas, documentos de archivo, grabaciones y testimonios orales como fuera posible. Las ocasiones en que David estaba solo, como cuando se topó con un nazi en un granero tras la guerra, son imposibles de corroborar, al igual que muchos de los momentos que David pasó con la 506ª Infantería, ya que sus amigos más cercanos de la Compañía H ya no están vivos. Los Informes Matutinos, registros militares diarios que destacan cambios en el estado del personal, a veces ubicaciones de unidades y a menudo eventos significativos dentro de la unidad, no muestran ningún registro del encuentro de David con la Compañía H (buscando del 1 de febrero al 15 de junio de 1945). Sin embargo, una de las hijas de Ferd Wilczek pudo confirmar la relación de los dos hombres en el ejército. Además, según Holly Rivet, especialista en los Archivos Nacionales, no era extraño que el ejército recogiera y «adoptara» informalmente a refugiados. Finalmente, el papel de David como administrador del economato militar está confirmado en el manifiesto de pasajeros que llegaron a Estados Unidos en el SS Monarch of the Seas.

Pese a no haber conocido a Zippi, he escuchado decenas de horas de entrevistas y testimonios que ella grabó. Mientras investigaba su vida, intenté contactar con cualquiera que la hubiera conocido y estuviera vivo. Me sumergí en las publicaciones académicas sobre Auschwitz y rastreé memorias y testimonios. Al hacerlo, encontré las memorias de Susan Cernyak-Spatz, *Protective Custody Prisoner*

34042 («Prisionera en detención preventiva 34042»), en las que menciona a Zippi. Susan también escribió en *Jewish Currents* el artículo «Record-Keeping for the Nazis — and Saving Lives» («Registro para los nazis, y para salvar vidas»), con Joel Shatzky, la única entrevista que Katya Singer concedió en toda su vida. En ambas obras, Susan, que falleció en 2019, aludía a un manuscrito inédito de Zippi Tichauer de octubre de 1991. Ninguno de los historiadores del círculo íntimo de Zippi había oído hablar de ese manuscrito.

En junio de 2022, después de más de un año buscando ese manuscrito fantasma, recibí un correo electrónico. Anabel Aliaga-Buchenau, presidenta asociada del Departamento de Lenguas y Estudios Culturales de la Universidad de Carolina del Norte en Charlotte, acababa de descubrir un manuscrito inédito dentro de una caja; inmediatamente me envió una copia.

The Women's Camp at Auschwitz-Birkenau: Method Within Madness («El campo de mujeres de Auschwitz-Birkenau: el método en medio de la locura»), supuestamente escrito por Zippi y editado por Susan Cernyak-Spatz y Joel Shatzky, confirma muchas de las historias que Zippi relató en entrevistas y testimonios. También está repleto de detalles adicionales, nombres e información antes desconocida de dentro de Auschwitz. Los historiadores que conocieron a Zippi, incluidos Wendy Lower, Michael Berkowitz y Konrad Kwiet, coinciden en que el texto se lee como si fuera ella quien hablara y que les ayudó a comprender matices de sus conversaciones y arrojó luz sobre las maquinaciones de Auschwitz. Pero la pregunta continúa en pie: ¿por qué estuvo este documento enterrado sin publicar dentro de una caja de cartón?

Zippi era una perfeccionista. Según Jürgen Matthäus, desconfiaba de que alguien que no fuera ella misma escribiera un libro sobre sus experiencias en Auschwitz. No sabemos cuánto del texto fue corregido. Quizá discrepó de algunas de las modificaciones. Al no saber hasta qué punto se habían corregido sus palabras, opté por no utilizar citas directas del manuscrito.

Al escribir este libro, he bregado con la responsabilidad de representar a alguien a quien nunca llegué a conocer. Zippi era una crítica exigente con altos estándares de autenticidad. Probablemente se habría mostrado escéptica ante este libro. No obstante, creo que su historia de fuerza y sacrificio merece ser contada. Además, la historia de su amor con David en Auschwitz ofrece una chispa de esperanza en un mundo de oscuridad, y la riqueza de sus vidas más allá de Auschwitz resulta igualmente inspiradora.

Abreviaturas en las Notas (las siglas corresponden a sus denominaciones en inglés):

AJDCA: Comité Judío Estadounidense para la Distribución Conjunta, Nueva York

LIBI: Instituto Leo Baeck, Nueva York

UNRRA: Archivos de la Administración de las Naciones Unidas para el Auxilio y la Rehabilitación, Nueva York

USHMM: Museo Conmemorativo del Holocausto de los Estados Unidos, Washington, D.C.

VHA/USC-Shoah: Archivo de Historia Visual, Fundación USC Shoah

WIENER-HL: Archivos de la Biblioteca del Holocausto Wiener

Notas

Prólogo

p. 13 *se vieron*: A menos que se indique lo contrario, las descripciones provienen de David Wisnia, de dos largas entrevistas que la autora le hizo en su casa de Levittown, Pennsylvania, el 19 de enero de 2018 y el 24 de junio de 2019.

p. 13 *calderos humeantes*: Andrzej Strzelecki, «The History, Role and Operation of the Central Camp Sauna in Auschwitz II-Birkenau», en Teresa Swiebocka, ed., *The Architecture of Crime: The «Central Camp Sauna» in Auschwitz II-Birkenau*, trad. William Brand, Oswiecim, Museo Estatal de Auschwitz-Birkenau, 2001, p. 15.

p. 13 *Medía metro cuarenta y ocho*: Helen Tichauer, vídeo no publicado grabado por Wendy Lower, noviembre de 2013.

Capítulo uno: «Cosas de poca monta»

p. 17 *el aire gélido del otoño*: Robert DeCourcy Ward, «Weather Controls over the Fighting During the Autumn of 1918», *The Scientific Monthly*, 8, n.º 1 (1919).

p. 17 *Saqueaban tiendas y restaurantes*: Pieter C. van Duin, *Central European Crossroads: Social Democracy and National Revolution in Bratislava (Pressburg) 1867-1921*, Nueva York, Berghahn Books, 2009, p. 172.

p. 17 *«renacimiento nacional»*: Mark Cornwall, «Apocalypse and the Quest for a Sudeten German Männerbund in Czechoslovakia», en Mark Cornwall y John Paul Newman, eds. *Sacrifice and Rebirth: The Legacy of the Last Habsburg War*, Nueva York, Berghahn Books, 2016, p. 100.

p. 18 *culpaban de todas sus desgracias*: Mark Cornwall y John Paul Newman, eds., *Sacrifice and Rebirth: The Legacy of the Last Habsburg War*, Nueva York, Berghahn Books, 2016, p. 83.

p. 18 *coreaban «¡Abajo los judíos!»*: Van Duin, *Central European Crossroads*, p. 172.

p. 18 *agentes provocadores, espías*: Aharon Moshe Rabinowicz, «The Jewish

Minority», *The Jews of Czechoslovakia*, The Jewish Publication Society of America, 1968, 1, p. 226.

p. 18 *Vojtech*: este nombre ha sido documentado como Vojtech en documentos eslovacos, y está documentado como Adalbert y Wojciech en documentos archivados en los Servicios de Búsqueda Internacionales, pero Sam y Helen se referían a su padre como Albert. Rosa también ha sido documentada como Roza.

p. 18 *la llamaría Hilanka*: Hana Nichtburgerova (bisnieta de Helen Tichauer), entrevista con la autora, 27 de octubre de 2021.

p. 18 *a una multitud*: «Pressburg Rioters Shot Down», *The New York Times*, 17 de febrero de 1919.

p. 18 *socialdemócratas*: Van Duin, *Central European Crossroads*, p. 202.

p. 18 *Ahora la ciudad se llamaba Bratislava*: «Jewish Art in Slovakia: A Personal Recollection», *The Jews of Czechoslovakia*, Nueva York, The Jewish Publication Society of America, 1971, 2, p. 500.

p. 18 *Partido Popular Eslovaco*: Van Duin, *Central European Crossroads*, p. 283.

p. 19 *piscina fluvial de treinta metros de largo*: Jana Liptáková, «Bathing in Danube Has Its Charm as Well as Its Downside», *Slovak Spectator*, 11 de agosto de 2017.

p. 19 *entornó los ojos ante una cámara*: Konrad Kwiet, «Designing Survival», en Jürgen Matthäus, ed., *Approaching an Auschwitz Survivor*, Oxford, Oxford University Press, 2010, p. 10.

p. 20 *fue a un sanatorio especializado*: Helen Tichauer, entrevista inédita con Konrad Kwiet, 15 de septiembre de 2005.

p. 20 *al fondo del rellano*: Helen Tichauer, entrevista inédita con Konrad Kwiet, 9 de agosto de 2006.

p. 20 *la abuela de Zippi, Julia*: H. Nichtburgerova, entrevista con la autora, 27 de octubre de 2021.

p. 20 *anticuario local*: Tichauer, entrevista con Kwiet, 15 de septiembre de 2005.

p. 21 *habituarse a la soledad*: Las entrevistas realizadas por el Dr. Joseph Toltz a Helen Tichauer tuvieron lugar en 2009 y 2010. Formaron parte del componente etnográfico de la tesis doctoral de Toltz, que fue defendida con éxito en 2011, y continúan siendo propiedad intelectual del Dr. Toltz y la familia de la señora Tichauer. Este material se ha utilizado con el permiso de ambas partes. El Dr. Joseph Toltz es director de investigaciones del Conservatorio de Música de Sídney e investigador adjunto del Departamento de Estudios Hebreos, Bíblicos y Judíos de la Universidad de Sídney.

p. 21 *el intruso*: Lisa Jacobson (bisnieta de Helen Tichauer), entrevista con la autora, 5 de octubre de 2020.

p. 21 *un cuarteto de cuerda*: Joseph Toltz, entrevista con la autora, 23 de junio de 2020.

p. 21 *otro [tocaba] la mandolina*: Testimonio oral de Helen Tichauer, Archivos del Museo Imperial de la Guerra, 2003.

p. 22 *fácil de transportar*: Helen Tichauer, vídeo no publicado grabado por Wendy Lower, noviembre de 2013.

p. 22 *Leo presentó a Zippi*: Toltz, entrevista con la autora, 23 de junio de 2020.

p. 22 *la única niña*: Tichauer, vídeo de Lower, noviembre de 2013.

p. 22 *celebrar el Purim*: Joseph Toltz, entrevista con la autora, 8 de julio de 2020.

p. 22 *calle Zámocká*: Hana Nichtburgerova, correo electrónico a la autora, 24 de junio de 2020.

p. 22 *la sinagoga de la calle Zámocká*: «Sitzbuch (libro de asientos) de la Sinagoga de la Calle Zámocká», Museo de la Comunidad Judía, Bratislava, <http://www.synagogue.sk/collection/sitzbuch>, consultado el 2 de abril de 2023.

p. 22 *decir el kaddish*: Kwiet, «Designing Survival», p. 11.

p. 22 *jugando al fútbol*: Samuel Spitzer, entrevista con D. I. Ritch, 7 de marzo de 1996, VHA/USC-Shoah.

p. 23 *setenta mil miembros*: Robert Buechler, «The Jewish Community in Slovakia Before World War II», en Jarek Mensfelt, ed., *The Tragedy of the Jews of Slovakia*, Oswiecim, Museo Estatal de Auschwitz-Birkenau/Museo de la Insurrección Nacional Eslovaca, p. 41.

p. 23 *ser botánica*: Helen Tichauer, «The Women's Camp at Auschwitz-Birkenau: Method Within Madness», en Susan Cernyak-Spatz y Joel Shatzky, eds. (manuscrito inédito).

p. 23 *Julia le inculcó [a Zippi]*: Helen Tichauer, entrevista con Joseph Toltz, 10 de diciembre de 2010.

p. 23 *igualdad [política, social y] cultural*: Monika Vrzgulová, «Holocaust in Women's Lives: Approaching a Slovak Oral History Archive», en Andrea Petoö, Louise Hecht y Karolina Krasuska, eds., *Women and the Holocaust*, Varsovia, Instytut Badán Literackich PAN, 2015, p. 106.

p. 23 *unos tres millones*: Ihor Gawdiak, ed., *Czechoslovakia: A Country Study*, Washington, D.C., GPO, 1987.

p. 23 *habían soñado con un estado nacionalista*: Cornwall y Newman, *Sacrifice and Rebirth*, p. 53.

p. 24 *prohibió [...] la participación en la prensa*: William L. Shirer, *The Rise and Fall of the Third Reich: A History of Nazi Germany*, Nueva York, Simon & Schuster, 2011, p. 65.

p. 24 *bordado fino, dibujo y pintura*: Tichauer, entrevista con Kwiet, 9 de agosto de 2006.

p. 24 *Zippi se detuvo*: Tichauer, «Women's camp».

p. 25 *Exigía*: Michael Berkowitz, entrevista con la autora, 19 de febrero de 2021.

p. 25 *desde barberos*: Gabriel Drimer, entrevista con Sue Rosenthal, «Philadelphia Gathering of Survivors», 21 de abril de 1985, USHMM.

p. 25 *pasando por maestras de guardería*: Magda Blau, entrevista con Linda Kuzmack, 11 de junio de 1990, USHMM.

p. 25 *discusiones interesantes*: Helen Tichauer, «Ladies First», *Voice of the Woman Survivor* 6, n.º 2 (1989).

p. 25 *en los negocios y las finanzas*: Buechler, «Jewish Community», p. 33.

p. 25 *transmitir mensajes*: Kwiet, «Designing Survival», p. 30.

p. 25 *no le interesaban*: Nechama Tec, «Recapturing the Past», en Matthäus, *Approaching an Auschwitz Survivor*, p. 29.

p. 26 *partió hacia Palestina*: H. Nichtburgerova, entrevista con la autora, 27 de octubre de 2021.

p. 26 *requería asistencia*: Entrevista con Spitzer.

p. 26 *No veía motivo para abandonar*: Kwiet, «Designing Survival», p. 29.

p. 26 *destrozarse las manos*: Tichauer, «Women's Camp».

p. 26 *no se les permitía acceder*: Victor Klemperer, *I Will Bear Witness, 1933-1941: A Diary of the Nazi Years*, trad. Martin Chalmers, Nueva York, Modern Library, 1999, pp. 8-11.

p. 27 *sacaron a rastras de la cama y de casa*: «Violence in Germany Again in the Ascendant: Attacks in Berlin, Frankfurt, Munich», *Jewish Daily Bulletin*, 20 de mayo de 1933.

p. 27 *beber aceite de ricino*: «Jews Flee Germany as Hitler Menace Grows: Terror and Panic Follow», *The American Israelite*, 16 de marzo de 1933.

p. 27 *esa bienvenida se fue desgastando*: Ferdinand M. Isserman, «Rabbi Isserman Sees Doom of German Jewry Brought Nearer», *The American Israelite*, 27 de septiembre de 1934.

p. 27 *Rechazaba la idea*: Adam Hudek, «Between Czechs and Hungarians: Constructing the Slovak National Identity from 19th Century to the Present», *History Compass* 9, n.º 4 (3 de abril de 2011), p. 263.

p. 27 *principalmente católicos*: Yeshayahu Jelinek, «Nationalism in Slovakia and the Communists, 1918-1929», *Slavic Review* 34, n.º 1 (marzo de 1975), p. 70.

p. 28 *Anhelaban*: Matej Hanula, «The Pittsburgh Agreement and Its Role in the Political Life of Interwar Slovakia», *Kosmas: Czechoslovak and Central European Journal* 2, n.º 1 (2019), p. 120.

p. 28 *pequeños pueblos del este*: Akiva Nir, «The Zionist Organizations, Youth Movements, and Emigration to Palestine in 1918-1945», en Mensfelt, ed., *The Tragedy of the Jews of Slovakia*, p. 37.

p. 28 *manifestaciones antisemitas*: Miloslav Szabó, «"Golemiáda": Odkaz protižidovských demonštrácií v Bratislave z apríla 1936», *Denník N*, 19 de marzo de 2016.

p. 28 *rompieron ventanas*: Miloslav Szabó, «From Protests to the Ban: Demonstrations Against the "Jewish" Films in Interwar Vienna and Bratislava», *Journal of Contemporary History* 54, n.º 1 (2017), pp. 5-29.

p. 28 *«cosas de poca monta»*: Entrevista a Spitzer.

p. 28 *enfant terrible*: Konrad Kwiet, entrevista con la autora, 2020.

p. 28 *cuanto menos supiera, mejor*: Entrevista a Spitzer.

p. 28 *Tibor Justh*: Acusación contra Tibor Justh, Der Oberreichsanwalt beim Volksgerichtshof, Anklageschrift, Berlín, 4 de marzo de 1942.

p. 28 *comunidad judía de larga tradición*: Yehoshua Robert Buchler y Gila Fatran, «Breve historia de los judíos eslovacos», JewishGen, <https://www.jewishgen.org/yizkor/pinkas_slovakia/Slo0XI.html>, consultado el 13 de febrero de 2023.

Capítulo dos: El fin de una era

p. 30 *Cuando David Wisnia era pequeño*: A menos que se indique lo contrario, las descripciones provienen de David Wisnia, de dos extensas entrevistas que la autora le hizo en su casa de Levittown, Pennsylvania, el 19 de enero de 2018 y el 24 de junio de 2019.

p. 30 *recién pavimentado*: «Warsaw Opens New Boulevard», *The New York Times*, 18 de octubre de 1935.

p. 31 *«París del Norte»*: «Warsaw Regains Title "Paris of the North"», *The New York Times*, 27 de noviembre de 1927.

p. 31 *íntimas salas de espectáculos*: «Direct from Old Warsaw», *The New York Times*, 15 de marzo de 1931.

p. 31 *tocaban la armónica*: Fotos de «Vintage: Poland During Interwar period (1918-1939)», *Monovisions Black and White Photography Magazine*, <https://monovisions.com/vintage-poland-during-interwar-period-1920s-1930s/>, consultado el 13 de febrero de 2023.

p. 31 *la asistencia se disparó*: H. Howard Taubman, «The Opera in Paris and Warsaw», *The New York Times*, 29 de septiembre de 1935.

p. 31 *Eliahu*: David se refería a su padre como Eliahu. Su nombre también ha sido documentado como Elias y el apellido como Visnia.

p. 31 *a los ocho años*: David Wisnia, entrevista con Joseph Toltz (transcripción), 7 de abril de 2011, USHMM.

p. 31 *el mayor escenario*: Sara Lewin Radomski, entrevista con Brad Zarlin en 2007, USHMM.

p. 31 *Shnei Michtavim*: El poema fue escrito por el primer poeta laureado de Israel, Avigdor Hameiri, nacido en Hungría.

p. 31 *«Dos cartas»*: «A Hebrew Liederabend» (programa), 4 de junio de 2019, YIVO, <https://yivo.org/cimages/6-4-19_program.pdf>, consultado el 13 de febrero de 2023.

p. 32 *una «paz duradera»*: «El Libro Azul de la guerra británico: Texto del acuerdo germano-polaco del 26 de enero de 1934», Facultad de Derecho de Yale, <https://avalon.law.yale.edu/wwii/blbk01.asp>, consultado el 13 de febrero de 2023.

p. 33 *con un cepillo en la mano*: David Wisnia, entrevista con Brad Zarlin, 2006, USHMM.

p. 33 *única sinagoga de la ciudad*: «The Sochaczew Yeshivá», Shtetl Virtual, <https://sztetl.org.pl/en/towns/s/607-sochaczew/102-education-and-culture/27268-sochaczew-yeshiva>, consultado el 13 de febrero de 2023.

p. 33 *volvía a cantar*: Wisnia, entrevista con Zarlin.

p. 33 *se burlaban de los judíos*: Yitschak Brzezowski (también conocido como Eddie Ilan), entrevistado por Leonia Kurgan, VHA/USC-Shoah.

p. 33 *centro jasídico*: Y. Trunk, «The History of the Community», trad. Jerrold Landau, Jewishgen, <https://www.jewishgen.org/yizkor/Sochaczew/so601.html#History>, consultado el 13 de febrero de 2023.

p. 33 *trece mil quinientos habitantes*: «History», Sochaczew.pl, <https://www.

sochaczew.pl/home/languageversion/4?filterId=1>, consultado el 13 de febrero de 2023.

p. 33 *un cuarto eran judíos*: «The Sochaczew Yeshivá», Shtetl Virtual, <https://sztetl.org.pl/en/towns/s/607-sochaczew/99-history/138045-history-of-community>, consultado el 13 de febrero de 2023.

p. 34 *Solo los campesinos se marchaban de Polonia*: David Wisnia, entrevista grabada con Robin Black, 13 de agosto de 2007.

p. 34 *organizaron huelgas de hambre*: «Warsaw Students Strike», *The New York Times*, 25 de noviembre de 1936.

p. 34 *sirenas y redobles de tambor*: «War Games Darken Warsaw», *The New York Times*, 3 de octubre de 1935.

p. 35 *calle Krochmalna*: Isaac Bashevis Singer creció en ella poco después de la Primera Guerra Mundial y años más tarde inmortalizaría la calle en sus libros.

p. 35 *tapicería de Eliahu*: Wisnia, entrevista con Toltz, 7 de abril de 2011.

p. 35 *cinco congregaciones más grandes*: «The Nozyk Synagogue, Warsaw, Poland», <https://www.bh.org.il/nozyk-synagogue-warsaw-poland/>.

p. 35 *más expuesto*: Wisnia, entrevista con Toltz, 7 de abril de 2011.

p. 35 *Moshe Koussevitzky*: «Moshe Koussevitzky», Archivo Milken, <https://www.milkenarchive.org/artists/view/moshe-koussevitzky>, consultado el 10 de abril de 2023.

p. 36 *Una encuesta Gallup de 1939*: Frank Newport, «Historical Review: Americans' Views on Refugees Coming to U.S.», Gallup, <https://news.gallup.com/opinion/polling-matters/186716/historical-review-americans-views-refugees-coming.aspx>, consultado el 13 de febrero de 2023.

p. 36 *un senador de Carolina del Norte*: Véase en el Registro del Congreso del 11 de mayo de 1939 la exposición en el Senado sobre inmigración. El senador Robert Reynolds presentó el proyecto de ley Reynolds-Starnes. Además, declaró: «Me enorgullece que Carolina del Norte tenga menos extranjeros que cualquier otro estado de la Unión, menos del 0,5 por ciento, y espero mantenerlo siempre así».

p. 38 *o eso esperaban muchos*: Wisnia, entrevista con Black, 13 de agosto de 2007.

p. 38 *de edades comprendidas entre veintiún*: Jerzy Szapiro, «Poles Mobilizing Army of 2,500,000», *The New York Times*, 31 de agosto de 1939.

p. 38 *repitió, exaltado*: Wisnia, entrevista con Zarlin.

p. 39 *el engaño*: Associated Press: «Bulletins on Europe's Conflict», *The New York Times*, 1 de septiembre de 1939.

p. 39 *respondería a la fuerza con la fuerza*: Otto D. Tolischus, «Hitler Gives Word: In a Proclamation He Accuses Warsaw of Appeal to Arms», *The New York Times*, 1 de septiembre de 1939.

p. 39 *La niebla y las nubes*: Jerzy Szapiro, «Hostilities Begun: Warsaw Reports German Ofensive Moving on Three Objectives», *The New York Times*, 1 de septiembre de 1939.

Capítulo tres: «Iba de farol»

p. 40 *se habían prometido*: Jürgen Matthäus, entrevista con la autora, 7 de julio de 2020.

p. 40 *muerte [...] sin complicaciones*: Nechama Tec, «Recapturing the Past», en Jürgen Matthäus, ed., *Approaching an Auschwitz Survivor*, Oxford, Oxford University Press, 2010, p. 30.

p. 40 *unos 2,8 millones*: William L. Shirer, *The Rise and Fall of the Third Reich: A History of Nazi Germany*, Nueva York, Simon & Schuster, 2011.

p. 41 *movilizando a sus hombres*: «Manual de orden de batalla del ejército checoslovaco», Documento desclasificado de la CIA Número: CIA-RDP81-01043R002800140007-5, 1 de agosto de 1958, p. 10, <https://www.cia.gov/readingroom/docs/CIA-RDP81-01043R002800140007-5.pdf, consultado el 13 de junio de 2023.

p. 41 *«iba de farol»*: «Czechoslovakia», *Fortune*, 1 de agosto de 1938.

p. 41 *huyó a París*: J. R., «Czechoslovakia During the War: I — The Policy of the Government in London», *Bulletin of International News* 21, n.° 22 (28 de octubre de 1944), pp. 897-906.

p. 41 *quinientos estudiantes judíos*: «Anti-Semitism Has Free Rein in Slovakia; 500 Jews Expelled from Bratislava U», Jewish Telegraphic Agency, 10 de noviembre de 1938.

p. 41 *con el título de diseñadora gráfica*: Tec, «Recapturing the Past», pp. 29-30.

p. 42 *Partido Popular Eslovaco*: «U.S. Protests Crub Slovak Violence», *The New York Times*, 8 de diciembre de 1938.

p. 42 *«culparlos con razón»*: Ivan Kamenec, «The Deportation of Jewish Citizens from Slovakia in 1942», en Jarek Mensfelt, ed., *The Tragedy of the Jews of Slovakia*, Oswiecim, Museo Estatal de Auschwitz-Birkenau/Museo de la Insurrección Nacional Eslovaca, p. 111.

p. 42 *Se destrozaban*: Peter Salner, «Ethnic Polarisation in an Ethnically Homogenous Town», *Sociologický časopis / Czech Sociological Review, IX*, 2001. pp. 235-246.

p. 42 *versión de ópera bufa*: Yeshayahu Jelinek, «Storm-Troopers in Slovakia: The Rodobrana and the Hlinka Guard», *Journal of Contemporary History* 6, n.° 3 (1971), pp. 97-119.

p. 42 *nariz ensangrentada*: Entrevista de Alice Tyroler a Ina Navazelskis, 18 de mayo de 2013, USHMM.

p. 43 *la única mujer*: Konrad Kwiet, «Designing Survival», en Matthäus, *Approaching an Auschwitz Survivor.*

p. 43 *doce personas*: Tec, «Recapturing the Past», p. 30.

p. 44 *un edificio en ruinas*: Documentos de restitución de Samuel Spitzer (Anexo: Comentario sin prejuicios, nota 2). Cortesía de Konrad Kwiet.

p. 44 *presos políticos*: Raanan Rein e Inbal Ofer, «Becoming Brigadistas: Jewish Volunteers from Palestine in the Spanish Civil War, Palestine in the Spanish Civil War», *European History Quarterly*, 46, n.° 1, pp. 92-112.

p. 44 *panfletos con actualizaciones*: Samuel Spitzer, entrevista con D. I. Ritch, 7 de marzo de 1996, VHA/USC-Shoah.
p. 44 *había sido conductor*: Acusación, Der Oberreichsanwalt beim Volksgerichtshof, Anklageschrift, Berlín, 4 de marzo de 1942.
p. 45 *checoslovacos no judíos*: Hana Kubátová, «Jewish Resistance in Slovakia», *Jewish Studies at the Central European University* 7 (2013).

Capítulo cuatro: «Nadie los va a vencer»

p. 46 *cajones llenos de ropa*: «Ruins Mark Line of Nazi Advance», *The New York Times*, 14 de septiembre de 1939.
p. 46 *donde tenían la esperanza*: Yisrael Gutman, *The Jews of Warsaw, 1939-1943: Ghetto, Underground Revolt*, trad. Ina Friedman, Bloomington, Indiana University Press, 1989, p. 4.
p. 46 *incesante fuego de artillería*: Entrevista grabada de David Wisnia con Robin Black, 13 de agosto de 2007.
p. 46 *los gulag*: Anne Applebaum, *Gulag: A History*, Nueva York, Anchor, 2003. Véase también la excelente serie de historia oral de Vera Golubeva, «Generation Gulag», en Coda Story, <https://www.codastory.com/series/generation-gulag/>.
p. 47 *Algunos judíos creían*: Anne O'Hare McCormick, «Gambler's Throw Threatens the Crash of a Continent», *The New York Times*, 1 de septiembre de 1939.
p. 47 *El altar estaba roto*: Periscope Film, «Julien Bryan's "Siege" 1939 German Invasion of Poland and Destruction of Warsaw 34444», YouTube, 5 de enero de 2019, <https://www.youtube.com/watch?v=SV4_-R-dZMw>, consultado el 13 de febrero de 2023.
p. 47 *construían barricadas*: Gutman, *Jews of Warsaw*, p. 5.
p. 47 *dijo [...] a un reportero*: «Saw Warsaw Bombed Hourly for Four Days», *The New York Times*, 11 de septiembre de 1939.
p. 47 *bombardearon el barrio judío*: Gutman, *Jews of Warsaw*, p. 6.
p. 47 *ya no podían encontrar*: Boleslaw Brodecki, entrevista con Linda Kuzmack, 19 de septiembre de 1989.
p. 47 *Un tercio de Varsovia*: «Julien Bryan "Siege" 1939».
p. 48 *David y su familia*: A menos que se indique lo contrario, las descripciones provienen de David Wisnia, de dos extensas entrevistas que la autora le hizo en su casa en Levittown, Pennsylvania, el 19 de enero de 2018 y el 24 de junio de 2019.
p. 48 *edificio de al lado*: Wisnia, entrevista con Black, 13 de agosto de 2007.
p. 48 *permanecía intacta*: David Wisnia, entrevista con Brad Zarlin, USHMM.
p. 48 *un poco más*: Wisnia, entrevista con Black, 13 de agosto de 2007.
p. 48 *se había triplicado o cuadruplicado*: Gutman, *Jews of Warsaw*, p. 25.
p. 48 *ardían unos quinientos incendios*: «20-Day Siege Ends», *The New York Times*, 28 de septiembre de 1939.

p. 48 *Nadie los va a vencer*: Wisnia, entrevista con Black, 13 de agosto de 2007.

p. 49 *ordenaban*: Stanisław Sznapman, en Michal Grynberg, ed., *Words to Outlive Us: Eyewitness Accounts from the Warsaw Ghetto*, trad. Philip Boehm, Nueva York, Metropolitan/Henry Holt, 2002.

p. 49 *eran una amenaza*: Gutman, *Jews of Warsaw*, p. 55.

p. 49 *prohibidos*: Stanisław Soszynski, entrevista transcrita, 6 de octubre de 1985, p. 5, USHMM.

p. 49 *estaban designados*: Emmanuel Ringelblum, *Notes from the Warsaw Ghetto*, Jacob Sloan, trad. y ed., 1958; repr., Potomac, Md., Pickle Partners Publishing, 2015, pp. 89 y 104.

p. 50 *era botín*: Helena Gutman-Stszewska, en Grynberg, *Words to Outlive Us*.

p. 50 *reliquias abandonadas*: Ringelblum, *Notes from the Warsaw Ghetto*, p. 91.

p. 50 *cuarenta hectáreas*: Gutman, *Jews of Warsaw*, p. 60.

p. 50 *muros de tres metros*: Ringelblum, *Notes from the Warsaw Ghetto*, p. 60.

p. 50 *Acogieron*: David Wisnia, entrevista con Joseph Toltz (transcripción), 7 de abril de 2011, USHMM.

p. 50 *se había convertido en un depósito*: «La historia de la Gran Sinagoga», Jewish Historical Institute, <https://www.jhi.pl/en/articles/the-history-of-the-great-synagogue>, 113, consultado el 17 de febrero de 2023.

p. 51 *le había enseñado carpintería*: Wisnia, entrevista con Black, 13 de agosto de 2007.

p. 51 *llevaba y traía*: Wisnia, entrevista con Toltz, 7 de abril de 2011.

p. 51 *llevar a casa*: David Wisnia, entrevista con Brad Zarlin, 2006, USHMM.

p. 51 *jurado*: William L. Shirer, *The Rise and Fall of the Third Reich: A History of Nazi Germany*, Nueva York, Simon & Schuster, 2011.

p. 51 *Sus responsabilidades crecieron*: Adrian Weale, *Army of Evil: A History of the SS*, Nueva York, NAL Caliber, 2012, p. 43.

p. 52 *la Gestapo gobernaban*: Gutman, *Jews of Warsaw*, p. 94.

p. 52 *nombraron un* Judenrat: *Ibid*., p. 14.

p. 52 *ejecutar las directivas de las SS*: Ringelblum, *Notes from the Warsaw Ghetto*, p. 35.

p. 52 *conseguir comida*: Chaim Hasenfus, en Grynberg, *Words to Outlive Us*.

p. 52 *ciento cincuenta judíos de Berlín*: Ringelblum, *Notes from the Warsaw Ghetto*, p. 126.

p. 53 *diez centímetros de ancho*: Gutman, *Jews of Warsaw*, p. 29.

p. 53 *sucio o arrugado*: Ringelblum, *Notes from the Warsaw Ghetto*, p. 50.

p. 53 *David llevaba el suyo con orgullo*: Wisnia, entrevista con Zarlin.

p. 53 *2,4 por ciento*: Gutman, *Jews of Warsaw*, p. 62.

p. 54 *dichos ingeniosos a cambio*: Chaim Hasenfus, en Grynberg, *Words to Outlive Us*.

p. 54 *Los habitantes del gueto*: Gutman, *The Jews of Warsaw*, p. 68.

p. 54 *invierno especialmente severo*: Mujer anónima, en Grynberg, *Words to Outlive Us*.

p. 55 *arrastrada*: Natan Zelichower, *ibid.*
p. 55 *vivía un tío suyo*: Wisnia, entrevista con Toltz, 7 de abril de 2011.

Capítulo cinco: El Código Judío

p. 56 *entregaría a Tibor*: Acusación a Tibor Justh, Der Oberreichsanwalt beim Volksgerichtshof, Anklageschrift, Berlín, 4 de marzo de 1942.

p. 57 *todavía no se les consideraba*: Hana Kubátová, «Jewish Resistance in Slovakia», *Jewish Studies at the Central European University* 7 (2013), p. 509.

p. 57 *casi un 90 por ciento*: Documentos de restitución de Samuel Spitzer (Anexo: Comentario sin prejuicios, nota 2). Cortesía de Konrad Kwiet.

p. 57 *servicios secretos del nuevo régimen*: *Ibid.*, Archivos de Ústredňa štátnej bezpečnosti (Oficina Central de Seguridad del Estado de Bratislava), 24 de enero de 1942.

p. 57 *En su foto policial*: Samuel Spitzer, entrevista con D. I. Ritch, 7 de marzo de 1996, VHA/USC-Shoah.

p. 59 *«tarifa de colonización»*: Ivan Kamenev, «The Deportation of Jewish Citizens from Slovakia in 1942», en Jarek Mensfelt, ed., *The Tragedy of the Jews of Slovakia*, Oswiecim, Museo Estatal de Auschwitz-Birkenau/Museo de la Insurrección Nacional Eslovaca, p. 116.

p. 59 *Se equivocaba*: Spitzer, entrevista con Ritch, 7 de marzo de 1996.

p. 59 *aparecieron unos carteles*: Deborah Dwork y Robert Jan Van Pelt, *Auschwitz: 1270 to Present*, Nueva York, W. W. Norton, 1997, p. 300.

p. 59 *no más de cincuenta kilos*: Helen Tichauer, «The Women's Camp at Auschwitz-Birkenau: Method Within Madness», Susan Cernyak-Spatz y Joel Shatzky, eds. (manuscrito inédito).

p. 59 *la veía como una mercancía*: Helen Tichauer, testimonio oral, Archivos del Museo Imperial de la Guerra, 2003.

p. 59 *haría aquel sacrificio*: Helen Tichauer, entrevista con David Boder, «Voces del Holocausto», Instituto de Tecnología de Illinois, 23 de septiembre de 1946. Véase *Approaching an Auschwitz Survivor*, Jürgen Matthäus, ed., Oxford, Oxford University Press, 2010, para una traducción más precisa.

p. 59 *parecía plausible*: Helen Tichauer, entrevista con Joan Ringelheim, 2000, USHMM.

p. 59 *conversiones masivas*: John S. Conway, «The Churches, the Slovak State and the Jews, 1939-1945», *The Slavonic and East European Review* 52, n.º 126 (enero de 1974), pp. 85-112.

p. 60 *Der Grenzbote informó*: «German Priests in Slovakia Baptize Jews to Save Them from Deportation», Jewish Telegraphic Agency, 17 de abril de 1942.

p. 60 *leyes raciales de Núremberg*: «Las leyes raciales de Núremberg», Enciclopedia del Holocausto, USHMM, <https://encyclopedia.ushmm.org/content/en/article/the-nuremberg-race-laws>, consultado el 3 de abril de 2023.

p. 60 *no ayudaría*: Konrad Kwiet, entrevista con la autora, 2020.

p. 60 *«Un judío sigue siendo judío»*: Conway, «The Churches, the Slovak State».

p. 60 *marcaron la diferencia*: Tichauer, Museo Imperial de la Guerra.

p. 60 *fábrica de balas*: «Bratislava During the Holocaust», Yad Vashem, <https://www.yadvashem.org/yv/en/exhibitions/communities/bratislava/deportations.asp>, consultado el 13 de febrero de 2023.

p. 60 *abrigo de lana hecho a medida*: Tichauer, «Women's Camp», página 7.

p. 60 *casi nadie*: Yehoshua R. Büchler. «First in the Vale of Affliction: Slovakian Jewish Women in Auschwitz, 1942», *Holocaust and Genocide Studies* 10, n.º 3 (1996): pp. 299-325.

p. 60 *parecía un barracón militar*: Jeannette (Janka) Nagel (de soltera Berger), en *Secretaries of Death*, ed: Lore Shelley, Nueva York, Shengold Publishers, 1986, p. 23.

p. 61 *rodeadas de guardias de Hlinka*: Nechama Tec, «Recapturing the Past», en Jürgen Matthäus, ed., *Approaching an Auschwitz Survivor*, Oxford, Oxford University Press, 2010).

p. 61 *que no hablaran*: Nagel en Shelley, *Secretaries of Death*, p. 23.

p. 61 *libro de texto*: Tichauer, «Women's Camp».

p. 61 *las habían instruido para palpar*: Helen Tichauer, «Ladies First», *Voice of the Woman Survivor* 6, n.º 2 (1989).

p. 61 *unas manos gruesas y desnudas dentro de la*: Tichauer, «Women's Camp», p. 7.

p. 61 *habitaciones estrechas y vacías*: Nagel en Shelley, *Secretaries of Death*, p. 23.

p. 61 *frío suelo de piedra*: «Else Kellner», en Shelley, *Secretaries of Death*, p. 81.

p. 62 *las ventanas y las puertas*: «Rivka Paskus», en *ibid.*, p. 205.

p. 62 *rubia*: David Wisnia, entrevista con Brad Zarlin, 2006, USHMM.

p. 62 *era cristiana*: Susan Cernyak-Spatz y Joel Shatzky, «Record-Keeping for the Nazis — and Saving Lives», *Jewish Currents*, 1 de mayo de 2011.

p. 62 *Katya Singer*: Su nombre también ha aparecido como Katja, Katka y Katia, y su apellido como Singerova.

p. 62 *sedientas*: Tichauer, entrevista con Ringelheim, 2000.

p. 63 *«Querido Schani»*: Postal de Helen Tichauer a Samuel Spitzer, 1942. Cortesía de Konrad Kwiet.

p. 63 *evita los transportes*: Entrevista de Kwiet con la autora.

p. 63 *una mañana de sábado*: Büchler, «First in the Vale of Affliction», p. 51.

p. 63 *¡Todas afuera!*: Testimonio oral de Janka Nagel, 13 de agosto de 1985, USHMM.

p. 63 *798 mujeres*: Danuta Czech, *Auschwitz Chronicle 1939-1945: From the Archives of The Auschwitz Memorial and The German Federal Archives*, Nueva York, Henry Holt and Company, 1990, p. 150.

p. 63 *por una rendija*: Tichauer, «Women's Camp», p. 7.

p. 64 *llegaran*: Entrevista a Nagel, USHMM.

p. 64 *El tren había llegado*: Tichauer, «Voces del Holocausto».

Capítulo seis: «Ve»

p. 65 *preguntó Eliahu a David*: David Wisnia, entrevista grabada con Robin Black, 13 de agosto de 2007.

p. 65 *zapatos raídos*: «Barrio judío de Varsovia», Galería del USHMM, <https://encyclopedia.ushmm.org/content/en/gallery/warsaw-photographs>, consultado el 14 de febrero de 2023.

p. 65 *de un gramófono*: «Pobreza en el Gueto de Varsovia», Galería del USHMM, <https://encyclopedia.ushmm.org/content/en/photo/poverty-in-the-warsaw-ghetto>, consultado el 14 de febrero de 2023.

p. 66 *zona de cuarentena por epidemia*: «Entrada al Gueto de Varsovia», Galería del USHMM, <https://encyclopedia.ushmm.org/content/en/photo/entrance-to-the-warsaw-ghetto>, Entrance to the Warsaw Ghetto, consultado el 14 de febrero de 2023.

p. 67 *vio una pila*: A menos que se indique lo contrario, las descripciones provienen de David Wisnia, de dos largas entrevistas que la autora le hizo en su casa de Levittown, Pennsylvania, el 19 de enero de 2018 y el 24 de junio de 2019.

p. 67 *se lanzó*: Wisnia, entrevista con Black, 13 de agosto de 2007.

p. 68 *se acababan abruptamente*: «250,000 in Poland Reported Killed», *The New York Times*, 27 de julio de 1942.

p. 68 *habían trabajado para «germanizar»*: «Nazis to Germanize Area of Poland», *The New York Times*, 18 de agosto de 1942.

p. 69 *los judíos de Sochaczew*: «Icek Brzezowski», Museo de la Tolerancia, <http://www.museumoftolerance.com/education/teacher-resources/holocaust-resources/children-of-the-holocaust/icek-brzezowski.html>, consultado el 13 de febrero de 2023.

p. 70 *reubicarse en el gueto*: Sara Lewin Radomski, entrevista con Brad Zarlin, 15 de julio de 2007, USHMM.

p. 70 *habían construido*: David Wisnia, entrevista con Joseph Toltz (transcripción), 7 de abril de 2011, USHMM.

p. 70 *la una de la madrugada*: Wisnia, entrevista con Black, 13 de agosto de 2007.

p. 71 *dormiría en el suelo*: Wisnia, entrevista con Toltz, 7 de abril de 2011.

p. 71 *rodeado por un vallado de madera*: Geoffrey P. Megargee y Martin Dean, eds., *The United States Holocaust Memorial Museum Encyclopedia of Camps and Ghettos, 1933—1945*, vol. 2, *Ghettos in German-Occupied Eastern Europe*, Bloomington, Indiana University Press, 2012, pt. A, p. 5.

p. 72 *contar para algo*: Wisnia, entrevista con Zarlin.

p. 72 *salía a las calles*: Wisnia, entrevista con Toltz, 7 de abril de 2011.

p. 73 *unos mil quinientos más*: Danuta Czech, «Origins of the Camp, Its Construction and Expansion», en Franciszek Piper y Teresa Swiebocka, eds., *Auschwitz: Nazi Death Camp*, trad. Douglas Selvage, Oswiecim, Museo Estatal de Auschwitz-Birkenau, 2009, p. 285.

p. 73 *había oído hablar de un hombre*: Wisnia, entrevista con Zarlin.

p. 74 *rodeados por el fuego*: Helen Tichauer, entrevista con David Boder, «Voces del Holocausto», Instituto de Tecnología de Illinois, 23 de septiembre de 1946.

p. 74 *reflexionó sobre el sacrificio personal*: Richard Newman con Karen Kirtley, *Alma Rosé: Vienna to Auschwitz*, Pomptom Plains, Cambridge, Amadeus Press, 2003, p. 270.

Capítulo siete: Algo cotidiano

p. 77 *Los, los heraus und einreihen*: Helen Tichauer, entrevista con David Boder, «Voces del Holocausto», Instituto de Tecnología de Illinois, 23 de septiembre de 1946.

p. 77 *la primera vez*: Helen Tichauer, «The Women's Camp at Auschwitz-Birkenau: Method Within Madness», Susan Cernyak-Spatz y Joel Shatzky, eds. (manuscrito inédito), p. 7.

p. 77 *un campo abierto*: Deborah Dwork y Robert Jan Van Pelt, *Auschwitz: 1270 to Present*, Nueva York, W. W. Norton, 1997, p. 301.

p. 78 *[ella] estaría entre ellos*: Tichauer, «Voces del Holocausto».

p. 78 *una enorme puerta de acero*: Dwork y Van Pelt, *Auschwitz: 1270 to Present*, p. 169.

p. 78 *Había llegado*: Helen Tichauer, entrevista con Joan Ringelheim, 2000, USHMM.

p. 78 *una ciudad común*: Rudolf Höss, *Yo, comandante de Auschwitz*, trad. Juan Esteban Fassio, Madrid, Arzalia Ediciones, 2022.

p. 78 *al menos tres veces*: «La historia de la ciudad de Oswiecim», Museo Estatal de Auschwitz-Birkenau, <https://web.archive.org/web/20080202044740/>, <http://www.auschwitz-muzeum.oswiecim.pl/html/eng/historia_KL/oswiecim_ok.html>, consultado el 14 de febrero de 2023.

p. 78 *asolando la zona*: «Sobre el Museo del Castillo», Muzeum Zamek Oswiecimiu, <https://muzeum-zamek.pl/strona/about-castle-museum>.

p. 78 *doce mil habitantes polacos*: William L. Shirer, *The Rise and Fall of the Third Reich: A History of Nazi Germany*, Nueva York, Simon & Schuster, 2011, p. 936.

p. 79 *cuarteles de la artillería polaca*: Danuta Czech, «Origins of the Camp, Its Construction and Expansion», en Franciszek Piper y Teresa Swiebocka, eds., *Auschwitz: Nazi Death Camp*, trad. Douglas Selvage, Ocwiecim, Auschwitz-Birkenau State Museum, 2009, pp. 21-23.

p. 79 *campo de tránsito*: Dwork y Van Pelt, *Auschwitz: 1270 to Present*, pp. 173-174.

p. 79 *IG Farben*: «IG Farben», Memorial y Museo de Auschwitz-Birkenau, <http://auschwitz.org/en/history/auschwitz-iii/ig-farben>, consultado el 13 de febrero de 2023.

p. 79 *pagaría a las SS*: Shirer, *Rise and Fall*, p. 937.

p. 79 *Rudolf Höss*: A veces también se escribe Rudolf Hess.
p. 79 *un nazi leal*: Höss, *Yo, comandante de Auschwitz.*
p. 80 *veinte barracones de ladrillo*: Tadeusz Iwaszko, «The Daily Life of the Prisoner», en Piper y Swiebocka, *Auschwitz: Nazi Death Camp*, p. 71.
p. 80 *quienes le rodeaban*: Höss, *Yo, comandante de Auschwitz.*
p. 80 *pudieran cumplir la cuarentena*: Danuta Czech, *Auschwitz Chronicle 1939-1945: From the Archives of The Auschwitz Memorial and The German Federal Archives*, Nueva York, Henry Holt and Company, 1990, pp. 9-10.
p. 80 *primer grupo de prisioneros polacos*: *Ibid.*, p. 13.
p. 80 *renovar los ya existentes*: Czech, «Origins of the Camp», pp. 21-23.
p. 80 *ayudaron a organizar*: Bolesław Bicz, testimonio, 11 de julio de 1946, «Crónicas del terror», Centro Witold Pilecki de Estudios Totalitarios, Varsovia.
p. 81 *pasar lista de forma excepcional*: Czech, *Auschwitz Chronicle 1939-1945*, pp. 17-33.
p. 81 *dos cartas al mes*: Michael Berkowitz, entrevista con la autora, 2020.
p. 81 *marzo de 1941*: Czech, *Auschwitz Chronicle 1939-1945*, p. 50.
p. 81 *impresionar a los funcionarios de la IG Farben*: Dwork y Van Pelt, *Auschwitz: 1270 to Present*, p. 254.
p. 82 *Himmler invitó a Höss*: Los detalles que rodean las órdenes de Himmler provienen de las memorias de Höss. Dwork y Van Pelt cuestionan la cronología de estos hechos, dadas las incoherencias en los testimonios de Höss; para más detalles, véase *Auschwitz: 1270 to the Present.*
p. 82 *el escenario principal*: Höss, *Yo, comandante de Auschwitz.*
p. 82 *reunión de hora y media*: Katrin Bennhold, «80 Years Ago the Nazis Planned the Final Solution. It Took 90 Minutes», *The New York Times*, 20 de enero de 2022.
p. 82 *«Judíos a nuestro alcance»*: Höss, *Yo, comandante de Auschwitz.*
p. 82 *pretendía acabar con*: Jacek Lachendro, *Voices of Memory II: Soviet Prisoners of War in Auschwitz*, trad. William Brand, Oswiecim, Museo Estatal de Auschwitz-Birkenau, 2016.
p. 82 *el nuevo subcampo*: Dwork y Van Pelt, *Auschwitz: 1270 to Present*, p. 255.
p. 82 *ladrillo a ladrillo*: *Ibid.*, p. 272.
p. 83 *le importaban el coste y la facilidad*: Höss, *Yo, comandante de Auschwitz.*
p. 83 *unos diez mil novecientos prisioneros*: Czech, «Origins of the Camp», p. 27.
p. 83 *los encargados de construirlos*: Höss, *Yo, comandante de Auschwitz.*
p. 83 *entraban corriendo*: Dwork y Van Pelt, *Auschwitz: 1270 to Present*, p. 220.
p. 84 *prisioneros de guerra soviéticos*: Höss, *Yo, comandante de Auschwitz.*
p. 84 *sótano del Bloque 11*: Czech, *Auschwitz Chronicle 1939-1945*, p. 85.
p. 84 *Búnker I*: Franciszek Piper, «The Mass Extermination of Jews», en Piper y Swiebocka, *Auschwitz: Nazi Death Camp*, p. 167. Véase también Czech, *Auschwitz Chronicle 1939-1945*, p. 146; Dwork y Van Pelt, *Auschwitz: 1270 to Present*, p. 302.

p. 84 *un vallado electrificado*: Sarah Helm, *Ravensbrück: Life and Death in Hitler's Concentration Camp for Women*, Nueva York, Anchor, 2016, p. 181.

p. 84 *exclusivamente de mujeres de Ravensbrück*: Czech, *Auschwitz Chronicle 1939-1945*, p. 148.

p. 85 *consideradas «asociales»*: Helm, *Ravensbrück*, p. 24.

p. 85 *carta blanca*: Höss, *Yo, comandante de Auschwitz*.

p. 85 *mujeres judías eslovacas*: Para un relato detallado sobre el espantoso viaje de estas mujeres, véase Heather Dune Macadam, *999: The Extraordinary Young Women of the First Official Jewish Transport to Auschwitz*, Nueva York, Citadel Press Books, 2020. Según la extensa investigación de Dune, en aquel primer trasporte solo había 997 niñas.

p. 85 *Continuaron con las órdenes*: Tichauer, «Voces del Holocausto».

p. 85 *La sangre les caía*: Magda Blau, entrevista con Linda Kuzmack, 11 de junio de 1990, USHMM.

p. 86 *las cejas y el vello púbico*: Tichauer, «Voces del Holocausto».

p. 86 *subirse a una silla*: Blau, entrevista con Kuzmack, 11 de junio de 1990.

p. 86 *desinfectada y luego almacenada*: Tichauer, «Voces del Holocausto».

p. 86 *¿Quiénes son estas lunáticas?*: Blau, entrevista con Kuzmack, 11 de junio de 1990.

p. 86 *uniformes de presos de guerra rusos*: Helm, *Ravensbrück*, p. xvii.

p. 86 *retales de algodón*: Tichauer, «Voces del Holocausto».

p. 86 *tenían manchas de la sangre*: Konrad Kwiet, «Designing Survival», en Jürgen Matthäus, ed., *Approaching an Auschwitz Survivor*, Oxford, Oxford University Press, 2010, p. 14.

p. 86 *tenían agujeros de bala*: Susan Cernyak-Spatz, *Protective Custody Prisoner 34042*, Cortland, Nueva York, N and S Publishers, 2005.

p. 86 *tenía los pies tan pequeños*: Tichauer, entrevista con Ringelheim, 2000.

p. 87 *capa de paja vieja*: Tichauer, «Voces del Holocausto».

p. 87 Zippi se preguntó: Tichauer, «Voces del Holocausto».

p. 88 *Johanna Langefeld*: Czech, «Origins of the Camp», p. 148.

p. 88 *daban vueltas en el sitio*: Blau, entrevista con Kuzmack, 11 de junio de 1990.

p. 88 *Zippi se desesperaba*: Tichauer, «Voces del Holocausto».

p. 88 *prisionera 2286*: Tichauer, entrevista con Ringelheim, 2000.

p. 88 *su codo izquierdo*: Tichauer, «Voces del Holocausto».

p. 89 *Bloque 9 de Auschwitz I*: Tichauer, entrevista con Ringelheim, 2000.

p. 89 *mil doscientas presas*: Blau, entrevista con Kuzmack, 11 de junio de 1990.

p. 89 *veintidós retretes*: Iwaszko, «Daily Life», p. 73.

p. 89 *Habían pasado de*: Tichauer, «Voces del Holocausto».

p. 89 *80 por 200 centímetros*: Iwaszko, «Daily Life», p. 72.

p. 89 *el caos no podía ir a más*: Höss, *Yo, comandante de Auschwitz*.

p. 89 *bebió agua contaminada*: Tichauer, entrevista con Ringelheim, 2000.

p. 89 *recogían el agua de la lluvia*: Tichauer, «Women's Camp», p. 103.

p. 89 *Los piojos y las chinches*: Höss, *Yo, comandante de Auschwitz*.

p. 90 *orina congelada*: Marie Schwartzman, entrevista con Gail Schwartz, 23 de agosto de 1994, USHMM.

p. 90 *Un barril oxidado*: Ruth Krautwirth Meyerowitz, entrevista con Linda G. Kuzmack, 20 de febrero de 1990, USHMM.

p. 90 *los rumores se propagaban*: «Irene Schwarz», en Lore Shelley, ed., *Secretaries of Death*, Nueva York, Shengold Publishers, 1986, p. 14.

p. 90 *gaseado hasta la muerte en Birkenau*: Tichauer, entrevista con Ringelheim, 2000.

p. 90 *podía estar contaminada*: Blau, entrevista con Kuzmack, 11 de junio de 1990.

p. 90 *adulterada con bromuro*: Jeannette (Janka) Nagel (de soltera Berger), en Shelley, *Secretaries of Death*, p. 25.

p. 90 *atreviéndose a acercarse*: Helen Tichauer, entrevista inédita con Konrad Kwiet, 4 de junio de 2007.

p. 90 *Empezaba a darse cuenta*: Nechama Tec, «Recapturing the Past», en Matthäus, *Approaching an Auschwitz Survivor*, p. 37.

p. 91 *Buscaban compañerismo*: Tichauer, entrevista con Kwiet, 4 de junio de 2007.

p. 91 *parte de una cacería*: Tichauer, entrevista con Ringelheim, 2000.

p. 91 *con lo poco que les quedaba de las uñas*: Blau, entrevista con Kuzmack, 11 de junio de 1990.

p. 91 *certificados de defunción*: Schwarz, en Shelley, *Secretaries of Death*, p. 13.

p. 91 *lo que era matador de verdad*: Blau, entrevista con Kuzmack, 11 de junio de 1990.

p. 91 *una finca agrícola*: Dwork y Van Pelt, *Auschwitz: 1270 to Present*, p. 191.

p. 91 *limpiar ladrillos embarrados*: Nagel, en Shelley, *Secretaries of Death*, p. 25.

p. 92 *trabajar con apisonadoras*: Meyerowitz, entrevista con Kuzmack, 1990.

p. 92 *dio resultado*: Piper, «Prisoner Labor», *Auschwitz: Nazi Death Camp*, p. 107.

p. 92 *la azotaban y luego la mataban*: Wilma Steindling, «A Miracle Saved Me from the Gas at Auschwitz», Wiener-HL, número de índice: P.III.g. (Francia), n.º 791, febrero de 1958.

p. 92 *se ofreció voluntaria para unirse*: Tichauer, «Women's Camp», p. 12.

p. 93 *uno de sus profesores*: Katerina Singer, «Testimony in the criminal proceedings against the late Prof. Carl Clauberg», Wiener-HL, Número de índice: P.III.h (Auschwitz), n.º 881, 4 de junio de 1957.

p. 94 *reconoció a Katya*: Susan Cernyak-Spatz y Joel Shatzky, «Record-Keeping for the Nazis — and Saving Lives», *Jewish Currents*, 1 de mayo de 2011.

p. 94 *formación de Katya como contable*: Tichauer, entrevista con Ringelheim, 2000.

p. 94 *ordenar el caos*: Cernyak-Spatz and Shatzky, «Record-Keeping».

p. 94 *tenía solo veintidós años*: La tarjeta de registro de KL Stutthof de Singer indica como fecha de nacimiento el 12 de marzo de 1920.

p. 94 *Langefeld tenía dificultades*: Helm, *Ravensbrück*, pp. 180-181.

p. 94 *se arrimaban*: Höss, *Yo, comandante de Auschwitz*; véase también Helm, *Ravensbrück*.

p. 94 *prisionera de alto rango*: Iwaszko, «Daily Life», p. 70.

p. 94 *a cargo*: Tichauer, entrevista con Ringelheim, 2000.

p. 94 *14.624 reclusos*: Czech, *Auschwitz Chronicle 1939-1945*, p. 161.

p. 95 *más de tres kilómetros*: Czech, «Origins of the Camp», p. 30.

p. 95 *descalzas*: Tichauer, entrevista con Ringelheim, 2000.

p. 95 *en zuecos de madera*: Erwin Tichauer, *Skull and Zebra Suits: A Berlin Jew in Auschwitz*, ed. Jürgen Matthaus, trad. Anabel Aliaga-Buchenau, Berlín, Metropol, 2000, p. 70.

p. 95 *once horas*: Czech, *Auschwitz Chronicle 1939-1945*, p. 151.

p. 95 *Con las manos desnudas*: Dwork y Van Pelt, *Auschwitz: 1270 to Present*, p. 272.

p. 95 *látigo de cuero en mano*: Józef Garliński, *Fighting Auschwitz: The Resistance Movement in the Concentration Camp*, Los Ángeles, Aquila Polonica, 2018.

p. 95 *253 cabañas de madera prefabricadas*: Dwork y Van Pelt, *Auschwitz: 1270 to Present*, p. 272.

p. 95 *lanzarse ladrillos*: Blau, entrevista con Kuzmack, 11 de junio de 1990.

p. 96 *morían a miles*: Czech, *Auschwitz Chronicle 1939-1945*.

p. 96 *tenía que mostrar salud*: Tichauer, entrevista con Ringelheim, 2000.

p. 96 *«judía fea»*: Tichauer, «Women's Camp», p. 108.

p. 86 *la enviaron de vuelta*: *Ibid.*, p. 19.

p. 97 *tan solo quería un respiro*: Tichauer, entrevista con Ringelheim, 2000.

p. 98 *Zippi le explicó a Eva*: Helen Tichauer, entrevista inédita con Peter Hellman, 11 de noviembre de 2019.

p. 98 *«Quédate en casa»*: Tichauer, entrevista con Ringelheim, 2000.

p. 98 *mezclar pintura a partir de material seco*: Helen Tichauer, entrevista inédita con Peter Hellman, 19 de noviembre de 2010.

p. 98 *el trabajo perfecto*: Tichauer, entrevista con Ringelheim, 2000.

p. 98 *«dónde se están metiendo»*: Tichauer, «Women's Camp», p. 15.

p. 98 *pinceles y agentes secantes*: Tichauer, entrevista con Hellman, 19 de noviembre de 2010.

p. 99 *no iba lo bastante rápido*: Tichauer, «Women's Camp», p. 15.

p. 99 *los vestidos andrajosos*: Tichauer, «Voces del Holocausto».

p. 99 *línea perfecta de dos centímetros*: Kwiet, «Designing Survival», p. 17.

p. 99 *banda de tela*: Tichauer, «Voces del Holocausto».

p. 99 *un solo prisionero hasta 1.004*: Czech, *Auschwitz Chronicle 1939-1945*, p. 191.

p. 100 *¡Juden raus schnell!*: Hermann Langbein, *People in Auschwitz*, trad. Harry Zohn, Chapel Hill, University of North Carolina Press, 2004.

p. 100 *tenían atados en largo a los perros*: Michael Vogel, entrevista con Linda G. Kuzmack, 14 de julio de 1989, USHMM.

p. 100 *sus hijos muertos*: Tecia Grynberg, entrevista con Jill Margo, 6 de junio de 1991, USHMM.

p. 102 *El verdor ocultaría*: «La muerte de los testigos silenciosos de la historia», Memorial y Museo de Auschwitz-Birkenau, 27 de marzo de 2007, <http://auschwitz.org/en/museum/news/the-death-of-silent-witnesses-to-history,466.html>, consultado el 10 de abril de 2023.

p. 102 *Zippi oyó*: Tichauer, «Voces del Holocausto».

p. 102 *ocho mil habían desaparecido*: Czech, «Origins of Camp», p. 31. Según documentos del campo, entre el 20 de mayo de 1940 y el 31 de enero de 1942 estuvieron en el campo 36.285 prisioneros polacos y soviéticos. Según informes, 2.435 fueron transferidos, 76 fueron liberados, 5 escaparon y 1.755 fueron asesinados. Pero solo se contabilizaron 11.449.

p. 102 *manzanos y perales*: «The Death of Silent Witnesses to History».

p. 102 *una cámara de gas*: Piper, «Mass Extermination of Jews», p. 168.

p. 103 *permiso para entrar*: Tichauer, «Voces del Holocausto».

p. 103 *esa distancia exacta*: Testimonio de Anna Palarczyk, Primer Juicio de Auschwitz en Frankfurt, «Caso Criminal Contra Mulka y Otros», 4 Ks 2/63, Tribunal de Distrito de Frankfurt am Main, 15 de octubre de 1964, p. 11.

p. 103 *cada mediodía*: Testimonio de Stanisława Rachwał, 25 de julio de 1945, «Crónicas del Terror», Centro Witold Pilecki de Estudios Totalitarios.

p. 103 *peines y polveras*: Meyerowitz, entrevista con Kuzmack, 20 de febrero de 1990.

p. 103 *llenas de pus*: Tichauer, entrevista con Ringelheim, 2000.

p. 104 *conseguía «cositas»*: Tichauer, entrevista con Ringelheim, 2000.

p. 104 *la echó*: Tichauer, «Women's Camp».

p. 105 *era necesario obtener nuevos datos*: Tec, «Recapturing the Past», p. 40.

p. 105 *la «mala asignación»*: Michael Berkowitz, entrevista con la autora, 19 de febrero de 2021.

p. 105 *trasladaran a Budy*: Tichauer, entrevista con Ringelheim, 2000.

p. 105 *la salvación de una prisionera podría ser la condena de otra*: Atina Grossman, entrevista con la autora. Véase también mi artículo «Lovers in Auschwitz, Reunited 72 Years Later», *The New York Times*, 8 de diciembre de 2019.

p. 106 *los alojamientos más limpios*: Tichauer, «Voces del Holocausto».

p. 106 *sobre las cuatro*: Iwaszko, «Daily Life», p. 81.

p. 106 *Trataba de*: Tichauer, «Women's Camp».

p. 106 *enviados de la enfermería*: Czech, *Auschwitz Chronicle 1939-1945*, p. 229.

p. 106 *primeras cámaras de gas oficiales*: «La Casita Banca», Memorial y Museo de Auschwitz-Birkenau, <http://70.auschwitz.org/index.php?option=com_content&view=article&id=304&Itemid=179&lang=en>, consultado el 2 de abril de 2023.

p. 106 *dos mil prisioneros*: «Cámaras de gas», Memorial y Museo de Auschwitz-Birkenau, <http://auschwitz.org/en/history/auschwitz-and-shoah/gas-chambers>, consultado el 14 de febrero de 2023.

p. 106 *certificados de defunción*: Schwarz, en Shelley, *Secretaries of Death*, p. 12.

p. 106 *Las selecciones eran rutinarias:* Czech, *Auschwitz Chronicle 1939-1945*, pp. 191-237.

p. 107 *Era probable que Zippi fuera contagiosa*: Tec, «Recapturing the Past», p. 41.

p. 107 *sin agua ni alimentos*: Tichauer, «Voces del Holocausto».

p. 107 *Una conocida le llevó agua contaminada*: Tichauer, «Women's Camp», p. 20.

p. 107 *enferma de tifus*: Tichauer, «Voces del Holocausto».

p. 107 *otras ochocientas mujeres*: Czech, *Auschwitz Chronicle 1939-1945*, p. 233.

p. 108 *su propio infierno*: Acusación, Der Oberreichsanwalt beim Volksgerichtshof, Anklageschrift, Berlín, 4 de marzo de 1942.

p. 108 *Prisión de Stadelheim*: Certificado de defunción de Tibor Justh, Archivos Arolsen, antes Archivo del Servicio Internacional de Búsqueda, situado en Bad Arolsen, Alemania.

p. 108 *llevando a cabo ejecuciones*: Véase, por ejemplo, «Ejecución de Hans Scholl» y «Ejecución de Sophie Scholl», White Rose History, <https://whiterosehistory.com/1943/02/22/hans-scholls-execution/> y <https://whiterosehistory.com/1943/02/23/execution-record-sophie-scholl/>, consultado el 1 de abril de 2023.

Capítulo ocho: «Dios está con nosotros»

p. 109 *diciembre de 1942*: Danuta Czech, *Auschwitz Chronicle 1939-1945: From the Archives of The Auschwitz Memorial and The German Federal Archives*, Nueva York, Henry Holt and Company, 1990, p. 285.

p. 110 *Gott ist mit uns*: La inscripción que David recordaba habría estado en la hebilla del cinturón de un soldado de la Wehrmacht. La inscripción de la hebilla del cinturón de un hombre de las SS habría sido *Meine Ehre heisst Treue* (Mi honor es lealtad).

p. 110 *Aquella provocación involuntaria*: David Wisnia, entrevista con Brad Zarlin, 2006, USHMM.

p. 110 *No tardó en tener los tobillos ensangrentados, en carne viva*: David Wisnia, entrevista con Joseph Toltz (transcripción), 7 de abril de 2011.

p. 111 los ejecutaban públicamente: Czech, *Auschwitz Chronicle 1939-1945*.

p. 111 *como podían*: Wisnia, entrevista con Toltz, 7 de abril de 2011.

p. 111 *gritaba rápidamente* ¡Hier!: Witold Pilecki, *The Auschwitz Volunteer: Beyond Bravery*, trad. Jarek Garlinski, Los Ángeles, Aquila Polonica, 2014.

p. 112 *talando árboles*: Relato de un testigo anónimo, «The Terrors of the Evacuation of Auschwitz in January 1945», Wiener-HL, Número de índice: P.III.h., n.º 653, 1957.

p. 112 *el agua cubría el suelo*: Erwin Tichauer, *Skull and Zebra Suits: A Berlin Jew in Auschwitz*, ed. Jürgen Matthäus, trad. Anabel Aliaga-Buchenau, Berlín, Metropol, 2000, p. 30.

p. 113 *Por lo que sabía*: Wisnia, entrevista con Toltz, 7 de abril de 2011.

p. 113 *el Sonderkommando*: «Centro de Recursos Shoah», Yad Vashem, <https://www.yadvashem.org/odot_pdf/microsoft%20word%20-%206031.pdf>, consultado el 28 de abril de 2023.

p. 113 *inocua*: Franciszek Piper, «The Mass Extermination of Jews», en Piper y Swiebocka, *Auschwitz: Nazi Death Camp*, p. 167.

p. 114 *en un vestuario especial*: Henryk Mandelbaum, testimonio, 25 de septiembre de 1946, «Crónicas del Terror», Centro Witold Pilecki de Estudios Totalitarios, Varsovia.

p. 114 *se tapiaban con tablones*: Zalmen Gradowski, From the Heart of Hell: Manuscripts of a Sonderkommando Prisoner, Found in Auschwitz, trad. Barry Smerin y Janina Wurbs, Osweicim, Museo Estatal de Auschwitz-Birkenau, p. 125.

p. 114 *Steinmetz, mach das fertig*: Testimonio de Dragon.

p. 114 *antes de liberar el gas*: Jakub Wolman, testimonio, 13 y 14 de abril de 1945, «Crónicas del Terror», Centro Witold Pilecki de Estudios Totalitarios.

p. 114 *sótano del Bloque 11*: Piper, «Mass Extermination of Jews», p. 169.

p. 114 *Físicamente eran los más fuertes*: Gradowski, *From the Herat of Hell*, p. 9.

p. 114 *limpiar las cámaras de gas*: Testimonio de Dragon.

p. 115 *A cada momento que pasaba*: Wisnia, entrevista con Zarlin.

p. 116 *«¡Joseph! ¡Joseph!»*: Música de Nellie Casman, Saul Chaplin, Sammy Cahn y Samuel Steinberg.

p. 116 *el nombre de su Blockälteste*: Wisnia, entrevista con Zarlin.

p. 116 *lo único que importaba era su voz*: Wisnia, entrevista con Toltz, 7 de abril de 2011.

p. 117 *a veces los guardias y oficiales elegían*: Anónimo, «The Terrors of the Evacuation».

p. 117 *baños públicos provisionales con duchas*: Andrzej Strzelecki, «The History, Role and Operation of the "Central Camp Sauna" in Auschwitz II-Birkenau», en Teresa Swiebocka, ed., *The Architecture of Crime: The "Central Camp Sauna" in Auschwitz II-Birkenau*, trad. William Brand, Oswiecim, Museo Estatal de Auschwitz-Birkenau, 2001, p. 13.

p. 117 *llamaban Canadá*: Tadeusz Iwaszko, «Deportation to the Camp and Registration of Prisoners», en Piper y Swiebocka, *Auschwitz: Nazi Death Camp*, p. 59.

p. 117 *«lado limpio», desinfectando uniformes*: Strzelecki, «The History, Role and Operation», p. 14.

p. 117 *se ponía una máscara antigás*: Wisnia, entrevista con Toltz, 7 de abril de 2011.

p. 117 *latas de doscientos gramos*: Jean-Claude Pressac, *Auschwitz: Technique and Operation of the Gas Chambers*, trad. Peter Moss, Nueva York, Fundación Beate Klarsfeld, 1989, p. 27.

p. 118 *continuaba estando desgastada y sucia*: Strzelecki, «The History, Role and Operation», p. 14.

p. 118 *Devoraba una loncha de salami*: Wisnia, entrevista con Toltz, 7 de abril de 2011.

p. 118 *cambió el billete*: *Ibid.* David dijo que tenía un traje hecho a medida. Según el Dr. Piotr Setkiewicz, jefe de investigación de Auschwitz en el Museo Estatal de Auschwitz-Birkenau, probablemente fuera un uniforme de mejor calidad y más limpio que la mayoría.

p. 118 *un silencio colectivo*: Wisnia, entrevista con Zarlin.

p. 119 *discapacitado de por vida*: Jeshayahu Kalfuss, entrevista con Peter Wortsman, 28 de febrero de 1975, USHMM. El nombre también ha sido documentado como Szaja e Isaiah Kalfus.

p. 119 *algunas raciones suyas*: Wisnia, entrevista con Zarlin, 13 de agosto de 2007.

p. 120 *entrar y salir*: Helen Tichauer, entrevista con David Boder, «Voces del Holocausto», Instituto de Tecnología de Illinois, 23 de septiembre de 1946.

Capítulo nueve: El libro de los números

p. 123 *secretaria de Paul Heinrich Müller*: Helen Tichauer y Anna Palarczyk, entrevista conjunta con Joan Ringelheim, 16 y 17 de agosto de 1996, USHMM.

p. 123 *la hizo entrar a un barracón*: Helen Tichauer, entrevista con Joan Ringelheim, 2000, USHMM. Véase también Tichauer, «Voces del Holocausto».

p. 124 *dos mil prisioneros*: Danuta Czech, *Auschwitz Chronicle 1939-1945: From the Archives of The Auschwitz Memorial and The German Federal Archives*, Nueva York, Henry Holt and Company, 1990, p. 247.

p. 125 *los zapatos que habían dejado atrás*: Helen Tichauer, «The Women's Camp at Auschwitz-Birkenau: Method Within Madness», en Susan Cernyak-Spatz y Joel Shatzky, eds. (manuscrito inédito), p. 20.

p. 125 *fingió*: Tichauer, «Voces del Holocausto».

p. 125 *y encontró a Katya*: Tichauer, entrevista con Ringelheim, 2000.

p. 125 *Apenas recordaba haberse trasladado*: Tichauer y Palarczyk, entrevista con Ringelheim, 16 y 17 de agosto de 1996.

p. 125 *una porción extra*: Tichauer, «Women's Camp», p. 24.

p. 125 *cubitos de caldo*: *Ibid.*, pp. 113-115.

p. 125 *Zippi siguió a Katya*: Tichauer, entrevista con Ringelheim, 2000.

p. 126 *su apariencia estuviera a la altura*: Konrad Kwiet, «Designing Survival», en Jürgen Matthäus, ed., *Approaching an Auschwitz Survivor*, Oxford, Oxford University Press, 2010, p. 16.

p. 126 *era* Frau *Singer*: Richard Newman con Karen Kirtley, *Alma Rosé: Viena to Auschwitz*, Portland, Amadeus Press, 2000, p. 287.

p. 126 *empleada del registro*: Nechama Tec, «Recapturing the Past», en Matthäus, *Approaching an Auschwitz Survivor*, p. 40.

p. 126 *reasignada a Ravensbrück*: Czech, *Auschwitz Chronicle 1939-1945*, p. 251.

p. 126 *infracciones menores*: Zofia Woźniak, testimonio, 16 de septiembre de 1947, «Crónicas del terror», Centro Witold Pilecki de Estudios Totalitarios.

p. 126 *Pateaba a las prisioneras*: Stanisława Rachwał, testimonio, 25 de julio de 1945, «Crónicas del terror», Centro Witold Pilecki de Estudios Totalitarios.

p. 126 *hasta dejarlas inconscientes*: Stanisława Marchwicka, testimonio, 5 de agosto de 1947, «Crónicas del terror», Centro Witold Pilecki de Estudios Totalitarios.

p. 126 *las víctimas eran infrahumanas*: Susan Cernyak-Spatz y Joel Shatzky, «Record-Keeping for the Nazis — and Saving Lives», *Jewish Currents*, 1 de mayo de 2011. Véase también Maria Gątkiewicz, testimonio, 5 de agosto de 1947, «Crónicas del terror», Centro Witold Pilecki de Estudios Totalitarios.

p. 126 *torturaba a prisioneras*: Pola Blum, testimonio, 4 de abril de 1947, «Crónicas del terror», Centro Witold Pilecki de Estudios Totalitarios.

p. 126 *sopa hirviendo*: Genowefa Ułan, testimonio, 3 de junio de 1947, «Crónicas del terror», Centro Witold Pilecki de Estudios Totalitarios.

p. 127 *llevó a todas las reclusas*: Anna Palarczyk, entrevista con Joan Ringelheim, 1996, USHMM.

p. 127 *la* Rapportführer *de cada bloque*: «Funcionarios – cargos de los prisioneros», Memorial Wollheim, Frankfurt am Main, <http://www.wollheim-memorial.de/en/funktionshaeftlinge_en>, consultado el 28 de abril de 2023.

p. 127 *su propia camarera*: Susan Cernyak-Spatz, *Protective Custody Prisoner 34042*, Cortland, Nueva York, N and S Publishers, 2005, p. 86.

p. 127 *regalos de prisioneras*: Cernyak-Spatz y Shatzky, «Record-Keeping».

p. 128 *Gerhard Palitzsch*: Hermann Langbein, *People in Auschwitz*, trad. Harry Zohn, Chapel Hill, University of North Carolina Press, 2004, p. 427.

p. 128 *rojo por la sangre*: Karel Sperber, testimonio, 16 de mayo de 1946, «Crónicas del terror», Centro Witold Pilecki de Estudios Totalitarios.

p. 128 *parte posterior del cráneo de cada prisionero*: Tadeusz Bałut, testimonio, 18 de agosto de 1945, «Crónicas del terror», Centro Witold Pilecki de Estudios Totalitarios.

p. 128 *«el verdadero jefe»*: Rudolf Höss, *Yo, comandante de Auschwitz*, trad. Juan Esteban Fassio, Madrid, Arzalia Ediciones, 2022.

p. 128 *intentó convencerlo*: Cernyak-Spatz y Shatzky, «Record-Keeping».

p. 128 *había muerto de tifus*: Czech, *Auschwitz Chronicle 1939-1945*, p. 264.

p. 130 *el 21 de septiembre de 1942*: *Ibid*., p. 242.

p. 130 *en la pineda*: «La muerte de los testigos silenciosos de la historia», Museo y Memorial de Auschwitz-Birkenau, <http://auschwitz.org/en/museum/news/the-death-of-silent-witnesses-to-history>, consultado el 15 de febrero de 2023.

p. 130 *tecnología de la cremación humana*: Franciszek Piper, «The Mass Extermination of Jews», en Piper y Swiebocka, *Auschwitz: Nazi Death Camp*, p. 169.

p. 130 *impregnaba el campo*: Czech, *Auschwitz Chronicle 1939-1945*, p. 242.

p. 130 *un vestido a rayas*: Tichauer, «Women's Camp».

p. 130 *en los uniformes de los prisioneros*: Tichauer, «Voces del Holocausto».

p. 130 *alimentos desechados*: Tichauer, «Women's Camp», pp. 25, 115 y 26.

p. 131 *el libro de los números*: Tichauer, «Voces del Holocausto».

p. 131 *«cadáveres desconocidos»*: Tichauer, «Women's Camp», p. 75.

p. 131 *Ninguna fue perdonada*: Tichauer, «Voces del Holocausto».

p. 131 *muertos vivientes*: Tichauer, entrevista con Ringelheim, 2000.

p. 132 *su amiga Magda Hellinger*: Magda Hellinger y Maya Lee con David Brewster, *The Nazis Knew My Name: A Remarkable Story of Survival and Courage in Auschwitz*, Nueva York, Atria, 2022.

p. 132 *pasaba los números*: Tichauer y Palarczyk, entrevista con Ringelheim, 16 y 17 de agosto de 1996.

p. 132 *no sobreviviría*: Tichauer, entrevista con Ringelheim, 2000.

p. 132 *Más tarde, [...] las prisioneras [...] afirmaron*: Michael Berkowitz, *The Crime of My Very Existence*, Berkeley, University of California Press, 2007, p. 101.

p. 132 *asesinar a noventa internas*: Czech, *Auschwitz Chronicle 1939-1945*, p. 249.

p. 132 *denominó baño de sangre*: Höss, *Yo, comandante de Auschwitz*.

p. 132 *esparcidos por el suelo*: Berkowitz, *Crime of My Very Existence*, p. 99.

p. 132 *registro de prisioneras para comprobar antes de pasar lista*: Cernyak-Spatz y Shatzky, «Record-Keeping».

p. 132 *tres columnas*: Helen Tichauer, entrevista con Joan Ringelheim, 6 de agosto de 2005, USHMM.

p. 133 *Tenía que ser preciso*: Cernyak-Spatz y Shatzky, «Record-Keeping».

p. 133 *aproximadamente tres minutos*: Tichauer, entrevista con Ringelheim, 2000.

p. 133 *Zippi creía que las reclusas*: Tichauer afirmó esto en varias entrevistas tanto con Ringelheim como con Kwiet. Susan Cernyak-Spatz era escéptica.

p. 133 *ropa suficiente*: Tichauer, entrevista con Ringelheim, 2000.

p. 133 *una oficina especializada*: Tichauer, «Women's Camp», p. 33.

p. 133 *permiso para organizar*: Tichauer, entrevista con Ringelheim, 2000.

p. 134 *transferir a mujeres*: Cernyak-Spatz y Shatzky, «Record-Keeping».

p. 134 *conferido más responsabilidad*: Tichauer, «Voces del Holocausto».

p. 134 *dirigir la administración del campo*: Tichauer, entrevista con Ringelheim, 2000.

p. 134 *una estufa y bancos*: Tichauer, «Women's Camp», p. 28.

p. 134 *calentar el pegamento*: *Ibid.*, p. 46.

p. 134 *Hössler le pidió diagramas*: Tichauer, «Voces del Holocausto».

p. 134 *entre dieciocho y veinte cambios*: Tichauer, entrevista con Ringelheim, 2000.

p. 134 *los oficiales querían saber*: Cernyak-Spatz y Shatzky, «Record-Keeping».

p. 135 *amplió sus contactos*: Tichauer, «Women's Camp», p. 29.

p. 135 *Zippi aus der Schreibstube*: Tec, «Recapturing the Past».

p. 135 *pequeños favores*: Tichauer, «Women's Camp», pp. 29-48.

p. 136 *frotárselo sobre las heridas*: Tichauer, entrevista con Ringelheim, 2000.

p. 136 *A escondidas*: Tec, «Recapturing the Past», p. 44.

p. 136 *en las casas de los oficiales de las SS*: Piotr Setkiewicz, «The Private Lives of the Auschwitz SS, de Auschwitz», trad. William Brand, Oswiecim, Museo Estatal de Auschwitz-Birkenau, 2014.

p. 136 *buscaba a ver si reconocía a alguien*: Tichauer, «Women's Camp», pp. 90-94.

p. 137 *Originariamente, [...] había señalado*: «Información General», Museo Estatal de Majdanek, <https://www.majdanek.eu/en/history/general_information/1>, consultado el 2 de abril de 2023.

p. 137 *Los tres hombres de la familia Spitzer*: Registros de restitución de Samuel Spitzer. Cortesía de Konrad Kwiet.

p. 137 *ver a su familia*: Tichauer, «Voces del Holocausto».

p. 137 *decidió quedarse*: Helen Tichauer, entrevista con Peter Hellman, 19 de noviembre de 2010.

p. 138 *una asesina entrenada*: Tichauer, entrevista con Ringelheim, 6 de agosto de 2005.

p. 138 *Zippi estaría a salvo*: Tichauer, entrevista con Ringelheim, 2000.

p. 139 *hacerle una fotografía*: Michael Berkowitz, entrevista con la autora, 2021.

p. 139 *Tal vez fuera mejor así*: Postal de Helen Tichauer a Sam Spitzer, junio de 1943.

p. 139 *Guárdate el corazón*: Tichauer, entrevista con Ringelheim, 2000.

p. 139 *duchas calientes a solas*: Tichauer, «Women's Camp», p. 34.

p. 139 *vio dos caballos*: *Ibid.*, pp. 41-42.

p. 140 *la llenaba de tristeza*: Tec, «Resilience and Courage», p. 127.

Capítulo diez: El ahorcamiento

p. 143 *David sabía*: A menos que se indique lo contrario, las descripciones provienen de David Wisnia, de dos largas entrevistas que la autora le hizo en su casa de Levittown, Pennsylvania, el 19 de enero de 2018 y el 24 de junio de 2019.

p. *143* *probablemente a principios de 1943*: David no estaba del todo seguro de cuándo tuvieron su primer contacto Zippi y él. Teniendo en cuenta el momento en que le sentenciaron al pabellón penal, es probable que comenzaran a hablar antes de marzo de 1943.

p. 144 *un romance*: David Wisnia, entrevista grabada con Robin Black, 13 de agosto de 2007.

p. 145 *setecientos cincuenta mil soldados del Ejército Rojo*: John Spencer y Jayson Geroux, «Urban Warfare Project Case Studies Series: Case Study #1 — Stanlingrad», Instituto de Guerra Moderna de West Point, 28 de junio de 2021, <https://mwi.usma.edu/urban-warfare-project-case-study-1-battle-of-stalingrad/>, consultado el 4 de enero de 2023.

p. 145 *noventa y un mil supervivientes*: William L. Shirer, *The Rise and Fall of the Third Reich: A History of Nazi Germany*, Nueva York, Simon & Schuster, 2011, p. 1.306.

p. 145 *2.266 prisioneros de varios guetos*: Danuta Czech, *Auschwitz Chronicle 1939-1945: From the Archives of The Auschwitz Memorial and The German Federal Archives*, Nueva York, Henry Holt and Company, 1990, p. 321.

p. 145 *cómo ayudar a los desplazados*: Cordell Hull, «The Secretary of State to

President Roosevelt», 7 de mayo de 1943, Departamento de Estado, Oficina del Historiador, 548.G1/201, <https://history.state.gov/historicaldocuments/frus1943v01/d141>, consultado el 16 de febrero de 2023.

p. 145 *11.153 europeos*: «Estadísticas históricas de los Estados Unidos, 1789-1945», Oficina del Censo de los Estados Unidos, <https://www2.census.gov/library/publications/1949/compendia/hist_stats_1789-1945/hist_stats_1789-1945-chB.pdf>, consultado el 4 de enero de 2023.

p. 145 *Presa del pánico, David se dio cuenta*: David Wisnia, entrevista con Brad Zarlin, USHMM.

p. 146 *mezcla de lluvia y nieve*: Wisnia, entrevista con Black, 13 de agosto de 2007.

p. 147 *tantos como cincuenta mil*: David Wisnia, entrevista con Joseph Toltz (transcripción), 7 de abril.

p. 147 *rogaba a su cuerpo*: Wisnia, entrevista con Zarlin.

p. 147 *le había guiñado un ojo*: Wisnia, entrevista con Black, 13 de agosto de 2007.

p. 149 Strafkompanie: Wisnia, entrevista con Zarlin.

p. 149 *el 19 de marzo de 1943*: Documentación de la Organización Unida de Restitución del 23 de mayo de 1958.

p. 149 *los tres meses siguientes*: Wisnia, entrevista con Zarlin.

p. 149 *los delitos más graves*: Testimonio anónimo, «The Terrors of the Evacuation of Auschwitz in January 1945», Wiener-HL, Índice Número: P. III.h., n.º 653, 1957.

p. 149 *tácticas de tortura brutales*: Józef Kret, testimonio, 20 de agosto de 1947, «Crónicas del terror», Centro Witold Pilecki de Estudios Totalitarios, Varsovia.

p. 149 *«celdas de pie»*: Franciszek Piper, «Living Conditions as Methods of Exterminating Prisoners», en Franciszek Piper y Teresa Swiebocka, eds., *Auschwitz: Nazi Death Camp*, trad. Douglas Selvage, Oswiecim, Museo Estatal de Auschwitz-Birkenau, 2009, p. 148.

p. 149 *se había trasladado*: «La compañía penal», Museo y Memorial de Auschwitz-Birkenau, <https://www.auschwitz.org/en/history/punishments-and-executions/the-penal-company/>, consultado el 10 de abril de 2023.

p. 149 *más horas y haciendo trabajos más extenuantes*: Piper, «Living Conditions as Methods of Exterminating», pp. 149-150.

p. 149 *los testículos de los hombres judíos*: Witold Pilecki, *The Auschwitz Volunteer: Beyond Bravery*, trad. Jarek Garlinski, Los Ángeles, Aquila Polonica, 2014, p. 65.

p. 149 *azotaban en la espalda*: Wisnia, entrevista con Black, 13 de agosto de 2007.

Capítulo once: Un entendimiento

p. 150 *en mayo de 1943*: Helen Tichauer y Anna Palarczyk, entrevista conjunta con Joan Ringelheim, 16 y 17 de agosto de 1996, USHMM.

p. 150 *el centro neurálgico*: Susan Cernyak-Spatz, *Protective Custody Prisoner 34042*, Cortland, Nueva York, N and S Publishers, 2005.

p. 150 *su Blockälteste*: Anna Palarczyk, entrevista con Joan Ringelheim, 1996, USHMM.

p. 150 *las mujeres a las que supervisaba*: Nechama Tec, «Recapturing the Past», en Jürgen Matthäus, ed., *Approaching an Auschwitz Survivor*, Oxford, Oxford University Press, 2010, p. 42.

p. 150 *tratarlas bien*: Tichauer y Palarczyk, entrevista con Ringelheim, 16 y 17 de agosto de 1996.

p. 151 *congestionada y abatida*: Palarczyk, entrevista con Ringelheim, 1996.

p. 152 *no estaba segura*: Helen Tichauer, entrevista con Joan Ringelheim, 2000, USHMM.

p. 152 *con poca luz*: Helen Tichauer, «The Women's Camp at Auschwitz-Birkenau: Method Within Madness», en Susan Cernyak-Spatz y Joel Shatzky, eds. (manuscrito inédito), p. 127.

p. 152 *Se subió a una mesa de un brinco*: Tichauer, entrevista con Ringelheim, 2000.

p. 152 *compartiendo barracón*: Palarczyk, entrevista con Ringelheim, 1996.

p. 152 *hablaba con fluidez francés, alemán y polaco*: Tichauer, «Women's Camp», p. 127.

p. 152 *rondaban por el campo*: Tichauer, entrevista con Ringelheim, 2000.

p. 152 *una caminata especial*: Tichauer, «Women's Camp», p. 35.

p. 153 *desde la distancia*: Entrevista de Anita Lasker-Wallfisch, USHMM a través del Museo Imperial de la Guerra, 19 de marzo de 1991.

p. 153 *Te volverá a crecer*: Carol Stern Steinhardt, entrevista con Joan Ringelheim, 3 de junio de 1996, USHMM.

p. 154 *Su sistema de fichas*: Tichauer, entrevista con Ringelheim, 2000.

p. 154 *fingir cumplir*: Susan Cernyak-Spatz y Joel Shatzky, «Record-Keeping for the Nazis — and Saving Lives», *Jewish Currents*, 1 de mayo de 2011.

p. 155 *esperanza y aliento*: Testimonio anónimo, «Mala Zimetbaum: An Appreciation of a Historic Resistance Fighter», Wiener-HL, 1957.

p. 155 *sensación de que utilizaba su posición*: Stanisława Rachwał, testimonio, 25 de julio de 1945, «Crónicas del terror», Centro Witold Pilecki de Estudios Totalitarios, Varsovia.

p. 155 *una engreída*: Palarczyk, entrevista con Ringelheim, 1996.

p. 155 *«sentimientos humanos»*: Vera Alexander, testigo, Juicio de Adolf Eichmann, sesión 71, parte 1, 8 de junio de 1961, USHMM.

p. 155 *otro dicho*: Tichauer, entrevista con Ringelheim, 2000.

p. 155 *Henryk Porebski, un electricista*: Henryk Porebski, testimonio, 28 de febrero de 1947, «Crónicas del terror», Centro Witold Pilecki de Estudios Totalitarios.

p. 155 *Por lo que Zippi sabía*: Tichauer, entrevista con Ringelheim, 2000.

p. 156 *con reuniones regulares*: Yisrael Gutman, «The Jews of Warsaw, 1939-1943: Ghetto, Underground Revolt», trad. Ina Friedman, Bloomington, Indiana University Press, 1989, pp. 178 y 179.

p. 156 *los polacos eran de los*: Tichauer, entrevista con Ringelheim, 2000.

p. 157 *escribió más tarde*: Pilecki, *The Auschwitz Volunteer*.

p. 157 *en cabeza de la lista*: Józef Garliński, *Fighting Auschwitz: The Resistance Movement in the Concentration Camp*, Los Ángeles, Aquila Polonica, 2018.

p. 157 *un número muy reducido*: «Liberaciones del campo», Museo y Memorial de Auschwitz-Birkenau, <https://www.auschwitz.org/en/history/life-in-the-camp/releases-from-the-camp>, consultado el 10 de abril de 2023.

p. 157 *pusiera fin al tormento de los prisioneros*: Jack Fairweather, *The Volunteer: One Man, an Underground Army, and the Secret Mission to Destroy Auschwitz*, Nueva York, Custom House, 2019, pp. 188 y 199.

p. 158 *piojos infectados de tifus*: Pilecki, *Auschwitz Volunteer*.

p. 158 *su esposa contrajo el tifus*: Garliński, «Fighting Auschwitz».

p. 158 *unos pocos*: «Liberaciones del Campo».

p. 158 *presos […] eran liberados*: Rosalie (Chris) Laks Lerman, entrevista con Joan Ringelheim, 1 de diciembre de 1998 y 13 de enero de 1999, USHMM.

p. 158 *por su propia seguridad*: Testimonio de Porebski.

p. 158 *copias que guardaba*: Tec, «Recapturing the Past», p. 44.

p. 158 *perpleja ante aquella demanda tan extraña*: Tichauer y Palarczyk, 1996.

p. 158 *hizo lo que le pedía*: Palarczyk, entrevista con Ringelheim, 1996.

p. 159 *prosperaban las aventuras*: Rudolf Vrba y Alan Bestic, *I Escaped from Auschwitz: The Story of a Man Whose Action Led to the Largest Single Rescue of Jews in World War II*, Nueva York, Racehorse, 2020.

p. 159 *había recibido una carta de amor*: Magda Hellinger y Maya Lee con David Brewster, *The Nazis Knew My Name: A Remarkable Story of Survival and Courage in Auschwitz*, Nueva York, Atria, 2022, p. 104.

p. 159 *relató que ayudaba a un Kapo*: Vrba y Bestic, *I Escaped from Auschwitz*.

p. 159 *«miradas de complicidad»*: Pilecki, *The Auschwitz Volunteer*, p. 282.

p. 159 *para muchos, por aquellos encuentros clandestinos*: Vrba, *I Escaped from Auschwitz*.

p. 160 *hacer visitas diarias*: Tichauer, «Women's Camp», p. 45.

p. 160 *Prefería trabajar de noche*: Tichauer y Palarczyk, entrevista de 1996.

p. 161 *Hössler le preguntó*: Tichauer, «Women's Camp», p. 39.

p. 161, *4.756 cadáveres*: Franciszek Piper, «The Mass Extermination of Jews», en Franciszek Piper y Teresa Swiebocka, eds., *Auschwitz: Nazi Death Camp*, trad. Douglas Selvage, Oswiecim, Museo Estatal de Auschwitz-Birkenau, 2009, pp. 169-170.

p. 162 *«Querido Schani»*: Postal de Helen Tichauer a Samuel Spitzer, junio de 1943. Cortesía de Konrad Kwiet.

p. 162 *estaba enfermo*: Samuel Spitzer, entrevista con D. I. Ritch, 7 de marzo de 1996, VHA/USC-Shoah.

p. 163 *entró en la Sauna*: Tichauer, «Women's Camp», p. 140.

p. 163 *al menos cincuenta médicos*: «Josef Mengele», Enciclopedia del Holocausto, USHMM, <https://encyclopedia.ushmm.org/content/en/article/josef-mengele>, consultado el 10 de abril de 2023.

p. 163 *inyecciones de queroseno*: Alexandra Gorko, entrevista con Eileen Steinberg, 19 de agosto de 1985, USHMM.

p. 163 *Rara vez levantaba la voz*: Nina Kaleska, entrevista con Linda G. Kuzmack, 3 de enero de 1990, USHMM.

p. 163 *Inspeccionaba cada cuerpo*: Sigmund Schwarzer, entrevista con Mitchell Schwarzer, 1 de junio de 1986, USHMM.

p. 164 *castraba a los niños como si nada*: Michael Vogel, entrevista con Linda G. Kuzmack, 14 de julio de 1989, USHMM.

p. 164 *abandonó la persecución*: Helen Tichauer, entrevista con Peter Hellman, 19 de noviembre de 2010.

Capítulo doce: «¡Eres mi cuñada!»

p. 165 *Alguien debía de*: A menos que se indique lo contrario, las descripciones provienen de David Wisnia, de dos extensas entrevistas que la autora le hizo en su casa en Levittown, Pennsylvania, el 19 de enero de 2018 y el 24 de junio de 2019.

p. 165 *otro día de trabajos forzados*: David Wisnia, entrevista con Brad Zarlin, 2006, USHMM.

p. 165 *supuestamente para ducharse*: Helen Tichauer, «The Women's Camp at Auschwitz-Birkenau: Method Within Madness», Susan Cernyak-Spatz y Joel Shatzky, eds. (manuscrito inédito), p. 116.

p. 166 *le saltó dos dientes al joven*: Wisnia, entrevista con Zarlin.

p. 166 *atraído por una reclusa nueva*: Filip Müller, *Eyewitness Auschwitz: Three Years in the Gas Chambers*, ed. y trad. Susanne Flatauer, Chicago, Ivan R. Dee, 1999.

p. 166 *Franceska Mann*: Ofer Aderet, «The Jewish Dancer Undressed Slowly. Then She Shot an SS Soldier to Death», *Haaretz*, 27 de agosto de 2019. Véase también Danuta Czech, *Auschwitz Chronicle 1939-1945: From the Archives of The Auschwitz Memorial and The German Federal Archives*, Nueva York, Henry Holt and Company, 1990, p. 513.

p. 167 *observó con horror*: Wisnia, entrevista con Zarlin.

p. 167 *un niño*: No está claro cuándo tuvo lugar este hecho. Es posible que este fuera el «ángel de ojos tristes» que años después sería conmemorado en *La Noche*, de Elie Wiesel, Nueva York, Hill and Wang, 2006, aunque Wiesel recuerda a dos hombres adultos gritando «¡Viva la libertad!». Dov Edelstein, un superviviente de Auschwitz, también recuerda una escena similar. Véase Shahar Ilan, «Auschwitz Survivor: A Living Witness», *Haaretz*, 25 de julio de 2006.

p. 167 *les ataron los tobillos*: Rudolf Vrba y Alan Bestic, *I Escaped from Auschwitz: The Story of a Man Whose Action Led to the Largest Single Rescue of Jews in World War II*, Nueva York, Racehorse, 2020, p. 179.

p. 167 *Una columna de mujeres polacas*: Sara Lewin Radomski, entrevista con Brad Zarlin, 15 de julio de 2007, USHMM.

p. 167 *Sara Lewin, su vieja amiga*: David estaba seguro de que vio a Sara justo al llegar ella a Birkenau, antes incluso de que la tatuaran. Si de verdad la vio al entrar, entonces aún no se estaba viendo con Zippi en privado. En este caso, le habría pasado una nota a Zippi o enviado un mensaje a través de un guardia amistoso. O tal vez David viera a Sara mientras ella marchaba con su *Kommando* cuando ella ya llevaba unos meses viviendo en Birkenau.

p. 167 *número 47100*: Registro del Konzentrationslager (KZ) de Auschwitz de Sara Lewin, Archivos Arolsen, antes el archivo del Servicio Internacional de Búsqueda (ITS), situado en Bad Arolsen, Alemania.

p. 168 *¡eres mi cuñada!*: Wisnia, entrevista con Zarlin.

p. 168 *junio de 1943*: Lewin, Registro del KZ de Auschwitz.

p. 168 *«trabajo extremadamente duro»*: Czech, *Auschwitz Chronicle 1939-1945*, p. 428.

p. 168 *había escapado de Varsovia*: Radomski, entrevista con Zarlin.

p. 169 *no era raro*: Jean-Claude Pressac, *Auschwitz: Technique and Operation of the Gas Chambers*, trad. Peter Moss, Nueva York, Fundación Beate Klarsfeld, 1989.

p. 169 *No vuelvas a hacerlo nunca*: Radomski, entrevista con Zarlin.

p. 169 *sus problemas se esfumaban*: Helen Tichauer, entrevista inédita con Jürgen Matthäus, 5 de marzo de 2011.

Capítulo trece: Las chicas de la orquesta

p. 171 *había convencido a las SS*: Danuta Czech, *Auschwitz Chronicle 1939-1945: From the Archives of The Auschwitz Memorial and The German Federal Archives*, Nueva York, Henry Holt and Company, 1990, p. 44.

p. 171 *Para mayo de 1942*: James A. Grymes, *Violins of Hope: Violins of the Holocaust*, Nueva York, HarperPerennial, 2014.

p. 171 *Muchos llevaban gorra*: Kazimierz Albin, «La batuta de Franciszek Nierychło, el primer director de la Orquesta del Campo de Auschwitz ahora en las colecciones del Memorial», Memorial y Museo de Auschwitz-Birkenau, <http://www.auschwitz.org/en/museum/news/the-baton-of-franciszek-nierychlo-the-first-conductor-of-the-auschwitz-camp-orchestra-now-in-the-collections-of-the-memorial,1335.html>, consultado el 16 de febrero de 2023.

p. 172 *para tener algo similar*: Helen Tichauer, «The Women's Camp at Auschwitz-Birkenau: Method Within Madness», Susan Cernyak-Spatz y Joel Shatzky, eds. (manuscrito inédito), p. 131.

p. 172 *proporcionaba una salida como aquella*: Susan Eischeid, *The Truth about Fania Fénelon and the Women's Orchestra of Auschwitz-Birkenau*, Nueva York, Palgrave Macmillan, 2016.

p. 172 *Mozart y Beethoven*: Richard Newman con Karen Kirtley, *Alma Rosé: Viena to Auschwitz*, Portland, Amadeus Press, 2000, p. 262.

p. 172 *las filas de las SS*: Helen Tichauer y una antigua miembro desconocida de la orquesta de mujeres de Auschwitz, Colección Richard Newman, 1983-1994, USHMM.

p. 172 *otro logro*: Eischeid, *The Truth about Fania Fénelon.*

p. 172 *más tiempo en el campo de hombres*: Tichauer, «Women's Camp», p. 131.

p. 172 *profesiones y habilidades*: Tichauer, Colección Richard Newman, USHMM.

p. 173 *una miembro inaugural de la orquesta*: Helen Tichauer, entrevista con Joseph Toltz, USHMM.

p. 173 *oportunidad de ampliar su acceso*: Tichauer, Colección Richard Newman, USHMM.

p. 173 *confiscados a unos prisioneros*: Eischeid, *The Truth about Fania Fénelon.*

p. 173 *de Zofia*: Newman, *Alma Rosé*, pp. 231-234.

p. 173 *fabricando papel para partituras*: Tichauer, Colección Richard Newman, USHMM.

p. 173 *melodías polacas simples*: Newman, *Alma Rosé*, p. 233.

p. 173 *una cacofonía*: Tichauer, «Women's Camp», p. 135.

p. 173 *«con fines médicos»*: Judith Antelman, Sandra Bendayan, Jake Birnberg y Zuzana Goldstein, entrevistas con Renee L. Duering, 1992, USHMM.

p. 174 *«El Bloque 10 necesita un violín»*: Newman, *Alma Rosé*, p. 223.

p. 174 *quemaduras graves por radiación*: Irena Strzelecka, *Voices of Memory 2: Medical Experiments in Auschwitz*, trad. William Brand, Oswiecim, Museo Estatal de Auschwitz-Birkenau, 2019.

p. 174 *La propia Katya observaba*: Katerina Singer, «Testimony in the criminal proceedings against the late Prof. Carl Clauberg», Wiener-HL, Número de índice: P.III.h (Auschwitz), n.° 881, 4 de junio de 1957.

p. 174 *por mujeres casadas*: Antelman, Bendayan, Birnberg y Goldstein, entrevistas con Duering, 1992.

p. 175 *según el recadero*: Tichauer, entrevista con Newman.

p. 175 *Claro que sí*: Helen Tichauer, testimonio oral, Archivos del Museo Imperial de la Guerra, 2003.

p. 176 *había dirigido la Orquesta Filarmónica de Viena*: «Arnold Josef Rosé», Fundación Mahler, <https://mahlerfoundation.org/gt-member/arnold-josef-rose/>, consultado el 16 de febrero de 2023.

p. 176 *obligadas a prostituirse*: Newman, *Alma Rosé*, p. 218.

p. 177 *primer burdel*: Hermann Langbein, *People in Auschwitz*, trad. Harry Zohn, Chapel Hill, University of North Carolina Press, 2004, p. 406. Véase también Robert Sommer, «Forced Prostitution in National Socialist Concentration Camps — The Example of Auschwitz», en Barbara Drink y Chung-noh Gross, eds., *Forced Prostitution in Times of War and Peace*, Bielefeld, Kleine Verlag, 2007.

p. 177 *Su rostro de porcelana estaba hinchado*: Alice Jakubovic, entrevista con Joan Ringelheim, 27 de agosto de 2002, USHMM.

p. 177 *había sido testigo de cómo*: Magda Blau, entrevista con Linda Kuzmack, 11 de junio de 1990, USHMM.

p. 178 *No podían pillarla*: Newman, *Alma Rosé*, pp. 223-224.
p. 178 *A Zofia la degradaron*: Tichauer, «Women's Camp», p. 135.
p. 179 *Disfrutaban de raciones extra*: Eischeid, *The Truth about Fania Fénelon.*
p. 179 *estándar de disciplina*: Newman, *Alma Rosé*, p. 235.
p. 179 *había tocado de niña*: Tichauer, Museo Imperial de la Guerra, 2003.
p. 179 *«iremos al gas»*: Newman, *Alma Rosé*, p. 278.
p. 179 *que habían sido terminados*: Czech, *Auschwitz Chronicle 1939-1945*, p. 295.
p. 179 *veteranos bien intencionados*: Armando Aaron y Rebecca Aaron, entrevista con Jasa Almuli, 13 de noviembre de 1996, USHMM.
p. 179 *A oídos de Zippi*: Tichauer, Museo Imperial de la Guerra, 2003.
p. 181 *montar atriles*: Anita Lasker-Wallfisch, *Inherit the Truth, 1939-1945: The Documented Experiences of a Surivivor of Auschwitz and Belsen*, París, Giles de la Mare, 1996.
p. 181 *generalmente más pequeños*: Entrevista de Anita Lasker-Wallfisch con Joanna Buchan, VHA/USC-Shoah, 8 de diciembre de 1998.
p. 181 *Bach y otros*: Newman, *Alma Rosé*, p. 262.
p. 181 *en un entorno de asesinato desentonaba*: Carol Stern Steinhardt, entrevista con Joan Ringelheim, 3 de junio de 1996, USHMM.
p. 181 *las mujeres ensayaban*: Lasker-Wallfisch, VHA/USC-Shoah.
p. 181 Concierto para violín en mi menor: Newman, *Alma Rosé*, p. 263.
p. 181 *Así no puedo hacer música*: Langbein, *People in* Auschwitz, p. 146.
p. 181 *Edith Eva Eger*: Edith Eva Eger con Esmé Schwall Weigand, *The Choice: Embrace the Possible*, Nueva York, Scribner, 2017.
p. 181 *vals* El Danubio Azul: Edith Eva Eger, entrevista con Marci Jenkins, 14 de agosto de 1992, USHMM.
p. 182 *presenciaban castigos crueles*: Stanisława Rachwał, testimonio, 25 de julio de 1945, «Crónicas del terror», Centro Witold Pilecki de Estudios Totalitarios, Varsovia.
p. 182 *no era sino una Kapo*: Newman, *Alma Rosé*, p. 269.
p. 182 *le dijo a Anita*: Entrevista de Lasker-Wallfisch, USHMM, 1991.
p. 182 *Te salvarás*: Lasker-Wallfisch, *Inherit the Truth.*
p. 182 *Noche de los Cristales Rotos*: La Noche de los Cristales Rotos, también conocida como *Kristallnacht*, tuvo lugar el 9 de noviembre de 1938. Los judíos de toda Alemania, los Sudetes y Austria fueron atacados. Se saquearon miles de negocios, hogares y escuelas judías, se profanaron mil doscientas sinagogas y se asesinó a noventa y un judíos. En los días siguientes, más de veinticinco mil hombres judíos fueron arrestados y enviados a campos de concentración.
p. 182 *Habían pasado dos años*: Entrevista de Lasker-Wallfisch, USHMM, 1991.
p. 183 *Marchas militares de Schubert*: Lasker-Wallfisch, *Inherit the Truth.*
p. 183 *lo haré*: Helen Tichauer, entrevista con Joan Ringelheim, 2000, USHMM.
p. 183 *le permitía sentirse*: Wendy Lower, «Distant Encounter», en Jürgen Matthäus, ed., *Approaching an Auschwitz Survivor*, Oxford, Oxford University Press, 2010, p. 109.

Capítulo catorce: «Bajo la luna oscurece»

p. 184 *alrededor de febrero de 1944*: A menos que se indique lo contrario, las descripciones provienen de David Wisnia, de dos extensas entrevistas que la autora le hizo en su casa en Levittown, Pennsylvania, el 19 de enero de 2018 y el 24 de junio de 2019.

p. 186 *«Holdvilágos éjszakán»:* de Mihály Eisemann, impresa con permiso *©István Zágon, 2024.*

Capítulo quince: «Vamos a tocar»

p. 188 *le dijo a Zippi*: Nechama Tec, «Recapturing the Past», en Jürgen Matthäus, ed., *Approaching an Auschwitz Survivor*, Oxford, Oxford University Press, 2010, p. 46.

p. 188 *miembro leal de la organización desde la infancia*: «Roza Robota», Yad Vashem, <https://www.yadvashem.org/odot_pdf/Microsoft%20Word%20-%205831.pdf>, consultado el 28 de abril de 2023.

p. 188 *llegaron a un acuerdo*: Tec, «Recapturing the Past», pp. 45-46.

p. 189 *Le recordaba*: Helen Tichauer, «The Women's Camp at Auschwitz-Birkenau: Method Within Madness», en Susan Cernyak-Spatz y Joel Shatzky, eds. (manuscrito inédito), pp. 49 y 50.

p. 189 *una judía polaca mayor*: *Ibid.*, pp. 56-58. Según Zippi, la mujer, Salomea Rineck, vivió en Inglaterra hasta pasados los noventa años. Trabajó como voluntaria en un hospital y mantuvo contacto con Katya hasta el final de su vida.

p. 190 *Zippi le habló a David*: David Wisnia, entrevista con Joseph Toltz (transcripción), 7 de abril de 2011.

p. 191 *envenenados, ahogados o gaseados*: Hermann Langbein, *People in Auschwitz*, trad. Harry Zohn, Chapel Hill, University of North Carolina Press, 2004, p. 233.

p. 191 *en brazos de su madre*: Christopher Buckley, «My Visit to Hell», *The Daily Beast*, 14 de julio de 2017, <https://www.thedailybeast.com/my-visit-to-hell>, consultado el 15 de febrero de 2023.

p. 191 *le rompió el cráneo*: *Witold Pilecki, The Auschwitz Volunteer: Beyond Bravery*, trad. Jarek Garlinski, Los Ángeles, Aquila Polonica, 2014.

p. 191 *habia sido testigo en primera persona*: Helen Tichauer, entrevista con Joan Ringelheim, 2000, USHMM.

p. 192 *su sadismo*: Rudolf Höss, *Yo, comandante de Auschwitz*, trad. Juan Esteban Fassio, Madrid, Arzalia Ediciones, 2022.

p. 192 *Katya no respondió*: Tichauer, entrevista con Ringelheim, 2000.

p. 192 *¿Qué hay en él que se pueda amar?*: Susan Cernyak-Spatz y Joel Shatzky, «Record-Keeping for the Nazis — and Saving Lives», *Jewish Currents*, 1 de mayo de 2011.

p. 192 *Zippi no podía entender*: Tichauer, entrevista con Ringelheim, 2000.

p. 192 *una mujer «infrahumana»*: Pilecki, *Auschwitz Volunteer.*

p. 192 *Se rumoreaba que [...] tenía una amante*: Declaración de E.H., «Dachau, Campo de concentración, Destacamento de Contrainteligencia, Séptimo Ejército 1933-1945», Biblioteca Presidencial Eisenhower, <https: //www.eisenhowerlibrary.gov/sites/default/files/research/online-documents/holocaust/report-dachau.pdf>, consultado el 17 de julio de 2023.

p. 193 *Katya le parecía una ingenua*: Tichauer, entrevista con Ringelheim, 2000.

p. 193 *«la cuna del bolchevismo»*: Harrison E. Salisbury, *The 900 Days: The Siege of Leningrad*, 1969, reimp., Cambridge, Mass., Da Capo Press, 2003, pp. 92-94. ****

p. 193 *caída de la Alemania nazi*: Ralph Parker, «Rail Center Falls», *The New York Times*, 22 de enero de 1944.

p. 193 *más humo asaltaba los cielos*: Tichauer, «Women's Camp», p. 93.

p. 193 *se hacía llamar Kazia*: Barbara Rogers, «British Intelligence and the Holocaust: Auschwitz and the Allies Re-examined», *The Journal of Holocaust Education* 8, n.º 1 (verano de 1999), pp. 89-106.

p. 193 *nombre en clave Wanda*: Richard Breitman, *Oficial Secrets: What the Nazis Planned, What the British and Americans Knew*, Nueva York, Hill and Wang, 1999, p. 161.

p. 194 *interceptando [...] las comunicaciones por radio*: Breitman, Official Secrets, p. 8.

p. 194 *le explicó [...] a Höss*: Stanisław Dubiel, testimonio, 7 de agosto de 1946, «Crónicas del terror», Centro Witold Pilecki de Estudios Totalitarios, Varsovia.

p. 194 *programado que los prisioneros [...] fueran asesinados*: Newman, *Alma Rosé*, p. 296.

p. 194 *Theresienstadt*: Para más detalles sobre este original «campo modelo» y su campaña de «embellecimiento», véase Geoffrey P. Megargee y Martin Dean, eds., *The United States Holocause Memorial Museum Encyclopedia of Camps and Ghettos, 1933-1945, vol. 2, Ghettos in German-Occupied Eastern Europe*, Bloomington, Indiana University Press, 2012, p. 180.

p. 194 *no les rapaban la cabeza*: Entrevista de Dina Gottliebova-Babbitt con Hilary Adah Helstein, VHA-USC/Shoah, 26 de septiembre de 1998.

p. 195 *delegación de la Cruz Roja*: Michal Aharony, «Meet Fredy Hirsch, the Unknown Holocaust Hero Who Saved Children at Auschwitz», *Haaretz*, abril de 2018.

p. 195 *3.791 hombres, mujeres y niños judíos*: Danuta Czech, *Auschwitz Chronicle 1939-1945: From the Archives of The Auschwitz Memorial and The German Federal Archives*, Nueva York, Henry Holt and Company, 1990, p. 595.

p. 195 *le cosió la herida*: Tichauer, «Women's Camp», p. 98.

p. 195 *prolongaban su tiempo*: Tichauer, entrevista con Ringelheim, 2000.

p. 196 *se encanecía*: Newman, *Alma Rosé*, pp. 291-308.

p. 196 *Zippi dejó de ir por completo*: Helen Tichauer, testimonio oral, Archivos del Museo Imperial de la Guerra, 2003.

Capítulo dieciséis: «Viva Polonia»

p. 197 *parecía imposible*: Anna Palarczyk, entrevista con Joan Ringelheim, 1996, USHMM.

p. 197 *intensificaron sus planes*: Danuta Czech, *Auschwitz Chronicle 1939-1945: From the Archives of The Auschwitz Memorial and The German Federal Archives*, Nueva York, Henry Holt and Company, 1990, pp. 562-564.

p. 198 *una* Blockälteste *eslovaca*: Helen Tichauer, «The Women's Camp at Auschwitz-Birkenau: Method Within Madness», en Susan Cernyak-Spatz y Joel Shatzky, eds. (manuscrito inédito), p. 129.

p. 198 *Zippi se fue enseguida*: Helen Tichauer, entrevista con Joan Ringelheim, 2000, USHMM.

p. 199 *encontraron motivos*: Pawel Sawicki, «They Simply Fell in Love», *Oś-Oświęcim, People, History, Culture*, n.º 9, septiembre de 2009, Museo Estatal de Auschwitz-Birkenau.

p. 200 *doce días*: Czech, *Auschwitz Chronicle 1939-1945*, p. 651.

p. 200 *arrastrando por el suelo*: Dora Freilich, entrevista con Helen Grassman, 24 de octubre de 1984, USHMM.

p. 200 *los encerraron en el búnker*: Czech, Auschwitz Chronicle 1939-1945, p. 651.

p. 200 *Zippi tuvo el privilegio*: Tichauer, entrevista con Ringelheim, 2000.

p. 200 *aquellos que hubieran cometido traición*: Henja Frydman, entrevista con David Boder, «Voces del Holocausto», 7 de agosto de 1946, Instituto de Tecnología de Illinois.

p. 201 *las SS notaron que algo*: Rose Szywic Warner, entrevista con Randy M. Goldman, 12 de septiembre de 1994, USHMM.

p. 201 *la mano ensangrentada*: Tichauer, entrevista con Ringelheim, 2000.

p. 201 *para que se recuperara antes de ser asesinada*: Frydman, «Voces del Holocausto».

p. 201 *«¡Viva Polonia!»*: Szywic Warner, entrevista con Goldman, 12 de septiembre de 1994.

p. 201 *«¡Polonia vive!»*: Czech, *Auschwitz Chronicle 1939-1945*, p. 710.

p. 202 *«Estúpida egoísta»*: Tichauer, entrevista con Ringelheim, 2000.

p. 202 *acabar en manos*: Susan Cernyak-Spatz y Joel Shatzky, «Record- Keeping for the Nazis — and Saving Lives», *Jewish Currents*, 1 de mayo de 2011.

p. 202 *intentado ayudarla*: Aleksander Górecki, testimonio, 22 de marzo de 1947, «Crónicas del terror», Centro Witold Pilecki de Estudios Totalitarios, Varsovia.

p. 202 *apodado «Frankenstein»*: Stanisława Rachwał, testimonio, 25 de julio de 1945, «Crónicas del terror», Centro Witold Pilecki de Estudios Totalitarios, Varsovia.

p. 203 *Helena Citron*: Véase el extraordinario documental con entrevistas tanto a Helena Citron como a Franz Munsch, *Love It Was Not* (*Ahava Zot Lo Hayta*), dirigido por Maya Sarfaty, Israel, 2022.

p. 203 *campo de concentración en Stutthof*: Registro de transporte de Katya Singer, Archivos Arolsen, anteriormente Archivo del Servicio Internacional de Búsqueda (ITS), situado en Bad Arolsen, Alemania.

p. 203 *le dijeron*: Cernyak-Spatz y Shatzky, «Record-Keeping».

p. 203 *Fue acusado*: Rudolf Höss, *Yo, comandante de Auschwitz*, trad. Juan Esteban Fassio, Madrid, Arzalia Ediciones, 2022.

p. 204 *se arrastraba y se golpeaba el pecho*: Testimonio de Górecki.

p. 204 *había renunciado a su vida*: Tichauer, entrevista con Ringelheim, 2000.

p. 205 *la textura de las calles polvorientas*: Tichauer, «Women's Camp», p. 40.

p. 205 *Zippi firmó en la parte inferior*: Helen Tichauer y Anna Palarczyk, entrevista conjunta con Joan Ringelheim, 16 y 17 de agosto de 1996, USHMM.

p. 205 *trasladadas a Bergen-Belsen*: Newman, *Alma Rosé*, p. 308.

p. 206 *mayor sublevación judía*: «Levamiento del Gueto de Varsovia», Enciclopedia del Holocausto, USHMM, <https://encyclopedia.ushmm.org/content/en/article/warsaw-ghetto-uprising>, consultado el 17 de julio de 2023.

p. 206 *los periódicos internacionales informaban*: «Warsaw Debacle Laid to "Politics"», *The New York Times*, 30 de agosto de 1944.

p. 206 *administradores de Majdanek*: Czech, Auschwitz Chronicle 1939-1945, pp. 561-564.

p. 206 *tenían buena información*: Anna Heilman, *Never Far Away: The Auschwitz Chronicles of Anna Heilman*, Calgary, University of Calgary Press, 2001, p. 126.

p. 206 *eliminar a todos los judíos húngaros*: Czech, Auschwitz Chronicle 1939-1945, p. 702.

p. 206 *única comunidad judía de la Europa ocupada*: «Tropas alemanas ocupan Hungría», Enciclopedia del Holocausto, USHMM, <https://encyclopedia.ushmm.org/content/en/timeline-event/holocaust/1942-1945/german-troops-occupy-hungary>, consultado el 10 de abril de 2023.

p. 206 *un pequeño estanque*: Gideon Greif, *We Wept Without Tears: Testimonies of the Jewish Sonderkommando from Auschwitz*, New Haven, Yale University Press, 2014, p. 18.

p. 207 *novecientos prisioneros*: Franciszek Piper: «The Mass Extermination of Jews», en Piper y Swiebocka, *Auschwitz: Nazi Death Camp, 169-172*, pp. 169-172.

p. 207 *destruir cualquier rastro*: Czech, *Auschwitz Chronicle 1939-1945*, pp. 701-702.

Capítulo diecisiete: «No te rindas»

p. 208 *más ocupados que nunca*: David Wisnia, entrevista con Brad Zarlin, 2006, USHMM.

p. 208 *doce pares de ropa interior*: Helen Tichauer, «The Women's Camp at Auschwitz-Birkenau: Method Within Madness», en Susan Cernyak-Spatz y Joel Shatzky, eds., (manuscrito inédito), p. 125.

p. 208 *pensaba David*: Wisnia, entrevista con Zarlin.

p. 208 *Ralph Hackman*: Ralph Hackman, entrevista con la autora, otoño de 2019.

p. 208 *una fuerte explosión*: Wisnia, entrevista con Zarlin.

p. 208 *el ra-ta-tá de las ametralladoras*: David Wisnia, entrevista con Joseph Toltz (transcripción), 7 de abril de 2011, USHMM.

p. 209 *del edificio rojo y sin ventanas de la Weichsel-Union-Metallwerke*: Anna Heilman, *Never Far Away: The Auschwitz Chronicles of Anna Heilman*, Calgary, University of Calgary Press, 2001, p. 101.

p. 209 *habían reclutado a Roza Robota*: Gideon Greif, *We Wept Without Tears: Testimonies of the Jewish Sonderkommando from Auschwitz*, New Haven, Yale University Press, 2014.

p. 209 *pasillos de cristal*: Heilman, Never Far Away, pp. 101 y 128.

p. 209 *costuras de sus uniformes*: «Herman Haller», en Lore Shelley, ed. y trad., *The Union Kommando in Auschwitz: The Auschwitz Munition Factory Through the Eyes of Its Former Slave Laborers*, Lanham, Md., University Press of America, 1996, p. 167.

p. 209 *o sujetadores*: «Noah Zabludowicz», *ibid.*, p. 294.

p. 209 *Roza era el enlace*: Nechama Tec, *Resistance: Jews and Christians Who Defied the Nazi Terror*, Oxford, Oxford University Press, 2013.

p. 210 *en un carro lleno*: «Zabludowicz», p. 294.

p. 210 *No cerraban correctamente los fusibles*: «Gizella Mozes», en Shelley, *Union Kommando*, p. 27.

p. 210 *desechaban material bueno*: «Flora Neumann», *ibid.*, p. 33.

p. 210 *Prisionero T*: «Erich Kulka», *ibid.*, p. 305.

p. 210 *Servicio de Inteligencia británico*: Según Kulka, el Prisionero T fue reclutado por una célula de los mil doscientos prisioneros de guerra británicos que vivían en el subcampo de Monowitz y trabajaban en la IG Farben (véase Deborah Dwork y Robert Jan Van Pelt, *Auschwitz: 1270 to Present*, Nueva York, W. W. Norton, 1997, p. 233). El Prisionero T se negó a usar su nombre con Kulka, pero esta historia está corroborada en el testimonio de otro superviviente, que identifica al Prisionero T como Erwin Tichauer (entrevista a Erna Elerat, 28 de marzo de 1993, USHMM).

p. 210 *también fue reclutado*: «Paula Stern», en Shelley, *Union Kommando*, p. 100. Véase también Erwin Tichauer, *Skull and Zebra Suits: A Berlin Jew in Auschwitz*, ed. Jürgen Matthäus, trad. Anabel Aliaga-Buchenau, Berlín, Metropol, 2000, capítulos 13 y 14.

p. 210 *La mañana*: Danuta Czech, *Auschwitz Chronicle 1939-1945: From the Archives of The Auschwitz Memorial and The German Federal Archives*, Nueva York, Henry Holt and Company, 1990, p. 725.

p. 210 *no tuvieron tiempo*: Greif, *We Wept Without Tears*.

p. 210 *no podía esperar*: «Zabludowicz», p. 295.

p. 210 *a las 13:25*: Danuta Czech, *Auschwitz Chronicle 1939-1945*, p. 725.

p. 210 *en un batiburrillo de rayas*: Greif, *We Wept Without Tears*.

p. 210 *casi enfrente*: «Visita virtual», Museo Estatal de Auschwitz-Birkenau, <https://panorama.auschwitz.org/tour2,3007,en.html>, consultado el 23 de abril de 2023.

p. 211 *habían cerrado la Sauna*: Wisnia, entrevista con Toltz, 7 de abril de 2011.

p. 211 *granadas caseras*: Greif, *We Wept Without Tears.*

p. 211 *a dos de los cuales los habían empujado dentro de un horno en llamas*: Czech, Auschwitz Chronicle 1939-1945, pp. 725 y 726.

p. 211 *Cuatrocientos cincuenta y un prisioneros murieron*: Barbara Jarosz, «Organizations of the Camp Resistance», en Piper y Swiebocka, *Auschwitz: Nazi Death Camp*, p. 233.

p. 211 *fuera de servicio*: Tec, *Resistance.*

p. 212 *dos sesiones*: Czech, *Auschwitz Chronicle 1939-1945*, p. 775.

p. 212 *empezó a brotarle sangre de los ojos*: Ruth Barr-Shway, 1997, VHA/USC-Shoah.

p. 212 *algo en aquella práctica*: «Probablemente fuera como una bomba activa —dijo Zippi a Nechama Tec—. Puede que cuando trajo el delantal, hubiera polvo en él. Podría ser».

p. 212 *entregar los explosivos*: Tichauer, «Women's Camp», p. 124.

p. 212 *una gran victoria*: Helen Tichauer, entrevista con Joan Ringelheim, 6 de agosto de 2005, USHMM.

p. 212 *También es mi cumpleaños*: Tichauer, «Women's Camp», p. 63.

p. 213 *paquetería*: Dune Macadam, *999: The Extraordinary Young Women of the First Official Jewish Transport to Auschwitz*, Nueva York, Citadel, 2020, p. 101.

p. 213 *Llevaba su calor*: Tichauer, «Women's Camp», p. 64.

p. 213 *finales de noviembre*: Czech, *Auschwitz Chronicle 1939-1945*, p. 565.

p. 214 *una fuerza de trabajo recién reunida*: Philip Goldstein, entrevista con Sharon Tash, 2 de junio de 1992, USHMM.

p. 214 *se conservaban para volver a utilizarlos más adelante*: Erich Kulka, entrevista con Linda Kuzmack, 1990, USHMM.

p. 214 *perforaban las paredes de las cámaras de gas*: Andrzej Strzelecki, «Evacuation, Liquidation and Liberation of the Camp», en Piper y Swiebocka, *Auschwitz: Nazi Death Camp*, p. 272.

p. 214 *cada vez más nerviosos*: Filip Müller, *Eyewitness Auschwitz: Three Years in the Gas Chambers*, ed. y trad. Susanne Flatauer, Nueva York, Stein & Day, 1979, p. 165.

p. 214 *perder la guerra*: Wisnia, entrevista con Toltz, 7 de abril de 2011.

p. 214 *trabajando en la Sauna*: Wisnia, entrevista con Zarlin.

p. 215 *escribiera su canción*: «Canciones escritas por David Wisnia en Auschwitz (Oswiecim)», USHMM, <https://collections.ushmm.org/search/catalog/irn500168#?rsc=146653&cv=0&c=0&m=0&s=0&xywh=-1245%2C-1%2C6255%2C5209>, consultado el 17 de febrero de 2023.

p. 215 *describía los transportes*: Wisnia, entrevista con Toltz, 7 de abril de 2011.

p. 216 *«La bendición de Janucá»*: Wisnia, entrevista con Zarlin.

Capítulo dieciocho: «Siempre hacia delante»

p. 217 *nazis frenéticos*: Filip Müller, *Eyewitness Auschwitz: Three Years in the Gas Chambers*, ed. y trad. Susanne Flatauer, Nueva York, Stein & Day, 1979, p. 165.

p. 217 *dado la orden de evacuar*: Yehuda Bauer, «The Death Marches January-May 1944», *Modern Judaism: A Journal of Jewish Ideas and Experience* 3, n.º 1 (febrero de 1983), pp. 1-21.

p. 217 *les dijeron que se prepararan*: Müller, Eyewitness Auschwitz, p. 165.

p. 217 *reclusos escondidos*: Erich Kulka, entrevista con Linda Kuzmack, 1990, USHMM.

p. 217 *organizó raciones extra*: David Wisnia, entrevista con Brad Zarlin, USHMM.

p. 218 *hombres armados de las SS*: Müller, *Eyewitness Auschwitz*, p. 165.

p. 218 *que los apartaran del medio*: Relato de un testimonio anónimo, «The Terrors of the Evacuation of Auschwitz in January 1945», Wiener-HL, Número de índice: P. III.h., n.º 653, 1957.

p. 218 *un atisbo de esperanza*: David Wisnia, entrevista con Joseph Toltz (transcripción), 7 de abril de 2011, USHMM.

p. 219 *orina para aplacar la sed*: Alexander Ehrmann, entrevista con Sidney M. Bolkosky, 13 de mayo de 1983, USHMM.

p. 219 *se detenía para descargar a los muertos*: Anónimo, «The Terrors of the Evacuation».

p. 219 *Documentos, certificados de defunción y archivos*: Danuta Czech, *Auschwitz Chronicle 1939-1945: From the Archives of The Auschwitz Memorial and The German Federal Archives*, Nueva York, Henry Holt and Company, 1990, p. 780.

p. 219 *primera lista que se enroscó entre las llamas*: Anna Palarczyk, entrevista con Joan Ringelheim, 1996, USHMM.

p. 219 *detrás de una librería*: Helen Tichauer, entrevista con David Boder, «Voces del Holocausto», Instituto de Tecnología de Illinois, 23 de septiembre de 1946.

p. 219 *pudiera contribuir*: Konrad Kwiet, «Designing Survival», en Jürgen Matthäus, ed., *Approaching an Auschwitz Survivor*, Oxford, Oxford University Press, 2010, p. 22.

p. 219 *tres pesados paquetes*: Helen Tichauer, transcripción de la investigación preliminar, 1 de febrero de 1971, Consulado General de Alemania, Nueva York (trad. Anabel Aliaga-Buchenau).

p. 219 *un bloque de oro*: Kwiet, «Designing Survival», p. 23.

p. 220 *fue consumido en un incendio que duró cinco días*: Andrzej Strzelecki, «Evacuation, Liquidation and Liberation of the Camp», en Piper y Swiebocka, *Auschwitz: Nazi Death Camp*, p. 272.

p. 220 *reunió todas sus fuerzas*: Mala Kahn Schulesser, entrevista transcrita por Barbara Marshall, USHMM.

p. 220 *Los restos de los archivos de los prisioneros*: Czech, *Auschwitz Chronicle 1939-1945*, p. 785.

p. 220 *Los barracones ardían*: Strzelecki, «Evacuation, Liquidation and Liberation of the Camp», fotografía.
p. 220 *18 de enero de 1945*: Tichauer, transcripción de la investigación preliminar.
p. 220 en filas de a cinco: Ivonne Razon, entrevista, 18 de marzo de 1993, USHMM.
p. 220 *y se electrocutaban*: Jolana Hollander, entrevista con Barbara Barer, Evelyn Fielden y Anne G. Saldinger, 29 de julio de 1993, USHMM.
p. 221 *mantas que había tiradas por el camino*: Hadassah Marcus, entrevista con David Boder, «Voces del Holocausto», Instituto de Tecnología de Illinois, 13 de septiembre de 1946.
p. 221 *«¿A dónde vamos?»*: Hollander, entrevista con Barer *et al.*, 29 de julio de 1993.
p. 221 *acusadas de sabotaje*: Strzelecki, «Evacuation, Liquidation and Liberation of the Camp», p. 272.
p. 221 *resonaba a su alrededor*: Palarczyk, entrevista con Ringelheim, 1996.
p. 221 *una bolsa de azúcar*: entrevista de Schulesser.
p. 221 *barro empapado de sangre*: entrevista de Razon, 18 de marzo de 1993.
p. 221 *en la nuca*: Strzelecki, «Evacuation, Liquidation and Liberation of the Camp», p. 276.
p. 221 *daban esperanza a los presos para seguir adelante*: Alice Jakubovic, entrevista con Joan Ringelheim, 27 de agosto de 2002, USHMM.
p. 221 *dos o tres*: Tichauer, transcripción de la investigación preliminar.

Capítulo diecinueve: «¡Sois libres!»

p. 225 *se rompían como ramitas*: Alice Jakubovic, entrevista con Joan Ringelheim, 27 de agosto de 2002, USHMM.
p. 225 *nieve relativamente limpia*: Hadassah Marcus, entrevista con David Boder, «Voces del Holocausto», Instituto de Tecnología de Illinois, 13 de septiembre de 1946.
p. 225 *lograron llegar a Berlín*: Anna Palarczyk, entrevista con Joan Ringelheim, 1996, USHMM.
p. 225 *evitando el fuego*: Helen Tichauer, entrevista con David Boder, «Voces del Holocausto», Instituto de Tecnología de Illinois, 23 de septiembre de 1946.
p. 225 *Qué gran satisfacción, pensó, ver*: Susan Cernyak-Spatz, *Prisionera de Custodia Protectora 34042*, Cortland, Nueva York, N and S Publishers, 2005.
p. 225 *Supuso que el campo de Ravensbrück*: Tichauer, «Voces del Holocausto».
p. 226 *en una única habitación*: Nelly Bondy, entrevista con David Boder, «Voces del Holocausto», Instituto de Tecnología de Illinois, 22 de agosto de 1946.
p. 226 *el desorden y el hambre atroz*: Tichauer, «Voces del Holocausto».
p. 226 *Volved a Auschwitz*: Palarczyk, entrevista con Ringelheim, 1996.

p. 226 *ventanas que se podían abrir*: Cernyak-Spatz, Protective Custody Prisoner 34042.

p. 226 *aparecía un caldero*: Lina Stumachin, entrevista con David Boder, «Voces del Holocausto», Instituto de Tecnología de Illinois, 8 de septiembre de 1946.

p. 226 *alguien la empujó*: Helen Tichauer, transcripción de la investigación preliminar, 1 de febrero de 1971, Consulado General de Alemania, Nueva York.

p. 227 *«¡Sois libres!»*: Andrzej Strzelecki, «Evacuation, Liquidation and Liberation of the Camp», en Franciszek Piper y Teresa Swiebocka, eds., *Auschwitz: Nazi Death Camp*, trad. Douglas Selvage, Oswiecim, Museo Estatal de Auschwitz-Birkenau, 2009, p. 280.

p. 227 *seis mil ochocientos kilos*: «Liberación de Auschwitz: Filmación», USHMM, <https://encyclopedia.ushmm.org/content/en/gallery/liberation-of-auschwitz-film-footage>, consultado el 30 de enero de 2023.

p. 227 *seiscientos cadáveres carbonizados*: Mykola Karpenko, «Veterano ucraniano recuerda la liberación de Auschwitz», Radio Free Europe, Servicio Ucraniano de RFE/RL, <https://www.rferl.org/a/ukraine-world-war-two-auschwitz-soviet-army/26816158.html>, consultado el 17 de febrero de 2023.

p. 227 *alrededor de la horca*: Entrevista de Richard Horowitz con el Museo Imperial de Registros de Guerra, 12 de mayo de 1983, USHMM.

p. 228 *años de búsqueda*: Strzelecki, «Evacuation, Liquidation and Liberation of the Camp», p. 285.

p. 228 *Una prisionera compañera la ayudó a levantarse*: Helen Tichauer, entrevista inédita con Michael Berkowitz, 3 de agosto de 2003.

p. 228 *A las mujeres les dijeron*: Palarczyk, entrevista con Ringelheim, 1996.

p. 228 *tres rebanadas de pan seco*: Bondy, «Voces del Holocausto».

p. 229 *se comían la hierba*: Tecia Grynberg, entrevista con Jill Margo, 6 de junio de 1991, USHMM.

p. 229 *fábrica de municiones subterránea*: «Paula Stern», *The Union Kommando in Auschwitz: The Auschwitz Munition Factory Through the Eyes of Its Former Slave Laborers*, ed. y trad. Lore Shelley, Lanham, Md., University Press of America, 1996, p. 101.

p. 229 *fabricando balas*: Ruth Krautwirth Meyerowitz, entrevista con Linda G. Kuzmack, 20 de febrero de 1990, USHMM.

p. 229 *trabajaba en la cocina*: Helen Tichauer, transcripción de la investigación preliminar, 1 de febrero de 1971, Consulado General de Alemania, Nueva York.

p. 229 *la Cruz Roja sueca*: Sarah Helm, «The Swedish Schindler: How Count Bernadotte Saved Thousands of Jews from Death», *Newsweek*, 14 de mayo de 2015.

p. 229 *Zippi observaba*: Transcripción de la investigación preliminar de Tichauer.

p. 229 *los reclusos desconfiaban*: Itka Zygmuntowicz, entrevista con Randy M. Goldman, 30 de mayo de 1996, USHMM.

p. 229 *el logo de la Cruz Roja*: Cernyak-Spatz, *Protective Custody Prisoner 34042*.

p. 230 *paquetes de comida*: Meyerowitz, entrevista con Kuzmack, 20 de febrero de 1990.

p. 230 *no recibía nada*: Tichauer, Transcripción de la investigación preliminar.

p. 230 *se permitía creer*: Tichauer, «Voces del Holocausto».

p. 230 *¡El Führer ha muerto!*: Cernyak-Spatz, *Protective Custody Prisoner 34042*.

p. 230 *una ciudad vecina*: Dora Freilich, entrevista con Helen Grassman, 24 de octubre de 1984, USHMM.

p. 230 *aún más sádicos*: Yehuda Bauer, «The Death Marches January-May 1944», *Modern Judaism: A Journal of Jewish Ideas and Experience* 3, n.º 1 (febrero de 1983), pp. 1-21.

p. 231 *forúnculos y piojos*: Freilich, entrevista con Grassman, 24 de octubre de 1984.

p. 231 *intentaban desaparecer*: Entrevista de Gabriela Truly con Edith Millman, 27 de mayo de 1990, USHMM.

p. 231 *quitó las rayas*: Tichauer, «Voces del Holocausto».

p. 231 *eso permitió que Sara y ella*: Según los testimonios de Sara y Zippi, una tercera mujer (desconocida) escapó con ellas. No está claro cuánto tiempo se quedó con ellas.

Capítulo veinte: Una estrella blanca

p. 233 *Vivirían sin ropa*: John Komski, entrevista con Sandra Bradley, 30 de enero de 1992, USHMM.

p. 233 *la poca comida*: David Wisnia, entrevista con Brad Zarlin, USHMM.

p. 233 *esqueletos vivientes*: Irving Schaffer, entrevista con Mira Hodos, 19 de octubre de 1993, USHMM.

p. 233 *hedor de los cadáveres*: Paul Schneiderman, «Departing Dachau: A Holocaust Survivor's Liberation Story», *Newsweek*, 27 de enero de 2015.

p. 233 *la miseria de Dachau*: David Wisnia, entrevista con Joseph Toltz (transcripción), 7 de abril de 2011, USHMM.

p. 234 *No se pasaba lista*: Schneiderman, «Departing Dachau».

p. 234 *enviaron a Mühldorf*: Wisnia, entrevista con Toltz, 7 de abril de 2011.

p. 234 *dijo David*: David Wisnia, entrevista grabada con Robin Black, 13 de agosto de 2007.

p. 236 *Se escabulló por los campos*: Wisnia, entrevista con Zarlin.

p. 237 *Este es mi destino*: David Wisnia, entrevista grabada con Robin Black, 2007.

p. 237 *empezó a subirlo*: A menos que se indique lo contrario, las descripciones provienen de David Wisnia, de dos extensas entrevistas que la autora le hizo en su casa en Levittown, Pennsylvania, el 19 de enero de 2018 y el 24 de junio de 2019.

p. 239 *una encuesta de Gallup*: «Los Americanos y el Holocausto», USHMM, <https://exhibitions.ushmm.org/americans-and-the-holocaust/us-public-opinion-world-war-II-1939-1941>, consultado el 10 de abril de 2023.

p. 239 *explicó a su madre*: «Louis Vecchi, Paratrooper, US Army 101st Airborne», YouTube, 15 de enero de 2010, <https://www.youtube.com/watch?v=dJZEFXSHX-0>, consultado el 24 de marzo de 2023.

p. 239 *una torre de más de diez metros*: Leonard Rapport y Arthur Northwood Jr., *Rendezvous with Destiny: A History of the 101st Airborne Division*, Potomac, Md., Pickle Partners Publishing, 2015.

p. 239 *exhibiciones de paracaidismo para Winston Churchill*: Colección Fred A. Bahlau (AFC/2001/001/74212), Proyecto de Historia de los Veteranos, American Folklife Center, Biblioteca del Congreso de los Estados Unidos.

p. 239 *misiones y saltos*: Mark Bando, *101st Airborne, The Screaming Eagles in World War II*. Minneapolis, Zenith Press, 2007.

p. 239 *miles de tropas*: Fred Bahlau, Proyecto de Historia de los Veteranos.

p. 240 *no sabían*: «Louis Vecchi, Paratrooper, US Army 101st Airborne».

p. 240 *había saltado unos mil doscientos pies*: Fred Bahlau, Proyecto de Historia de los Veteranos.

p. 240 *cruzaron puentes reptando*: Bando, *101st Airborne*.

p. 240 *periódicos estadounidenses*: «The Battle in Normandy», *The New York Times*, 8 de junio de 1944.

p. 240 *más de seis mil quinientos*: «Hoja de datos: Desembarco de Normandía», Oficina de Prensa de la Casa Blanca, 6 de junio de 2014, <https://obamawhitehouse.archives.gov/the-press-office/2014/06/06/fact-sheet-normandy-landings>, consultado el 17 de febrero de 2023.

p. 240 *41 por ciento*: RJ Reinhart, «Gallup Vault: Americans' Sentiments Toward D-day», Gallup, 5 de junio de 2019, <https://news.gallup.com/vault/258068/gallup-vault-americans-surprising-sentiments-toward-day.aspx>, consultado el 10 de abril de 2023.

p. 240 *historias de los campos de concentración*: Stephen E. Ambrose, *Band of Brothers: E Company, 506th Regiment, 101st Airborne from Normandy to Hitler's Eagle's Nest*, Nueva York, Simon & Schuster, 2001, p. 250.

p. 241 *demasiado lentamente*: Fred Bahlau, Proyecto de Historia de los Veteranos.

p. 241 *les dieron permiso en París*: Louis Vecchi, paracaidista, ejército de Estados Unidos, 101ª División Aerotransportada.

p. 241 *Durmieron al raso*: Bando, *101st Airborne*.

p. 241 *botas con mantas*: Fred Bahlau, Proyecto de Historia de los Veteranos.

p. 241 *nada para lo que hubieran podido prepararse*: Doctor Jason Dawsey, historiador de la investigación, Instituto para el Estudio de la Guerra y la Democracia, Museo Nacional de la Segunda Guerra Mundial, entrevista con la autora.

p. 242 *donde asfixian a la gente*: Wisnia, entrevista con Toltz, 7 de abril de 2011.

p. 242 *la ropa que había sacado de contrabando*: Wisnia, entrevista con Black, 28 de junio de 2007.

p. 242 *los soldados habían tomado una decisión*: No está claro cuándo o dónde exactamente se cruzaron los caminos de David y de la Compañía H. David llegó a Dachau el 28 de enero de 1945 y partió hacia Mühldorf, a menos de cien kilómetros de distancia, el 21 de febrero. Los archivos militares indican que las tropas de la 101ª fueron enviadas a Starnberg hacia finales de abril. Probablemente fue la semana que David pasó con la familia alemana. Los Informes Matutinos Militares, registros diarios que resaltan cambios en el estado del personal, la ubicación de la unidad y a menudo mencionan eventos significativos que ocurren dentro de la unidad de tropas, no muestran ningún registro del encuentro de David con la Compañía H (revisé del 1 de febrero al 15 de junio de 1945). Según un correo electrónico del 6 de abril de 2023 de Holly Rivet, especialista en archivos de los Archivos Nacionales, como el ejército no necesitaba hacer un seguimiento de David, es dudoso que hubiera sido mencionado en los Informes Matutinos. Agregó que, si bien no era una práctica común que una unidad «adoptara» a un civil, no era inaudito y «era ocasional».

p. 243 *El 29 de abril de 1945*: «Liberación de Dachau», USHMM: <https://encyclopedia.ushmm.org/content/en/timeline-event/holocaust/1942-1945/liberation-of-dachau>, consultado el 20 de abril de 2023.

p. 243 *treinta y dos mil prisioneros*: «Dachau Captured by Americans Who Kill Guards, Liberate 32,000», Associated Press, 1 de mayo de 1945.

p. 244 *«empezaron a darnos besos»*: Sidney A. Olson, «Dachau», *Time*, 7 de mayo de 1945.

p. 244 *dijo Joseph Pulitzer*: «US Editors Back, Urge Harsh Peace», *The New York Times*, 9 de mayo de 1945.

p. 244 *reunirse [las tropas] en Starnberg*: Wisnia, entrevista con Black, 13 de agosto de 2007.

Capítulo veintiuno: «¿Somos libres?»

p. 245 *Zippi le ofreció*: Helen Tichauer, entrevista con Peter Hellman, 3 de mayo de 2004.

p. 246 *necesitaba encontrarlo*: Helen Tichauer, entrevista con David Boder, «Voces del Holocausto», Instituto de Tecnología de Illinois, 23 de septiembre de 1946.

p. 246 *colgaban sábanas blancas*: Charles Lindbergh, *The Wartime Journals of Charles A. Lindbergh*, Nueva York, Harcourt, 1970, pp. 947-948.

p. 246 *que se averiaban y hacinamiento*: Yehuda Bauer, *Flight and Rescue: Brichah*, Nueva York, Random House, 1970, p. 5.

p. 246 *violencia sexual y violaciones*: *Atina Grossmann, Jews, Germans, and Allies: Close Encounters in Occupied Germany*, Princeton, N.J., Princeton University Press, 2007, p. 49.

p. 247 *donde estarían más seguras*: Radomski, entrevista con Zarlin.
p. 247 *vehículo del ejército soviético*: Tichauer, «Voces del Holocausto».
p. 247 *cogieron un tren de ganado*: Helen Tichauer, entrevista inédita con Jürgen Matthäus, 5 de marzo de 2011.
p. 247 *informó* The New York Times: W. H. Lawrence, «Lublin Poles Hold Front at Warsaw», *The New York Times*, 15 de enero de 1945.
p. 248 *metrópolis bombardeada*: «WWII: Warsaw Liberated — 1945; Today in History; 17 Jan 18», British Movietone, 17 de enero de 2018, YouTube, <https://www.youtube.com/watch?v=qabP8-px-zE>, consultado el 14 de febrero de 2023.
p. 248 *con la esperanza de encontrar a cualquiera*: «Judíos en Polonia piden ayuda de Estados Unidos y Palestina; muchos esperan emigrar», Jewish Telegraphic Agency, 23 de mayo de 1945.
p. 248 *comedores sociales por la ciudad*: Linda Levi, vicepresidenta ejecutiva adjunta, directora de Global Archives, AJDCA, correo electrónico a la autora, 3 de febrero de 2021.
p. 248 *Quedaban en pie algunas farolas*: «Zofia Chometowska», Un-Posed, <https://un-posed.com/pioneers/zofia-chometowska>, consultado el 1 de febrero de 2023.
p. 248 *un piano de cola*: Henryk Lagodski, «Proyecto Testigo polaco del Holocausto», entrevista de Patrycja Bukalska, USHMM, 6 de mayo de 2010.
p. 248 *encontró a su esposa*: Romana Koplewicz, entrevista con Gail Schwartz, 8 de octubre de 1993, USHMM.
p. 248 *esperando antes de que finalmente apareciera una hermana mayor*: Doris Greenberg, entrevista con Melissa Block, 22 de noviembre de 1988, USHMM.

Capítulo veintidós: El pequeño Davey

p. 250 *quería saber*: David Wisnia, entrevista grabada con Robin Black, 13 de agosto de 2007.
p. 251 *De vuelta en la compañía*: A menos que se indique lo contrario, las descripciones provienen de David Wisnia, de dos largas entrevistas que la autora le hizo en su casa en Levittown, Pennsylvania, el 19 de enero de 2018 y el 24 de junio de 2019.
p. 252 *a Berchtesgaden*: Leonard Rapport y Arthur Northwood Jr., *Rendezvous with Destiny: A History of the 101st Airborne Division*, Potomac, Md., Pickle Partners Publishing, 2015.
p. 253 *llenaban las carreteras*: Rapport y Northwood Jr., *Rendezvous with Destiny*.
p. 253 *cascos alemanes abandonados*: Colección Fred A. Bahlau (AFC/2001/001/74212), Proyecto de Historia de los Veteranos, American Folklife Center, Biblioteca del Congreso de los Estados Unidos.
p. 253 *casi veinte millones*: Atina Grossmann, *Jews, Germans, and Allies: Close*

Encounters in Occupied Germany, Princeton, N.J., Princeton University Press, 2007, p. 131.

p. 253 *podía matar a alguien*: Wisnia, entrevista con Black, 13 de agosto de 2007.

p. 253 *redactar los términos de la rendición*: Rapport y Northwood Jr., *Rendezvous with Destiny*.

p. 254 *Hermann Göring*: «Goering Yields to Seventh Army», *The New York Times*, 5 de mayo de 1945.

Capítulo veintitrés: «¿Cómo es que sigues viva?»

p. 257 *bandera de la Cruz Roja checa*: Helen Tichauer, entrevista inédita con Jürgen Matthäus, 5 de marzo de 2011.

p. 257 *Algunos viajeros*: Lotte Weiss, entrevista con Jason Bruce Spinak, VHA/USC Shoah, 1 de marzo de 1995.

p. 257 *otro amor perdido*: Helen Tichauer, entrevista con David Boder, «Voces del Holocausto», Instituto de Tecnología de Illinois, 23 de septiembre de 1946.

p. 257 *una ciudad fantasma*: Victor Ungar, entrevista con Sandy Jacobson, VHA/USC-Shoah, 15 de febrero de 1995.

p. 258 *vio a una desconocida*: Edith Lowy, entrevista con Nonie Akman, VHA/USC-Shoah, 18 de octubre de 1996.

p. 258 *no querían renunciar a*: Keith Lowe, *Savage Continent: Europe in the Aftermath of World War II*, Nueva York, St. Martin's, 2012, p. 197.

p. 258 *Acabados de liberar*: Edith Lowy, 1996.

p. 258 *conversación demasiado habitual*: Entrevista de Linda Breder con Judith Helm, 17 de julio de 1990, USHMM.

p. 259 *antes, por buen comportamiento*: El relato de Samuel Spitzer se deriva de la entrevista de Samuel Spitzer con D. I. Ritch, 7 de marzo de 1996, VHA/USC-Shoah.

p. 259 *Consejo Nacional Eslovaco*: Stanislav J. Kirschbaum, «Federalism in Slovak Communist Parties», Canadian Slavonic Papers / Revue Canadienne des Slavistes 19, n.º 4 (diciembre de 1977), pp. 444-467.

p. 260 *1er Cuerpo del Ejército Checoslovaco*: *Ibid.* Para comprender mejor las fuerzas políticas en juego y las negociaciones entre eslovacos y checoslovacos, véase también J. R., «Czechoslovakia During the War: I — The Policy of the Government in London», *Bulletin of International News*, 21, n.º 22 (28 de octubre de 1944), pp. 897-906.

p. 261 *unos veinte mil combatientes eslovacos*: «Insurrección nacional eslovaca 1944», Museo de la Insurrección Nacional Eslovaca, Ministerio de Asuntos Exteriores y Europeos de la República Eslovaca.

p. 262 *recordaba Sam*: El material citado proviene directamente de la entrevista de Spitzer con Ritch, 1996.

p. 263 *Palestina que luchaba*: «Sinopsis de la Historia del Palmach», Museo Palmach, <https://palmach.org.il/en/history/about/>, consultado el 17 de febrero de 2023.

p. 264 *intentaban regresar a casa*: Lowe, *Savage Continent*, p. 206.

p. 264 *la Brichah*: Yehuda Bauer, *Flight and Rescue: Brichah*, Nueva York, Random House, 1970, p. 107.

p. 265 *escoltaba a los refugiados*: Atina Grossmann, *Jews, Germans, and Allies: Close Encounters in Occupied Germany*, Princeton, N.J., Princeton University Press, 2007, p. 121.

p. 265 *acordaban no quedarse*: Bauer, *Flight and Rescue*, p. 183.

p. 265 *Los escoltaba*: Helen Tichauer, entrevista inédita con Michael Berkowitz, 3 de agosto de 2003.

p. 266 *Sara también emprendió el viaje*: Helen Tichauer, entrevista con Jürgen Matthäus, 26 de febrero de 2011.

p. 266 *«¿Cómo es que sigues viva?»*: Sara Lewin Radomski, entrevista con Brad Zarlin, 2007, USHMM.

p. 267 *llegaban cientos de supervivientes*: Tichauer, entrevista con Berkowitz, 3 de agosto de 2003.

Capítulo veinticuatro: Un ejemplo para el resto del mundo

p. 268 *soldado de ochenta kilos*: David Wisnia, tarjeta de registro para el reclutamiento durante la Segunda Guerra Mundial, Archivos Nacionales y Administración de Documentos, 8 de febrero de 1946. Según la archivista del NARA, Holly Rivet, era común que los hombres de entre dieciocho y cuarenta años se registraran para obtener una tarjeta de reclutamiento como parte del proceso de solicitud de la ciudadanía estadounidense. En su caso, David empezó su proceso de solicitud poco después de llegar a Nueva York.

p. 268 *Solo estaba trabajando*: Esta descripción proviene de la entrevista grabada de David Wisnia con Robin Black, 13 de agosto de 2007.

p. 268 *diseñada y desarrollada*: «Pistola alemana Walther P38», Museo Nacional de Historia Americana Behring Center, <https://americanhistory.si.edu/collections/search/object/nmah_415180>, consultado el 17 de febrero de 2023.

p. 268 *Le disparó*: Entrevista de David Wisnia con la autora el 19 de enero de 2018.

p. 269 *Solo el metro*: Katie Louchheim, «The DP Summer», *Virginia Quarterly Review* 61, n.º 4 (1985), pp. 691-707.

p. 269 *tropas estadounidenses*: Leonard Rapport y Arthur Northwood Jr., *Rendezvous with Destiny: A History of the 101st Airborne Division*, Potomac, Md., Pickle Partners Publishing, 2015.

p. 270 *Una* Guía de Bolsillo de París: *Guía de Bolsillo de París y las Ciudades del Norte de Francia*, División de Información y Educación de los Servicios del Ejército de los Estados Unidos, 1944.

p. 270 *«Los soldados estadounidenses que están en París suelen acudir en masa»*: «European Vacationland», *Stars and Stripes*, 22 de julio de 1945.

p. 271 *sus amigos estadounidenses*: Wisnia, entrevista con Black, 13 de agosto de 2007.

p. 271 *celebraron el Día de la Bastilla*: «Paris to dance in streets again on Bastille Day», *The New York Times*, 26 de junio de 1945.

p. 271 *evacuadas del Louvre*: «Reunion at the Louvre», *The New York Times*, 29 de julio de 1945.

p. 271 *intentaban convencerlo*: Wisnia, entrevista con Black, 13 de agosto de 2007.

p. 271 *administrando un economato militar*: David Wisnia, entrevista con Brad Zarlin, 2006, USHMM.

p. 271 *La París de posguerra carecía*: David A. Gordon, «Hunger in the Spring Air», *Stars and Stripes*, 23 de junio de 1945.

p. 272 *el fiscal general como el FBI*: «Clark Pledges to Search Out War Profiteers», *Stars and Stripes*, 9 de julio de 1945.

p. 272 *solo en las zonas estadounidense y británica*: Atina Grossmann, *Jews, Germans, and Allies: Close Encounters in Occupied Germany*, Princeton, N.J., Princeton University Press, 2007, pp. 131-132.

p. 272 *los estadounidenses no querían*: En agosto de 1946, una encuesta Gallup preguntó a los estadounidenses si apoyarían el plan del presidente Harry Truman de pedir al Congreso que permitiera que fueran a vivir a Estados Unidos más judíos y otros refugiados europeos que los que permitía la ley de entonces. El setenta y dos por ciento de los encuestados se mostró en desacuerdo.

p. 273 *«aliviar el sufrimiento humano»*: Harry S. Truman, «Declaración y Directiva del Presidente sobre la inmigración a Estados Unidos de ciertas personas desplazadas y refugiadas de Europa», Proyecto de la Presidencia estadounidense, <https://www.presidency.ucsb.edu/documents/statement-and-directive-the-president-immigration-the-united-states-certain-displaced>, consultado el 28 de abril de 2023.

p. 274 *Los estadounidenses se habían comprometido*: Grossman, *Jews, Germans, and Allies*, p. 142.

p. 274 *adoptar huérfanos*: Keren Blankfeld, «Bela: El huérfano de guerra olvidado», *The New York Times*, 7 de diciembre de 2017.

p. 274 bar mitzvás *y bodas*: Grossman, *Jews, Germans, and Allies*, p. 144.

Capítulo veinticinco: «La soledad de la supervivencia»

p. 279 *Zippi se enorgullecía*: Helen Tichauer, entrevista con Jürgen Matthäus, 12 de marzo de 2020.

p. 279 *ojos oscuros y cabello rizado*: Gad Beck y Frank Heibert, *Una Vida Subterránea: Memorias de un Judío Gay en el Berlín Nazi*, trad. Allison Brown, Madison, University of Wisconsin Press, 1999, p. 50.

p. 280 *«peculiar» y «temperamental»*: Helen Tichauer, entrevista con Joan Ringelheim, 2000, USHMM.

p. 280 *mantenía contacto con el ejército estadounidense*: Atina Grossmann, entrevista con la autora, 2019.

p. 280 *era un berlinés*: En lo tocante a los comienzos de Erwin, abundan las contradicciones. Algunos documentos afirman que nació en 1918; otros dicen que en 1920. Los registros de Auschwitz y varios documentos alemanes afirman que nació en Budapest. Sin embargo, en los documentos de registro de personas desplazadas y los formularios del censo consta que nació en Berlín. He optado por utilizar la fecha de nacimiento y el lugar de nacimiento que figuran en su currículum vitae de la Universidad de Nueva York.

p. 280 *trasteando con relojes*: Issachar Gilad, «Editorial: Professor Erwin R. Tichauer 1918-1996», *International Journal of Industrial Ergonomics* 23, pp. 251-253.

p. 280 *profesor de derecho berlinés*: Michael Berkowitz, *The Crime of My Very Existence*, Berkeley, University of California Press, 2007, p. 216.

p. 280 *entrenamiento militar*: Michael Berkowitz, entrevista con la autora, 19 de febrero de 2021.

p. 280 *observando los movimientos de los animales*: Gilad, «Editorial: Professor Erwin R. Tichauer».

p. 280 *Se entretenía*: «Building a Better Mousetrap», *Time*, 2 de mayo de 1969, p. 46.

p. 280 *o la cirugía*: Beck y Heibert, *An Underground Life*, p. 50.

p. 281 *Universidad de Königsberg*: Organización Internacional del Trabajo, Archivo P n.º 7884, Registro de la Oficina Internacional del Trabajo y Servicio de Gestión de Archivos, correo electrónico a la autora del 26 de febrero de 2021. Sin embargo, durante aquellos años de preguerra, la mayoría de estas actividades estaban cerradas a los judíos. Para añadirse a las contradicciones de la biografía de Erwin, Zippi dijo que Erwin no había podido tener una educación o una carrera en Alemania tras graduarse de la escuela secundaria. Véase el «Epílogo», *Skull and Zebra Suits: A Berin Jew in Auschwitz*, ed. Jürgen Matthäus, trad. Anabel Aliaga-Buchenau, Berlín, Metropol, 2000.

p. 281 *trabajar en una fábrica de cartón alemana*: Beck y Heibert, *Una Vida Subterránea*, pp. 50-51.

p. 281 *hizo detonar una bomba casera*: *Ibid.*, p. 65.

p. 281 *Erwin fue detenido*: Matthäus, «Epílogo», *Skull and Zebra.*

p. 281 *La Gestapo arrancó*: «La manifestación de Rosenstrasse, 1943», Enciclopedia del Holocausto, USHMM, <https://encyclopedia.ushmm.org/content/en/article/the-rosenstrasse-demonstration-1943>, consultado el 17 de julio de 2023.

p. 281 *entre quienes lo conocían*: Entrevista a Erna Elerat, 28 de marzo de 1993, USHMM.

p. 281 *llevaba el triángulo rojo*: Erwin Tichauer, documentos de registro de Auschwitz, Archivos Arolsen, anteriormente el Archivo del Servicio Internacional de Búsqueda (ITS), situado en Bad Arolsen, Alemania.

p. 281 *le asignaron a un subcampo, Jawischowitz*: Matthäus, «Epílogo», *Skull and Zebra Suits.*

p. 282 *hacia Dachau en una marcha de la muerte*: Documentos archivados en los Archivos Arolsen, anteriormente el Archivo del Servicio Internacional de Búsqueda (ITS), situado en Bad Arolsen, Alemania, 23 de junio de 1954.

p. 282 *espía del MI5*: Konrad Kwiet, entrevista con la autora, 2020.

p. 282 *Cuerpo de Contrainteligencia del Ejército de los Estados Unidos*: Entrevista a Elerat, 1993.

p. 282 *unidad militar estadounidense que lo liberó*: «Erwin Tichauer», Comité Intergubernamental sobre Refugiados, Referencia n.º 863, Archivos Arolsen, anteriormente el Archivo del Servicio Internacional de Búsqueda (ITS), situado en Bad Arolsen, Alemania.

p. 282 *un gran logro*: «9ª División Blindada», Historia Militar de Estados Unidos, ejército de Estados Unidos, <https://history.army.mil/html/forcestruc/cbtchron/cc/009ad.htm>, consultado el 17 de febrero de 2023.

p. 282 *Zippi dijo más tarde*: Berkowitz, *Crime of My Very Existence*, p. 217.

p. 282 *Tercer Ejército estadounidense*: Organización Internacional del Trabajo, Archivo P n.º 7884.

p. 282 *Comité Intergubernamental sobre Refugiados*: «Relaciones Exteriores de Estados Unidos, Documentos Diplomáticos, 1938, General, Volumen I», Oficina del Historiador, Departamento de Estado, <https://history.state.gov/historicaldocuments/frus1938v01/comp7>, consultado el 20 de abril de 2023.

p. 283 *Harrison describía a los refugiados*: Earl G. Harrison, «El Informe Harrison», Biblioteca Presidencial Eisenhower, julio de 1945.

p. 283 *un candidato ideal*: Helen Tichauer, entrevista inédita con Michael Berkowitz, 3 de agosto de 2003.

p. 283 *tribunales de honor*: Fotografía n.º 10130A, «Los abogados de los judíos desplazados (con camisa blanca) actúan como jueces en un juicio a un compañero desplazado, acusado de haber vendido su documento de identidad a un antiguo nazi», USHMM.

p. 283 *delitos cotidianos*: Berkowitz, *Crime of My Very Existence*, pp. 216-217.

p. 283 *la diplomática estadounidense Katie Louchheim*: Katie Louchheim, «The DP Summer», Virginia Quarterly Review 61, n.º 4 (1985), pp. 691-707.

p. 283 *esperanza de un nuevo comienzo*: Bernard Dichek, «Why a Year after the Holocaust, My Parents Are Happy in DP Camp Photos», *Times of Israel*, 27 de enero de 2021, <https://www.timesofisrael.com/why-a-year-after-the-holocaust-my-parents-are-happy-in-dp-camp-photos/>, consultado el 17 de febrero de 2023.

p. 284 *en Feldafing*: Berkowitz, *Crime of My Very Existence*, pp. 216 y 88.

p. 285 *Se habían conocido*: *Ibid.*, p. 217. No obstante, más allá del relato repetido de Zippi sobre el incidente, no se han encontrado datos que corroboren la amistad de ambos hombres.

p. 286 *Erwin tenía toda la intención*: Tichauer, entrevista con Berkowitz, 3 de agosto de 2003.

p. 287 *tenía noticias de David*: Helen Tichauer, entrevista inédita con Jürgen Matthäus, 2011.

p. 288 *no casarse*: Atina Grossmann, «Living On», en Jürgen Matthäus, ed.,

Approaching an Auschwitz Survivor, Oxford, Oxford University Press, 2010, p. 85.

p. 288 *se casaron en Tutzing*: Certificado de matrimonio de Tichauer, 15 de marzo de 1946, Archivos de Arolsen, antes conocido como el Archivo del Servicio Internacional de Búsqueda (ITS), situado en Bad Arolsen, Alemania.

p. 288 *había sido requisada*: Grossmann, «Living On», pp. 86-87.

p. 288 *«escapar de la soledad»*: *Ibid.*, p. 78.

p. 289 *tenían hijos con cifras récord*: *Ibid.*, p. 184.

p. 289 *sacarle trozos de huesos rotos*: Krankheitsgeschichte, Hospital de la UNRRA, 1947, Archivos de Arolsen, antes conocido como el Archivo del Servicio Internacional de Búsqueda (ITS), situado en Bad Arolsen, Alemania.

p. 289 *decidieron que ya era hora*: Tichauer, entrevista inédita con Berkowitz, 3 de agosto de 2003.

Capítulo veintiséis: «Ese es americano»

p. 292 *estaría pronto de camino*: David Wisnia, entrevista con Brad Zarlin, 2006, Museo Memorial del Holocausto de Estados Unidos (USHMM).

p. 292 *se embarcó en el SS Monarch of the Seas*: Manifiesto de pasajeros extranjeros, Departamento de Trabajo de los Estados Unidos, Archivos Nacionales y Administración de Registros, 20 de febrero de 1946.

p. 293 *había acumulado unos cinco mil dólares*: Wisnia, entrevista con Zarlin.

p. 295 *iba en su Chevy negro*: *Ibid.*

p. 295 *diría Hope más adelante*: Ann Schmidt, «"I Lived by the Minute, Not Even by the Week": The Incredible Story of an Auschwitz Survivor Who Lived Thanks to His Singing Talent — Which He Still Proudly Shows Off 75 Years Later», *The Daily Mail*, 18 de octubre de 2017.

p. 296 *utilizó el dinero*: Wisnia, entrevista con Zarlin.

p. 296 *música soul judía*: Debra Rubin, «Cantor's Journey from Auschwitz to Bima», *New Jersey Jewish News*, 3 de junio de 2013.

p. 297 *En 1951 se nacionalizó*: Certificado de nacionalización de David Wisnia, 26 de abril de 1951, Archivos Nacionales y Administración de Registros de Filadelfia. En abril de 1946, David se inscribió para el servicio militar en Estados Unidos. Según Holly Rivet, una archivista de los Archivos Nacionales, esto formaba parte del proceso de solicitud de nacionalidad para los hombres de su grupo de edad.

p. 297 *boda en Múnich*: Sara Radomski, entrevista con Brad Zarlin, USHMM.

Capítulo veintisiete: «Justo lo que necesitaba»

p. 300 *no estaba interesada*: Helen Tichauer, entrevista con Jürgen Matthäus, 26 de febrero de 2011.

p. 300 *compañera y colaboradora*: Basado en conversaciones con Jürgen Matthäus, Konrad Kwiet, Wendy Lower, Michael Berkowitz, Atina Grossmann, Joan Ringelheim y Peter Hellman.

p. 300 *Erwin trabajaba para*: Erwin Tichauer, currículum vitae, Archivos Especiales de la Universidad de Nueva York.

p. 301 *había acogido a más supervivientes del Holocausto*: Konrad Kwiet, entrevista con la autora, 2020.

p. 301 *empresa de equipamientos agrícolas de Brisbane*: Pope, Mayne & Southern, Who's Who Bio, <https://trove.nla.gov.au/newspaper/article/4967 3416>, consultado el 17 de febrero de 2023.

p. 302 *la perseguiría*: Wendy Lower, entrevista con la autora, 9 de junio de 2020.

p. 302 *sobrevivido a la guerra*: Hana Nichtburgerova, correo electrónico a la autora, 25 de junio de 2020.

p. 303 *nunca se sentirían seguros en Europa*: Samuel Spitzer, entrevista con D. I. Ritch, 7 de marzo de 1996, VHA/USC-Shoah.

p. 303 *Organización Internacional del Trabajo*: Organización Internacional del Trabajo, Archivo P, n.º: 7884, Registro de la Oficina Internacional del Trabajo y Servicio de Gestión de Archivos, correo electrónico a la autora del 26 de febrero de 2021.

p. 303 *diseñó unas latas*: Atina Grossmann, «Living On», en Jürgen Matthäus, ed., *Approaching an Auschwitz Survivor*, Oxford, Oxford University Press, 2010, p. 93.

p. 304 *a Erwin para unirse al claustro*: Issachar Gilad, «Editorial: Professor Erwin R. Tichauer 1918-1996», Revista Internacional de Ergonomía Industrial 23, pp. 251-253.

Capítulo veintiocho: «Pregúntame lo que quieras»

p. 306 *Zippi no se presentó*: A menos que se indique lo contrario, las descripciones provienen de David Wisnia, de dos extensas entrevistas que la autora le hizo en su casa en Levittown, Pennsylvania, el 19 de enero de 2018 y el 24 de junio de 2019.

p. 306 *no pudo evitar mirar*: *Ibid.*

p. 306 *la sauna se había derrumbado*: «Número de visitantes», Memorial y Museo de Auschwitz-Birkenau, https://www.auschwitz.org/en/museum/history-of-the- memorial/the- "rst- years-of-the- memorial/visitor-numbers/, consultado el 20 de abril de 2023.

p. 306 *a los lectores no les interesaba*: del patrimonio personal de Helen Tichauer, USHMM, carta de Manfred George a Erwin, 9 de enero de 1951.

p. 307 *tres millones de judíos*: «Informe de la Ley JUST: Polonia», Departamento de Estado de los Estados Unidos, <https://www.state.gov/reports/just-act-report-to-congress/poland/>, consultado el 28 de abril de 2023.

p. 312 *se sintió avergonzado*: Peter Hellman, varias entrevistas con la autora, 2020-2022.

p. 312 *se estaba volviendo más frágil*: Wendy Lower, entrevista con la autora, 9 de junio de 2020.

p. 313 *dijo Petra*: Petra Nichtburgerova, entrevista con la autora, 16 de julio de 2020.

p. 313 *Gracias a Zippi*: Hana Nichtburgerova, entrevista con la autora, 26 de junio de 2020.

p. 315 *tendría que esperar*: Helen Tichauer, entrevista inédita con Jürgen Matthäus, 5 de marzo de 2011.

Capítulo veintinueve: ¿No es extraña la vida?

p. 316 *Cinco años después*: Entrevistas de David y Avi Wisnia con la autora, 2019.

Epílogo

p. 321 *historiadora de historiadores*: Atina Grossmann, entrevista con la autora, 2019.

p. 322 *nunca había asistido*: Veronica McKay, entrevista con la autora, 3 de julio de 2019.

p. 322 *muerte de Ferd en 2013*: Obituario de Ferd Wilczek, <https://lincolnfuneralhome.org/obituaries/obit_view.php?id=522>, consultado el 17 de febrero de 2023.

p. 323 *se convirtió en la línea de vida de Zippi*: Grossmann, entrevista con la autora, 2019.

p. 323 Zippi estuvo obsesionada: Wendy Lower, entrevista con la autora, 9 de junio de 2020.

p. 325 *«tiene tantos títulos»*: «Erwin Tichauer», *Safety & Rescue*, agosto de 1973, p. 1.

p. 325 *Agencia Central de Búsqueda*: carta de B. Sambonoff, representante en jefe de la Agencia Central de Búsqueda, Ejército de Estados Unidos, Archivos de Arolsen, antes conocido como el Archivo del Servicio Internacional de Búsqueda (ITS), situado en Bad Arolsen, Alemania, Archivo n.º 130.211/12/13, 2 de septiembre de 1947.

p. 326 *cantarse mutuamente*: Lisa Jacobson, entrevista con la autora, 5 de octubre de 2020.

p. 326 *Puertas Roza Robota del Hogar judío Sir Moses Montefiore*: Puerta de Roza Robota, entrevista de radio de Sam Spitzer con Rachael Kohn, Australian Broadcasting Corporation, 12 de octubre de 2008, <https:

//www.abc.net.au/radionational/programs/archived/ark/rosa-robota-gate/3189334>, consultado el 17 de febrero de 2023.

p. 327 *Carl Clauberg*: Clauberg fue detenido en 1955, pero murió en agosto de 1957, poco antes de que comenzara su juicio.

p. 327 *La conversación*: Susan Cernyak-Spatz y Joel Shatzky, «Record-Keeping for the Nazis — and Saving Lives», *Jewish Currents*, 1 de mayo de 2011.

p. 327 *Katya murió en 1995*: Helen Tichauer, entrevista con Joan Ringelheim, USHMM, 2000.

p. 327 *al menos a mil seiscientas mujeres*: Cernyak-Spatz y Shatzky, «Record-Keeping».

Créditos de las ilustraciones

p. 12

Zippi y Erwin Tichauer en la nieve.
Colección del Museo Memorial del Holocausto de los Estados Unidos, donación del Patrimonio de Helen Tichauer. Publicada anteriormente en *Approaching an Auschwitz Survivor: Holocaust Testimony and Its Transformations* (ed. JM), Oxford University Press, 2009.

p. 29

Zippi en Bratislava, 1938.
Colección del Museo Memorial del Holocausto de los Estados Unidos, donación del Patrimonio de Helen Tichauer. Publicada anteriormente en *Approaching an Auschwitz Survivor: Holocaust Testimony and Its Transformations* (ed. JM), Oxford University Press, 2009.

p. 35

Gran Sinagoga de Varsovia.
Vista de la Gran Sinagoga de la calle Tłomackie de Varsovia, destruida por los alemanes en mayo de 1943. Archivo fotográfico del Museo Memorial del Holocausto de los Estados Unidos #07069. Cortesía de Jerzy Ficowski. Derechos de autor del Museo Memorial del Holocausto de los Estados Unidos.

p. 37

David Wisnia en su bar mitzvá.

Cortesía del fideicomiso literario David Wisnia.

p. 43

Zippi fotografiada por Tibor Justh.

Cortesía de Michael Berkowitz.

p. 43

Tibor fotografiado por Zippi.

Cortesía de Frank Dabba Smith.

p. 54

El gueto de Varsovia, 1941.

Residentes del gueto hacen compras a vendedores callejeros en el gueto de Varsovia. Archivo fotográfico del Museo Memorial del Holocausto de los Estados Unidos #15993. Cortesía de Rafael Scharf. Derechos de autor del Museo Memorial del Holocausto de los Estados Unidos.

p. 58

Foto de ficha policial de Sam Spitzer.

Imagen tomada de la entrevista de Samuel Spitzer proporcionada por la Fundación Shoah de la Universidad del Sur de California.

p. 87

Mujeres judías marchando hacia sus barracones.

Museo Memorial del Holocausto de los Estados Unidos, cortesía de Yad Vashem.

p. 101

Prisioneros de Auschwitz en el proceso de selección.

Museo Memorial del Holocausto de los Estados Unidos, cortesía de Yad Vashem.

p. 101

Mujer judía y sus hijos caminando hacia una cámara de gas después de la selección.

Museo Memorial del Holocausto de los Estados Unidos, cortesía de Yad Vashem.

p. 119

Prisioneros en la puerta del almacén Canadá de Auschwitz.

Museo Memorial del Holocausto de los Estados Unidos, cortesía de Yad Vashem.

p. 120

Foto de reconocimiento aéreo de Auschwitz II-Birkenau.

Museo Memorial del Holocausto de los Estados Unidos, cortesía de Archivos Nacionales y Administración de Registros, College Park.

p. 129

Oficial de las SS Gerhard Palitzsch.

Archivo del Museo Estatal Auschwitz-Birkenau de Oswiecim.

p. 129

El Muro Negro, Auschwitz.

Vista del Muro Negro de Auschwitz I. Cortesía de Archivos Nacionales y Administración de Registros, College Park, Maryland.

p. 180

Mala Zimetbaum.

Archivo del Museo Estatal Auschwitz-Birkenau de Oswiecim.

p. 201

Edek Galinski.

Archivo del Museo Estatal Auschwitz-Birkenau de Oswiecim.

p. 251

David con su uniforme del ejército de Estados Unidos.

Cortesía del fideicomiso literario David Wisnia.

p. 262

Documentos identificativos de Sam Spitzer.

Imagen tomada de la entrevista de Samuel Spitzer proporcionada por la Fundación Shoah de la Universidad del Sur de California. <http://s.usc.edu/>.

p. 264

Zippi tras la liberación, 1945.

Colección del Museo Memorial del Holocausto de los Estados Unidos, donación del Patrimonio de Helen Tichauer. Publicada anteriormente en *Approaching an Auschwitz Survivor: Holocaust Testimony and Its Transformations* (ed. JM), Oxford University Press, 2009.

p. 284

Zippi en su gallinero, 1946.

Colección del Museo Memorial del Holocausto de los Estados Unidos, donación del Patrimonio de Helen Tichauer. Publicada anteriormente en *Approaching an Auschwitz Survivor: Holocaust Testimony and Its Transformations* (ed. JM), Oxford University Press, 2009.

p. 285

Zippi y Erwin en Feldafing, 1946.

Colección del Museo Memorial del Holocausto de los Estados Unidos, donación del Patrimonio de Helen Tichauer. Publicada anteriormente en *Approaching an Auschwitz Survivor: Holocaust Testimony and Its Transformations* (ed. JM), Oxford University Press, 2009.

p. 286

Erwin y el General Dwight Eisenhower en Feldafing, 1945.

Colección del Museo Memorial del Holocausto de los Estados Unidos, donación del Patrimonio de Helen Tichauer. Publicada anteriormente en *Approaching an Auschwitz Survivor: Holocaust Testimony and Its Transformations* (ed. JM), Oxford University Press, 2009.

p. 290

Zippi después de la guerra.

Colección del Museo Memorial del Holocausto de los Estados Unidos, donación del Patrimonio de Helen Tichauer. Publicada anteriormente en *Approaching an Auschwitz Survivor: Holocaust Testimony and Its Transformations* (ed. JM), Oxford University Press, 2009.

p. 315

David en Levittown, Pennsylvania.

Fotografía de Danna Singer/*The New York Times/Redux.* 101ª División Aerotransportada del Ejército de Estados Unidos, 233-234, 248, 316

506º Regimiento de Infantería Paracaidista, 236

Índice onomástico

I

J

K

L

M